主　编◎王艳林　王兴运　齐虹丽

食品安全法律法规读本

——食品企业指南——

撰稿人（按姓氏笔画）：

马　杰　王长秋　王兴运
王　雪　王艳林　齐虹丽
江红芳　李亮国　李　键
张秀丽　杨觅玫　郑小伟
侯娅玲　韩丹丹

中国政法大学出版社

2012·北京

图书在版编目（CIP）数据

食品安全法律法规读本——食品企业指南 / 王艳林、王兴运、齐虹丽主编.
一北京：中国政法大学出版社，2012.6

ISBN 978-7-5620-4326-3

Ⅰ.食… Ⅱ.①王…②王…③齐… Ⅲ.食品卫生法-汇编-中国 Ⅳ.D922.169

中国版本图书馆CIP数据核字(2012)第103573号

书　　名	食品安全法律法规读本——食品企业指南 SHIPIN ANQUAN FALü FAGUI DUBEN SHIPIN QIYE ZHINAN
出版发行	中国政法大学出版社(北京市海淀区西土城路 25 号) 北京 100088 信箱 8034 分箱　邮编 100088　zf5620@263.net http://www.cuplpress.com (网络实名：中国政法大学出版社) (010)58908285(总编室) 58908325(发行部) 58908334(邮购部)
承　　印	固安华明印刷厂
规　　格	880mm×1230mm　32 开本　13 印张　325 千字
版　　本	2012 年 6 月第 1 版　2012 年 6 月第 1 次印刷
书　　号	ISBN 978-7-5620-4326-3/D·4286
定　　价	36.00 元

是一个漫长的过程。但当这些问题形成并最终汇聚为食品安全事件之后，最终会表达成法律问题，即食品生产经营者的社会责任承担及对食品消费者的赔偿问题，政府监管机构及其监管人员的问责问题，食品行业市场信誉的损害和产业损伤的修复问题。所以，加强食品安全法制建设是世界各国应对食品安全问题的首选之策。

食品安全法的实施有赖于食品生产经营企业对法律的遵守。为了便于食品生产经营者学习、了解和遵行食品安全法，有些国家的食品行业协会或食品安全监管机构常发布食品企业适用指南，从企业的角度梳理、解读和宣传贯彻食品安全法的规定与要求。本书就是我们在这方面进行尝试的结果。

国务院食品安全委员会办公室于2011年5月制定了《食品安全宣传教育工作纲要（2011~2015年）》，针对食品企业明确要求：各类食品生产经营单位负责人每人每年接受不少于40小时的食品安全法律法规、科学知识和行业伦理道德的集中培训，主要从业人员每人每年接受不少于40小时的食品安全集中专业培训。为了帮助食品企业的经营者和食品安全管理人员学习、了解和遵行食品安全法，我们组织理论和实务部门的同志联合编写了本书。

我们曾就本书的编写原则、编写大纲和适用对象先后分别征求了陕西省、江西省、天津市和西安市、濮阳市、昆明市、赣州市、长沙市及杭州市等省市质量技术监督局、工商行政管理局和食品药品监督管理局从事食品安全监管工作的领导与专家的意见，并吸纳了面向企业或监管部门，针对各自特点分别编写食品安全法律法规读本的意见。

应邀参加本书编写的单位和人员有天津科技大学、昆明理工大学、西北政法大学、中国计量学院、河南质量工程职业学院、吉林省质量技术监督局和庆远县妇联等单位的王艳林、王兴运、齐虹丽、郑小伟、王长秋、马杰、王雪、江红芳、李亮

编写说明

食品安全是一个技术问题，更是一个政治问题。食品安全的源头在于食品生产加工过程中的安全性制度控制，是一个技术问题和企业管理问题。但自2004年阜阳“大头娃娃”事件以来，尤其是自2008年“结石娃娃”事件以来，地沟油、塑化剂和近来的毒胶囊、氯气可乐以及不断发现的三聚氰胺死灰复燃，接踵而至的事件使社会痛感什么可以吃、怎样才能吃得安全，食品安全问题成为关系民生的大事。现在，食品安全已经成为社会关注的五大热点与敏感问题之一，事关社会和谐、稳定和发展，成为高度社会化的政治问题，得到党和政府的高度重视。胡锦涛总书记在视察天津时指出：“食品安全是关系人民群众身体健康和生命安全的一件大事。一定要坚决执行食品安全法，以对人民群众高度负责的精神，加大监管力度，严把食品安全关，确保广大群众都能吃上放心的食品。”

食品安全是一个社会公共问题，但归根结底是一个法律问题。食品安全难以根治的原因，在于其蕴含着复杂的社会公共问题，如企业经营业绩和税收的同步问题，地方经济的发展与就业问题，政府监管体制改革及监管方式、方法的完善问题，食品安全标准供给滞后及检测手段不能满足需求的问题，食品企业协会弱化及食品消费者力量待强化的问题，整个社会食品文化和消费方式的亟待转型问题，等等。这些问题的最终解决，国、李键、张秀丽、杨觅玫、侯娅玲和韩丹丹等。

最后，需要说明的是，本书在修改定稿过程中并没有刻意追求语言风格和学术观点的统一，尽量保持了各章节的特色。在此，欢迎各位专家、学者，尤其是食品安全监管和食品企业人员的批评与指正，以帮助我们发现和改正不足而不断完善本书。

编　者

2012 年 5 月

目 录

食品企业的基本义务和社会责任

食品安全法律法规，对食品企业的生产经营管理活动，作出了明确、具体和系统的规定与要求。这些规定与要求，是强制性的，是具有约束力的，企业必须遵照执行。

《食品安全法》第 3 条规定了食品企业的基本义务，要求“食品生产经营者应当依照法律、法规和食品安全标准从事生产经营活动，对社会和公众负责，保证食品安全，接受社会监督，承担社会责任”。《食品安全法实施条例》第 3 条对此又进行了补充和细化，要求“食品生产经营者应当依照法律、法规和食品安全标准从事生产经营活动，建立健全食品安全管理制度，采取有效管理措施，保证食品安全。食品生产经营者对其生产经营的食品安全负责，对社会和公众负责，承担社会责任”。《食品安全法》及《食品安全法实施条例》的上述规定，对食品企业要求了三项基本义务以及社会责任，概括地讲，就是八个字：行法、合规、达标、担责。

一、食品企业应当行法

在中国，对于食品安全的基本法律调整是建立在农产品和加工食品二分的基础上的，《食品安全法》和《农产品质量安全法》分别调整加工食品安全和农产品安全，共同构成食品安全法律法规体系的核心，但《食品安全法》居于主导地位。

《食品安全法》共有10章104条，内容包括总则、食品安全风险监测和评估、食品安全标准、食品生产经营、食品检验、食品进出口、食品安全事故处置、监督管理、法律责任和附则，建立了中国食品安全法律体系的基本框架与基本制度，其最大的不确定性是关于食品安全监督管理的规定，根据第103条的授权，“国务院根据实际需要，可以对食品安全监督管理体制作出调整”。

《农产品质量安全法》的制定和实施都早于《食品安全法》，是第十届全国人大常委会第二十一次会议于2006年4月29日通过，自2006年11月1日起施行。《农产品质量安全法》共8章56条，内容包括总则、农产品质量安全标准、农产品产地、农产品生产、农产品包装和标识、监督检查、法律责任和附则，构建了农产品质量安全法律保障的框架。

食品安全法律制度的建立和运行，在中国和社会主义市场经济法律体系内形成了一个开放的“微法制系统”，该系统是在依托其他法律制度资源的基础上生成的。产品质量法、农业法、标准化法和计量法等共同为食品安全法提供了坚实的基础。

食品安全法从立法技术上考虑，在一些制度运行上使用“导管技术”和其他法律制度进行联结，最常用的表达式为“构成犯罪的，依法追究刑事责任”，这里，被联结的法律即“依法”追究刑事责任中的刑法。刑法、民法、行政法和检验检疫法等对食品安全法律法规体系构成制度性支撑。

《刑法》，负责和《食品安全法》第98条“违反本法规定，构成犯罪的，依法追究刑事责任”相对接，为食品安全犯罪及处罚提供法律保障。由于我国从立法技术上采取刑法统一化政策，除刑法外，其他法律不规定刑事责任条款，所以，《刑法》自1997年3月第八届全国人民代表大会第五次会议修订后，为了适应社会形势的不断发展变化，满足有效惩治犯罪的实践需要，立法机关对《刑法》先后通过1个决定和8个刑法修正案，其中《刑法修正案（八）》根据《食品安全法》的要求，在第24、25、49条，修改和完善了《刑法》第143、144、408条，设立和规定了生产、销售不符合安全标准的食品罪，生产、销售有毒、有害食品罪和食品监管渎职罪的要件和处罚。

民法是我国市场经济法律体系的重要组成部分。目前，民法典尚未颁布，作为民法典组成部分的物权法、合同法和侵权责任法已先后颁布实施，这些法律和《食品安全法》第96条第1款“违反本法规定，造成人身、财产或者其他损害的，依法承担赔偿责任”相联结，成为食品损害赔偿责任的制度支撑和委托加工食品关系的法律基础。

行政法是规范政府活动、实行依法行政的准则。由于行政立法具有分散性的特点，所以，中国行政法是由行政实体法和行政救济法组成的法律法规群体，内容十分庞杂，直接为食品安全法提供制度支撑和运行保障的法律是《行政许可法》、《行政处罚法》、《行政诉讼法》和《行政强制法》。其中，《行政许可法》是食品生产许可证、食品流通许可证和餐饮服务许可证取得、使用或吊销的法律基础；《行政处罚法》是食品安全监管机构行使处罚权的法律支撑；而《行政诉讼法》和《行政强制法》，一方面是食品企业面对行政处罚，维护自身合法权益的有力武器，另一方面是落实行政处罚，维护法律尊严和行政公信的制度保障。

检验检疫法是全球范围内各国政府为了保护人、动植物的生命、健康、安全免受传染病菌、病虫害和生物入侵，建立国门阻隔的法律武器。中国虽然在检验检疫机构上实行“三检统一”，由国家质检总局统一行使检验检疫职能，但在法律上却仍然是“三检分立”，《进出境动植物检疫法》、《国境卫生检疫法》和《商品检验法》分别承担着动植物检验检疫、卫生检验检疫和商品检验检疫法律调整的重任，为《食品安全法》中进出口食品安全管制提供法律支撑。

国务院为细化食品安全法的规定，方便法律实施，协调食品安全法的运行，保障食品安全监管的高效、合法，制定与施行了一批食品安全行政法规，主要包括：《食品安全法实施条例》、《工业产品生产许可证管理条例》、《乳品质量安全监督管理条例》、《生猪屠宰管理条例》、《农业转基因生物安全管理条例》、《盐业管理条例》、《国务院关于加强食品等产品安全监督管理的特别规定》等。

二、食品企业应当合规

规章是国务院各部委根据法律和行政法规的要求与授权制定的规范性文件，具有针对性、应对性和及时性。在食品安全领域，食品安全监管机构发布了大量的规章制度。食品企业的行为必须符合规章的要求。

食品安全规章内容繁杂，按照规章的内容和适用对象的不同，可以划分为综合性规章、技术规章、分类分段监管规章和特别行业与特殊食品监管规章几类。

1. 综合性规章，适用于食品安全的全过程，主要有：由卫生部、农业部、商务部、工商总局、质检总局、食品药品监管局联合制定的《食品安全信息公布管理办法》；由国务院食品安全委员会办公室制定的《食品安全工作信息报送办法（试行)》；由卫生部制定的《食品添加剂新品种管理办法》。

2. 关于食品安全风险管理的规章，属技术规章，主要有：由卫生部、工业和信息化部、农业部、商务部、工商总局、质检总局国家食品药品监管局联合制定的《食品安全风险评估管理规定（试行)》；由卫生部、工业和信息化部、工商总局、质检总局和国家食品药品监管局联合制定的《食品安全风险监测管理规定（试行)》。

3. 关于食品安全标准管理的规章，属技术规章，主要有：卫生部制定的《食品安全国家标准管理办法》；卫生部制定的

《食品安全国家标准制（修）订项目管理规定》；卫生部制定的《食品安全企业标准备案办法》。

4. 关于食品检验的规章，属技术规章，主要有：卫生部制定的《食品检验机构资质认定条件》；质检总局制定的《食品检验机构资质认定管理办法》；卫生部制定的《食品检验工作规范》。

5. 生产环节食品安全监管的规章，由负责生产环节食品安全监管的国家质检总局制定，是食品生产企业的基本准则，主要有：《食品生产加工企业落实质量安全主体责任监督检查规定》、《食品生产许可管理办法》、《食品添加剂生产监督管理规定》、《食品召回管理规定》和《食品标识管理规定》。

6. 关于流通领域的安全监管的规章，由负责流通环节食品安全监管的国家工商总局制定，是食品流通企业的基本准则，主要有：《流通环节食品安全监督管理办法》、《食品流通许可证管理办法》和《流通环节食品安全监管八项制度》。

7. 关于餐饮服务的安全监管的规章，由负责餐饮服务环节食品安全监管的国家食品药品监管局及其代管部门——卫生部制定，是餐饮服务企业的基本准则，主要有：《餐饮服务食品安全监督管理办法》、《餐饮服务许可管理办法》。

8. 特别食品的安全监管的规章，主要有：卫生部、工商总局、质检总局、食品药品监管局会同铁道部制定的《铁路运营食品安全管理办法》、国务院制定的《食盐专营办法》和商务部制定的《酒类流通管理办法》。

三、食品企业应当达标

食品安全标准是《食品安全法》在已有的食品卫生标准、农产品质量安全标准和质量管理标准的基础上，整合编订而成的强制性标准，包括食品安全国家标准、食品安全地方标准和企业食品安全标准三类。其中，食品企业，一是必须按照食品安全国家标准和地方标准的要求，进行食品生产加工，不合标准的即为不合格，不得进行市场销售；二是企业可以制定高于国家标准或地方标准的企业标准，以便以高标准执行，提高食品安全性，增强企业竞争力；三是企业在开发新产品的过程中，对于没有国家标准和地方标准的，必须制订企业标准，作为生产的根据和对消费者负责的技术承诺，无标生产是被禁止的。

目前，食品安全标准的整合工作，国家已经完成了乳制品、添加剂、农药残留、营养强化剂、食用盐、不锈钢等方面整合任务。

乳品方面，食品安全国家标准审评委员会审查发布66项食品安全国家标准。其编号和名称如下：

GB19301－2010　生乳
GB19645－2010　巴氏杀菌乳
GB25190－2010　灭菌乳
GB25191－2010　调制乳
GB19302－2010　发酵乳
GB13102－2010　炼乳
GB19644－2010　乳粉
GB11674－2010　乳清粉和乳清蛋白粉
GB19646－2010　稀奶油、奶油和无水奶油
GB5420－2010　干酪
GB25192－2010　再制干酪
GB10765－2010　婴儿配方食品
GB10767－2010　较大婴儿和幼儿配方食品
GB10769－2010　婴幼儿谷类辅助食品
GB10770－2010　婴幼儿罐装辅助食品
GB12693－2010　乳制品良好生产规范
GB23790－2010　粉状婴幼儿配方食品良好生产规范

GB5413.33－2010	生乳相对密度的测定
GB5413.30－2010	乳和乳制品杂质度的测定
GB5413.34－2010	乳和乳制品酸度的测定
GB5413.3－2010	婴幼儿食品和乳品中脂肪的测定
GB5413.29－2010	婴幼儿食品和乳品溶解性的测定
GB5413.27－2010	婴幼儿食品和乳品中脂肪酸的测定
GB5413.5－2010	婴幼儿食品和乳品中乳糖、蔗糖的测定
GB5413.6－2010	婴幼儿食品和乳品中不溶性膳食纤维的测定
GB5413.9－2010	婴幼儿食品和乳品中维生素A、D、E的测定
GB5413.10－2010	婴幼儿食品和乳品中维生素K1的测定
GB5413.11－2010	婴幼儿食品和乳品中维生素B1的测定
GB5413.12－2010	婴幼儿食品和乳品中维生素B2的测定
GB5413.13－2010	婴幼儿食品和乳品中维生素B6的测定
GB5413.14－2010	婴幼儿食品和乳品中维生素B12的测定
GB5413.15－2010	婴幼儿食品和乳品中烟酸和烟酰胺的测定
GB5413.16－2010	婴幼儿食品和乳品中叶酸（叶酸盐活性）的测定
GB5413.17－2010	婴幼儿食品和乳品中泛酸的测定
GB5413.18－2010	婴幼儿食品和乳品中维生素C的测定
GB5413.19－2010	婴幼儿食品和乳品中游离生物素的测定
GB5413.21－2010	婴幼儿食品和乳品中钙、铁、锌、钠、钾、镁、铜和锰的测定
GB5413.22－2010	婴幼儿食品和乳品中磷的测定
GB5413.23－2010	婴幼儿食品和乳品中碘的测定
GB5413.24－2010	婴幼儿食品和乳品中氯的测定
GB5413.25－2010	婴幼儿食品和乳品中肌醇的测定

GB5413.26－2010　婴幼儿食品和乳品中牛磺酸的测定
GB5413.35－2010　婴幼儿食品和乳品中β－胡萝卜素的测定
GB5413.36－2010　婴幼儿食品和乳品中反式脂肪酸的测定
GB5413.37－2010　乳和乳制品中黄曲霉毒素M1的测定
GB5009.5－2010　食品中蛋白质的测定
GB5009.3－2010　食品中水分的测定
GB5009.4－2010　食品中灰分的测定
GB5009.12－2010　食品中铅的测定
GB5009.33－2010　食品中亚硝酸盐与硝酸盐的测定
GB5009.24－2010　食品中黄曲霉毒素M1和B1的测定
GB5009.93－2010　食品中硒的测定
GB21703－2010　乳和乳制品中苯甲酸和山梨酸的测定
GB22031－2010　干酪及加工干酪制品中添加的柠檬酸盐的测定
GB5413.38－2010　生乳冰点的测定
GB5413.39－2010　乳和乳制品中非脂乳固体的测定
GB4789.1－2010　食品微生物学检验　总则
GB4789.2－2010　食品微生物学检验　菌落总数测定
GB4789.3－2010　食品微生物学检验　大肠菌群计数
GB4789.4－2010　食品微生物学检验　沙门氏菌检验
GB4789.10－2010　食品微生物学检验　金黄色葡萄球菌检验
GB4789.15－2010　食品微生物学检验　霉菌和酵母计数
GB4789.18－2010　食品微生物学检验　乳与乳制品检验
GB4789.30－2010　食品微生物学检验　单核细胞增生李斯特氏菌检验
GB4789.35－2010　食品微生物学检验　乳酸菌检验
GB4789.40－2010　食品微生物学检验　阪崎肠杆菌检验

添加剂方面，食品安全国家标准审评委员会审查发布的食品安全国家标准的编号和名称如下：

GB2760－2011　食品添加剂使用标准
GB2761－2011　食品中真菌毒素限量
GB7718－2011　预包装食品标签通则
GB14963－2011　蜂蜜
GB26687－2011　复配食品添加剂通则
GB13481－2011　山梨醇酐单硬脂酸酯（司盘60）
GB25571－2011　活性白土
GB8821－2011　β－胡萝卜素
GB13482－2011　山梨醇酐单油酸酯（司盘80）

另外，2012年5月4日食品安全国家标准审评委员会审查发布的食品安全国家标准的编号和名称如下：

GB28301－2012　食品添加剂　核黄素5′—磷酸钠
GB28302－2012　食品添加剂　辛，癸酸甘油酯
GB28303－2012　食品添加剂　辛烯基琥珀酸淀粉钠
GB28304－2012　食品添加剂　可得然胶
GB28305－2012　食品添加剂　乳酸钾
GB28306－2012　食品添加剂　L－精氨酸
GB28307－2012　食品添加剂　麦芽糖醇和麦芽糖醇液
GB28308－2012　食品添加剂　植物炭黑
GB28309－2012　食品添加剂　酸性红（偶氮玉红）
GB28310－2012　食品添加剂　β－胡萝卜素（发酵法）
GB28311－2012　食品添加剂　栀子蓝
GB28312－2012　食品添加剂　玫瑰茄红
GB28313－2012　食品添加剂　葡萄皮红

GB28314－2012　食品添加剂　辣椒油树脂
GB28315－2012　食品添加剂　紫草红
GB28316－2012　食品添加剂　番茄红
GB28317－2012　食品添加剂　靛蓝
GB28318－2012　食品添加剂　靛蓝铝色淀
GB28319－2012　食品添加剂　庚酸烯丙酯
GB28320－2012　食品添加剂　苯甲醛
GB28321－2012　食品添加剂　十二酸乙酯（月桂酸乙酯）
GB28322－2012　食品添加剂　十四酸乙酯（肉豆蔻酸乙酯）
GB28323－2012　食品添加剂　乙酸香茅酯
GB28324－2012　食品添加剂　丁酸香叶酯
GB28325－2012　食品添加剂　乙酸丁酯
GB28326－2012　食品添加剂　乙酸己酯
GB28327－2012　食品添加剂　乙酸辛酯
GB28328－2012　食品添加剂　乙酸癸酯
GB28329－2012　食品添加剂　顺式－3－己烯醇乙酸酯（乙酸叶醇酯）
GB28330－2012　食品添加剂　乙酸异丁酯
GB28331－2012　食品添加剂　丁酸戊酯
GB28332－2012　食品添加剂　丁酸己酯
GB28333－2012　食品添加剂　顺式－3－己烯醇丁酸酯（丁酸叶醇酯）
GB28334－2012　食品添加剂　顺式－3－己烯醇己酸酯（己酸叶醇酯）
GB28335－2012　食品添加剂　2－甲基丁酸乙酯
GB28336－2012　食品添加剂　2－甲基丁酸
GB28337－2012　食品添加剂　乙酸薄荷酯

GB28338－2012　　食品添加剂　乳酸　l－薄荷酯
GB28339－2012　　食品添加剂　二甲基硫醚
GB28340－2012　　食品添加剂　3－甲硫基丙醇
GB28341－2012　　食品添加剂　3－甲硫基丙醛
GB28342－2012　　食品添加剂　3－甲硫基丙酸甲酯
GB28343－2012　　食品添加剂　3－甲硫基丙酸乙酯
GB28344－2012　　食品添加剂　乙酰乙酸乙酯
GB28345－2012　　食品添加剂　乙酸肉桂酯
GB28346－2012　　食品添加剂　肉桂醛
GB28347－2012　　食品添加剂　肉桂酸
GB28348－2012　　食品添加剂　肉桂酸甲酯
GB28349－2012　　食品添加剂　肉桂酸乙酯
GB28350－2012　　食品添加剂　肉桂酸苯乙酯
GB28351－2012　　食品添加剂　5－甲基糠醛
GB28352－2012　　食品添加剂　苯甲酸甲酯
GB28353－2012　　食品添加剂　茴香醇
GB28354－2012　　食品添加剂　大茴香醛
GB28355－2012　　食品添加剂　水杨酸甲酯（柳酸甲酯）
GB28356－2012　　食品添加剂　水杨酸乙酯（柳酸乙酯）
GB28357－2012　　食品添加剂　水杨酸异戊酯（柳酸异戊酯）
GB28358－2012　　食品添加剂　丁酰乳酸丁酯
GB28359－2012　　食品添加剂　乙酸苯乙酯
GB28360－2012　　食品添加剂　苯乙酸苯乙酯
GB28361－2012　　食品添加剂　苯乙酸乙酯
GB28362－2012　　食品添加剂　苯氧乙酸烯丙酯
GB28363－2012　　食品添加剂　二氢香豆素
GB28364－2012　　食品添加剂　2－甲基－2－戊烯酸（草莓酸）

GB28365 – 2012　食品添加剂　4 – 羟基 – 2，5 – 二甲基 – 3（2H）呋喃酮
GB28366 – 2012　食品添加剂　2 – 乙基 – 4 – 羟基 – 5 – 甲基 – 3（2H）– 呋喃酮
GB28367 – 2012　食品添加剂　4 – 羟基 – 5 – 甲基 – 3（2H）呋喃酮
GB28368 – 2012　食品添加剂　2，3 – 戊二酮

农药残留方面，食品安全国家标准审评委员会审查发布的食品安全国家标准的编号和名称如下：

GB25193 – 2010　食品中百菌清等 12 种农药最大残留限量
GB26130 – 2010　食品中百草枯等 54 种农药最大残留限量
GB25193 – 2010　食品中百菌清等 12 种农药最大残留限量
GB28260 – 2011　食品中阿维菌素等 85 种农药最大残留限量

食品营养强化剂方面，食品安全国家标准审评委员会审查发布的食品安全国家标准的编号和名称如下：

GB14880 – 2012　食品营养强化剂使用标准

食用盐方面，食品安全国家标准审评委员会审查发布的食品安全国家标准的编号和名称如下：

GB26878 – 2011　食用盐碘含量

不锈钢方面，食品安全国家标准审评委员会审查发布的食品安全国家标准的编号和名称如下：

GB9684－2011　　不锈钢制品

其他方面，食品安全国家标准审评委员会审查发布的食品安全国家标准的编号和名称如下：

GB19295－2011　　速冻面米制品
GB14930.2－2012　　消毒剂（代替 GB14930.2－1994）
GB11676－2012　　有机硅防粘涂料（代替 GB11676－1989）
GB11677－2012　　易拉罐内壁水基改性环氧树脂涂料（代替 GB11677－1989）

四、食品企业应当担责

考察食品安全问题产生的原因，除生产经营者按照“良好操作规范”不能控制的疫情及不科学的传统饮食文化等原因外，绝大多数不安全隐患产生于食品企业的以下行为：不按法律规定或行业通行规范生产；为追逐利润而进行不正当竞争，如掺杂、使假，降低成本；迎合非理性消费者的非理性需要，添加旨在满足感官、味觉需要的有害添加剂；为追逐利润，使用违反自然规律的动植物种植或饲养方式，如疯牛病的产生就源于此——让祖祖辈辈吃草的牛去吃“荤”，以及非严格法律约束下的克隆、转基因等。从这些安全问题产生的原因来看，除极个别属企业无力控制之外，其余均属食品生产企业可以事前控制的因素。

因此，以立法方式要求企业主动建立旨在保证食品安全的

“生产经营制度”成为必要。为此，我国《食品安全法》第四章对食品生产经营企业在保洁卫生、禁止生产经营食品范围、生产经营许可制度、生产过程规范、原料采购、标签要求、食品经营、食品召回等方面均作了详细的主动性责任义务规定。但是，所有这些有利于保障食品安全的制度要求必将增加企业的成本；而对以利益最大化为追求目标的企业来说，这些要求即便来自法律规定，但在监管不能完全持续覆盖的情况下，企业主动按法律要求从事生产的积极性就不会很高。这就是经常会有不法企业顶风违法的主要原因，“晨园乳业”敢在“三鹿事件”后仍违法添加“皮革水解蛋白粉”就是很好的证明。

因此，《食品安全法》第四章所规定的针对食品生产企业主动责任义务性规定的落实，在依靠政府监管的同时，更依赖于该法第九章所规定的法律责任的威慑。调动食品生产企业的安全“积极性”，是落实《食品安全法》第四章要求的根本所在；企业的安全“积极性”又源自其外部责任制度的压力——潜在利益损失是促使企业加强食品安全的内在动因。该法第九章所规定的企业赔偿责任制度正是促使企业加强食品安全制度建设的内在动力。

（一）企业责任制度是适合我国国情的食品安全控制的途径

在从农田到餐桌的整个食品链条中，生产经营者处于核心——各种食用原料、添加剂等在此汇集、加工。以落实食品企业的法律责任作为控制食品安全的关键抓手，是我国目前控制食品安全的有效的可行途径。

落实食品安全法所规定的食品生产经营者对消费者所负的各种民事赔偿责任，调动食品生产经营者控制食品安全的“自觉性和主动性”，使其变被动为主动，以企业为核心控制食品安全，通过原料进货质量控制实现食品安全，不失为现实有效的办法。生产企业如果能够对农产品原料的采购安全标准严格把关，不仅可以减少自身生产过程中可能产生的不安全隐患，也可以消除大部分原料所带来的安全隐患，如农产品原料农药超标等，还可以间接提升我国农产品的安全生产。《食品安全法实施条例》第25~27条对食品生产经营者在原料采购、验收、运输、贮存等方面做了更具体的要求。另外，该条例第31条还对餐饮服务提供者（多数情况下为企业）提出了原料采购控制要求。但所有这些要求仍主要依赖于企业责任制度特别是民事责任制度的落实，这是促使企业践行法律要求的内在动因。

（二）企业为第一责任人有助于避免监管空白

食品安全监管是控制食品安全不可或缺的制度，而监管模式则是其有效发挥作用的关键。但现实的复杂性仍使得监管空白现象不可能完全避免。监管空白问题的解决有赖于基于企业责任的企业自我“监管”。唯有在公民可以通过诉诸法律获得赔偿的情况下，食品生产企业才会为了避免经常诉讼缠身，或巨额赔偿导致破产而加强自身“监管”，从而避免监管空白。过去基于社会稳定等原因，充分及时的消费者赔偿很少能够实现，各级政府基于自身政绩考虑也不愿看到企业因巨额赔偿而破产。正是在这样背景下，个别食品企业才有恃无恐地违法生产。

如果在今后的食品安全法实施中，把重点放在企业责任的落实上，让违法企业向受害者赔偿，而不是像“三鹿奶粉事件”那样，由政府在赔偿问题上唱主角，企业就会基于惧怕高额赔偿，根据自身所拥有而监管部门尚未知晓的安全隐患信息，主动采取措施，事前主动消除不安全隐患——在三聚氰胺事件中，大多数生产商对其收购的牛奶中有三聚氰胺心知肚明，而不采取任何措施。生产商如果面临巨额赔偿的潜在“威胁”，即便监管部门无法查处违法奶站，也会基于自身利益考虑而采取行动，不至于酿成那样严重的后果。“三鹿奶粉事件”是我国食品安全民事责任不健全的集中体现。食品企业责任制度的真正落实会大大减少食品监管空白。因此，企业基于惧怕巨额赔偿责任而发自内心的自我“监管”应是政府监管的前提，否则，监管空白将成为监管主体最好的托辞。没有来自民众的有效惩戒的民事责任制度，单靠政府监管很难保证食品安全不出问题。

另外，虽然政府监管的优势主要体现在事前许可证审核发放，以及大范围突发食品安全事件处置方面；但基于政府监管部门的能力和经费保障所限，政府监管无法做到长期过程控制，且监管范围有限，还通常具有滞后性。因此，通过企业承担第一责任，让企业来负责生产过程的质量控制，既可提高效率，也能实现事前企业自身“规制”，从而保证食品安全，让监管部门腾出手来做其擅长做的监管工作和基础性技术设施建设。

（三）严格企业责任能降低监管成本

法律赔偿责任的威慑力和有效性比行政监管更显著，因为它能使企业发自“内心”保障食品安全，能促使企业根据自身特点建立合适的食品质量安全保障体系。在美国，农产品生产和食品生产经营以大企业为主的情况下，监管部门也常因经费不足而影响食品监管，造成监管不力。我国几十万食品生产企业，再加上庞大的流通过程，要做到主要方面的监管就需巨大的人力物力支出，要做到全面监管几乎是不可能的。经费不足将长期困扰我国食品监管部门的日常监管工作。如果食品安全法规定的各种企业责任能得到真正认真的执行和落实，使企业真正负起责任，其影响会远远大于政府的纯粹监管，进而降低政府的监管成本。

（四）企业责任制度有利于食品生产经营的公平竞争

加大企业民事赔偿责任，增加违法企业的成本，有利于合法企业在公平竞争中取胜，避免“劣币驱逐良币”现象的产生。生产不安全食品的企业由于使用低价不合格原料，不按照“良好规范”的要求生产，以及不建立质量安全控制制度和不使用先进设备，其生产成本比合法生产企业低了很多。当生产劣质产品的企业以低价与合法生产企业进行竞争时，由于存在信息不对称的情况，消费者在不合格产品公之于众前，对于不同品牌食品的质量无法完全了解，往往总是以价格作为购买某种品牌食品的主要依据。这使得生产安全合格产品的企业在竞争中往往处于劣势，长期便会出现“劣币驱逐良币”的现象。政府如果不以法律形式使非法企业付出远超出其从非法生产中获得的利益，不法食品生产经营者就永远有生产伪劣食品的“冲动”，它们在侵害消费者利益的同时，还损害了合法企业的利益，破坏食品市场的公平竞争，使优胜劣汰的机制不能发挥作用，最终造成低成本的不合格食品泛滥，食品安全得不到保障，守法的食品企业反而在市场竞争中无法生存。

五、以食品企业为中心推动食品生产、消费和政策的转变

若欲从根本上转变中国食品安全形势，必须实现三个根本性转变：

1. 食品工业增长和发展方式必须从片面追求产值、利润和经济性贡献，转变到以提供安全食品为己任。因为安全的食品是生产出来的，而不是监管出来的。所以，在完善食品安全监管制度建设，加强食品安全标准体系建立，加大对违反食品安全违法行为和犯罪行为打击力度的同时，必须从战略发展的角度，认识和把握只有根本转变食品工业发展方式，才能解决食品安全问题。《食品工业十二五发展规划》明确提出，把“安全、优质、营养、健康、方便”作为发展方向，强化全产业链质量安全管理，提高食品质量，确保食品安全。强化食品质量安全是十二五期间中国食品工业的首要任务。

2. 食品消费方式必须从奢侈、浪费和追求色、香、味，奇、异、怪转向节制、俭朴，将绿色、本味、安全奉为最高原则。因为食品工业尤其是餐饮服务的发展是以消费群体的喜好为基础的。重庆老火锅的转型，有力地证明了这一点。所以，在强化食品企业社会责任和政府监管责任的同时，还须下大力气推动食品消费方式的转变，彻底清除不安全食品产生和存续的土

壤。《食品工业十二五发展规划》作为政策措施明确提出，要引导健康消费，一是倡导适度加工，二是加强食品安全、食品营养知识和健康消费模式同宣传、教育及普及，增强全社会健康消费意识，三是引导合理饮食，促进健康消费。

3. 食品政策从目前单一的食品工业政策，也就是从单一性的产业政策转变到以食品安全政策为主导，食品产业政策和食品科技政策、食品文化政策为补充，食品贸易政策和食品竞争政策为基础的食品政策体系的建立和运行上来。因为安全政策和产业政策、贸易政策、竞争政策、科技政策、文化政策等在目标、手段和绩效上，都有根本的不同，欧美国家和日本等国家的食品安全政策的建立和作用表达了这一点。所以，不改变政策导向，食品就不可能长久安全。

上述三个根本性转变，都不是可以自行完成的。因为经济发展方式、消费习惯和政策机制一经形成或建立，就会产生路径依赖和利益源泉。如乳品工业自 2004 年以来，发生并历经“结石娃娃事件”、“三聚氰胺事件”而仍不能彻底幡然醒悟，和《乳制品工业产业政策》片面追求行业发展的政策目标，而无视乳品安全与贬低乳品质量安全的地位是密不可分的。这也证明了食品工业也如马克思早年所断言的那样：为了 300% 的利润，就敢犯任何罪行，甚至冒着绞首的危险。

为了推动上述三个转变的根本实现，必须坚持食品安全法的刚性和惩戒的严厉性，在食品安全政策引导和食品安全法惩戒的推动下，推动新型食品安全伦理道德和文化思想的转型。在这一过程中，食品安全监管绝不可有一时的松懈，因为事故的发生总是机会主义的。唯有如此，食品安全的主题才会让位于安全食品，才能在动态均衡中长期保有安全食品的社会供给。

食品生产经营应当符合食品安全标准与法定要求

《食品安全法》第27条规定："食品生产经营应当符合食品安全标准，并符合下列要求：①具有与生产经营的食品品种、数量相适应的食品原料处理和食品加工、包装、贮存等场所，保持该场所环境整洁，并与有毒、有害场所以及其他污染源保持规定的距离。②具有与生产经营的食品品种、数量相适应的生产经营设备或者设施，有相应的消毒、更衣、盥洗、采光、照明、通风、防腐、防尘、防蝇、防鼠、防虫、洗涤以及处理废水、存放垃圾和废弃物的设备或者设施。③有食品安全专业技术人员、管理人员和保证食品安全的规章制度。④具有合理的设备布局和工艺流程，防止待加工食品与直接入口食品、原料与成品交叉污染，避免食品接触有毒物、不洁物。⑤餐具、饮具和盛放直接入口食品的容器，使用前应当洗净、消毒，炊具、用具用后应当洗净，保持清洁。⑥贮存、运输和装卸食品的容器、工具和设备应当安全、无害，保持清洁，防止食品污染，并符合保证食品安全所需的温度等特殊要求，不得将食品与有毒、有害物品一同运输。⑦直接入口的食品应当有小包装或者使用无毒、清洁的包装材料、餐具。⑧食品生产经营人员应当保持个人卫生，生产经营食品时，应当将手洗净，穿戴清洁的工作衣、帽；销售无包装的直接入口食品时，应当使用无毒、清洁的售货工具。⑨用水应当符合国家规定的生活饮用水卫生标准。⑩使用的洗涤剂、消毒剂应当对人体安全、无害。⑪法律、法规规定的其他要求。”

《食品安全法》第27条在《食品卫生法》第8条食品卫生要求的基础上，增加了“应当符合食品安全标准”的前置性要求，并在卫生条件中加入了对食品生产经营者的食品专业技术人员、管理人员和保证食品安全的规章制度要求，并且又以第11项——“法律、法规规定的其他要求”作为兜底条款，来解决食品安全法实施中遇到的法律无明确规定的实际问题。《食品安全法》第27条比《食品卫生法》第8条的规定更完整，更科学，更具有可操作性，是企业取得食品生产许可、食品流通许可和餐饮服务许可的基础。

由上可见，《食品安全法》第27条对食品生产经营者提出了11项卫生要求，这些卫生要求按照卫生对象的特点，可以综合为四类。

一、食品生产经营应当符合食品安全标准

（一）《食品安全法》对食品安全标准的规定

《食品安全法》第三章专章规定“食品安全标准”；第四章“食品生产经营”有第27、28、35、36、38、42、45、46、53条等；第五章“食品检验”有第58条；第六章“食品进出口”有第62、63、66条等；第八章“监督管理”有第77条；第九章“法律责任”有第85~87、89、96条等。《食品安全法》涉及食品安全标准有关规定的条文共有33条，占条文总数的31.7%。可以说，《食品安全法》特别重视食品安全标准作出了专章规定和系统规定，主要内容包括食品安全标准的基本要求和食品安全国家标准、食品安全地方标准、食品安全企业标准的具体要求及运用。

（二）食品安全标准的类型

食品安全标准按照等级和使用范围不同，可以分为食品安全国际标准、国家标准、地方标准和企业标准等。

1. 食品安全国际标准。食品安全国际标准主要由国际标准化组织（ISO）制定，具体制定工作由 ISO 的技术委员会（TC）、分支委员会（SC）和工作组（WG）进行。制定有关食品国际标准的技术委员会主要是 TC 34（农产食品）、TC 54（香精油）、TC 122（包装）和 TC 166（接触食品的陶瓷器皿、玻璃器皿）。除 ISO 外，FAO（世界粮农组织）和 WHO（世界卫生组织）也制定有关食品的国际标准。食品安全国际标准理论上没有强制性，但是出口贸易中食品安全国际标准往往使得各出口国企业必须遵守，属于事实采用，实际上具有一定的强制性。

2. 食品安全国家标准。食品安全标准，是强制执行的标准，是根据《食品安全法》的规定建立的新标准类型。根据《食品安全法》第 22 条的规定，国务院卫生行政部门应当对现行的食用农产品质量安全标准、食品卫生标准、食品质量标准和有关食品的行业标准中强制执行的标准予以整合，统一公布为食品安全国家标准。食品安全国家标准公布前，食品生产经营者应当按照现行食用农产品质量安全标准、食品卫生标准、食品质量标准和有关食品的行业标准生产经营食品。

3. 食品安全地方标准。对没有国家标准和行业标准而又需要在省、自治区、直辖市范围内统一的食品安全、卫生要求，可以制定食品安全地方标准。食品安全地方标准在当地是强制性标准，必须执行。但是，当相应的国家标准或行业标准实施后，该食品安全地方标准自行废止。

4. 食品安全企业标准。食品安全企业标准有两种情况：①当企业生产的食品没有国家标准、行业标准和地方标准的，企业必须制定相应的企业标准作为组织生产的依据；②当企业生产的食品已经有国家标准、行业标准或地方标准的，企业也可以根据需要制定严于国家标准或地方标准要求的企业标准，以提高食品的安全水平。企业标准仅在企业内部适用，但是一经备案后，企业就有义务按照自己制定的标准组织生产。

近年来，我国食品安全标准工作取得明显成效，基本建立了以食品安全国家标准为核心，行业标准、地方标准和企业标准为补充的食品安全标准体系，现有食品、食品添加剂、食品相关产品国家标准近1900项，地方标准1200余项，行业标准3100余项。

二、食品生产环境和生产工艺的卫生要求

对食品生产环境和设施的卫生要求，包括《食品安全法》第27条第1、2、4项内容。

良好的卫生环境应该是食品加工企业建厂选址时首先要考虑到的因素，因为它是选址的重要依据之一，而且有了良好的环境状况不仅可以提高产品的卫生和安全性，还有利于保持环境卫生。

选址应考虑以下因素：首先，应有较好的通风条件：若空气流通不畅，一方面使得厂区内生产过程中产生的热量和气体不宜排出，从而引起空气污染，使生产环境恶化；另一方面浓重的食物气味必将会吸引昆虫、啮齿类动物和鸟类前来觅食，给食品安全造成潜在的威胁。

其次，应远离化工区尤其是重化工区：化工厂一般会产生大量的废水、废渣和废气，为细菌、真菌等有害微生物提供了滋生的环境，一旦食品被其污染，它们就通过分解食品组成成分改变食品的颜色和风味，并导致食品腐败和食源性疾病，[1]

---

〔1〕［美］Norman G. Marriott 著，钱和、华小娟译：《食品卫生原理》，中国轻工业出版社2001年版，第202页。

从而对消费者的生命健康产生危害。

最后，应该有较好的排水性：食品生产企业在生产过程中，因清洗原料、机器设备、消毒杀菌都要使用和排放大量的水，因此排水系统的有效性至关重要。若排水性差，积水面积过大，则会吸引鸟类、蟑螂和苍蝇等害虫在此处生存繁殖。鸟类能携带鸟疫病原、假结核病原、沙门氏菌和能导致脑炎、鹦鹉热等疾病的微生物。大多数蟑螂带有约五十种不同的微生物和霍乱病原菌。[1]因死水而积聚的生物群落会给食品造成严重污染。

为了保证生产过程符合卫生操作规范要求，在选址之后，就要考虑厂区内的合理布局和工艺流程问题。《食品安全法》第27条第4项规定：食品生产企业应当具有合理的设备布局和工艺流程。因此应注重厂房设施布局的合理性和工艺流程的合理性，使生产设备和卫生设施有效运转，防止食品、原材料和设施设备的污染。对车间的生产环境有如下要求：首先，天花板、墙壁的色彩应保持足够的能见度；且交界处不能存在缝隙。若色彩太重，则污染物不易看清，不利于清除和消毒；若交界处存在死角，同样会造成清洁上的困难。[2]天花板的结构通常是水泥板，并带有填塞好接缝的外露双T型结构。加工区上方的结构钢不能暴露在外，应该将其埋入水泥、花岗石等物体中，以免其收集空气中的灰尘、残渣或者成为啮齿类动物的跑道及昆虫的避难所。也不能采用玻璃纤维毛胎制作天花板，因为啮齿类动物能在其中生活繁殖。石棉有害，故禁止使用。[3]

其次，门的设计应科学合理。门是原料、产成品和食品加工者的通道，也可以是害虫和其他以空气为媒介的污染物的通

---

〔1〕［美］Norman G. Marriott 著，钱和、华小娟译：《食品卫生原理》，中国轻工业出版社2001年版，第185页。

〔2〕史贤明：《食品安全与卫生学》，中国农业出版社2003年版，第293页。

〔3〕［美］Norman G. Marriott 著，钱和、华小娟译：《食品卫生原理》，中国轻工业出版社2001年版，第204页。

道，因此要保证食品的安全，就要守好车间的大门，尽可能将有害因素挡在门外。安装风幕可以有效的实现这一目的。风幕应该具备一定的风速（最小为500米/分），以阻止昆虫和空气污染物的进入。风幕的宽度必须大于门洞的宽度，以便于进行彻底扫吹。[1]

再次，地板应当能够防水、防裂、防化学腐蚀，且易于清洗。

最后，除了考虑生产设施设备的设计中应该注意的问题外，卫生设备同样不容忽视。企业应配备必要的清洗、消毒和润滑设备，以保证卫生工作的顺利进行。据统计，合理的清洗消毒方法可以节约50%的劳动力。因此，企业应该向清洗小组提供省时省力的工具和设备，并配备必要的清洗剂，清洗工具如水泵、刷子、蒸汽消毒所用的蒸汽枪和各种高压、低流量或者高压热水装置。消毒设备有手工喷雾器、壁挂消毒设备和挂在设备上的喷嘴等种类。润滑设备用于高速运输装置、传送装置扣环链条等，能提高生产设备的运作效率和使用寿命。工艺流程也应当合理，防止不同阶段不同性质的物品混合存放以致交叉感染。

三、包装物料的卫生要求

对包装物料的卫生要求，包括《食品安全法》第27条第5~7项内容。

包装是指为了在流通中保护产品，方便运输，促进销售，按一定技术方法而采用的容器、材料和辅助材料的总称，也指为了达到上述目的而采用的容器、材料和辅助物的过程中施加一定技术的操作活动。[2]食品容器、包装材料指包装、盛放食

---

〔1〕［美］Norman G. Marriott著，钱和、华小娟译：《食品卫生原理》，中国轻工业出版社2001年版，第204页。

〔2〕钟耀广：《食品安全学》，化学工业出版社2009年版，第95页。

品用的纸、竹、木、金属、搪瓷、塑料、橡胶、天然纤维、玻璃等制品和接触食品的涂料。[1]

食品包装物料的作用主要表现在：

1. 保护食品免受污染和损害。大气中充满了微生物，离开生产线后，食品就面临着这些有毒、有害微生物的入侵，若不将食品与之隔离，就可能使食品受到污染，从而给人体健康甚至生命造成危害。

2. 便于储藏运输和搬运拆卸。尤其是对于液态食品和散装食品更是如此。若没有卫生清洁的包装物，这些食品恐怕只能停留在生产线上了。

3. 提高食品的品质。优质的包装彰显了品牌形象，与商品已经连为一体了。包装工艺及技术的提升也成为提高商品竞争力的一种途径，食品包装亦不例外。

然而，在享受食品包装带来的一系列便利的同时，人们也意识到了食品包装容器和材料的潜在危险。在避免外界环境给食品带来污染的同时，它们也有可能使食品遭受二次污染。例如木材制品，由于其质地疏松，很容易成为微生物的滋生场所，再加上表面凹凸不平，不利于消毒杀菌，微生物难以除去。这些有毒有害微生物迁移进食品中，可以与食品发生反应，使食品变色、变味、腐败，严重危害人体健康。可见，食品包装容器和材料的清洁无毒害对保证食品安全至关重要。

在包装物料的制备过程中，应保证原材料无毒、无害、无污染，防止在制作过程中添加的消毒剂、防腐剂等助剂在产品包装物中的残留，其生产和加工工艺应经过风险评估、审批后才能使用，最终产品经检测符合我国食品包装卫生标准后才可以使用。在使用过程中，应严格执行食品卫生操作规程，用前

---

〔1〕 曲径主编：《食品卫生与安全控制学》，化学工业出版社2007年版，第222页。

应清洗消毒，用后应保持清洁；储存、运输和装卸食品的容器、工具和设备应当安全、无害，保持清洁，防止食品污染，并符合保证食品安全所需的温度等特殊要求，不得将食品与有毒、有害物品一同运输。

四、食品生产经营相关人员的卫生要求

对食品生产经营相关人员的卫生要求，包括《食品安全法》第 27 条第 3、8 项内容。

作为生产活动的组织者、管理者应该首先意识到食品安全的重要性，以身作则，高标准地严格要求自己，从而给下属传达一种信息，使他们能意识到自己的不当举动和不良个人卫生将对食品安全带来极大的危害。其次，也应该支持制定和实施危害分析与关键控制点计划，判断食品中产生的潜在的危害人体健康的生物、化学或者物理因素，从而将其降低到可接受水平或者防止、消除食品安全危害。

生产人员是与食品接触最频繁的人，也可能是给食品带来危害最大的人。人的头发、眼睛、鼻子、手、嘴和嘴唇、皮肤以及不当的卫生操作都可能给食品造成污染。

人的头部会分泌大量皮脂，然后被吸附到头发和头皮上，而头发能为金黄色葡萄球菌和酵母等微生物提供理想的温度、营养等条件，从而成为其滋生的场所。绝大多微生物的最佳温度在 14℃ ~40℃之间，特别是喜中温的金黄色葡萄球菌。当食用者食用被金黄色葡萄球菌感染并产生肠毒素的食物时，将引起毒素性食物中毒。由于金黄色葡萄球菌为兼气性厌氧和需氧细菌，在 66℃ 下加热 12 分钟才能被破坏，其产生的毒素在 131℃下加热 30 分钟才能被杀灭，且其对食品的污染不会使得食品变形、变味，所以对其的检测需要更高的技术条件。酵母菌是单细胞有较大体积和形态的微生物，可以通过空气或者其他手段传播，并能落在食品原料的表面，多生长于偏酸性食品中，且喜欢在真空包装中生长。依据现代科学管理的理念，应将风险控制在可接受的水平而非事故发生后的事后补救，这就对生产过程提出了更高的要求：工作人员生产时应将头发全部包裹在头套里，且不得有挠头和抓痒等不良卫生习惯，若不得不挠头抓痒，必须在事后对双手进行消毒。

人的眼睛一般没有细菌感染，但是有时候也会被轻度细菌感染，此时细菌会传播到睫毛上以及鼻和眼睛间的凹痕内，只要患者用手揉眼睛就会使手被细菌感染。[1]

人的手是人进行各种活动的主要工具，会接触到各种物体或者细菌，尤其在接触不洁设备时更是如此。CAC《食品卫生通则》规定：当个人的清洁可能影响食品安全时，工作人员一定要洗手，例如在下述情况：食品处理工作开始时；去卫生间后；在处理食品原料或其他任何被污染的材料后。此时若不及时洗手，就可能会污染其他食品。一般情况下，应避免他们再去处理其他食品。依据该通则，我国制定了《食品企业通用卫生规范》，作为一个强制性国家标准，其中明确规定：当工作人员的手部接触不洁物、进厕所、吸烟、用餐后，都必须把双手洗干净才能工作。此外，当工作人员的手部受外伤时，亦不得接触食品或者原材料，除非经过包扎治疗带上手套。人的指甲也可能成为藏污纳垢的地方，从事食品业的人员绝对不能留长指甲，要用肥皂除去其上的暂住菌群。

嘴和嘴唇也是细菌的栖息地。将员工的嘴唇在皮氏培养皿内的无菌琼脂表面上压一下就能直观地验证这一事实。在唇印（或者身体其他部分的印痕）上长出的细菌群落为细菌的存在提供了确凿的证据。[2]因此唇部卫生也是不容忽视的。在生产过

---

〔1〕［美］Norman G. Marriott 著，钱和、华小娟译：《食品卫生原理》，中国轻工业出版社 2001 年版，第 57 页。

〔2〕［美］Norman G. Marriott 著，钱和、华小娟译：《食品卫生原理》，中国轻工业出版社 2001 年版，第 57 页。

程中，应要求员工不得抽烟，以免烟草的刺激性气味引致咳嗽或者吐痰；不得打喷嚏，以免细菌通过空气媒介传播到食品或者其他工作人员身上；不得咀嚼或者吃东西；不得从事其他会造成食品污染的活动。

此外，不得忽视的是，人的皮肤也可能造成食品危害。真皮的腺体分泌汗液和油脂，作为一个基本器官，皮肤通过不停的出汗、分泌油脂和脱落外层死亡细胞发挥其功能。当这些物质与外界物质混合时，便形成了细菌繁殖的理想环境，这样皮肤就成为细菌污染的潜在来源。〔1〕在毛囊和汗腺的脏物中，寄生着金黄色葡萄球菌和表皮葡萄球菌。金黄色葡萄球菌多为致病菌，为暂居菌群，表皮葡萄球菌有时可致病，其和黄微球菌共同组成了皮肤的长居菌群。因此，皮肤的护理非常重要。虽然皮肤可以分泌一些对细菌而言具有抑制作用的物质，自身具有自净能力，但是若从业人员懒惰，不勤洗澡，皮肤所分泌的油脂和脱落的死亡细胞会滋生大量的细菌。当皮肤受到损伤时亦会引起细菌感染。当工作人员的皮肤被割伤碰伤，就不能让其从事食品加工工作，若他们必须上岗，则应将伤口用防水敷料包扎。

在整个生产经营过程中，人的因素对食品卫生起着无可替代的作用。企业是食品安全的第一责任人，企业食品安全管理水平的高低，在相当程度上决定了食品是否安全。食品专业安全技术人员具有食品生产经营的专业知识，可以从专业的角度对食品进行检测、监督；管理人员通过科学管理可以有效降低各种食品安全风险。员工通过学习保证食品安全的各项规章制度，可以强化责任心，使操作符合规章要求，切实保证食品安全。〔2〕管理者统一规划，操作者具体执行。上岗前，管理者应

〔1〕［美］Norman G. Marriott 著，钱和、华小娟译：《食品卫生原理》，中国轻工业出版社 2001 年版，第 56 页。

〔2〕信春鹰主编：《中华人民共和国食品安全法解读》，中国法制出版社 2009 年版，第 78 页。

组织全体工作人员进行体格检查，当确认工作人员患有痢疾、伤寒、甲型病毒性肝炎、戊型病毒性肝炎等消化道传染病，以及患有活动性肺结核、化脓性或者渗出性皮肤病等有碍食品安全的疾病的，食品生产经营者应当将其调整到其他不影响食品安全的工作岗位。《食品安全法》第27条第8项明确规定，食品生产经营人员应当保持个人卫生，生产经营食品时，应当将手洗净，穿戴清洁的工作衣、帽；销售无包装的直接入口食品时，应当使用无毒、清洁的售货工具。

五、洗涤剂、消毒剂及用水的卫生要求

对消毒剂、洗涤剂和生产用水的卫生要求，包括《食品安全法》第27条第9、10项内容。

在医学意义上，杀菌剂指完全杀死外环境的一切微生物的制剂。目前国际上的通用标准是杀菌效果应达到使微生物存活几率下降到百万分之一，而Norman G. Marriott认为，杀菌剂的化学选择性应通过Chamber检测（亦可参考杀菌剂效能检验），杀菌剂应能在20℃、30秒内杀死$7.5\times10^7\sim12.5\times10^7$个大肠杆菌或金黄色葡萄球菌的99.999%。[1]然而，在实际生产过程中，一般不要求达致该水平，只需要使污染物体的全部病原微生物减少至不致引起疾病即可，也就是说，只要杀灭或除去外环境中芽孢以外的各种病原微生物即只需消毒就可以了。其标准为杀灭消毒对象上污染的自然微生物的80%以上。

消毒剂在发挥作用的过程中，会受到各种因素的制约，大致说来，有两种：

第一，消毒剂使用的环境因素：pH、温度、浓度、湿度等。酸性环境下，阴离子消毒剂的消毒效果较好，因为此时细菌负

---

〔1〕［美］Norman G. Marriott著，钱和、华小娟译：《食品卫生原理》，中国轻工业出版社2001年版，第127页。

电荷较少。反之，碱性环境下，阳离子型消毒剂可以发挥较好的作用。温度也可以提高消毒效果，如2%的戊二醛杀灭每毫升含10 000个炭疽芽孢杆菌的菌悬液，20℃时需要15分钟，40℃时为2分钟，56℃时仅1分钟即可。并且各种气体消毒剂都有其相对湿度范围，过高或者过低都会降低其杀菌效果。

第二，被作用的微生物对象的特点：不同的微生物抗消毒性的能力也不同，因此应针对不同的微生物选择不同的消毒剂。许多杀菌剂需要穿透外层和细胞浆膜才能达到作用位点，由于革兰氏阴性菌存在一个由丰富类脂的包膜形成的阻止抗菌物质进入的栅栏，而革兰氏阳性菌没有，因此后者对消毒剂比前者较为敏感。细胞芽菌具有较强的抵抗性，因此只有高效消毒剂才能将其杀死。

在生产过程中，食物的碎屑及其他有机物为微生物的生长提供了生存环境，要保证食品安全，就要及时清洗这些部分。此外还有食品生产和准备过程中使用的化合物，特别是那些有毒有害化合物残留于设备上，若不及时进行清洗，它们就可能引起食品污染造成人体危害。

理想的洗涤剂应当无毒无害，易于溶解，便于运输储藏。选择清洗剂应考虑污物的特性和清洗剂的特性，以期找到最佳搭配效果达致最佳清洁目的。

溶剂性洗涤剂多用于除去石油类污染和工业润滑油，活氯性洗涤剂对除去碳水化合物和蛋白质污物特别有效，合成洗涤剂能降低溶液的表面张力，促进污物悬浮；酶类洗涤剂可以分解污物，破坏污物的吸附部位，最终将其彻底除去。

污物被除去一般要经过三个步骤：分离——将污物从材料表面或被清洗设备表面分离开来；溶解——将污物溶解于清洗溶液中；去除——及时将污物从清洗物表面除去。在这一系列过程中，最重要的步骤是分离，这一步骤的成败很大程度上取决于污物的性质。对于溶于一般溶剂中的污物，如糖类、无机盐等，由于不存在任何技术问题，所以去污只是一种溶解行为。而对于那些溶于含增溶剂或者洗涤剂中的污物，应遵循“同类清洗”的原则，酸溶性污物应溶解在酸性溶液中，碱溶性污物应溶解在碱性溶液中，而对于不溶于任何洗涤剂的污物，只能将其从吸附表面上散开，然后悬浮在清洗溶液中。

食品工业中常用的洗涤剂有酸性洗涤剂、碱性洗涤剂和溶剂性洗涤剂。酸性洗涤剂指 pH 介于 0 ~ 7 之间的洗涤剂，其中的 H^+ 能与 CO_3^{2-} 反应，因此可以除去物体表面的溶解矿物质沉积物，也可以与 OH^- 反应，除去因使用碱性洗涤剂时形成的矿物质沉积物。

食品生产的整个过程中，水广泛用于清洗原料和设备、消毒等环节，而水也是造成食品污染的重要来源之一，因此食品生产经营用水应当符合国家规定的生活饮用水标准。

第三章

食品生产经营不得违背法律的禁止性规定

《食品安全法》第28条规定："禁止生产经营下列食品：①用非食品原料生产的食品或者添加食品添加剂以外的化学物质和其他可能危害人体健康物质的食品，或者用回收食品作为原料生产的食品；②致病性微生物、农药残留、兽药残留、重金属、污染物质以及其他危害人体健康的物质含量超过食品安全标准限量的食品；③营养成分不符合食品安全标准的专供婴幼儿和其他特定人群的主辅食品；④腐败变质、油脂酸败、霉变生虫、污秽不洁、混有异物、掺假掺杂或者感官性状异常的食品；⑤病死、毒死或者死因不明的禽、畜、兽、水产动物肉类及其制品；⑥未经动物卫生监督机构检疫或者检疫不合格的肉类，或者未经检验或者检验不合格的肉类制品；⑦被包装材料、容器、运输工具等污染的食品；⑧超过保质期的食品；⑨无标签的预包装食品；⑩国家为防病等特殊需要明令禁止生产经营的食品；⑪其他不符合食品安全标准或者要求的食品。"

第28条的主旨或功能是确立了"禁止不安全食品原则"，为食品企业进行食品生产经营活动提供了法律边界，为食品安全监管机构实行行政处罚提供了法律依据。

一、关于食品原辅料的禁止性要求

(一) 禁止用非食品原料生产食品

食品安全的保障与安全的食品原料、食品辅料以及严格的加工过程控制密切相关。实践证明，严格控制食品原、辅料是从源头上保证食品安全的关键。《食品安全法》明确禁止用非食品原料生产食品。

食品原料，是指通过加工、处理、调配、烹饪等手段或方法制成形态、色泽、风味、质地及营养价值各不相同的加工食品或可以直接食用食品的各种可食性原材料。辅料，是指除了原料之外在食品中添加的物质，在我国一般包括了水和食品添加剂。[1]有观点认为所谓非食品原料，是指食品工业用原料以外的工业原料。[2]这种认识的正确性可能仅仅适用于食品生产加工环节，对于食用农产品、食品流通、餐饮服务等非工业性质的食品原料而言，该解释就缺乏了包容性。所以，在食品科学领域由于原料内在成分上存在着差异性，根据这种差异性就可将其分为食品原料、工业原料和其他原料。我们认为，食品原料，指用于食品加工的植物及制品、动物及制品、微生物、矿物质、人造物质和水，从类型上包括初级农产品、食品添加剂和水。各国对食品原料，一般采行尊重传统，控制新资源，管制添加剂的原则。对食品原料外的其他物质，即非食品原料，各国食品安全法多从谨慎的立场等进行管制。

非食品原料，指食品原料外的其他物质，主要指工业原料，由于从质量管制的角度，工业原料并未要求或达到食品级标准，所以非食品原料对人而言，多为有毒、有害物质，不宜食用，

---

〔1〕 陈辉主编：《食品原料与资源学》，中国轻工业出版社 2007 年版，第 1 页。

〔2〕 国家质量监督检验检疫总局食品生产监管司编：《食品及其相关产品和化妆品质量安全监督管理基础知识》，中国计量出版社 2007 年版，第 331 页。

若食用则对人的生命健康产生危害。有毒有害物质，有的源自动植物的天然毒素如河豚鱼中的河豚毒素，马铃薯中的龙葵素，毒蘑菇等；有的源自环境污染如农药残留、兽药残留、重金属残留等；有的源自病原性微生物和病毒如沙门菌、李斯特菌、葡萄球菌、大肠杆菌、肝炎病毒、SARS 病毒等；有的源自化工产品如亚硝酸盐、甲醇、瘦肉精；还有的源自药材药品的滥用等。

食品原料是食品的主要成分，使用非食品原料加工制作食品，将严重危害人类的身体健康。用非食品原料制造的食品，不仅缺乏必要的营养性，还往往含有有毒有害的物质，人体吸收了这些有毒有害的物质还可能造成免疫功能的破坏，而化学致癌物质又会诱发不同的癌症，积蓄在人体中的有毒有害物质还有可能通过遗传转移到下一代。

（二）禁止添加食品添加剂外的化学物质和其他危害健康物质的食品

食品添加剂是为改善食品品质和色、香、味，以及防腐、保鲜和加工工艺的需要而加入食品中的人工合成或者天然物质。营养强化剂、食品用香料、胶基糖果中基础剂物质、食品工业用加工助剂也包括在内。为有效地规范食品添加剂的使用，2011 年 4 月 20 日卫生部发布了 GB2760－2011《食品安全国家标准　食品添加剂使用标准》代替 GB2760－2007《食品添加剂使用卫生标准》。

GB2760－2011《食品安全国家标准　食品添加剂使用标准》是根据《食品安全法》的要求制定的，属于技术法规，具有强制性约束力。《食品添加剂使用标准》规定食品添加剂使用时应符合以下基本要求：①不应对人体产生任何健康危害；②不应掩盖食品腐败变质；③不应掩盖食品本身或加工过程中的质量缺陷或以掺杂、掺假、伪造为目的而使用食品添加剂；④不应降低食品本身的营养价值；⑤在达到预期目的的前提下尽可能降低在食品中的使用量。

按照 GB2760－2011《食品安全国家标准　食品添加剂使用标准》的规定，我国把食品添加剂分为：酸度调节剂、抗结剂、消泡剂、抗氧化剂、漂白剂、膨松剂、胶基糖果中基础剂物质、着色剂、护色剂、乳化剂、酶制剂、增味剂、面粉处理剂、被膜剂、水分保持剂、营养强化剂、防腐剂、稳定剂和凝固剂、甜味剂、增稠剂、食品用香料、食品工业加工助剂和其他23类。只有列入 GB2760－2011《食品安全国家标准　食品添加剂使用标准》目录中的添加剂才能被称为食品添加剂，除此之外均称为非法添加剂。非法食品添加剂中的化学物质可能会严重危害人们的生命和身体健康。2008 年起全国食品安全整顿工作办公室为指导打击违法添加非食用物质和滥用食品添加剂专项整治的开展，有针对性地打击在食品中违法添加非食用物质的行为，先后发布了《食品中可能违法添加的非食用物质和易滥用的食品添加剂名单》，截至 2011 年 6 月共发布了6 批。

这里，食品中可能非法添加的食品添加剂以外的化学物质就是指 GB2760－2011《食品安全国家标准　食品添加剂使用标准》以外的其他化学物质，全国食品安全整顿办公室发布的《食品中可能违法添加的非食用物质和易滥用的食品添加剂名单》中的非食用物质名单就是目前食品市场中，常见的和亟待整治的食品添加剂外的化学物质名单。

（三）禁止用回收食品作为原料生产食品

回收食品作为一个专用词，从逻辑上分析，它是由“食品＋回收”两部分构成。对于食品，《食品安全法》第99条有专门界定，是指各种供人食用或者饮用的成品和原料以及按照传统既是食品又是药品的物品，但是不包括以治疗为目的的物品。对于回收，法律则没有界定。语言学上，回收是指把物品

（多指废品或旧货）收回利用。[1]综合法律规章和语言学的意指，我们提出回收食品就是具有食品形态和食用功能，重新被收回作为食品原料加工、制作食品的食品。回收食品的界定有三类标准可供选择：[2]

第一，市场流通标准，即凡是进入市场流通的食品，均不得再用作食品原料生产食品。食品生产经营者把已经进入到销售环节中的无论过期与否的食品从市场中回收过来，重新作为食品的生产原料来进行再生产，或是对这些回收来的食品给予一个新的包装重新投放到市场中去销售；或者把因产品质量安全问题而被行政执法单位扣留、罚没的各类食品回收做食品的原料，或对此类食品重新包装再销售，都是典型的回收食品。

第二，待销售标准，即在食品生产环节，经检验合格、包装进入仓储等待销售的食品，均不得再用作食品原料生产食品。食品在企业生产加工完毕经检验合格后就会进入到食品企业的仓库中等待销售，凡是进入到企业仓储中待销售的食品都不能够再作为原料回到生产中生产食品。因为，食品污染可能产生或存在于加工、贮藏、运输、销售、烹调直到食用前的各个环节，待销售的食品，即使是合格的，但由于市场营销不畅，导致库存积压或滞留时间过长，都可能导致食品保质期逼近。这时，待销售食品的营养价值、卫生质量下降，各类添加剂已发生化学反应，重新用作食品原料会因添加剂难以控制投放量对人体造成不同程度的危害。因此，进入企业仓库等待销售的食品不能够作为回收食品。

第三，生产检验标准，即在食品生产环节，检验不合格的食品，均不得再用作食品原料生产食品。每一个食品生产企业

---

〔1〕 中国社会科学院语言研究所词典编辑室编：《现代汉语词典（修订版）》，商务印书馆1999年版，第562页。

〔2〕 王艳林、马杰：“论回收食品的认定及其法律规制”，载《河南省政法管理干部学院学报》2009年第4期。

都有自己的生产操作规程制度，食品出厂必须经过检验，未经检验或者检验不合格的，不得出厂销售，这是食品生产的一项通则。食品生产企业检验的对象是食品，检验的结果分为合格食品和不合格食品两种情况。经检验不符合标准的食品被称为不合格食品，如果食品生产企业把不合格食品作为食品生产的原料，这也构成了利用回收食品进行生产的行为。由于食品中的危害因素包括了生物、化学和物理三方面，食品检验也就主要围绕这三方面而进行，经检验受到生物、化学污染的食品是不安全食品的一种，存在潜在的食品安全性隐患，不应该作为回收食品进行再加工。而对于检验属于物理性危害的食品，经过科学的检验方法论证如果作为生产原料进行再加工不会对食品造成任何潜在的不安全性的，是可以作为原料回到生产线上来使用的。

在中国食品安全监管实践中，采行的是市场流通标准，基本立场是进入到市场中的食品被外界污染的机会最大，绝对不能再回到食品生产企业作为回收食品来利用。经过观察我们可以很清楚的发现，回收食品可以存在于生产、加工、储藏、运输、销售等各个环节，如果仅仅将回收食品定性为从市场中收回的食品显然存在着不够周延之处。从《食品安全法》的理念出发，我们认为，对回收食品的界定应采行待销售标准。理由是：待销售标准将进入企业仓库中等待销售的食品定性为不能回收的食品，以期从源头上遏制早产食品和临近有效期及已经达到、乃至超过有效期的食品重新回收使用。与市场流通标准相比，它的目光转移到了销售以前，也就是食品进入商品流通领域以前，因此可以有效地遏制回收食品作为原料进入生产环节。生产检验标准现阶段不宜采纳为回收食品的认定标准，并不意味着对生产检验标准的放弃。我们认为，基于节省食品原料，压缩生产成本，减少不必要的浪费，一般食品经检验不合格后是可以作为原料重新加工、制作食品的。但下列情形例外：

第一，高档奢侈型食品。该类食品的形象和市场定位在于追求品质、口感、味觉、品牌形象，其价格通常是同类普通食品的15~20倍以上。如茅台酒和五粮液、意大利的Domori巧克力、比利时的Godiva巧克力等。这类特殊的食品检验不合格的只能作为副品或简装品进行销售或内部福利分配，而不能够再作为回收食品来进行再加工，这当然是由其特殊的社会属性和社会价值所决定的。

第二，普通食品中无法回复到半成品状态的食品，如糕点、炒货类食品。糕点类食品“指以粮、油、糖、蛋等为主要原料，添加适量辅料或食品添加剂，经过配制、成型、成熟等工序制成的食品”。[1]由于此类食品适宜微生物生长繁殖，从原料到成品的各个加工环节，都可能造成细菌污染，从而造成糕点变质。而炒货食品是以果蔬籽、果仁、坚果等主要原料，添加或不添加辅料，经炒制、烘烤（包括蒸煮后烘炒）、油炸等工艺制成的包装食品。炒货类食品是不能恢复到原状的食品，如果作回收食品在生产过程中往往可能添加甜味剂超标，甚至违禁使用会危害健康的双氧水、工业盐、泔脚油等。这些普通食品中无法回复到半成品状态的食品在检验不合格之后应作相应处理，严格限制其作为回收食品来再次使用。

实践中对于利用已有食品作半成品继续加工食品的，如方便面类、菜泡饭、炸馍片等不属于回收食品作原料生产的食品。因为该类食品本身就是由其他食品为原料而加工制作的，不属于用回收食品作原料生产食品的范围。

二、禁止生产危害物质超过食品安全标准限量的食品

《食品安全法》第28条第2项禁止生产“致病性微生物、

〔1〕 陈炳卿、刘志诚、王茂起主编：《现代食品卫生学》，人民卫生出版社2001年版，第671页。

农药残留、兽药残留、重金属、污染物质以及其他危害人体健康的物质含量超过食品安全标准限量的食品”。

致病性微生物，是指能够引起人类，动物和植物的病害，具有致病性的微生物。包括可能会引致食物中毒的微生物，可在食物内释出毒素的微生物，或使肠道受感染而令人发病的微生物，如沙门氏菌、弯曲杆菌、金黄色葡萄球菌、大肠杆菌017及其他肠出血性大肠杆菌、霍乱弧菌等。病征包括恶心和呕吐（如由金黄色葡萄球菌引致）、腹泻和脱水（由沙门氏菌类和弯曲菌类引致）等等。对人体的危害主要表现为：在食品中繁殖时产生毒性产物，如细菌外毒素和真菌毒素，引起人体各种急性和慢性中毒；大量细菌被人体摄入后在肠道内释放出内毒素；致病菌被人摄入后，侵入人体组织，使人致病。[1]其所引起的食源性疾病已成为头号食品安全问题，也是中国食品安全的首要问题。如在20世纪80年代上海因为生吃毛蚶引起30万人甲肝流行，又如在2001年江苏、安徽等地爆发的大肠杆菌流行，造成2万人中毒，177人死亡。另外，沙门氏菌每年都会引起数以百计的中毒事件爆发。在卫生部2009年第二季度全国食物中毒情况通报中，中国疾病预防控制中心网络直报系统收到的全国食物中毒事件报告显示，在食物中毒方面，微生物性食物中毒事件主要是由沙门氏菌、致泻性大肠埃希氏菌和副溶血性弧菌等引起的。[2]

农药残留，是指任何由于使用农药而在食品、农产品和动物饲料中出现的特定物质，包括被认为具有毒理学意义的农药衍生物，如农药转化物、代谢物、反应产物及其杂质。包括未

---

〔1〕 王艳林主编：《食品安全法概论》，中国计量出版社2005年版，第28页。

〔2〕 卫生部通报：“二季度我国食物中毒事件增多”，参见http：//www. cnr. cn/gundong/200907/t20090718_ 505403313. html，最后访问日期：2009－07－25。

知的或无法避免来源（如环境）的残留和已知化学品的应用。[1]人若长期食用有农药残留的蔬菜、瓜果等农产品，对身体极为有害：低剂量的有机磷农药可使人产生慢性中毒，急性中毒可引起肌肉痉挛、瞳孔收缩、呼吸困难，昏迷甚至引发死亡。世界卫生组织公布的调查报告表明：残留农药在人体内长期蓄积滞留会引发慢性中毒，其主要是通过生物浓缩和蔬菜残留两个方面的途径对人体健康带来潜在威胁，以致诱发许多慢性病症，如帕金森病、早老性痴呆、心脑血管病、糖尿病、癌症患者的大量增加都与食用农药残留蔬菜有直接关系，甚至通过胚胎和乳汁转移给下一代，并有可能导致“三致”：致癌、致畸形、致突变。

兽药残留，是指动物产品的任何可食部分所含兽药的母体化合物及/或其代谢物，以及与兽药有关的杂质。[2]兽药残留就是对食源性动物用药后，在动物体内经过生物运转（即吸收、分布、排出）和生物转化，以兽药原形及其代谢产物在食源性动物的细胞、组织或器官内蓄积或储存的现象。兽药残留对人体的危害主要表现在以下几个方面：如毒性损害、过敏反应、导致病原菌产生耐药性、“致畸、致癌、致突”等及激素样作用、破坏微生物平衡，导致二重感染等等。[3]如果人长期摄入含兽药的动物性食品后，药物在人体内不断蓄积，当积累到一定程度后，就会对人体产生毒性作用，能引起急性、慢性中毒。医学界已证实，畜禽产品中的抗生素、激素及其他合成药物的滥用与残留，往往与人类常见的癌症、畸形、抗药性、青少年

---

〔1〕 国家食品药品监督管理局：《国际食品法典标准汇编》（第2卷），科学出版社2008年版，第338页。

〔2〕 国家食品药品监督管理局：《国际食品法典标准汇编》（第2卷），科学出版社2008年版，第368页。

〔3〕 参见曹小红主编：《食品安全与卫生》，科学出版社2006年版，第173页。

性早熟、中老年心血管疾病等问题有关。如果人体经常食用含药物残留的动物性食品，动物体内的耐药菌株可传播给人体，当人体发生疾病时，就给临床上感染性疾病的治疗带来一定的困难，延误正常的治疗。长期食用低剂量的抗生素能导致金黄色葡萄球菌耐药菌株的出现，也能引起大肠杆菌耐药菌株的产生。[1]另外，对养殖业的发展也能产生危害，如饲料中有毒有害物质在畜禽养殖过程中，能够抑制动物生产性能的发挥，导致动物发病或死亡，甚至影响到公共卫生及环境。

重金属，是指从食品安全方面所说的重金属，实际上主要是指汞、镉、铅、铬以及金属砷等生物毒性显著的重金属，也指具有一定毒性的一般重金属，如锌、铜、钴、镍、锡等。重金属对人的机体损害机理是与蛋白质结合成不溶性盐而使蛋白质变性。人和动物体通过饮食吸收和富集大量重金属，出现中毒症状。镉是食品中最常见的重金属污染种类之一。镉可以在人体内蓄积，引起急性或慢性中毒，形成公害病。镉对肾脏有毒性作用，有害于个体发育，可致癌、致畸，已被世界卫生组织列为世界八大公害之一。铅也是食品受重金属污染最常见种类。铅对人体危害涉及神经系统、造血器官和肾脏。汞在自然界进入水系后，经过自然生物转化变成神经毒素甲基汞。它可在人体内积聚，人体汞中毒后的典型症状是感觉障碍、视野缩小、运动失调、听力障碍，语言障碍、神智错乱。日本著名的水俣病就是汞污染造成的，污染源主要来自含汞的农药和含汞工厂的三废排放。砷对人和动物具有致癌、致畸、致突变的作用，可因其氧化物在人体内不同量而产生急性中毒、慢性中毒现象。

污染物质，是指食品在生产（包括农作物种植、动物饲养

---

〔1〕 赵敏、陆洪菊：“畜禽兽药残留的危害及其控制”，载《上海畜牧兽医通讯》2009 年第 1 期。

和兽医用药）、加工、包装、贮存、运输、销售直至食用过程或环境污染导致产生的任何物质，这些非有意加入食品中的物质为污染物，包括除农药、兽药和真菌毒素外的污染物。在食品卫生通则2003版［CAC/PCP1－1969，Rev.3（1997），1999年修订］中定义为任何有损于食品的安全性和适宜性的生物或化学物质、异物或者非故意加入食品中的其他物质。

其他危害人体健康的物质，该规定属于兜底性条款，涵盖所有尚未被条文明确指出的，只要涉及危害人类健康的物质种类都可以通过本条款的规定进行规制。

《食品安全法》中食品中农药残留、兽药残留的限量规定及其检验方法与规程由国务院卫生行政部门、国务院农业行政部门制定。GB2763－2005《食品中农药最大残留限量标准》和GB2762－2005《食品中污染物限量标准》较大程度地引用了CAC标准的风险评估数据，参照相关的国际标准和国际食品安全风险评估结果而制定。

三、禁止营养成分不符合食品安全标准的婴幼儿和其他特定人群主辅食品

特定人群食品不同于普通食品和保健食品。它与前者的区别在于：普通食品只提供人体所需基本营养物质，满足正常生理需要；而特定人群食品是针对孕妇、乳母、婴幼儿、学龄前儿童、青少年以及老年人的不同生理年龄段的特殊食品，具有特殊的营养指向性，为特殊人群提供丰富的难以从日常普通膳食中摄取的营养成分，而普通食品对特殊人群没有明确的针对性。因此，特定人群食品需采用特殊的配方及工艺以保证其成分的针对性和功能的指向性。它与后者的区别是：保健食品对机体的某些生理功能可提供一些保健作用，一般不以提供营养为目的，尤其无法满足特定生理阶段的针对性营养补充，不宜作为普通食品长期使用；而特定人群食品对特殊人群具有全面的营养价值，可作为日常食品长期食用。

婴幼儿食品是专供婴幼儿食用的食品，主要包括了婴幼儿配方食品和婴幼儿辅助食品。1995 年卫生部制定的《母乳代用品销售管理办法》第 18 条规定，婴儿配方食品，指按照适用的食品标准法典的标准，经工业配置的能够满足 4 ~ 6 个月以内婴儿正常营养需要并适合其生理特点的母乳代用品。婴儿配方食品也可家庭自制，称之为“家制”婴儿配方食品。辅助食品，指当母乳或婴儿配方食品不能满足营养需要时，适合作为这两者补充的任何食品，包括工厂制造的和家庭配置的。欧盟指令 2000/13/EC 中规定婴儿是指年龄小于 12 个月的新生儿；幼儿是指年龄在 1 ~ 3 岁的新生儿。可见婴幼儿的年龄段主要是指 0 ~ 36 个月龄之间的新生儿，而我国《母乳代用品销售管理办法》对此概念制定的范围适用于4 ~ 6 个月的婴儿，显然这一部门规章对婴幼儿主辅食品的定义不全面。

婴幼儿配方食品包括了婴幼儿配方乳粉、配方豆粉及特殊配方食品。其中，婴幼儿配方乳粉是根据不同时期婴幼儿生长发育所需营养特点设计的产品，《婴幼儿配方乳粉生产许可证审查细则（2006 版）》中，将婴幼儿配方乳粉定义为：以牛乳（羊乳）及其加工制品为主要原料，加入适量的维生素、矿物质和其他辅料加工而成的，供婴幼儿（3 周岁以内）食用的产品。配方豆粉通常以大豆蛋白为主要原料配制而成，适用于对牛乳蛋白过敏和（或）对乳糖不耐受的婴幼儿。特殊配方食品则是专门针对早产儿、低体重儿或代谢紊乱的婴幼儿特殊营养需要而设计配方。

婴幼儿辅助食品，根据原料、适用年龄段和包装形式的不同，大致分为两大类，即婴幼儿谷物食品和罐装婴幼儿食品。婴幼儿谷物食品是以谷物或豆类为基础加工成粉状、薄片状或饼干等食品，用水、牛乳或其他适宜的液体调稀或冲调成糊状喂食，该类食品适合与婴幼儿断乳期食用；罐装婴幼儿食品是以各种蔬菜、水果、鱼、禽、肉、肝等为原料加工制成的汁、泥、酱、糊状类即食食品。[1]

不符合食品安全标准的婴幼儿食品的危害，近年来比较突出的表现有2004年安徽阜阳发生劣质奶粉的“大头娃娃”事件和2008年的“结石娃娃”事件。在“大头娃娃”事件中，劣质婴儿奶粉主要是以各种廉价的食品原料如淀粉、蔗糖等全部或部分替代乳粉，再用奶香精等添加剂进行调香调味制成的，并没有按照国家有关标准添加婴儿生长发育所必需的维生素和矿物质。这种劣质奶粉的蛋白质含量极低，婴幼儿在食用后就长成了严重营养不良、头部浮肿的“大头娃娃”，严重影响婴幼儿的生长发育。

为了确保婴幼儿奶粉质量安全，《乳品质量安全监督管理条例》做了三方面的专门规定：

第一，对制定婴幼儿奶粉质量安全标准提出明确要求。该条例第6条第3款规定：“制定婴幼儿奶粉的质量安全国家标准应当充分考虑婴幼儿身体特点和生长发育需要，保证婴幼儿生长发育所需的营养成分。”

第二，加强对婴幼儿奶粉生产环节的监管。该条例第32条第4款规定：“生产婴幼儿奶粉应当保证婴幼儿生长发育所需的营养成分，不得添加任何可能危害婴幼儿身体健康和生长发育的物质。”第33条第3款规定：“婴幼儿奶粉标签还应当标明主要营养成分及其含量，详细说明使用方法和注意事项。”

第三，规定婴幼儿奶粉召回、退市特别制度。该条例第36条规定：“乳制品生产企业发现其生产的乳制品不符合乳品质量安全国家标准、存在危害人体健康和生命安全危险或者可能危害婴幼儿身体健康或者生长发育的，应当立即停止生产，报告有关主管部门，告知销售者、消费者，召回已经出厂、上市销

---

〔1〕 柴秋儿、陈岩等：“国内外婴幼儿食品法规标准的制定状况及分析”，载《食品与发酵工业》2006年第10期。

售的乳制品，并记录召回情况。乳制品生产企业对召回的乳制品应当采取销毁、无害化处理等措施，防止其再次流入市场。”该条例第42条规定：“对不符合乳品质量安全国家标准、存在危害人体健康和生命安全或者可能危害婴幼儿身体健康和生长发育的乳制品，销售者应当立即停止销售，追回已经售出的乳制品，并记录追回情况。乳制品销售者自行发现其销售的乳制品有前款规定情况的，还应当立即报告所在地工商行政管理等有关部门，通知乳制品生产企业。”

其他特定人群食品，是指针对那些相对于普通正常人群自身有异质的人群的食品。这类人群不同于普通正常成年人的身体素质，如有的血糖高，禁忌含糖食品，有的是敏感体质，对特定物质，如花粉、花生、酒精等过敏，所以食品生产经营企业若不按食品安全标准生产经营特定人群的食品，该人群在食用了这类不符合安全标准的食品后，就会对健康造成不同程度的损害。

我国1995年《食品卫生法》第9条关于食品生产经营企业的禁止性条款中没有规定对婴幼儿与其他特定人群的具体内容，可见在《食品安全法》颁布之前，法律没有重视对这类特殊人群的保护。虽然在国家颁布的法律法规和标准中都有对保健食品的规制措施，但保健食品是不能等同于特定人群食品的。随着法制的不断完善和公众食品安全法律意识的加强，《食品安全法》已明确规定禁止食品生产经营企业生产不符合食品安全标准的特定人群的食品。

四、关于食品物理性变化的禁止性要求

食品物理性状变化，主要是指食品在物理外观上发生显著变化。比如腐败变质、油脂酸败、霉变生虫、污秽不洁、混有异物、掺假掺杂或者感官性状异常情况的食品在外观上通过感官可以快速判断出来，这一类食品的内部往往发生了化学性、

生物性的变化，与安全食品在外观上的不同之处主要表现为物理性状上的变化。

食品的腐败变质，一般是指在以微生物为主的各种因素综合作用下，食品所发生的降低或失去食用价值的一些变化。〔1〕这些食品一般含有沙门氏菌、痢疾杆菌、金黄色葡萄球菌等致病性菌，易导致食品中毒。腐败变质食品的卫生意义可以概括为：①腐败变质的食品带有使人难以接受的不良感官性质，如刺激性气味、异常颜色、酸臭味道、组织溃烂等；②食品成分物质有严重分解破坏，不仅蛋白质、脂肪和碳水化合物发生降解破坏，而且维生素、无机盐和微量元素也有严重的流失和破坏；③腐败变质食品一般都是污染严重、有大量微生物繁殖的，由于菌相复杂和菌量增多，所以致病菌和产毒霉菌存在机会较大，以致引起人体不良反应和食物中毒的可能性。〔2〕

油脂酸败，指油脂和含油脂的食品，在贮存过程中经生物、酶、空气中的氧的作用，而发生变色、气味改变等变化，常可造成不良生理反应或食物中毒。

霉变，是指霉菌污染繁殖，有时表面可见菌丝和霉变现象，有可能产生毒素。如前几年被媒体广泛报道的“陈化粮事件”，就是因为陈化粮中的黄曲霉毒素超标，黄曲霉毒素是一类具有较强致癌性和强免疫抑制性的毒素物质，其广泛存在于发霉花生、花生油、玉米及其制品、乳与乳制品、动物饲料中，它不仅直接对人体及动物造成毒害，还可以通过食物链从动物转移到人体，严重威胁着人类的健康。

生虫，应包括生蛆的食物。但原料生虫与直接入口食品生虫在管理上应该加以区别对待。生虫的食品在感官上使人产生

---

〔1〕 曹小红主编：《食品安全与卫生》，科学出版社2006年版，第68页。

〔2〕 陈炳卿、刘志诚、王茂起主编：《现代食品卫生学》，人民卫生出版社2001年版，第166页。

不良的感觉，对食品的品质产生直接的破坏作用。

污秽，在现代汉语词典中的解释是不干净的东西。《食品安全法》中的污秽不洁是指经感官观察的不干净的食品。

混有异物，指在食品中故意混入颜色或外观和食品接近的非食品物质，如大米、芝麻中混掺白沙子等。

掺杂掺假，食品掺杂是指在食品中非法掺入非同一种类或同种类劣质物质。如大米中掺入沙石等，其目的是增加食品的重量，操作手法较为简单。食品掺假是指向食品中非法掺入外观、物理性状或形态相似的非同种类物质的行为，掺入的假物质基本在外观上难以鉴别。如在小麦粉中掺入滑石粉，味精中掺入食盐，食醋中掺入游离矿酸等等。掺假的方式主要有搀兑、混入、抽取、假冒、粉饰。掺杂掺假对人体健康的危害，主要取决于添加物的化学性质和物理性质。

感官性状异常的食品，是指上述以外的食品污染现象。感官异常的食品可能是已经被外界污染的食品，存在着不安全的因素。

《食品安全法》把腐败变质、油脂酸败、霉变生虫、污秽不洁、混有异物、掺假掺杂或者感官性状异常食品归为一类进行管制，是由于这一类食品可以直接通过感官检验来判断出来其品质。最常用的食品安全检验方法是感官检验、物理检验、化学分析法和物理化学分析法。食品的感官检验是通过人的感觉——味觉、嗅觉、视觉、触觉，以语言、文字、符号作为分析数据，对食品的色泽、风味、气味、组织状态、硬度等外部特征进行评价的方法〔1〕，其目的是为了保障食品安全。

长期以来我国的食品安全问题大多数是由这类食品造成的，监管机构一直重视对这类食品的规制，1982 年通过的《食品卫生法（试行）》第 7 条第 1 项规定禁止生产“腐败变质、油脂酸

〔1〕 张有林：《食品科学概论》，科学出版社 2006 年版，第 529 页。

败；霉变、生虫、污秽不洁、混有异物或者其他感官性状异常，可能对人体健康有害的”食品。对于企业违反此规定的行为所承担的法律责任，第37条规定：“对违反本法情节较重的，食品卫生监督机构可以给予以下行政处罚：①警告并限期改进；②责令追回已售出的禁止生产经营的产品；③没收或者销毁禁止生产经营的食品、食品添加剂；④罚款20元以上、3万元以下；⑤责令停业改进；⑥吊销卫生许可证。吊销卫生许可证或者罚款5000元以上的，必须经县以上人民政府批准。各项行政处罚可以单独或者合并适用。没收的物品由食品卫生监督机构监督处理。”

1995年的《食品卫生法》在第9条第1项采取的是同样的规定，不同的是第42条的法律责任规定比1982年的严厉，即“违反本法规定，生产经营禁止生产经营的食品的，责令停止生产经营，立即公告收回已售出的食品，并销毁该食品，没收违法所得，并处以违法所得1倍以上5倍以下的罚款；没有违法所得的，处以1000元以上5万元以下的罚款。情节严重的，吊销卫生许可证”。

现阶段“腐败变质、油脂酸败、霉变生虫、污秽不洁、混有异物、掺杂掺假或者其他感官性状异常的食品”仍是造成食源性疾病的最大隐患之一，《食品安全法》对这类食品问题同样采取严格规制的立场，食品生产经营者违法生产经营这类食品的，将承担更为严厉的法律责任。其中，《食品安全法实施条例》第31条第2款特别指出“餐饮服务提供者在制作加工过程中应当检查待加工的食品及原料，发现有腐败变质或者其他感官性状异常的，不得加工或者使用”。餐饮服务提供者发现有腐败变质或者其他感官性状异常仍加工、使用的，依照《食品安全法》第85条的规定给予处罚。

五、关于动物源性食品的禁止性要求

国家对动物及其制品实施检疫防疫制度。所谓动物，是指家畜家禽和人工饲养，或捕获的兽类、水产类动物。一般说来，禽类指包括鸡、鸭、火鸡、鹅、鸽等在内的家养的禽。[1]畜类是指人类饲养驯化，且可以人为控制其繁殖的动物，如猪、牛、羊、马、骆驼、家兔、猫、狗等，用于食用、劳役、毛皮、宠物、实验等功能。兽类指除畜类动物外的哺乳纲脊椎动物。水产类动物是指海水或淡水的鱼类、甲壳类、藻类、软体动物以及水鸟及哺乳动物以外的其他种类的水生动物。[2]动物屠宰，是依照《动物防疫法》对动物及动物胴体、头、蹄和内脏实施检疫、监督。法律要求，动物在屠宰前必须为活体，且经检疫为健康。对病死、毒死或死因不明的动物，一律不许作为食品或食品原料，进入生产、流通、餐饮环节。这里，病死，是指由于各种疾病而导致的死亡。毒死，是指因食用各种农药、毒病中毒而导致的死亡。死因不明，是指动物因争斗、跌损、蹦跳、过劳、饲养不当及其他等情形而导致的原因不明确的非正常死亡。

根据《动物检疫管理办法》的规定，动物检疫包括产地检疫和屠宰检疫。国家对生猪实行定点屠宰，集中检疫，并颁布《生猪屠宰管理条例》。对牛、羊等其他动物实行定点屠宰的范围和管理办法，由各省、市、自治区人民政府确定。动物检疫员按屠宰检疫有关国家标准和技术规范要求的条件与程序实行屠宰检疫。动物检疫员在屠宰前对每头动物逐头进行临床检查，健康的动物进行屠宰，患病或疑似患病动物不得进行屠宰，并

---

〔1〕中华人民共和国动物及动物源食品中残留物质监控计划（2003年7月4日）。

〔2〕SC/T 3009－1999 水产品加工质量管理规范。

对动物屠宰过程实行全流程同步检疫，对头、蹄、胴体、内脏进行统一编号，对照检查；对检疫合格的动物产品，加盖验讫印章或加封检疫标志，出具动物检疫合格证明；对检疫不合格的动物产品，按规定作无害化处理；无法作无害化处理的，予以销毁。所以，对未经屠宰检疫而私自屠宰的动物肉类及其制品，和经过屠宰检疫但检疫不合格的动物肉类及其制品，都不得进入市场食品链。

六、关于被食品关联品污染的禁止性要求

我国《食品安全法》中的食品相关产品包括：用于食品的包装材料和容器；用于食品生产经营的工具、设备；用于食品的洗涤剂、消毒剂。用于食品的包装材料和容器，指包装盛放食品或者食品添加剂用的纸、竹、木、金属、搪瓷、陶瓷、塑料、橡胶、天然纤维、化学纤维、玻璃等制品和直接接触食品或者食品添加剂的涂料。用于食品生产经营的工具、设备，指在食品或者食品添加剂生产、流通、使用过程中直接接触食品或者食品添加剂的机械、管道、传送带、容器、用具、餐具等。用于食品的洗涤剂、消毒剂，指直接用于洗涤或者消毒食品、餐饮具以及直接接触食品的工具、设备或者食品包装材料和容器的物质。

食品在生产、加工、贮藏、运输、销售以及被消费的过程中，不可避免的要接触到各种容器和包装材料等，其中的某些有害成分可能混入或转移到加工的食品中造成污染，危害消费者的健康，甚至危及生命安全。因此，食品关联品的安全性问题越来越受到人们的重视和注意。

食品包装的主要作用是保护食品安全，不损失营养价值，方便贮存，促进销售，提高货架期和商品价值。按包装材料的种类可分为：纸与纸板、塑料、金属、玻璃、橡胶、复合材料、化纤材料等。包装材料、容器的选择对食品安全性有着密不可分的关系，食品容器和包装材料对食品的污染主要是由于材料本身含有毒有害物质，它们直接与食品接触，很多材料成分可迁移到食品中，从而使食品被有毒有害的物质污染。因此，对于食品包装材料、容器安全性的基本要求就是不能向食品中释放有害物质，不与食品中的成分发生反应。

食品生产经营的工具、设备是食品企业的基本设施，没有这些工具和设备，食品的加工制造将无法开始。食品生产过程使用的设备工具，尤其是接触食品的机械设备、操作台、输送带、管道等设备的制作材料应无毒，不会对食品造成污染；同时耐腐蚀、不易生锈、易于清洗消毒等。由于食品生产经营的工具和设备大多数是机械产品，在进行食品、食品添加剂的制造过程中，这些工具和设备无法避免的与食品、食品添加剂直接或间接的接触，如果在生产过程之中，相关的工具和设备被外界污染，就会构成食品及食品添加剂的安全上的隐患。因此，食品生产经营的工具、设备就要求严格按照相关的标准生产、使用。

食品洗涤剂、消毒剂是现代食品工业中必不可少的清洁用化学物质。食品洗涤剂、消毒剂的使用直接或间接的与食品接触，在使用过程中要求对食品不能产生残余污染、应用可靠。如果食品的洗涤剂、消毒剂不是食品级用的清洁剂，就会造成食品的污染进而破坏食品的品质。

食品运输意味着食品可以在被制造出来以后，快速并且始终在保持较高的质量时，被运送到很远的市场进行销售。食品运输不同于其他货物的运输，为了保证食品安全，对于运输工具等都有特殊的要求。在食品运输污染中，多数是由于运输食品与危险货物混装或是承运车辆装运了危险货物，车底未进行洗刷又装运食品而造成的食品运输污染，其中以化学性污染、细菌污染居多。因此食品运输、装卸过程中必须注意操作卫生、防止污染。

七、无标签的预包装食品的禁止性规定

《食品安全法》第99条第3款规定，预包装食品，指预先定量包装或者制作在包装材料和容器中的食品。预包装食品是相对于散装食品而言的，《散装食品卫生管理规范》（卫法监发［2003］180号）规定，散装食品是指无预包装的食品、食品原料及加工成品，但不包括新鲜果蔬，以及需清洗后加工的原粮、鲜冻畜禽产品和水产品等。

预包装食品的外包装上必须有食品标签，食品标签是食品的身份证明，包括食品包装上的文字、图形、符号及一切说明物。食品标签不同于食品标识，我国2008年实施的《食品标识管理规定》对食品标识下的定义是指粘贴、印刷、标记在食品或者其包装上，用以表示食品名称、质量等级、商品量、食用或者使用方法、生产者或者销售者等相关信息的文字、符号、数字、图案以及其他说明的总称。可见，食品标识比食品标签的内容更为广泛。

预包装食品的标签在消费过程中起到介绍食品特性和指导消费的作用，是消费者选购食品的重要参考。消费者在购买预包装食品时可以通过食品标签了解食品的名称、配料、营养成分、厂名、批号、生产日期、保质期等信息，可以引导、指导消费者选购食品。没有食品标签，消费者就不知道自己购买的食品的原料、营养成分、保质期等信息，更无法知道吃下这种食品后会给自己的身体健康带来什么影响。因为食品信息的不对称，消费者往往成为不利一方，如果没有食品标签，那么消费者的权益在受到损害的时候，将无法保护自己的合法权益。对于食品生产经营者而言，食品标签有助于其对销售环节进行管理。在不安全食品出现时，可以及时地召回有问题的食品。而监管者通过食品标签可以有效控制食品的流向、安全等信息，对食品生产经营者进行监管。

消费者与经营者天然存在着信息不对称，因此消费者享有的一项重要权利是知情权，《消费者权益保护法》第8条规定："消费者享有知悉其购买、使用的商品或者接受的服务的真实情况的权利。消费者有权根据商品或者服务的不同情况，要求经营者提供商品的价格、产地、生产者、用途、性能、规格、等级、主要成分、生产日期、有效期限、检验合格证明、使用方法说明书、售后服务，或者服务的内容、规格、费用等有关事项。"

近年来为规范市场预包装食品的标签，国家在原有法规的基础上又先后颁布实施了多部法规和标准，如2004年的《预包装食品标签通则》、《预包装特殊膳食用食品标签通则》，2005年的《预包装饮料酒标签通则》和《保健食品注册管理办法（试行）》等。2007年8月国家质检总局发布了《食品标识管理规定》，于2008年9月1日起施行，该规定取代了《查处食品标签违法行为规定》，而不取代《预包装食品标签通则》，因此食品生产经营企业对《食品标识管理规定》和《预包装食品标签通则》都要执行。《预包装食品标签通则》作为国家标准是针对经预先定量包装好的、或已装入（灌入）容器中，向消费者直接提供的食品标签做出的规定，而《食品标识管理规定》则是对所有粘贴、印刷、标记在食品或其包装上的标识，即所适用的范围不仅仅是已有包装的食品，还包括没有包装的裸装食品的规定。不论是食品标签还是标识，不仅要执行《预包装食品标签通则》和《食品标识管理规定》，还必须符合该食品所执行的标准以及相关法律的规定，否则将承担相应的法律责任。

《食品安全法》第42条规定："预包装食品的包装上应当有标签。标签应当标明下列事项：①名称、规格、净含量、生产日期；②成分或者配料表；③生产者的名称、地址、联系方式；④保质期；⑤产品标准代号；⑥贮存条件；⑦所使用的食品添加剂在国家标准中的通用名称；⑧生产许可证编号；⑨法律、法规或者食品安全标准规定必须标明的其他事项。专供婴幼儿和其他特定人群的主辅食品，其标签还应当标明主要营养成分及其含量。”

八、超过保质期的食品的禁止性要求

《食品安全法》第99条第8款规定，保质期是指预包装食品在标签指明的贮存条件下保持品质的期限。食品保质期是食品标签的重要内容，它是有效保证食品质量的重要信息要素，也是食品生产经营者和消费者之间有关食品质量的不可或缺的契约凭证；更重要的是，它还是各级监督机构在执法时的重要法律依据。

快到期的食物能不能吃，首先要把这个“期”分清楚，一种叫保质期，又称最佳食用期，在国外称之为货架期，在适宜的贮存条件下超过保质期的食品，如果色、香、味没有改变，在一定时间内可能仍然可以食用。而另一种叫保存期，即产品可食用的最终日期。在保存期之后食品可能会发生品质变化，不再具有消费者所期望的品质特性，不能食用更不能用于销售。由于食品的成分比较复杂，较难确定严格准确的保质期和保存期，有的根据经验或者实验确定，所以一般作为推荐的期限，食品保存期的时限通常比保质期要长。因此，从保护食品安全的角度来说，保质期比保存期更安全。超过保质期的食品是指超过了在食品标签上指明期限的食品。

食品的保质期，是食品的最佳食用期，在此期限内，食品完全适于销售，并符合食品标签上的品质，超过此期限的食品虽然在某些感官特征如食品的色、香、味等方面可能起了微小的变化，甚至某些营养素的含量有可能降低，但仍达到产品的标准要求。但是为了保证消费者的权益，保障食品安全，就必须严格的控制食品的保质期。

有些食品对温度和贮藏的条件有严格的要求，如果不按照食品标签上所要求的条件来保存食品，即使是在食品的保质期内，食品也很可能发生了变质，这种变质可能是由物理的、生物的、化学的任何一种原因所造成的。食品超过了保质期，就意味着食品的品质可能发生了改变，安全性难以保证。过期食品易导致食源性疾病，通常食物中毒分为“生物型”和“化学型”两类，由于食用过期食品导致的食物中毒属于“生物型”中毒。人们如果食用了被细菌、病毒、寄生虫等污染的食品，就会引起急性食物中毒，甚至导致急性传染病发生。有时过期食品对人身体的危害是慢慢体现出来的。过了保质期的食品并不能完全或者马上出现腐烂现象，如果食用了这种食品，也不会立即出现中毒反应，但可能导致大量的微生物在人体内繁殖。比如白糖，过了保质期后，在外观上和甜度上没有什么明显变化，但实际上已经滋生了大量的螨虫，如果人吃了，螨虫就会进入人体消化道内寄生，引起不同程度的腹痛、腹泻等症状。

九、国家为防病等特殊需要明令禁止生产经营的食品

在中国的食品安全规制史上，因防病等特殊需要而明令禁止生产经营相关食品的情况时有发生。1988 年因食用毛蚶在上海引起的三十多万人感染甲肝事件，上海有关部门随即联合做出禁止在上海销售毛蚶等生食水产品的决定。2002 年 4 月 1 日，上海市政府再次发文，重申了“禁蚶令”的内容，并增加了港务部门对水路河道的监督检查，防范码头运输毛蚶、泥蚶等蚶类产品。2005 年，上海市食药监局再次发布有关通告，明确禁止毛蚶等 7 种产品在集贸市场销售。从《上海市城乡集市贸易食品卫生管理规定》到《上海市生食水产品卫生管理办法》，甚至在《上海交通大学卫生守则》中，一切的蚶类产品都遭到了严格的禁止，并设立了严厉的处罚措施：除没收违法所得外，还将处以 1 倍以上 5 倍以下的罚款，罚款金额最低不少于 1000 元；没有违法所得的，处以 1000 元以上 5 万元以下罚款；对触

犯刑法的，要追究刑事责任。

此外，2006年爆发的“福寿螺”食品安全事件中，北京市针对因食用福寿螺而产生群发性广州管圆线虫病情况，发布了全市暂停购进、销售福寿螺的市场控制指令，对任何形式制作的福寿螺发出了停售令，要求全北京市农副产品市场、商场、超市、餐饮企业和场所等各类食品经营者一律暂停购进、销售、加工福寿螺；对不遵守水产品市场控制指令的食品经营者，将依据《北京市食品安全监督管理规定》等有关法律法规予以严惩，最高可处以3万元罚款。

另外，国家对果子狸、河豚鱼等进入餐饮服务，实行长期而持久的禁止政策。因为前者易导致疾病传播流行，后者易导致食物中毒，所以虽不断有呼吁开放禁令的声音，但食品安全监管部门仍然持严禁的态度。

食品生产经营的标准化支撑

我国《食品安全法》第33条规定：国家鼓励食品生产经营企业符合良好生产规范要求，实施危害分析与关键控制点体系，提高食品安全管理水平。对通过良好生产规范、危害分析与关键控制点体系认证的食品生产经营企业，认证机构应当依法实施跟踪调查；对不再符合认证要求的企业，应当依法撤销认证，及时向有关质量监督、工商行政管理、食品药品监督管理部门通报，并向社会公布。认证机构实施跟踪调查不收取任何费用。

我国《食品安全法》第33条表明，我国食品生产经营的标准化支撑已上升到国家法律规制层面。从国际国内来看，食品生产经营的标准化支撑主要包括企业良好生产规范（GMP），危害分析与关键控制点（HACCP），质量管理体系（ISO 9000）和餐饮服务企业“七常法”等。

一、企业良好生产规范（GMP）

（一）企业良好生产规范（GMP）概述

良好生产规范（Good Manufacturing Practice，GMP）是为保障食品安全与质量而制定的贯穿食品生产全过程的一系列措施、方法和技术要求。GMP是国际上普遍采用的用于食品生产的先进管理系统，它要求食品生产企业应具备良好的生产设备、合理的生产过程、完善的质量管理和严格的检测系统，以确保产品的质量符合标准。

良好生产规范 GMP 诞生于美国。1963 年美国食品与药品管理局（Food & Drug Administration）制定药品 GMP，以确保药品的高质量。1964 年美国强调实施药品 GMP，1969 年美国公布食品 GMP 基本法，1969 年世界卫生组织（WHO）通函各国政府促请研究并实施药品 GMP 制度。我国食品企业卫生规范是在药品 GMP 的基础上建立起来的，并以强制性国家标准发布实施。从 1988 年开始，我国先后颁布了 18 个食品企业卫生规范和 1 个食品企业通用卫生规范，具体是：GB8950－1988《罐头厂卫生规范》；GB8951－1988《白酒厂卫生规范》；GB8952－1988《啤酒厂卫生规范》；GB8953－1988《酱油厂卫生规范》；GB8954－1988《食醋厂卫生规范》；GB8955－1988《食用植物油厂卫生规范》；GB8956－1988《蜜饯厂卫生规范》；GB8957－1988《糕点厂卫生规范》；GB12693－1990《乳品厂卫生规范》；GB12694－1990《肉类加工厂卫生规范》；GB12695－1990《饮料厂卫生规范》；GB12696－1990《葡萄酒厂卫生规范》；GB12697－1990《果酒厂卫生规范》；GB12698－1990《黄酒厂卫生规范》；GB16330－1996《饮料天然矿泉水卫生规范》；GB17403－1998《巧克力厂卫生规范》；GB17404－1998《膨化食品良好生产规范》；GB17405－1998《保健食品良好生产规范》；GB14881－1994《食品企业通用卫生规范》。

（二）企业良好生产规范（GMP）的分类

根据 GMP 适用范围，企业良好生产规范（GMP）可分成以下三类：

1. 国家政府机构颁布的 GMP。例如，美国 FDA 公布的低酸性罐头食品 GMP，我们国家卫生部发布的《膨化食品良好生产规范》、《保健食品良好生产规范》等。

2. 行业组织制定的 GMP。此类行业 GMP 可以作为同类食品企业自愿遵守、参照执行的管理规范。

3. 食品企业自定的GMP。作为企业内部管理的规范。

根据GMP的法律效力，企业良好生产规范（GMP）可分成以下两类：

1. 强制性GMP。它是食品生产企业必须遵守的法律规定，由有关部门颁布并监督实施。我国卫生部的食品企业GMP属强制性标准。

2. 指导性（或推荐性）GMP。它是由国家政府部门、行业组织或协会制定并推荐给食品企业参照执行，但遵循自愿遵守的原则。

（三）实施企业良好生产规范（GMP）的意义

企业良好生产规范（GMP）既是食品制造规范，也是制造食品所必须遵循的技术标准。GMP是发达国家食品管理的先进方法和成功经验，也是保证食品质量安全的关键。

1. 食品GMP的实施，首先为食品生产过程提供了一整套必须遵循的组合标准，使食品生产经营人员认识食品生产的特殊性，由此产生积极的工作态度，激发对食品质量高度负责的精神，消除生产上的不良习惯，使食品生产企业对原料、辅料、包装材料的要求更为严格。

2. 有助于食品生产企业采用新技术、新设备，从而保证食品质量。

3. 为卫生行政部门、食品卫生监督员提供检查的依据。

4. 为建立国际食品标准提供基础以便于食品的国际贸易。

（四）企业良好生产规范（GMP）的基本内容、要素

根据食品良好生产规范GMP管理方式制定和实施的食品制造标准，突出体现了各种污染的防止，主要着眼于使用的各种原材料和食品生产每一工序中产品安全性的保证。为了避免食品中附着和混入杂物、重金属、残留农药、可引起食品中毒的病原体或有损于食品质量的微生物等，必须采取有效措施，切实防止来自工厂设施、操作环境、机械器具、空中沉降细菌和

操作人员等方面的污染，加强工艺方面的管理、实行双重检查、建立各工艺的检验制度和质量管理制度、做好误差的防范措施、进行管理记录的保存。

GMP 的重点是制定操作规范和双重检验制度，确保食品生产过程的安全性；防止异物、有毒有害物质、微生物污染食品，防止出现人为事故；完善管理制度，加强标签、生产记录、报告档案的管理。

在编制某食品 GMP 时应包括以下格式和内容：主题内容及适用范围；术语；原料采购、运输和储藏的卫生；工厂设计与实施的卫生要求；工厂卫生与健康；产品加工过程中的卫生；质量记录、成品储藏、运输的卫生；卫生与质量检验管理等。

GMP 内容的基本要素包括先决条件，设施，加工与储藏及分配操作，食品安全措施和管理职责五方面。

1. 先决条件。适合的加工环境；工厂建筑、道路、行程；地表供水系统、废物处理等。

2. 设施。制作空间、储藏空间、冷藏空间、冷冻空间的设置；排风、供水、排水、排污、照明等设施条件。

3. 加工、储藏、分配操作。物料购买和储藏；机器、机器配件、配料、包装材料、添加剂、加工辅助品的使用及合理性；成品外观、包装、标签和成品保存；成品仓库、运输和分配；成品的再加工；成品抽样、检验和良好的实验室操作等。

4. 食品安全措施。特殊工艺条件如加热处理、冷藏、冷冻、脱水和化学保藏等的卫生措施；清洗计划、清洗操作、污水管理、害虫控制；个人卫生的保障；外来物的控制、残存金属检测、破损玻璃检测以及化学物质检测等。

5. 管理职责。管理程序、管理标准、质量保证体系；技术人员能力建设、人员培训周期及预期目标。

（五）企业良好生产规范（GMP）的认证

食品 GMP 认证由美国在 20 世纪 60 年代发起，当前除美国已立法强制实施食品 GMP 外，其他如日本、德国、澳大利亚、加拿大、新加坡以及我国均采取劝导方式辅导业者自动自发实施。

食品 GMP 认证工作程序。程序包括申请、资料审查、现场评审、产品检验、签约、授证、追踪考核等步骤。

食品企业应递交申请书。申请书包括产品类别、名称、成分规格、包装形式、质量、性能，并附公司注册登记影印件、工厂厂房配置图、机械设备配置图，以及技术人员学历证书和培训证书等。

同时食品企业还应提供质量管理标准书、制造作业标准书、卫生管理标准书、顾客投诉处理办法和成品回收制度等技术性文件。

质量管理标准书的内容。内容包括质量管理机构的组成和职责、原材料的规格和质量验收标准、过程质量管理标准和控制图、成品规格及出厂抽样标准，检验控制点和检验方法、异常处理办法、食品添加剂管理办法、员工教育训练计划和实施记录、食品良好操作规范考核制度和记录、仪器校验管理办法等。

制造作业标准书的内容。内容包括产品加工流程图、作业标准、机械操作及维护标准、配方标准、原材料、半成品及成品仓储标准和管理办法、运输标准和管理办法等。

卫生管理标准书的内容。内容包括环境卫生管理标准、人员卫生管理标准、厂房设施卫生管理标准、机械设备卫生管理标准、清洁和消毒用品管理标准。

顾客投诉处理办法和成品回收制度。包括顾客投诉处理办法、成品回收的定义及目的、成品回收的适用范围、成品回收的处理流程图、成品回收的执行结果报告等。

二、危害分析与关键控制点（HACCP）

（一）危害分析与关键控制点（HACCP）概述

危害分析与关键控制点（Hazard Analysis Critical Control

Point，HACCP）是由食品的危害分析（HA）和关键控制点（CCP）监控两部分组成，应用食品加工、微生物学、质量控制和危害评价等有关原理和方法，对食品原料、加工以至最终产品等过程实际存在和潜在性的危害进行分析判定，找出与最终产品质量有影响的关键控制环节，并采取相应控制措施，使食品的危害性减少到最低限度，从而达到最终产品较高安全性的目的。

HACCP是对可能发生在食品加工环节中的危害进行评估，进而采取控制的一种预防性食品安全控制体系。有别于传统的质量控制方法，它是对原料、各生产工序中影响产品安全的各种因素进行分析，确定加工过程中的关键环节，建立并完善监控程序和监控标准，采取有效的纠正措施，将危害预防消除或降低到消费者可接受水平，以确保食品加工者能为消费者提供更安全的食品。

早在20世纪50年代初，化学工业就开始应用HACCP体系的基本原理，该原理的核心内容是"全面质量管理原则"。美国是最早应用HACCP原理，并在食品加工过程中强制实施HACCP体系的国家。1993年，由联合国粮食与农业组织（FAO）和世界卫生组织（WHO）联合创建的食品法典委员会（CAC）开始鼓励各国使用HACCP，其下属机构——食品卫生委员会起草了《应用HACCP原理的指导书》，用于推行HACCP体系，并对体系中常用的名词术语、发展HACCP体系的基本条件、关键控制点决策树的使用等内容进行了详细的规定。1997年，食品法典委员会（CAC）制定《HACCP体系及其应用准则》指出，HACCP可应用到最初生产者至最终消费者的整个食品链中。20世纪80年代，HACCP传入我国。现在，HACCP体系已经成为我国商检食品安全控制的基本政策，我国有80%以上的出口企业建立了HACCP体系，为了提高我国食品安全与卫生状况，实现从农田、饲料场到餐桌的全程质量管理，在我国农业、畜牧业、食品加工业、食品服务业等相关部门全面实施 HACCP 体系将是必然的发展趋势。

（二）危害分析与关键控制点（HACCP）的特点

危害分析与关键控制点（HACCP）是一个真正的逻辑性控制和评价系统，与其他质量体系相比，具有简便易行、合理等特点。

1. 具有全面性。HACCP 是一种系统化方法，涉及食品安全的所有方面（从原材料、种植、收获和购买到最终产品的使用），能够鉴别出现今能够想到的危害，包括实际预见到可能发生的危害。

2. 以预防为重点。使用 HACCP 防止危害进入食品，变追溯性最终产品检验方法为预防性质量保证方法。

3. 提高产品质量。HACCP 体系控制质量，能使产品更具有竞争性并保证消费者食用安全。

4. 具有良好的经济效益。通过预防措施减少损失，降低成本，减轻一线工人的劳动强度，提高劳动效率。

5. 肯定了食品行业对生产安全食品的基本责任。保证食品安全的首要责任首先归于食品生产商或销售商。

6. 提高政府监督管理工作效率。官方检验员可将精力集中到最容易发生危害的环节上，通过检查 HACCP 监控记录和纠偏记录可了解工厂的所有情况。

7. 为食品业体系与进行监督管理的政府体系提供联系的可能，有助于改善工厂与管理官方和工厂与消费者的关系。

需要注意的是，HACCP 可用于尽量减少食品危害风险，但并不是零风险体系。需要与其他质量管理体系一起优势互补，共筑食品质量管理体系。

（三）实施危害分析与关键控制点（HACCP）的意义

采用 HACCP 体系的主要目的是建立一个以预防为主的食品安全控制体系，最大限度地消除或减少食源性疾病，保护人民健康。

1. HACCP是一种结构严谨的控制体系，它能够及时识别出所有可能发生的危害（包括生物、化学和物理的危害），并在科学的基础上建立预防性措施。如将加工企业对原料的要求传递给原料供应商，从而确保原料的安全性、减少食品的原始危害。

2. HACCP体系是保证生产安全食品最有效、最经济的方法，因为其目标直接指向生产过程中的有关食品卫生和安全问题的关键部分。

3. HACCP体系能够预测潜在的危害以及提出措施使新工艺和新设备的设计与制造更加容易和可靠，有利于食品企业的发展与改革。

4. HACCP体系为食品生产企业和政府监督机构提供了一种理想的食品安全检测和控制方法，使食品质量与监督体系更完善、管理过程更科学。

5. HACCP已被政府监督机构、媒介和消费者公认为目前最有效的食品安全控制体系。

6. 在食品外贸上重视HACCP审核可减少对成品实施繁琐的检验程序。

（四）危害分析与关键控制点（HACCP）的基本原理

以HACCP为基础的食品安全体系，包括以下七项基本原理：

【原理1】 危害分析和风险评估。拟定工艺中各工序的流程图，确定与食品生产各阶段（从原料到消费者）有关的潜在危害性及其程度，鉴定并列出各有关危害和规定具体有效的控制措施，包括危害发生的可能性及发生后的严重性的估计。危害分析与预测控制措施是HACCP原理的基础，也是建立HACCP计划的第一步。

【原理2】 确定关键控制点。使用判定树鉴别各工序中的关键控制点（CCP）。如原料生产收获与选择、加工、产品配方、设备清洗、贮运、雇员与环境卫生等都有可能是 CCP，且每一个 CCP 所产生的危害都可以被控制、防止或将之降低至可接受水平。

【原理 3】 确定与各 CCP 相关的关键限值（CL）。要尽可能地为每一个 CCP 确立各自的关键控制限值。有时对某一工序可以确定多个关键限值，以确保每个关键限值在安全值内。关键控制限值常常采用一些保藏手段的参数或工艺参数，如温度、时间、压力、流速、细菌总数等，以及感官指标，如外观和组织结构等。

【原理 4】 确立监控程序。监控程序是为关键控制点和极限值所设定的按照制定的计划进行的观察或测量程序，通过对控制参数进行测量，评估关键控制点是否处于受控制状态。企业应制定监控程序并执行，以确定产品的性质或加工过程是否符合关键限值。通过有计划的测试或观察，以保证 CCP 处于被控制状态，其中测试或观察要有记录。监控应尽可能采用连续的理化方法，如无法连续监控，也要有足够的间隙频率次数来观察测定每一 CCP 的变化规律，以保证监控的有效性。

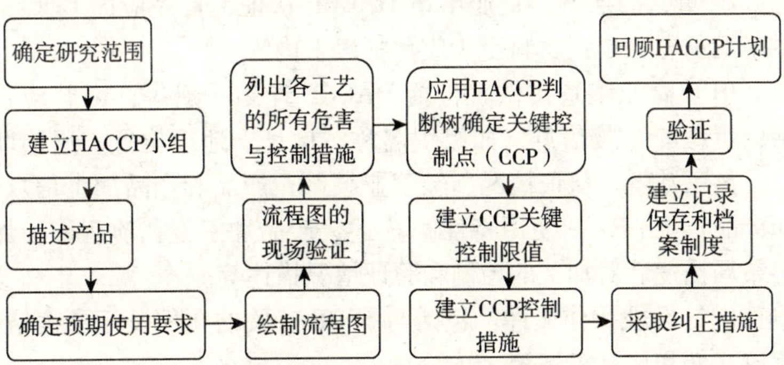

实验 HACCP 计划的流程图

【原理 5】 纠正措施。当监控表明，偏离关键限值或不符合关键限值时采取的程序或行动即叫做纠正措施。如有可能，纠正措施一般应是在 HACCP 计划中提前决定的。纠正措施一般包括两步：①纠正或消除发生偏离 CL 的原因，重新加工控制；②确定在偏离期间生产的产品，并决定如何处理。

【原理 6】 记录保持程序。保持有效和准确的记录对 HACCP 的实施是很重要的。企业在实行 HACCP 体系的全过程中，须有大量的技术文件和日常的监测记录，这些记录应是全面的，记录包括：体系文件，HACCP 体系的记录，HACCP 小组的活动记录，HACCP 前提条件的执行、监控、检查和纠正记录。

【原理 7】 验证程序。审核 HACCP 计划的准确性，包括适当的补充实验和总结，以确认 HACCP 是否在正常运转，确保计划在准确执行，以及在被确认生效使用的方法、程序、检测及审核手段。检验方法包括生物学的、物理学的、化学的或感官的。

（五）危害分析与关键控制点（HACCP）的审核与认证

审核就是评审企业自身的 HACCP 体系，验证体系是否有效，能否持续满足内部策划的安排和要求。审核有内部审核（第一方审核）和外部审核（顾客和第三方审核）。

1. 审核的准备。企业申请 HACCP 认证，首先应向 CQC 提供申请材料，申请材料至少应包括以下内容：

（1）企业体系文件。包括 HACCP 计划手册等，内容应包括：组织的一般信息，如组织名称、地址、地理位置、通信联络、员工数量、认证情况、经营业绩等；产品和产品加工信息，如产品特征（包括使用特性）描述、产品加工工艺流程图、加工布局描述、对加工的控制和验证情况描述等。

（2）企业操作文件。包括与 SSOP 有关的文件及记录表格、监控文件和记录表格等。

（3）相关的安全卫生和质量记录。

（4）HACCP 体系的支持性文件与资料。

2. 第一阶段审核。

（1）第一阶段审核的任务。判断 HACCP 体系文件化要求是否科学、合理；了解被审核方 HACCP 体系的运行情况，确定第二阶段审核的可行性和条件；收集充分的信息，了解现场的情况，确定第二阶段审核的重点和方案；现场确认审核范围。

（2）第一阶段审核的内容。

第一，审核体系建立、运行的基本情况。

第二，HACCP 体系文件审核：确认 HACCP 体系文件符合审核准则的各项要求；确认 HACCP 体系文件符合法律法规要求；确认危害分析、关键点的确定、关键限值、监控措施、验证措施、记录文件的一致性；内审程序及其实施情况，以判断内审的可信度和有效性，组织机构和职责的设置是否合理；HACCP 计划制定的合理性。

第三，第一阶段现场审核：与组织的最高管理者和 HACCP 小组组长会面，说明第一阶段审核的目的、审核内容和方法；巡视所有现场了解生产过程及其主要的安全因子，掌握现场布局并确认认证范围；与 HACCP 小组组长交谈、了解体系建立和运行的整体情况；与 HACCP 小组，就第一阶段需审核的条款，通过交谈、查记录等方式了解相关信息，从而判断体系的运行情况及是否具备第二阶段审核的条件；与 HACCP 小组组长及相关人员交谈本次审核的审核发现，提出相关要求确定下一步工作安排。

第四，第一阶段审核程序。第一阶段审核程序包括审核准备、审核计划、见面会、审核实施、内部会、总结会等。HACCP 体系审核一般采用两阶段审核的方式进行，第一阶段审核包括文件审核和现场审核。

3. 第二阶段审核。第二阶段的审核目的是审核被审核方 HACCP 的实施是否符合 HACCP 的七个原理及相关法律法规的要求，体系运行是否有效，确定是否能够推荐发证。

（1）审核前的技术准备。包括安排审核计划、编制审核检查表、召开审核组技术会议等事项，还包括选择审核方式、抽样方式等内容。

(2) 现场审核。审核组将制定的审核计划通知被审核企业，在计划的时间内进行现场审核。现场审核的程序如下：

第一，HACCP 计划的现场审核按审核计划的安排，见面会后审核组成员分组进入审核现场，审核 HACCP 计划的执行情况，主要通过观察生产线上所发生的事情来完成。

第二，进行建立在 GMP 基础上的 SSOP 的现场审核。

第三，进行化验室的现场审核。

第四，审查记录。SSOP 审查和 HACCP 计划的评价的一个不可缺少的部分就是被审核方的各种记录。

第五，记录不符合情况。

第六，召开审核组内部会议，听取各小组现场审核的情况汇报，对审核发现进行逐项讨论并确定不符合项，对不符合项分类汇总，写出审核意见并得出审核结论。

第七，总结会。落实跟踪审核措施和后续工作。

以上程序完成后，经技术委员会审定合格，由 CQC 出具 HACCP 体系认证证书。

国家认监委对企业建立并实施 HACCP 管理体系实施监督，对出入境检验检疫机构的 HACCP 验证工作进行业务指导和监督检查。国家认监委监督、管理全国的 HACCP 认证认可工作，监督、规范 HACCP 认证活动。

三、质量管理体系（ISO 9000）

（一）质量管理体系（ISO 9000）概述

国际标准化组织（International Organization for Standardization，ISO）是世界上最大的国际标准化组织，其宗旨是在世界上促进标准化及其相关活动的发展，以便于商品和服务的国际交换，在智力、科学、技术和经济领域开展合作。ISO 现有 117 个成员（国家或地区）。

质量管理体系（ISO 9000），一般理解为好的文件体系，对于产品和服务，它可以有效促进质量的改进。ISO 9000 是一组为质量管理体系框架提供的标准的统称，是国际上通用的质量管理体系。2000 版 ISO 9000 标准的首要目标是将现代质量管理和组织持续改进、不断获得顾客满意等实际过程和活动联系起来，此外，还应是标准在全球范围内各类组织中都能适用：①适用于所有的生产和服务部门，适用于任何规模的组织；②使用简便、表达清晰、便于翻译、易于理解；③能够将质量管理体系和组织的运行联系起来；④为组织实施改进提供一个坚实的基础；⑤更大程度的着眼于持续改进和顾客满意；⑥与其他管理体系相容，如 ISO 1400 环境管理体系等；⑦需要为特殊部门，如汽车、航空、医疗器械等部门中的组织，提供坚实的基础，并阐明这些组织的主要需求和利益。

2000 版 ISO 9000 族标准的文件结构：①核心标准 4 个：ISO 9000：2000 基本原理和术语；ISO 9001：2000 质量管理体系—要求；ISO 9004：2000 质量管理体系—业绩改进指南；ISO 19011：2000 质量和（或）环境管理体系审核指南。②其他标准 1 个：ISO 10012 测量设备的质量保证要求。③技术报告若干份，现已列入计划的有：ISO/TR10006 项目管理指南；ISO/TR10007 技术状态管理指南；ISO/TR10013 质量管理体系文件指南；ISO/TR10015 教育和培训指南；ISO/TR10017 统计技术在 ISO 9001 中的应用指南。④小册子若干，现已列入计划的有：质量管理原理，选择和使用指南，ISO 9001 在小型企业中应用指南。

（二）质量管理体系（ISO 9000）认证的意义

1. 符合市场经济的法则，能给贸易双方带来直接经济效益。质量认证是由独立于第一方（供应商）和第二方（采购商）之外的第三方中介机构，通过严格的检验和检查，为产品的符合要求出具权威证书的一种公正、科学的质量制度，符合市场经济规则，能带来直接的经济效益，易被社会所接受。

2. 质量认证是商品进入国际市场的通行证。质量认证跨国界，推动质量认证的国际互认，利于消除国际贸易技术壁垒，促进国际协调。

3. 质量认证有利于降低成本，减少重复检验和评审。

4. 质量认证是“以质取胜”经济发展方针，企业按照 GB/T19000 族标准建立质量管理和质量保证体系，并开展认证工作，就是完善“硬件”和“软件”的最好途径。企业获得认证证书和认证标志，是企业文化、质量文化的重要表现。

（三）质量管理体系（ISO 9000）的基本原则

质量管理八项原则是全球质量管理工作成功经验的科学总结和高度概括，其实质内容与我国推行的全面质量管理与控制相一致。质量管理八项原则已得到世界各国的确认。

1. 以顾客为中心。组织依赖于顾客。因此，组织应当理解顾客当前和未来的需求，满足顾客要求并争取超越顾客期望。以顾客为中心，是质量管理八项原则之首，是质量管理八项原则的核心和灵魂。这是因为顾客是组织（企业）生存的“上帝”，要使企业在激烈的市场竞争中处于不败之地，就必须使企业的产品和服务达到顾客的满意，以求得最佳的经济效益。这是无情市场竞争的关键和“金钥匙”。建立顾客意见反馈机制，并对顾客的满意程度进行科学的分析，提出产品和服务改进的方向和具体措施，企业经济效益就会不断升级，使企业的运行进入良性循环。

2. 领导作用。领导者确立组织统一的宗旨及方向，他们应当创造并保持使员工能充分参与实现组织目标的内部环境。正确路线决定后，领导就是决定因素。领导在组织中的特殊地位就决定着企业质量管理的目标和方向。从 1994 年我国实行质量管理体系认证以来的实践经验表明，领导者对质量问题的态度和认识水平决定质量管理体系认证的业绩成败。

3. 全员参与。各级人员都是组织之本，只有他们充分参与，才能使他们的才干为组织带来效益。企业发展必须坚持“以人为本”的宗旨，企业所有的产品和服务都是全体员工共同劳动的结果。只有人人的作用得到充分的发挥，价值得到合理的体现，企业才会得到回报。人能成为天使，也能成为魔鬼。企业领导只有重视每个员工，让每个员工都形成良好的质量意识、职业道德、敬业精神，才能持续提高产品和服务质量。

4. 过程方法。将过程和相关的资源作为过程进行管理，可以更高效地得到期望的结果。所有工作都是通过一个过程实现的，通过过程策划和过程控制可以达到增值的目标。产品质量的优劣和服务水平的高低是每一个过程的结果。PDCA 是过程方法中最佳的使用方法，每一个过程都可以通过 PDCA 循环实现过程的持续改进。PDCA 的含义：P—策划（Plan），根据产品和服务的需求和组织的质量方针和目标，确定实现目标的必须过程和目标；D—实施（Do），具体实施过程；C—检查（Check），对产品和服务过程进行检测和检查，通过检查发现问题和分析问题；A—处置（Action），对出现的问题采取纠正措施，以持续改进过程存在的问题，最终取得满意的效果。

5. 管理的系统方法。将相互关联的过程作为系统加以识别、理解和管理，有助于组织提高实现目标的有效性和效率。产品质量和服务水平与过程是紧密相连的，社会化分工是当今社会发展的必然趋势。要得到顾客的满意，采用系统方法进行科学管理对实现组织的方针和目标具有重要意义。同一个组织采用不同的管理方法，其取得的业绩是显著不同的，尤其是采用系统方法效果最为显著。

6. 持续改进。持续改进总体业绩应当是组织的一个永恒目标。提高产品质量和改进服务水平，增加组织的经济效益和社会效益是一个组织的永恒追求和目标。持续改进的过程就是组织提高产品质量和服务水平的过程，如果要使市场占有率不断增加，那么，任何组织一刻也不能放松这一永恒追求和目标。质量提高和服务水平的改进永远是员工的工作内容。

7. 基于事实的决策方法。有效决策是建立在数据和信息分析的基础上。决策方法有许多种，但这一原则要求组织采用以事实为依据的决策方法，防止决策出现失误。基于事实的决策方法原则要求组织的领导与决策层，要收集有关产品和服务的信息和数据，并对这些数据和信息进行科学的分析、汇总，为决策提供依据，确保有效决策。

8. 与供方互利的关系。组织与供方是相互依存的，互利的关系可以增强双方创造价值的能力。组织与供方是一种互利合作关系，并以实现“双赢”为目的。因此，处理好双方关系，直接影响到对顾客提供的产品质量和服务水平。坚持诚信是双方合作的基础，离开了诚信就会出现两败俱伤，这一原则的落脚点是增强双方创造价值的能力。

（四）质量管理体系（ISO 9000）的基本原理

1. 质量管理体系的理论说明。顾客是组织的上帝，组织希望其提供的产品能让顾客满意，质量管理体系能帮助组织增强顾客满意度。组织依存于顾客，组织会面临顾客期望和需求不断变化的情况、技术不断发展以及同行的竞争压力，这些将促使组织持续改进产品、过程，并将进一步提高质量管理体系的有效性。质量管理体系方法的意义在于鼓励组织分析顾客要求，规定满足顾客要求的实现过程及相关的支持过程，并使其受控，以实现并提供顾客能接受的产品。

2. 质量管理体系要求和产品要求的区别。ISO 9000 族标准把质量管理体系的要求与产品要求区分开来。质量管理体系的要求是通用的，适用于所有行业或经济领域，不论其提供何种类别的产品。ISO 9001 本身并不规定产品要求。产品要求可由顾客规定，或由组织通过预测顾客的要求规定，或由法规规定。产品要求，在某些情况下有关过程的要求可包含在诸如技术规范、产品标准、过程标准、合同协议和法规要求中。

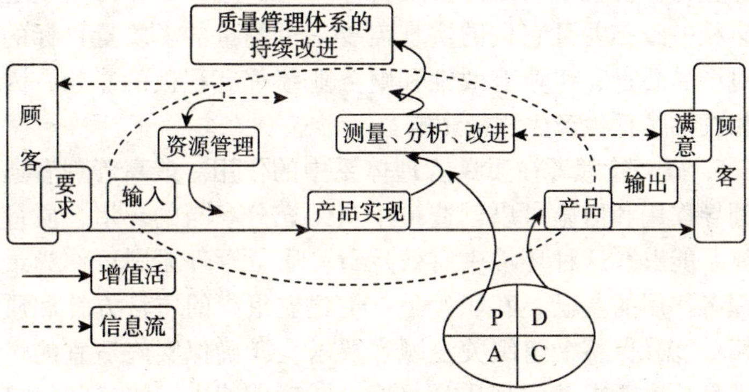

以过程为基础的质量管理体系模式

3. 质量管理体系方法。建立和实施质量管理体系的方法由下述几个步骤组成：确定顾客的需求和期望；建立组织的质量方针和质量目标；确定实现质量目标必需的过程和职责；对每个过程实现质量目标的有效性确定测量方法；应用测量方法，以确定每个过程的现行有效性；确定防止不合格并消除产生原因的措施；寻找提高过程有效性和效率的机会；确定并优先考虑那些提供最佳结果的改进；为实施已确定的改进，对战略、过程和资源进行策划；实施改进计划；监控改进效果；对照预期效果，评价实际结果；评审改进活动，以确定适宜的后续措施。可以应用类似的方法，保持和改进现有的质量管理体系。

4. 过程方法。任何得到输入并将其转化为输出的活动均可视为过程。为使组织有效运行，必须识别和管理许多内部相互联系的过程。通常，一个过程的输出将直接形成下一个过程的输入。系统识别和管理组织内所使用的过程，特别是这些过程之间的相互作用，称为“过程方法”。

5. 建立质量方针和质量目标的目的和意义。建立质量方针和质量目标为引导组织提供了关注焦点。两者确定了预期的结果，并帮助组织利用资源达到这些结果。质量方针为建立和评审质量目标提供了框架。质量目标要与质量方针和持续改进的承诺相一致，并且它们的实现需要是可测量的。质量目标的实现对产品质量、作业有效性和财务业绩都有积极的影响，因此对相关的信任也产生积极影响。

6. 最高管理者在质量管理体系中的作用。最高管理者通过其领导作用和措施可以创造一个员工充分参与的环境，质量管理体系能够在这种环境中有效运行。质量管理原则可作为最高管理者作用的基础，其职责是：①建立组织的质量方针和质量目标；②确保整个组织关注顾客要求；③确保实施适宜的过程以满足顾客要求并实现质量目标；④确保建立、实施和保持一个有效的质量管理体系以实现这些目标；⑤确保获得必要资源；⑥将达到的结果与规定的质量目标进行比较；⑦决定有关质量方针和质量目标的措施；⑧决定改进的措施。

7. 文件。

（1）文件的价值。文件能够沟通意图、统一行动，因此在质量管理体系中它是一个必需的要素。它有助于：产品质量和质量改进的实现；适宜培训的提供；确保重复性和可追溯性；客观证据的提供；体系有效性的评价。

（2）质量管理体系使用的文件类型。质量手册——向组织内部和外部，提供关于质量管理体系一致的信息文件；质量计划——表述质量管理体系如何应用于特定产品、项目或合同的文件；程序——提供如何完成活动的一致的信息的文件；记录——对所完成的活动或达到的结果提供客观证据的文件。每个组织确定所需文件的详略程度和所使用的媒体，取决于诸如组织类别和规模、过程的复杂性和相互作用、产品的复杂性、顾客要求的重要性、适用的法规要求等。

8. 质量管理体系评价。

（1）评价质量管理体系时，应对每一个被评价的过程，提出如下四个基本问题：过程是否予以识别和适当表述；职责是否予以分配；程序是否被实施和保持；在提供所要求的结果方面，过程是否有效。综合回答上述问题可以确定评价结果。

（2）质量管理体系审核。审核用于评价对质量管理体系要求的符合性和满足质量要求及目标方面的有效性。审核的结果可用于识别改进的机会。包括第一方审核（企业内部审核）、第二方审核（顾客审核）和第三方审核（独立审核服务机构审核）。

（3）质量管理体系评审。最高管理的一项任务是对质量管理体系关于质量方针和目标的适宜性、充分性、有效性和效率进行定期的、系统的评价。评审可包括考虑修改质量方针和目标，以响应相关方需求和期望的变化。评审包括确定采取措施的需求。审核报告是质量管理体系评审的信息源之一。

（4）自我评定。组织自我评定是一种参照质量管理体系或优秀模式对组织的活动和结果所进行的全面、系统和定期的评审。

9. 持续改进。持续改进也就是一个 PDCA 循环的过程。PDCA 循环的主要步骤：①分析和评价现状，以识别改进的区域；②确定改进的目标；③寻找可能的解决办法，以实现这些目标；④评价这些解决办法并作出选择；⑤实施选定的解决办法；⑥测量、验证、分析和评价实施的结果，以确定这些目标已经实现；⑦正式采纳更改；⑧必要时，对结果进行评审，以确定进一步改进的机会。PDCA 循环的特点是大环套小环，一环扣一环，小环保大环，推动大循环。组织按 PDCA 循环前进，就能达到一个新水平，在新水平上再进行 PDCA 循环，就能再上一更高的水平。在质量管理体系中，PDCA 循环是一个动态的循环，它可以在组织的每一个过程中展开，也可以在整个过程的系统中展开。它与产品实现过程及质量管理体系其他过程的策划、实施、控制和持续改进有密切的关系。

10. 统计技术的作用。使用统计技术可帮助组织了解变差，从而有助于组织解决问题并提高效率。这些技术也有助于更好地利用所获得的数据进行决策。在许多活动的状态和结果中，甚至是在明显的稳定条件下，均可观察到变差。统计技术可帮助测量、表述、分析、说明这类变差并将其形成模型，甚至在数据相对有限的情况下也可实现。这种数据统计分析能对更好地理解变差的性质、程度和原因提供帮助。从而有助于解决，甚至防止由变差引起的问题，并促进持续改进。

11. 质量管理体系和其他管理体系的关注点。质量管理体系是组织的管理体系的一部分，它致力于使与质量目标有关的结果适当地满足相关方的需求、期望和要求。组织的质量目标与其他目标，如增长、资金、利润、环境及职业健康与安全等目标相辅相成。组织管理体系的各个部分可与质量管理体系整和为一个使用共用要素的管理体系。这将便于策划、资源配置、确定补充的目标并评定组织的总体有效性。

12. 质量管理体系与组织优秀模式之间的关系。ISO 9000 族标准提出的质量管理体系方法和组织优秀模式方法是依据共同的原则，它们两者均：使组织能够识别它的强项和弱项；包括对照通用模式评价的规定；为持续改进提供基础；包含外部承认规定。

ISO 9000 族质量管理体系与优秀模式之间的不同在于它们应用范围的不同。ISO 9000 族标准为质量管理体系提出了要求，并为业绩改进提供了指南。质量管理体系评价确定其是否满足要求。优秀模式包含能够评价组织业绩的准则，并且能适用于组织的全部活动和所有相关方。优秀模式评定准则允许使用水平对比方法。

（五）质量管理体系（ISO 9000）的认证

1. 申请应具备的条件。

（1）产品质量认证。①中国企业持有工商行政部门颁发的

《企业法人营业执照》，外国企业持有有关机构的登记注册证明；②产品符合中国国家标准、行业标准及其补充技术要求，或者符合国务院标准化行政主管部门确认的标准；③产品质量稳定，能正常批量生产，并提供有关证明材料；④企业质量体系符合GB/T19000—ISO 9000族标准或外国申请人所在国等同采用ISO 9000族标准及其补充要求。

（2）质量体系认证。①持有有关登记注册证明；②已按GB/T19000—ISO 9000系列标准或其他国际公认的质量体系规范建立了文件化的质量体系。

2. 申请登记。认证机构办公室接待申请认证的客户，建立联系。

（1）为了使认证申请意向书面化，办公室向客户提供《申请认证联系文件》。

（2）认证机构办公室在收到客户的《申请认证联系文件》后，向其发出《文件资料报送通知单》。报送的文件资料包括：①企业概况；②质量手册（包括程序性文件目录）；③质量保证体系所覆盖的产品范围；④产品合格认证的产品型号、规格及其标准；⑤产品安全认证的产品型号、规格及其标准。

（3）办公室收到客户报送的文件资料后，即予立卷归档，并进行申请登记。

3. 受理的合同评审。根据办公室所作的申请登记以及提供的文件资料，由认证机构负责人进行是否受理的合同评审工作。评审内容包括：①申请方是否符合认证应具备条件的要求；②申请认证的质量保证模式包括企业所应覆盖的内容，所选定的保证模式是否适宜；③本认证机构审核业务范围是否满足申请方受审核范围的专业特点的要求；④申请方期望的审核时间是否可被列入计划安排。为了合同评审需要，必要时，可由审核部派审核员对申请方进行初访。评审结束应填写《申请意向受理评审单》。自办公室接到报送的文件资料到作出受理决定的时限不超过 20 天。

4. 受理申请。

(1) 受理。办公室根据认证机构负责人签发的《申请意向受理评审单》结论，向客户发出《同意受理认证申请的通知》；对于评审结果不能受理的申请，办公室应及时向客户致公函，说明不能受理的理由并希望客户给予谅解。公函与认证资料一同以挂号信寄回客户。

(2) 客户接到《同意受理认证申请通知》后，认证机构办公室与其签订《受理认证申请协议书》。

(3) 文件审查。①认证机构办公室在接到正式签订的《受理认证申请协议书》后，立即作受理登记，并把文件资料立卷提交审核部；②认证机构办公室在接到客户的认证费用后，通知审核部开始文件审查；③审核部在 20 天内完成文件审查，以确定其完整性及是否符合体系认证或产品认证的要求。

若提供的资料文件不齐全，审核部经由办公室向申请方要求补充有关资料。当审核部确认文件资料齐全并符合要求时，办公室发出《文件审查合格的通知》。

5. 正式申请。

(1) 发出《文件审查合格的通知》后，办公室指导申请方填写申请书及附件。

(2) 办公室收到申请方的申请书及附件和质量手册后，即予立卷归档，并进行正式申请登记。

6. 产品认证用标准的确认。申请产品认证的客户在办理正式申请手续的同时，应与中国方圆委福州认证工作站密切配合办理产品认证用标准确认申请手续，填写《产品认证用标准确认申请书》。

7. 现场审核准备。

(1) 办公室将正式申请后的认证资料立卷移交审核部。审核部开始对受审核方体系文件审核。

（2）在完全尊重客户自愿原则的前提下，客户为保证正式认证效果需要进行预审核实，办公室与客户签订《质量认证预审核协议》。

（3）在客户没有要求预审核的情况下，必要时，审核部可派员对受审核方进行初次访问。

（4）现场审核组由审核部组建，审核组长由福建审核中心主任批准。审核组的正式成员应为注册审核员，注册实习审核员作为注册审核员的助手参加。必要时可以聘请有关的技术专家协助审核工作。审核组至少应有一名注册主任审核员。

（5）审核部应将审核组名单通知申请认证客户，申请认证客户如有异议可以提出，由审核部和申请客户协商调换。

（6）审核组应根据提交的文件资料及审核方质量体系、产品结构特点制定现场审核计划。现场审核计划内容包括：①申请方全称及受审核方名称、地址；②现场审核日期；③审核日程及路线。

8. 现场审核。

（1）首次会议。审核开始，由审核组召开首次会议，向受审核方及其有关部门负责人说明审核计划、程序及日程安排，并再次确认。

（2）审核组应根据审核计划，采取提问、交谈、查阅资料文件、现场观察等方法，取得确实的证据，对受审核方的质量保证体系进行审核评定，并记录评定情况。

（3）在审核期间，受审核方应予以协助、配合并保证：①审核组能查阅与产品质量及其质量体系审核有关的资料文件和质量记录，包括原始记录；②审核组能进入与产品质量认证审核和质量体系认证审核有关的场所（涉密场所另说明协商）；③审核组能访问与产品质量和质量体系有关的任何人员；④受审核方应为审核组提供进行审核所必需的设施和条件，并指定联络人员。

（4）末次会议。现场审核结束后，审核组召开末次会议，表明现场审核的结论。

9. 现场产品抽样。在现场审核基本通过情况下，对于产品质量认证，按规定由审核组长指定审核组成员两人在受审核方生产现场或成品仓库对申请认证的产品进行随机抽样、封样及包装。并送中国方圆委认定的检验机构按认证标准进行检验，由受审核方承担检测费用。

10. 质量体系审核报告。受审核方如对审核结论有不同看法，与审核组不能达成一致时，应将其记录在审核报告中。

现场审核发现不合格项，审核组可与受审核方商定在一个适当的时间内采取纠正措施。待受审核方在限定的时间内纠正不合格项以后，审核组可以根据其采取的措施和问题解决的程度，确定跟踪审核的范围，进行跟踪审核，作出跟踪审核结论。也可以根据实际情况认可受审核方已采取纠正措施，不进行再次现场审核报告及其全部审核资料文件。审核组负责审定审核报告（适用性、准确性、包括跟踪报告）。

11. 产品质量检验报告。检测机构在 7 ~ 30 天内完成检测工作，提供检验报告。检验报告复印件无效。

12. 认证的审定与批准。审核报告经审核部审定后，送办公室报中国方圆委福建审核中心主任批准。办公室在整理完毕审核方和审核组资料文件后，办理报批手续。

（1）对于产品认证，应在接到《产品质量检验报告》后，将检验结论为合格的报告连同中心主任批准合格的《质量体系审核报告》报送中国方圆委秘书处批准发证。

（2）对于体系认证，直接将经中心主任批准的《质量体系审核报告》报送中国方圆委秘书处批准发证。中国方圆委秘书处批准审核报告和检验报告后，即办理证书注册并颁发认证证书。产品认证证书有效期分为 3 年、4 年或 5 年。体系认证证书有效期为 3 年。

如审核结果是受审核方的质量体系不符合质量保证体系标准要求，产品不符合认证规定产品标准及其补充技术要求，产品质量认证或质量体系认证不能通过。则办公室应即向申请方发出《认证不合格通知书》，并说明，一年后方可重新提出申请。

13. 获准质量认证后的监督管理。

（1）经批准质量认证的，客户与中国方圆委签订认证合同，即产品认证的《质量认证协议书》和体系认证的《质量体系认证协议书》。按协议书进行认证后监督管理。

（2）产品认证证书持有者可在获证产品及其产品铭牌、出厂合格证、产品使用说明书和包装物上使用与证书内容一致的从证标志，以证明产品质量符合认证要求。体系认证证书持有者可向顾客宣传其质量体系经过第三方——中国方圆标志认证委员会的公正认证，以显示自身的质量保证能力水平。同时，可以按照规定使用专有标志。但是，这种标志不得标在产品上，并不得以任何可能误认为产品合格的方式使用。

（3）认证证书和认证标志的使用应符合规定要求。

（4）监督决定的主要内容：①暂停使用认证证书和认证标志；②恢复使用认证证书和认证标志；③撤销认证证书，停止使用认证标志；④注销认证证书，停止使用认证标志；⑤办公室收到客户报送的文件资料后，即予立卷归档，并进行申请登记。

四、餐饮服务企业“七常法”

餐饮服务企业“七常法”，是在“五常法”基础上发展而来。“五常法”是用来维持品质环境的一种有效技术。“五常法”管理源于日本，兴于香港，近年来被国内服务行业广泛采用，包括航空、银行、酒店等。“五常法”的逻辑是，工作现场的常组织、常整顿、常清洁、常规范和常自律是生产高品质产品、提供高品质服务、杜绝或减少浪费、提高生产力、提升企业形象及竞争力的最根本要求。本书餐饮服务企业“七常法”具体指：①人员：常健康，个人卫生常保持，身体健康不生病，心理健康晒阳光；②环境：常整理，抛掉不需要的东西或回仓；③物料：常整顿，所有东西都有名和家、30 秒内就可以找到；④卫生：常清扫，个人清洁责任的划分及认同明确；⑤安全：常坚持，坚持安全餐饮服务；⑥运行：常规范，制定工作计划表；⑦责任：常自律，履行个人职责。

（一）人员：常健康

1. 概念。个人卫生常保持，身体健康不生病，心理健康晒阳光。

2. 目的。保证产品品质不因人为因素遭破坏。

3. 做法。①加强员工身体健康检查；②加强员工心理健康教育；③ 切实保证在岗员工身心健康。

（二）环境：常整理

1. 概念。保持工作环境处于良性状态，包括人文环境、企业文化、自然环境等。

2. 目的。以良好的工作环境保证员工处于良好工作状态，保证产品质量。

3. 做法。①建立健全企业文化，积极吸收员工参与；②不断提升工作环境。

（三）物料：常整顿

1. 概念。要用的东西依规定定位、定量，明确标示地摆放整齐。

2. 目的。整齐，有标示，不用浪费时间寻找东西，能在 30 秒内找到要找的东西。

3. 做法。①对可供放的场所和物架进行统筹（划线定位）；②将物品在规划好的地方摆放整齐（规定放置方法）；③标示所有的物品（目视管理重点）。

（四）卫生：常清扫

1. 概念。清扫工作场所各区域脏乱，保持环境、物品、仪器、设备等处于清洁状态，防止污染的发生。

2. 目的。工作场所各区域卫生清洁、明亮，保证取出的物品能正常使用。

3. 做法。①建立清洁责任区；②定期进行清扫活动；③履行个人清洁责任。

（五）安全：常坚持

1. 概念。强化和坚持餐饮企业安全意识。保证产品品质。

2. 目的。保证产品品质安全。

3. 做法。①加强员工安全责任意识教育；②依法依章规制安全责任；③对所有工作场所进行全面检查。

（六）运行：常规范

1. 概念。连续、反复不断地坚持餐饮服务七常法。持之以恒，形成习惯，并辅以一定的监督措施。

2. 目的。通过制度化来维持成果。

3. 做法。①认真落实餐饮服务七常法；②分责任区、分区落实责任人；③视觉管理和透明度；④制定稽查方法和检查标准；⑤维持七常法意识；⑥坚持上班“七常法”一分钟，下班前“七常法”五分钟，时刻不忘“七常法”；⑦不搞突击，贵在坚持和维持。

（七）责任：常自律

1. 概念。要求人人依规定行事，养成好习惯。

2. 目的。养成工作规范认真的习惯。

3. 做法。①持续推动餐饮服务七常法习惯化；②制定共同遵守的有关规则、规定；③持之以恒：坚持每天应用七常法，使七常法成为日常工作的一部分。

第五章 食用农产品安全法律保障

一、农产品及农产品生产经营者

（一）农产品

人们每天消费的食物大多来源于农业，只有加强农产品质量安全，才能保障直接食用的农产品或者以农产品为原料加工、制作的食品的质量安全。《农产品质量安全法》第2条第1款规定，农产品是指来源于农业的初级产品，即在农业活动中获得的植物、动物、微生物及其产品。所谓农业活动，既包括传统的种植、养殖、采摘、捕捞等农业活动，也包括设施农业、生物工程等现代农业活动。习惯上，农产品分为食用农产品和非食用农产品。食用农产品是指供食用的源于农业的初级产品。食用农产品是《食品安全法》中的食品。《食品安全法》第99条第1项规定，食品，指各种供人食用或者饮用的成品和原料以及按照传统既是食品又是药品的物品，但是不包括以治疗为目的的物品。据此，食品既包括食品原料，也包括由原料加工后的成品。

（二）食用农产品质量安全

《农产品质量安全法》第2条第2款规定，农产品质量安全，是指农产品质量符合保障人的健康、安全的要求。《食品安全法》第99条第2款规定，食品安全，指食品无毒、无害，符合应当有的营养要求，对人体健康不造成任何急性、亚急性或者慢性危害。据此，食用农产品质量安全，指食用农产品无毒、无害，符合应当有的营养要求，对人体健康不造成任何急性、亚急性或者慢性危害。目前，我国市场上的安全农产品主要包括无公害农产品、绿色农产品、有机农产品三大类。

（三）农产品质量安全标准

农产品质量安全标准包括两个大的方面，一个是农产品质量和卫生方面的限量要求，另一个是以保障人的健康、安全的生产技术规范和检验检测方法。

2009年《食品安全法》颁布实施后，我国的食品安全标准包括农产品质量安全标准，执行统一的国家标准。农产品质量安全标准是强制性的技术规范，市场上销售的农产品必须符合农产品质量安全标准，禁止生产、销售不符合国家规定的农产品质量安全标准的农产品。符合这种标准的农产品通常称为无公害农产品，生产者可以申请使用无公害农产品标志。

根据《食品安全法》规定和农业、卫生两部门协商意见，农产品中农药残留和兽药残留国家标准由农业部组织制定，两部门联合发布实施。截至2010年底，农业部已组织制定农业国家标准和行业标准4800余项，有关农产品安全限量标准和检验检测方法标准1800多项。贯通农产品产地环境、农业投入品、生产规范、产品质量、安全限量、检测方法、包装标识、储存运输在内的农产品质量安全标准体系基本构建。

进口的农产品必须按照国家规定的农产品质量安全标准进行检验；尚未制定有关农产品质量安全标准的，应当依法及时制定，未制定之前，可以参照国家有关部门指定的国外有关标准进行检验。

（四）农产品生产经营者

依据《农产品质量安全法》，农产品生产经营者既包括农产品生产企业、农民专业合作经济组织、农户这样的农产品生产经营者，也包括农产品批发市场与其他农产品经营者。他们在法律上的权利义务存在某种程度上的差异。

依据所在农业生产经营领域的不同，农产品生产经营者可分为种植业者、畜牧业者和渔业者。为了保障农产品质量安全，国家对它们的生产经营活动提出来相应的规范性要求。

二、农产品产地禁止生产区

农产品产地，是指植物、动物、微生物及其产品生产的相关区域。它是影响农产品质量安全的重要源头。目前我国土地污染十分严重，有调查数据显示，我国重金属污染土地已超过3亿亩，占了我国耕地的1/6，每年有1200万吨粮食被重金属污染，经济损失达200亿元。素有“渔业摇篮”之称的渤海，是整个北方海洋渔业资源的源头，可如今渤海鱼汛早已消失，有公开评价认为“渤海作为渔场的功能已基本丧失”。

为了防止产地对农产品质量安全的不利影响，我国确立了农产品禁止生产区制度。农产品产地有毒有害物质不符合产地安全标准，并导致农产品中有毒有害物质不符合农产品质量安全标准的，应当划定为农产品禁止生产区。任何单位和个人不得在禁止生产区生产、捕捞、采集禁止的食用农产品和建立农产品生产基地。但禁止生产食用农产品的区域可以生产非食用农产品。例如耕地土壤重金属严重超标，达不到某类粮食或蔬菜生产标准要求，应列为该类粮食或该类蔬菜禁止生产区域；严重污染的河流和湖泊达不到某类水产品生产标准的，应列为该类水产品禁止生产区域。

县级人民政府农业行政主管部门应当在禁止生产区设置标示牌，载明禁止生产区地点、四至范围、面积、禁止生产的农产品种类、主要污染物种类、批准单位、立牌日期等。

任何单位和个人不得擅自移动和损毁标示牌。擅自移动、损毁禁止生产区标牌的，由县级以上地方人民政府农业行政主管部门责令限期改正，可处以1000元以下罚款。禁止生产区划定后，不得改变耕地、基本农田的性质，不得降低农用地征地补偿标准。

三、农业投入品管制

农业投入品是指在农产品生产过程中使用或添加的物质。包括种子、种苗、肥料、农药、兽药、饲料及饲料添加剂等农用生产资料产品和农膜、农机、农用工程设施设备等农用工程物资产品，也包括不按规定用途非法用于农产品生产的物质，如孔雀石绿和瘦肉精。

农产品生产者应当合理使用肥料、农药、兽药、饲料和饲料添加剂、农用薄膜等农业投入品。禁止使用国家明令禁止、淘汰的或者未经许可的农业投入品。此外，农产品生产者应当及时清除、回收农用薄膜、农业投入品包装物等，防止污染农产品产地环境。

四、农药使用制度

为了加强对农药生产、经营和使用的监督管理，保证农药质量，保护农业、林业生产和生态环境，维护人畜安全，我国确立了以《农药管理条例》为中心的农药管理法律制度。

（一）农药

农药，是指用于预防、消灭或者控制危害农业、林业的病、虫、草和其他有害生物以及有目的地调节植物、昆虫生长的化学合成或者来源于生物、其他天然物质的一种物质或者几种物质的混合物及其制剂。

农药包括用于不同目的、场所的下列各类：①预防、消灭或者控制危害农业、林业的病、虫（包括昆虫、蜱、螨）、草和鼠、软体动物等有害生物的，是指农、林、牧、渔业中的种植业用于防治植物病、虫（包括昆虫、蜱、螨）、草和鼠、软体动物等有害生物的。②预防、消灭或者控制仓储病、虫、鼠和其他有害生物的。③调节植物、昆虫生长的。其中调节植物生长的是指对植物生长发育（包括萌发、生长、开花、受精、坐果、成熟及脱落等过程）具有抑制、刺激和促进等作用的生物或者化学制剂；通过提供植物养分促进植物生长的适用其他规定。④用于农业、林业产品防腐或者保鲜的。⑤预防、消灭或者控制蚊、蝇、蜚蠊、鼠和其他有害生物的，是指用于防治人生活环境和农林业中养殖业用于防治动物生活环境卫生害虫的。⑥预防、消灭或者控制危害河流堤坝、铁路、机场、建筑物和其他场所的有害生物的。

此外，农药还包括利用基因工程技术引入抗病、虫、草害的外源基因改变基因组构成的农业生物；用于防治有害生物的商业化天敌生物；农药与肥料等物质的混合物。

根据目前农业生产上常用农药（原药）的毒性综合评价（急性口服、经皮毒性、慢性毒性等），农药分为高毒、中等毒、低毒三类。

（二）农药的使用

农药使用者应当确认农药标签清晰，农药登记证号或者农药临时登记证号、农药生产许可证号或者生产批准文件号齐全后，方可使用农药。任何单位和个人不得使用未取得农药登记证或者农药临时登记证的农药。任何单位和个人不得生产、经营和使用国家明令禁止生产或者撤销登记的农药。

禁止使用假农药。所谓假农药：①以非农药冒充农药或者以此种农药冒充他种农药的；②所含有效成分的种类、名称与产品标签或者说明书上注明的农药有效成分的种类、名称不符的。禁止使用劣质农药。所谓劣质农药：①不符合农药产品质量标准的；②失去使用效能的；③混有导致药害等有害成分的。

农药使用者应当严格按照产品标签规定的剂量、防治对象、使用方法、施药适期、注意事项施用农药，不得随意改变。使用农药应当遵守国家有关农药安全、合理使用的规定，按照规定的用药量、用药次数、用药方法和安全间隔期施药，防止污染农副产品。所谓安全间隔期是指农产品在最后一次施用农药到收获上市之间的最短时间。在此期间，多数农药的有毒物质会因光合作用等因素逐渐降解，农药残留会达到安全标准，不会对人体健康造成危害。不同品种的农药有不同的安全间隔期。任何农药产品都应按照农药登记批准的使用范围使用，禁止超范围使用。剧毒、高毒农药不得用于防治卫生害虫，不得用于蔬菜、瓜果、茶叶和中草药材。使用农药应当注意保护环境、有益生物和珍稀物种。严禁用农药毒鱼、虾、鸟、兽等。

使用农药应当遵守农药防毒规程，正确配药、施药，做好废弃物处理和安全防护工作，防止农药污染环境和农药中毒事故。处理假农药、劣质农药、过期报废农药、禁用农药、废弃农药包装和其他含农药的废弃物，必须严格遵守环境保护法律、法规的有关规定，防止污染环境。

农业行政主管部门有权按照规定对辖区内的农药生产、经营和使用单位的农药进行定期和不定期监督、检查，必要时按照规定抽取样品和索取有关资料，有关单位和个人不得拒绝和隐瞒。不按照国家有关农药安全使用的规定使用农药的，根据所造成的危害后果，给予警告，可以并处3万元以下的罚款。

违反《农药管理条例》规定，造成农药中毒、环境污染、药害等事故或者其他经济损失的，应当依法赔偿。违反《农药管理条例》规定，在生产、储存、运输、使用农药过程中发生重大事故的，对直接负责的主管人员和其他直接责任人员，依照刑法关于危险物品肇事罪的规定，依法追究刑事责任；尚不够刑事处罚的，依法给予行政处分。

（三）禁止使用和限制使用的农药

农药是重要的农业生产资料，关系到农业生产安全和农产品质量安全。为了切实加强农药监管，保障农业生产安全与农产品质量安全，我国对禁止使用和限制使用的农药进行了规范。

1. 禁止使用的农药。主要有：六六六、滴滴涕、毒杀芬、二溴氯丙烷、杀虫脒、二溴乙烷、除草醚、艾氏剂、狄氏剂、汞制剂、砷类、铅类、敌枯双、氟乙酰胺、甘氟、毒鼠强、氟乙酸钠、毒鼠硅、甲胺磷、甲基对硫磷、对硫磷、久效磷、磷胺。

此外，自2013年10月31日起，苯线磷、地虫硫磷、甲基硫环磷、磷化钙、磷化镁、磷化锌、硫线磷、蝇毒磷、治螟磷、特丁硫磷等10种停止使用。

2. 限制使用的农药。禁止甲拌磷、甲基异柳磷、特丁硫磷、甲基硫环磷、治螟磷、内吸磷、克百威、涕灭威、灭线磷、硫环磷、蝇毒磷、地虫硫磷、氯唑磷、苯线磷用于蔬菜、果树、茶叶、中草药材上；禁止三氯杀螨醇、氰戊菊酯用于茶树上；禁止氧乐果用于甘蓝、柑橘树上；禁止水胺硫磷用于柑橘树上；禁止特丁硫磷用于甘蔗上；禁止丁酰肼用于花生上；禁止灭多威用于柑橘树、苹果树、茶树、十字花科蔬菜上；禁止硫线磷用于柑橘树、黄瓜上；禁止硫丹用于苹果树、茶树上；禁止溴甲烷用于草莓、黄瓜上；除卫生用、玉米等部分旱田种子包衣剂外，禁止氟虫腈在其他方面的使用。任何农药产品都不得超出农药登记批准的使用范围使用。

五、兽药使用制度

（一）兽药

兽药，是指用于预防、治疗、诊断动物疾病或者有目的地调节动物生理机能的物质（含药物饲料添加剂）。

兽药主要包括：血清制品、疫苗、诊断制品、微生态制品、中药材、中成药、化学药品、抗生素、生化药品、放射性药品及外用杀虫剂、消毒剂等。

兽用处方药，是指凭兽医处方方可购买和使用的兽药。兽用非处方药，是指由国务院兽医行政管理部门公布的、不需要凭兽医处方就可以自行购买并按照说明书使用的兽药。

（二）兽药的使用

禁止使用假、劣兽药以及国务院兽医行政管理部门规定禁止使用的药品和其他化合物。禁止使用的药品和其他化合物目录由国务院兽医行政管理部门制定公布。

国务院兽医行政管理部门，负责制定公布在饲料中允许添加的药物饲料添加剂品种目录。禁止在饲料和动物饮用水中添加激素类药品和国务院兽医行政管理部门规定的其他禁用药品。经批准可以在饲料中添加的兽药，应当由兽药生产企业制成药物饲料添加剂后方可添加。禁止将原料药直接添加到饲料及动物饮用水中或者直接饲喂动物。禁止将人用药品用于动物。

兽药使用单位，应当遵守国务院兽医行政管理部门制定的兽药安全使用规定，并建立用药记录。有休药期规定的兽药用于食用动物时，饲养者应当向购买者或者屠宰者提供准确、真实的用药记录；购买者或者屠宰者应当确保动物及其产品在用药期、休药期内不被用于食品消费。休药期是指食用动物在最后一次使用兽药到屠宰上市或者其产品（蛋、奶）上市销售的最短期间。在此期间，兽药的有害物质会随着动物的新陈代谢等因素逐渐消失，兽药残留达到安全标准，不会对人体健康造成危害。不同品种的兽药有不同的休药期。

县级以上人民政府兽医行政管理部门，负责组织对动物产品中兽药残留量的检测。动物产品的生产者、销售者对检测结果有异议的，可以自收到检测结果之日起 7 个工作日内向组织实施兽药残留检测的兽医行政管理部门或者其上级兽医行政管理部门提出申请，由受理申请的兽医行政管理部门指定检验机构进行复检。

违反《兽药管理条例》规定，未按照国家有关兽药安全使用规定使用兽药的、未建立用药记录或者记录不完整真实的，或者使用禁止使用的药品和其他化合物的，或者将人用药品用于动物的，责令其立即改正，并对饲喂了违禁药物及其他化合物的动物及其产品进行无害化处理；对违法单位处1万元以上5万元以下罚款；给他人造成损失的，依法承担赔偿责任。

违反《兽药管理条例》规定，兽药使用单位发现可能与兽药使用有关的严重不良反应，不向所在地人民政府兽医行政管理部门报告的，给予警告，并处5000元以上1万元以下罚款。

违反《兽药管理条例》规定，未经兽医开具处方购买、使用兽用处方药的，责令其限期改正，没收违法所得，并处5万元以下罚款；给他人造成损失的，依法承担赔偿责任。

违反《兽药管理条例》规定，在饲料和动物饮用水中添加激素类药品和国务院兽医行政管理部门规定的其他禁用药品，由饲料管理部门依照《饲料和饲料添加剂管理条例》的有关规定处罚；其他单位和个人使用《禁止在饲料和动物饮用水中使用的药物品种目录》所列品种，用于饲料生产和饲养过程中的，上述有关部门按照谁发现谁查处的原则，依据各自法律法规予以处罚；构成犯罪的，要移送司法机关，依法追究刑事责任；直接将原料药添加到饲料及动物饮用水中，或者饲喂动物的，责令其立即改正，并处1万元以上3万元以下罚款；给他人造成损失的，依法承担赔偿责任。

水产养殖中的兽药使用、兽药残留检测和监督管理以及水产养殖过程中违法用药的行政处罚，由县级以上人民政府渔业主管部门及其所属的渔政监督管理机构负责。

（三）禁止在饲料和动物饮用水中使用的药物品种

凡使用的营养性饲料添加剂和一般饲料添加剂，均应属于《允许使用的饲料添加剂品种目录》（农业部公告第105号）中规定的品种及经审批公布的新饲料添加剂，不得使用未经批准生产的饲料添加剂。

凡在饲养过程中使用药物饲料添加剂，需按照《饲料药物添加剂使用规范》（农业部公告第168号）的规定执行，不得超范围、超剂量使用饲料药物添加剂。使用药物饲料添加剂必须遵守休药期、配伍禁忌等有关规定。未办理兽药、饲料添加剂审批手续的人用药品，不得直接用于饲料生产和饲养过程。

为了加强饲料、兽药和人用药品管理，防止在饲料生产、经营、使用和动物饮用水中超范围、超剂量使用兽药和饲料添加剂，杜绝滥用违禁药品的行为，根据《饲料和饲料添加剂管理条例》、《兽药管理条例》、《药品管理法》的有关规定，我国于2002年2月9日公布了《禁止在饲料和动物饮用水中使用的药物品种目录》（农业部公告第176号）：

1. 肾上腺素受体激动剂。

（1）盐酸克仑特罗（Clenbuterol Hydrochloride）：《中华人民共和国药典》（以下简称药典）2000年二部P605。β2肾上腺素受体激动药。

（2）沙丁胺醇（Salbutamol）：药典2000年二部P316。β2肾上腺素受体激动药。

（3）硫酸沙丁胺醇（Salbutamol Sulfate）：药典2000年二部P870。β2肾上腺素受体激动药。

（4）莱克多巴胺（Ractopamine）：一种β兴奋剂，美国食品和药物管理局（FDA）已批准，中国未批准。

（5）盐酸多巴胺（Dopamine Hydrochloride）：药典2000年二部P591。多巴胺受体激动药。

（6）西巴特罗（Cimaterol）：美国氰胺公司开发的产品，一种β兴奋剂，FDA未批准。

（7）硫酸特布他林（Terbutaline Sulfate）：药典2000年二部P890。β2肾上腺受体激动药。

2. 性激素。

（8）己烯雌酚（Diethylstilbestrol）：药典2000年二部P42。雌激素类药。

（9）雌二醇（Estradiol）：药典2000年二部P1005。雌激素类药。

（10）戊酸雌二醇（Estradiol Valerate）：药典2000年二部P124。雌激素类药。

（11）苯甲酸雌二醇（Estradiol Benzoate）：药典2000年二部P369。雌激素类药。《中华人民共和国兽药典》（以下简称兽药典）2000年版一部P109。雌激素类药。用于发情不明显动物的催情及胎衣滞留、死胎的排除。

（12）氯烯雌醚（Chlorotrianisene）：药典2000年二部P919。

（13）炔诺醇（Ethinylestradiol）：药典2000年二部P422。

（14）炔诺醚（Quinestrol）：药典2000年二部P424。

（15）醋酸氯地孕酮（Chlormadinone acetate）：药典2000年二部P1037。

（16）左炔诺孕酮（Levonorgestrel）：药典2000年二部P107。

（17）炔诺酮（Norethisterone）：药典2000年二部P420。

（18）绒毛膜促性腺激素（绒促性素）（Chorionic Gonadotrophin）：药典2000年二部P534。促性腺激素药。兽药典2000年版一部P146。激素类药。用于性功能障碍、习惯性流产及卵巢囊肿等。

（19）促卵泡生长激素（尿促性素主要含卵泡刺激FSHT和黄体生成素LH）（Menotropins）：药典2000年二部P321。促性腺激素类药。

3. 蛋白同化激素。

（20）碘化酪蛋白（Iodinated Casein）：蛋白同化激素类，为甲状腺素的前驱物质，具有类似甲状腺素的生理作用。

（21）苯丙酸诺龙及苯丙酸诺龙注射液（Nandrolone phenylpropionate）：药典2000年二部P365。

4. 精神药品。

（22）（盐酸）氯丙嗪（Chlorpromazine Hydrochloride）：药

典2000年二部P676。抗精神病药。兽药典2000年版一部P177。镇静药。用于强化麻醉以及使动物安静等。

(23) 盐酸异丙嗪（Promethazine Hydrochloride）：药典2000年二部P602。抗组胺药。兽药典2000年版一部P164。抗组胺药。用于变态反应性疾病，如荨麻疹、血清病等。

(24) 安定（地西泮）(Diazepam)：药典2000年二部P214。抗焦虑药、抗惊厥药。兽药典2000年版一部P61。镇静药、抗惊厥药。

(25) 苯巴比妥（Phenobarbital）：药典2000年二部P362。镇静催眠药、抗惊厥药。兽药典2000年版一部P103。巴比妥类药。缓解脑炎、破伤风、士的宁中毒所致的惊厥。

(26) 苯巴比妥钠（Phenobarbital Sodium）：兽药典2000年版一部P105。巴比妥类药。缓解脑炎、破伤风、士的宁中毒所致的惊厥。

(27) 巴比妥（Barbital）：兽药典2000年版一部P27。中枢抑制和增强解热镇痛。

(28) 异戊巴比妥（Amobarbital）：药典2000年二部P252。催眠药、抗惊厥药。

(29) 异戊巴比妥钠（Amobarbital Sodium）：兽药典2000年版一部P82。巴比妥类药。用于小动物的镇静、抗惊厥和麻醉。

(30) 利血平（Reserpine）：药典2000年二部P304。抗高血压药。

(31) 艾司唑仑（Estazolam）。

(32) 甲丙氨脂（Meprobamate）。

(33) 咪达唑仑（Midazolam）。

(34) 硝西泮（Nitrazepam）。

(35) 奥沙西泮（Oxazepam）。

(36) 匹莫林（Pemoline）。

(37) 三唑仑（Triazolam）。

（38）唑吡旦（Zolpidem）。

（39）其他国家管制的精神药品。

5. 各种抗生素滤渣。

（40）抗生素滤渣：该类物质是抗生素类产品生产过程中产生的工业三废，因含有微量抗生素成分，在饲料和饲养过程中使用后对动物有一定的促生长作用。但对养殖业的危害很大，一是容易引起耐药性，二是由于未做安全性试验，存在各种安全隐患。

（四）禁止在饲料和动物饮水中使用的物质

为加强饲料及养殖环节质量安全监管，保障饲料及畜产品质量安全，根据《饲料和饲料添加剂管理条例》有关规定，农业部于2011年1月13日公布了禁止在饲料和动物饮水中使用的物质目录：

1. 苯乙醇胺A（Phenylethanolamine A）：β－肾上腺素受体激动剂。

2. 班布特罗（Bambuterol）：β－肾上腺素受体激动剂。

3. 盐酸齐帕特罗（Zilpaterol Hydrochloride）：β－肾上腺素受体激动剂。

4. 盐酸氯丙那林（Clorprenaline Hydrochloride）：药典2010版二部P783。β－肾上腺素受体激动剂。

5. 马布特罗（Mabuterol）：β－肾上腺素受体激动剂。

6. 西布特罗（Cimbuterol）：β－肾上腺素受体激动剂。

7. 溴布特罗（Brombuterol）：β－肾上腺素受体激动剂。

8. 酒石酸阿福特罗（Arformoterol Tartrate）：长效型β－肾上腺素受体激动剂。

9. 富马酸福莫特罗（Formoterol Fumarate）：长效型β－肾上腺素受体激动剂。

10. 盐酸可乐定（Clonidine Hydrochloride）：药典2010版二部P645。抗高血压药。

11. 盐酸赛庚啶（Cyproheptadine Hydrochloride）：药典2010版二部P803。抗组胺药。

（五）食品动物禁用的兽药及其他化合物

食品动物是指各种供人食用或其产品供人食用的动物。为保证动物源性食品安全，维护人民身体健康，根据《兽药管理条例》的规定，我国农业部于2002年4月9日公布了《食品动物禁用的兽药及其它化合物清单》：

序号	兽药及其它化合物名称	禁止用途	禁用动物
1	β-兴奋剂类：克仑特罗Clenbuterol、沙丁胺醇Salbutamol、西马特罗Cimaterol及其盐、酯及制剂	所有用途	所有食品动物
2	性激素类：己烯雌酚Diethylstilbestrol及其盐、酯及制剂	所有用途	所有食品动物
3	具有雌激素样作用的物质：玉米赤霉醇Zeranol、去甲雄三烯醇酮Trenbolone、醋酸甲孕酮Mengestrol Acetate及制剂	所有用途	所有食品动物
4	氯霉素Chloramphenicol、及其盐、酯（包括：琥珀氯霉素Chloramphenicol Succinate）及制剂	所有用途	所有食品动物
5	氨苯砜Dapsone及制剂	所有用途	所有食品动物
6	硝基呋喃类：呋喃唑酮Furazolidone、呋喃它酮Furaltadone、呋喃苯烯酸钠Nifurstyrenate sodium及制剂	所有用途	所有食品动物
7	硝基化合物：硝基酚钠Sodium nitrophenolate、硝呋烯腙Nitrovin及制剂	所有用途	所有食品动物
8	催眠、镇静类：安眠酮Methaqualone及制剂	所有用途	所有食品动物
9	林丹（丙体六六六）Lindane	杀虫剂	所有食品动物
10	毒杀芬（氯化烯）Camphechlor	杀虫剂、清塘剂	所有食品动物
11	呋喃丹（克百威）Carbofuran	杀虫剂	所有食品动物

续表

序号	兽药及其它化合物名称	禁止用途	禁用动物
12	杀虫脒（克死螨）Chlordimeform	杀虫剂	所有食品动物
13	双甲脒 Amitraz	杀虫剂	水生食品动物
14	酒石酸锑钾 Antimonypotassiumtartrate	杀虫剂	所有食品动物
15	锥虫胂胺 Tryparsamide	杀虫剂	所有食品动物
16	孔雀石绿 Malachite green	抗菌、杀虫剂	所有食品动物
17	五氯酚酸钠 Pentachlorophenolsodium	杀螺剂	所有食品动物
18	各种汞制剂包括：氯化亚汞（甘汞）Calomel，硝酸亚汞 Mercurous nitrate、醋酸汞 Mercurous acetate、吡啶基醋酸汞 Pyridyl mercurous acetate	杀虫剂	所有食品动物
19	性激素类：甲基睾丸酮 Methyltestosterone、丙酸睾酮 Testosterone Propionate、苯丙酸诺龙 Nandrolone Phenylpropionate、苯甲酸雌二醇 Estradiol Benzoate 及其盐、酯及制剂	促生长	所有食品动物
20	催眠、镇静类：氯丙嗪 Chlorpromazine、地西泮（安定）Diazepam 及其盐、酯及制剂	促生长	所有食品动物
21	硝基咪唑类：甲硝唑 Metronidazole、地美硝唑 Dimetronidazole 及其盐、酯及制剂	促生长	所有食品动物

（六）禁止在反刍动物饲料中添加和使用的动物性饲料

鉴于疯牛病的主要传播途径是使用被疯牛病和绵羊痒病病原因子污染的肉骨粉等动物性饲料饲喂反刍动物，为了彻底切断疯牛病的传播途径，防止疯牛病在我国境内发生，农业部研究决定，自 2001 年 3 月 1 日起，禁止在反刍动物饲料中添加使用以下动物性饲料产品：肉骨粉、骨粉、血粉、血浆粉、动物下脚料、动物脂肪、干血浆及其他血液制品、脱水蛋白、蹄粉、角粉、鸡杂碎粉、羽毛粉、油渣、鱼粉、骨胶等。

六、种子使用制度

所谓种子，是指农作物和林木的种植材料或者繁殖材料，包括籽粒、果实和根、茎、苗、芽、叶等。在中华人民共和国境内使用种子的活动，适用《种子法》；草种、食用菌菌种的种质资源管理和选育、生产、经营、使用、管理等活动，参照《种子法》执行。

种子使用者有权按照自己的意愿购买种子，任何单位和个人不得非法干预。强迫种子使用者违背自己的意愿购买、使用种子给使用者造成损失的，应当承担赔偿责任。

国家投资或者国家投资为主的造林项目和国有林业单位造林，应当根据林业行政主管部门制定的计划使用林木良种。国家对推广使用林木良种营造防护林、特种用途林给予扶持。

种子使用者因种子质量问题遭受损失的，出售种子的经营者应当予以赔偿，赔偿额包括购种价款、有关费用和可得利益损失。经营者赔偿后，属于种子生产者或者其他经营者责任的，经营者有权向生产者或者其他经营者追偿。因使用种子发生民事纠纷的，当事人可以通过协商或者调解解决。当事人不愿通过协商、调解解决或者协商、调解不成的，可以根据当事人之间的协议向仲裁机构申请仲裁。当事人也可以直接向人民法院起诉。

七、水产养殖管理

（一）养殖场所

国家鼓励全民所有制单位、集体所有制单位和个人充分利用适于养殖的水域、滩涂，发展养殖业。国家对水域利用进行统一规划，确定可以用于养殖业的水域和滩涂。全民所有的水面、滩涂中的鱼、虾、蟹、贝、藻类的自然产卵场、繁殖场。索饵场及重要的洄游通道必须予以保护，不得划作养殖场所。

县级以上地方人民政府应当采取措施，加强对商品鱼生产基地和城市郊区重要养殖水域的保护。

（二）养殖证

单位和个人使用国家规划确定用于养殖业的全民所有的水域、滩涂的，使用者应当向县级以上地方人民政府渔业行政主管部门提出申请，由本级人民政府核发养殖证，许可其使用该水域、滩涂从事养殖生产。全民所有的水面、滩涂在一县行政区域内的，由该县人民政府核发养殖使用证；跨县的，由有关县协商核发养殖使用证，必要时由上级人民政府决定核发养殖使用证。核发养殖证的具体办法由国务院规定。集体所有的或者全民所有由农业集体经济组织使用的水域、滩涂，可以由个人或者集体承包，从事养殖生产。县级以上地方人民政府在核发养殖证时，应当优先安排当地的渔业生产者。

当事人因使用国家规划确定用于养殖业的水域、滩涂从事养殖生产发生争议的，按照有关法律规定的程序处理。在争议解决以前，任何一方不得破坏养殖生产。国家建设征用集体所有的水域、滩涂，按照《土地管理法》有关征地的规定办理。

使用全民所有的水域、滩涂从事养殖生产，无正当理由使水域、滩涂荒芜满一年的，由发放养殖证的机关责令限期开发利用；逾期未开发利用的，吊销养殖证，可以并处 1 万元以下的罚款。领取养殖使用证的单位，无正当理由未从事养殖生产，或者放养量低于当地同类养殖水域平均放养量 60% 的，应当视为荒芜。

未依法取得养殖证擅自在全民所有的水域从事养殖生产的，责令改正，补办养殖证或者限期拆除养殖设施。未依法取得养殖证或者超越养殖证许可范围在全民所有的水域从事养殖生产，妨碍航运、行洪的，责令限期拆除养殖设施，可以并处 1 万元以下的罚款。

（三）水产养殖投入品

国家鼓励和支持水产优良品种的选育、培育和推广。水产新品种必须经全国水产原种和良种审定委员会审定，由国务院渔业行政主管部门批准后方可推广。

水产苗种的进口、出口由国务院渔业行政主管部门或者省、自治区、直辖市人民政府渔业行政主管部门审批。

水产苗种的生产由县级以上地方人民政府渔业行政主管部门审批。但是，渔业生产者自育、自用水产苗种的除外。水产苗种的进口、出口必须实施检疫，防止病害传入境内和传出境外，具体检疫工作按照有关动植物进出境检疫法律、行政法规的规定执行。引进转基因水产苗种必须进行安全性评价，具体管理工作按照国务院有关规定执行。非法生产、进口、出口水产苗种的，没收苗种和违法所得，并处5万元以下的罚款。经营未经审定批准的水产苗种的，责令立即停止经营，没收违法所得，可以并处5万元以下的罚款。

从事养殖生产不得使用含有毒有害物质的饵料、饲料。同时，应当保护水域生态环境，科学确定养殖密度，合理投饵、施肥、使用药物，不得造成水域的环境污染。

八、农产品生产记录

农产品生产记录是指农产品生产者在生产过程中，对使用农业投入品，动物疫病，植物病、虫、草害的发生和防治、收获屠宰或捕捞的日期等情况进行记录并依法将记录进行保存的制度。

农产品生产企业和农民专业合作经济组织应当建立农产品生产记录，如实记载下列事项：使用农业投入品的名称、来源、用法、用量和使用、停用的日期；动物疫病、植物病虫草害的发生和防治情况；收获、屠宰或者捕捞的日期。农产品生产记录应当保存2年。禁止伪造农产品生产记录。国家鼓励其他农产品生产者建立农产品生产记录。

农产品生产企业、农民专业合作经济组织未建立或者未按照规定保存农产品生产记录的，或者伪造农产品生产记录的，由县级以上人民政府农业主管部门责令限期改正；逾期不改正的，可以处2000元以下罚款。此处所谓限期改正，是指要求生产记录单位在规定期限内按照法律要求改正自己生产记录方面的违法行为。

九、农产品包装及标识要求

（一）农产品包装

农产品生产企业、农民专业合作经济组织以及从事农产品收购的单位或者个人，用于销售的下列农产品必须包装：获得无公害农产品、绿色食品、有机农产品等认证的农产品，但鲜活畜、禽、水产品除外。省级以上人民政府农业行政主管部门规定的其他需要包装销售的农产品。符合规定包装的农产品拆包后直接向消费者销售的，可以不再另行包装。

农产品包装，是指对农产品实施装箱、装盒、装袋、包裹、捆扎等。农产品包装应当符合农产品储藏、运输、销售及保障安全的要求，便于拆卸和搬运。

包装农产品的材料和使用的保鲜剂、防腐剂、添加剂等物质必须符合国家强制性技术规范要求。包装农产品应当防止机械损伤和二次污染。此处所谓保鲜剂，是指保持农产品新鲜品质，减少流通损失，延长贮存时间的人工合成化学物质或者天然物质。所谓防腐剂，是指防止农产品腐烂变质的人工合成化学物质或者天然物质。所谓添加剂，是指为改善农产品品质和色、香、味以及加工性能加入的人工合成化学物质或者天然物质。

使用的保鲜剂、防腐剂、添加剂等材料不符合国家有关强制性的技术规范的，由县级以上人民政府农业主管部门责令停止销售，对被污染的农产品进行无害化处理，对不能进行无害化处理的予以监督销毁；没收违法所得，并处2000元以上2万元以下罚款。此处所谓无害化处理，是指以物理、化学或生物的方法，对被污染的农产品进行适当的处理，防止不符合农产品质量安全标准的农产品流入市场和消费领域。

（二）农产品标识

农产品生产企业、农民专业合作经济组织以及从事农产品收购的单位或者个人包装销售的农产品，应当在包装物上标注或者附加标识标明品名、产地、生产者或者销售者名称、生产日期。此处所谓的生产日期，植物产品是指收获日期；畜禽产品是指屠宰或者产出日期；水产品是指起捕日期；其他产品是指包装或者销售时的日期。

有分级标准或者使用添加剂的，还应当标明产品质量等级或者添加剂名称。未包装的农产品，应当采取附加标签、标识牌、标识带、说明书等形式标明农产品的品名、生产地、生产者或者销售者名称等内容。农产品标识所用文字应当使用规范的中文。标识标注的内容应当准确、清晰、显著。

销售获得无公害农产品、绿色食品、有机农产品等质量标志使用权的农产品，应当标注相应标志和发证机构。禁止冒用无公害农产品、绿色食品、有机农产品等质量标志。冒用农产品质量标志的，由县级以上农业行政主管部门责令改正，没收其冒用农产品质量标志所获得的非法收入，并处2000元以上2万元以下罚款。具体罚款数额由县级以上农业行政主管部门根据其违法行为的情节确定。

畜禽及其产品、属于农业转基因生物的农产品，还应当按照有关规定进行标识。依法需要实施检疫的动植物及其产品，应当附具检疫合格标志、检疫合格证明。

农产品生产企业、农民专业合作经济组织以及从事农产品收购的单位或者个人销售的农产品，未按照规定进行包装、标识的，由县级以上人民政府农业主管部门责令限期改正；逾期不改正的，可以处2000元以下罚款。

十、农产品市场准入制度

销售的农产品必须符合农产品质量安全标准。农产品生产企业和农民专业合作经济组织，应当自行或者委托检测机构对农产品质量安全状况进行检测；经检测不符合农产品质量安全标准的农产品，不得销售。农产品生产企业、农民专业合作经济组织销售禁止销售的农产品的，违法行为的处理、处罚，由县级以上人民政府农业行政主管部门决定。

农产品批发市场应当设立或者委托农产品质量安全检测机构，对进场销售的农产品质量安全状况进行抽查检测；发现不符合农产品质量安全标准的，应当要求销售者立即停止销售，并向农业行政主管部门报告。农产品批发市场未设立或者委托农产品质量安全监测机构，对进场销售的农产品质量安全状况进行抽查监测、发现不符合农产品质量安全标准的，未要求销售者立即停止销售，并向农业行政主管部门报告的违法行为的处理、处罚，由县级以上人民政府农业行政主管部门决定。

农产品销售企业对其销售的农产品，应当建立健全进货检查验收制度；经查验不符合农产品质量安全标准的，不得销售。农产品销售企业、农产品批发市场中的销售者销售本法禁止销售的农产品的处理、处罚，由工商行政管理部门决定。

生产、销售的农产品有下列情形之一，给消费者造成损害的，依法承担赔偿责任：含有国家禁止使用的农药、兽药或者其他化学物质的；农药、兽药等化学物质残留或者含有的重金属等有毒有害物质不符合农产品质量安全标准的；含有的致病性寄生虫、微生物或者生物毒素不符合农产品质量安全标准的；使用的保鲜剂、防腐剂、添加剂等材料不符合国家有关强制性的技术规范的；其他不符合农产品质量安全标准的。

消费者可以直接向农产品生产者要求赔偿、也可以向农产品的销售者要求赔偿。属于生产者的责任，销售者赔偿的，销售者有权向农产品的生产者追偿。属于销售者责任的，生产者赔偿的，生产者有权向产品的销售者追偿。农产品批发市场作为一个独立的责任主体，与农产品生产者及其他销售者共同承担连带责任。属于生产者、其他销售者责任的，农产品批发市场有权追偿。

生产、销售的农产品有下列情形之一，构成犯罪的，依照《刑法》第143、144条的规定追究刑事责任：含有国家禁止使用的农药、兽药或者其他化学物质的；农药、兽药等化学物质残留或者含有的重金属等有毒有害物质不符合农产品质量安全标准的；含有的致病性寄生虫、微生物或者生物毒素不符合农产品质量安全标准的；使用的保鲜剂、防腐剂、添加剂等材料不符合国家有关强制性的技术规范的；其他不符合农产品质量安全标准的。

食品生产加工经营者守则

一、食品生产加工经营者守则的内容与要求

守则是一种特殊的文体，其篇幅一般比较短小，讲究言简意赅，简明扼要，多采用通篇分条式写法。

示例如下：

×××食品公司守则

（2009 年 6 月 1 日）

为促使我公司切实遵守国家食品安全政策、法律、法规，严格依照《食品安全法》等法律法规从事食品生产加工活动，对社会和公众负责，诚信经营，保证食品安全，接受社会监督，承担社会责任，特制定本守则。

1. 依法生产加工，确保食品安全；
2. 认真执行进货检查验收制度；
3. 强化生产过程控制制度；
4. 完善食品出厂检验记录制度；
5. 建立不合格食品管理制度；
6. 建立食品生产台账制度；
7. 执行食品安全标准化制度；
8. 实施问题食品召回制度；

9. 执行从业人员健康和培训制度；
10. 建立消费者投诉管理制度；
11. 健全食品安全事故应急处置制度。

为促进守则的贯彻落实，方便广大社会公众和政府部门的监督，食品生产加工经营者守则应当专人设计，专人拟定，专文书写，专业定制，置于主生产加工经营场所的醒目位置。如实际需要和条件允许，也可分置于各分经营场所。

二、安全生产法律规定

安全生产是食品生产的第一要义。为保障食品生产的安全，《食品安全法》第3条规定："食品生产经营者应当依照法律、法规和食品安全标准从事生产经营活动，对社会和公众负责，保证食品安全，接受社会监督，承担社会责任。"该规定是法律对食品生产经营者从事食品生产加工的基本要求，也是制定食品生产加工经营者守则的基本依据和指导思想。

三、食品生产许可证制度

我国严格食品生产的市场准入，实行食品生产许可证制度。《食品生产许可管理办法》第3条规定："企业未取得食品生产许可，不得从事食品生产活动。"该条规定确立了食品生产许可证制度。

（一）食品生产许可证的取得条件

关于取得食品生产许可的条件，《食品生产许可管理办法》第8条规定应当符合食品安全标准，并符合下列要求：①具有与申请生产许可的食品品种、数量相适应的食品原料处理和食品加工、包装、贮存等场所，保持该场所环境整洁，并与有毒、有害场所以及其他污染源保持规定的距离；②具有与申请生产许可的食品品种、数量相适应的生产设备或者设施，有相应的消毒、更衣、盥洗、采光、照明、通风、防腐、防尘、防蝇、防鼠、防虫、洗涤以及处理废水、存放垃圾和废弃物的设备或者设施；③具有与申请生产许可的食品品种、数量相适应的合理的设备布局、工艺流程，防止待加工食品与直接入口食品、原料与成品交叉污染，避免食品接触有毒物、不洁物；④具有与申请生产许可的食品品种、数量相适应的食品安全专业技术人员和管理人员；⑤具有与申请生产许可的食品品种、数量相适应的保证食品安全的培训、从业人员健康检查和健康档案等健康管理、进货查验记录、出厂检验记录、原料验收、生产过程等食品安全管理制度。法律法规和国家产业政策对生产食品有其他要求的，应当符合该要求。

（二）食品生产许可证的有效期限

食品生产许可证有效期为 3 年。有效期届满，取得食品生产许可证的企业需要继续生产的，应当在食品生产许可证有效期届满 6 个月前，向原许可机关提出换证申请；准予换证的，食品生产许可证编号不变。期满未换证的，视为无证；拟继续生产食品的，应当重新申请，重新发证，重新编号，有效期自许可之日起重新计算。

（三）食品生产许可证的证书与标识

《食品生产许可管理办法》第三章对食品生产许可证的证书与标识作了如下规定：①食品生产许可证书分为正本和副本，证书及其副页式样由国家质检总局统一规定。②企业应当妥善保管食品生产许可证书，并在生产场所显著位置予以悬挂或者摆放。食品生产许可证书遗失或者损毁的，企业应当及时在省级以上媒体声明，并及时申请补证。③企业应当在其食品或者其包装上标注食品生产许可证编号和标志；没有食品生产许可证编号和标志的，不得出厂销售。④食品生产许可证编号和标志均属企业获得食品生产许可的标识。食品生产许可证编号规则和标志式样由国家质检总局统一规定。⑤企业不得出租、出借或者以其他形式转让食品生产许可证书和编号。禁止伪造、变造食品生产许可证书、食品生产许可证编号和食品生产许可证标志。

四、食品生产经营条件

关于食品的生产经营条件，《食品安全法》第27条规定，应当符合食品安全标准，并符合下列要求：①具有与生产经营的食品品种、数量相适应的食品原料处理和食品加工、包装、贮存等场所，保持该场所环境整洁，并与有毒、有害场所以及其他污染源保持规定的距离。②具有与生产经营的食品品种、数量相适应的生产经营设备或者设施，有相应的消毒、更衣、盥洗、采光、照明、通风、防腐、防尘、防蝇、防鼠、防虫、洗涤以及处理废水、存放垃圾和废弃物的设备或者设施。③有食品安全专业技术人员、管理人员和保证食品安全的规章制度。④具有合理的设备布局和工艺流程，防止待加工食品与直接入口食品、原料与成品交叉污染，避免食品接触有毒物、不洁物。⑤餐具、饮具和盛放直接入口食品的容器，使用前应当洗净、消毒，炊具、用具用后应当洗净，保持清洁。⑥贮存、运输和装卸食品的容器、工具和设备应当安全、无害，保持清洁，防止食品污染，并符合保证食品安全所需的温度等特殊要求，不得将食品与有毒、有害物品一同运输。⑦直接入口的食品应当有小包装或者使用无毒、清洁的包装材料、餐具。⑧食品生产经营人员应当保持个人卫生，生产经营食品时，应当将手洗净，穿戴清洁的工作衣、帽；销售无包装的直接入口食品时，应当使用无毒、清洁的售货工具。⑨用水应当符合国家规定的生活饮用水卫生标准。⑩使用的洗涤剂、消毒剂应当对人体安全、无害。⑪法律、法规规定的其他要求。

五、禁止生产加工食品的范围

关于生产加工食品的范围，《食品安全法》第28条规定，禁止生产经营下列食品：①用非食品原料生产的食品或者添加食品添加剂以外的化学物质和其他可能危害人体健康物质的食品，或者用回收食品作为原料生产的食品；②致病性微生物、农药残留、兽药残留、重金属、污染物质以及其他危害人体健康的物质含量超过食品安全标准限量的食品；③营养成分不符合食品安全标准的专供婴幼儿和其他特定人群的主辅食品；④腐败变质、油脂酸败、霉变生虫、污秽不洁、混有异物、掺假掺杂或者感官性状异常的食品；⑤病死、毒死或者死因不明的禽、畜、兽、水产动物肉类及其制品；⑥未经动物卫生监督机构检疫或者检疫不合格的肉类，或者未经检验或者检验不合格的肉类制品；⑦被包装材料、容器、运输工具等污染的食品；⑧超过保质期的食品；⑨无标签的预包装食品；⑩国家为防病等特殊需要明令禁止生产经营的食品；⑪其他不符合食品安全标准或者要求的食品。

六、进货检查验收制度

进货检查验收制度，是指生产者根据国家有关规定、内部的质量管理制度，以及同供货者之间订立的合同的约定，对购进的食品原料、食品添加剂、食品相关产品质量进行检查，对符合法律规定或合同约定要求的予以验收的制度。

该制度的基本要点是：

1. 生产加工企业采购食品原料、食品添加剂、食品相关产品应当建立和保存进货查验记录，向供货者索取许可证复印件（指按照相关法律法规规定，应当取得许可的）和与购进批次产品相适应的合格证明文件。

2. 对供货者无法提供有效合格证明文件的食品原料，依照食品安全标准自行检验或委托检验，并保存检验记录。

3. 采购进口需法定检验的食品原料、食品添加剂、食品相关产品，应当向供货者索取有效的检验检疫证明。

4. 生产加工食品所使用的食品原料、食品添加剂、食品相关产品的品种应当与进货查验记录内容一致。

七、生产过程控制制度

生产过程由生产管理人员组织作业人员，按产品技术文件、工艺文件以及其他规定的要求，将原材料、半成品加工成产品的过程。对生产过程进行质量控制有利于食品质量的提高和稳定。

该制度的基本要点是：

1. 生产加工企业应当定期对厂区内环境、生产场所和设施清洁卫生状况自查，并保存自查记录。

2. 应当定期对必备生产设备、设施维护保养和清洗消毒，并保存记录，同时应当建立和保存停产复产记录及复产时生产设备、设施等安全控制记录。

3. 应当建立和保存各种购进食品原料、食品添加剂、食品相关产品的贮存、保管、领用出库等记录。

4. 应当建立和保存生产投料记录，包括投料种类、品名、生产日期或批号、使用数量等。

5. 应当建立和保存生产加工过程关键控制点的控制情况，包括必要的半成品检验记录、温度控制、车间洁净度控制等。

6. 生产现场，应当避免人流、物流交叉污染，避免原料、半成品、成品交叉污染，保证设备、设施正常运行，现场人员应进行卫生防护，不使用回收食品等。

八、食品出厂检验记录制度

出厂检验是食品生产中的最后一道工序，是食品生产者能够控制的最后一道关卡。食品生产者若不能严格把关，就有可能使不合格食品流如市场，给消费者造成损害。因此，生产者应当严把食品检验关。

该制度的基本要点是：

1. 生产加工企业应当建立和保存出厂食品的原始检验数据和检验报告记录，包括查验食品的名称、规格、数量、生产日期、生产批号、执行标准、检验结论、检验人员、检验合格证号或检验报告编号、检验时间等记录内容。

2. 检验人员应当具备相应能力。

3. 委托其他检验机构实施产品出厂检验的，应当检查受委托检验机构资质，并签订委托检验合同。

4. 应当保持出厂检验项目与食品安全标准及有关规定项目的一致。

5. 应当具备必备的检验设备，计量器具应依法经检验合格或校准，相关辅助设备及化学试剂完好、齐备并在有效使用期内。

6. 自行进行产品出厂检验的，应当按规定进行实验室测量比对，建立并保存比对记录。

7. 应当按规定保存出厂检验留存样品。产品保质期少于2年的，保存期限不得少于产品的保质期；产品保质期超过2年的，保存期限不得少于2年。

九、不合格品管理（处置）制度

《产品质量法》第26条规定了判定产品质量合格与否的标准，主要包括三个方面：①产品不存在危及人身、财产安全的不合格的危险，有保障人身、财产安全的国家标准、行业标准的，应当符合该标准；②产品须“具备应当具备的使用性能”；③产品质量应当符合在产品或其包装上注明采用的产品标准，符合以产品说明、实物样品等方式表明的质量状况。食品生产企业必须建立不合格食品的管理（处置）制度。

该制度的基本要点是：

1. 处置。原辅料经检验判定为不合格品，应填写《原辅料检验报告单》，并应做退货处理；工序中发现不合格品，应立即予以纠正，并填写《工序检验报告单》；暂无力纠正的由质检人员实施隔离、标识，经评审后由加工厂对不合格品进行返工、降级或改作它用；最终检验发现不合格品时，应在《成品检验报告单》中标明，经评审后由加工厂对不合格品进行报废、返工、降级或改作他用。

2. 记录。生产加工企业应当建立和保存采购的不合格食品原料、食品添加剂、食品相关产品的处理记录；应当建立和保存生产的不合格产品的处理记录。

十、食品生产台账制度

食品生产台账主要包括生产销售、原材料、包装等辅助材料（特别是食品添加剂方面）的台账。就目前的食品安全形势和国家机关政府机构对食品安全的管控来看，企业做好食品从生产到销售整个链条上的台账管理对于食品质量的提高具有十分重要的意义。

一般而言，食品生产台账包括：

1. 企业进货台账，包括进货名称、供应商名称、联系方式、生产许可证号、生产批号、生产日期、采购数量、验货等内容。

2. 企业销售台账，包括产品名称、规格、批号、生产日期、检验信息、销售日期、销售对象及其联系方式、经办人等内容。

3. 原材料进厂检验记录，包括产品名称及规格、批次批号、供应商名称、进货数量、检验信息等内容。

4. 成品出厂检验记录，包括产品名称及规格、批次批号、销售对象名称、出厂数量、检验信息等内容。

5. 检验报告，包括产品名称、检验标准、抽样信息、检验项目及结果等信息。

十一、食品安全标准化制度

当今世界已进入“标准治国”时代。在诸多法治国家，食品安全标准作为重要的食品安全监管工具，不仅是生产经营者在生产经营活动中所必须遵守的准则，也成为监管部门日常监管的重要依据，为消费者识别食品质量提供了具体指导。故标准理应成为中国食品安全社会治理的重要工具，标准法律制度建设也理应成为今后中国食品安全法律制度建设的重要方向。

关于食品安全标准，《食品安全法》做了如下规定：

1. 食品安全标准是强制执行的标准。除食品安全标准外，不得制定其他的食品强制性标准。

2. 食品安全标准应当包括下列内容：①食品、食品相关产品中的致病性微生物、农药残留、兽药残留、重金属、污染物质以及其他危害人体健康物质的限量规定；②食品添加剂的品种、使用范围、用量；③专供婴幼儿和其他特定人群的主辅食品的营养成分要求；④对与食品安全、营养有关的标签、标识、说明书的要求；⑤食品生产经营过程的卫生要求；⑥与食品安全有关的质量要求；⑦食品检验方法与规程；⑧其他需要制定为食品安全标准的内容。

3. 企业生产的食品没有食品安全国家标准或者地方标准的，应当制定企业标准，作为组织生产的依据。国家鼓励食品生产企业制定严于食品安全国家标准或者地方标准的企业标准。企业标准应当报省级卫生行政部门备案，在本企业内部适用。

十二、问题食品召回制度

食品生产者发现其生产的食品不符合食品安全标准，应当立即停止生产，召回已经上市销售的食品，通知相关生产经营者和消费者，并记录召回和通知情况，该项制度即问题食品召回制度。2002 年 10 月，《上海市消费者权益保护条例》明确提到产品召回的概念。2007 年 7 月，国家质检总局公布《食品召回管理规定》。2009 年 6 月 1 日施行的《食品安全法》第 53 条第 1 款规定："国家建立食品召回制度。食品生产者发现其生产的食品不符合食品安全标准，应当立即停止生产，召回已经上市销售的食品，通知相关生产经营者和消费者，并记录召回和通知情况。”

该制度的基本要点是：生产加工企业应当建立和保存对不安全食品自主召回、被责令召回的执行情况的记录，包括：企业通知召回的情况；实际召回的情况；对召回产品采取补救、无害化处理或销毁的记录；整改措施的落实情况；向当地政府和县级以上监管部门报告召回及处理情况。

十三、从业人员健康管理制度

食品从业人员的健康状况如何，直接关系到广大消费者的健康。如果有些食品从业人员患有传染病或携带病菌，就容易通过被污染的食品造成传染病传播，危害消费者的身体健康。为了预防传染病的传播和食品污染引起的食源性疾病及食物中毒的发生，食品经营者必须建立并执行从业人员健康管理制度，加强对员工健康、个人卫生的控制，以防止因人员因素对产品质量造成的危害。

《食品安全法》第34条明确规定：“食品生产经营者应当建立并执行从业人员健康管理制度。患有痢疾、伤寒、病毒性肝炎等消化道传染病的人员，以及患有活动性肺结核、化脓性或者渗出性皮肤病等有碍食品安全的疾病的人员，不得从事接触直接入口食品的工作。食品生产经营人员每年应当进行健康检查，取得健康证明后方可参加工作。”该条规定确立了食品从业人员健康管理制度。

该制度的基本要点是：

1. 食品从业人员应每年进行健康检查，若发现有法律禁止从事接触直接入口食品的工作的疾病，应立即向所在企业报告，及时调整工作岗位。

2. 食品从业人员必须取得健康证明后才能上岗。健康证明是食品从业人员经过卫生监督部门的健康体检后取得的书面证明文件。若健康证明过期，应立即停止食品生产经营活动，待重新进行健康体检后才能继续上岗。

3. 食品从业人员应注意个人卫生，外观衣着应干净整洁，做到指甲常剪、头发常理、经常洗澡，出售直接入口的食品时须使用工具售货。

4. 食品生产加工企业应当建立从业人员健康检查制度和健康档案制度，保存对直接接触食品人员健康管理的相关记录。

十四、从业人员食品安全知识培训制度

从业人员卫生知识的多少对于食品安全十分重要。我国《食品安全法》十分重视食品生产从业人员的食品卫生知识培训，第32条明确规定："食品生产经营企业应当建立健全本单位的食品安全管理制度，加强对职工食品安全知识的培训，配备专职或者兼职食品安全管理人员，做好对所生产经营食品的检验工作，依法从事食品生产经营活动。"

该制度的基本要点是：

1. 食品生产经营人员必须在接受食品卫生法规和食品卫生知识的培训并经考核合格后，方可从事食品生产经营工作。

2. 食品生产企业应当认真制定培训计划，定期组织管理人员、从业人员参加食品安全知识、职业道德和法律、法规的培训以及操作技能培训。

3. 负责组织培训的部门和单位应当建立完整的培训档案。内容包括：历次培训时间、学时数、培训地点、教材（包括章节）、教师及其职务或职称、培训对象、学员花名册、考试试题、个人考试成绩等。

十五、消费者投诉管理制度

消费者投诉是指消费者在购买食品过程中因服务态度恶劣，

或者购买食品后因食用该食品出现各种异常情况而进行的信息反映或者反馈。

消费者投诉大致可以分为三类：①对食品质量的投诉；②对服务质量的投诉；③对其他工作提出的建议与意见。

消费者投诉管理制度的要点是：

1. 判定投诉性质。首先，确定顾客投诉的类别，其次，判定顾客投诉理由是否充分，要求是否合理。如认为投诉不成立，应当面告知顾客。

2. 确定投诉处理责任。根据顾客投诉内容，确定具体的受理单位利受理负责人，并作书面通知。

3. 调查原因。查明顾客投诉的具体原因和具体责任者。

4. 提出解决办法。参照顾客投诉要求，提出解决投诉的具体方案。

5. 通知顾客。投诉解决办法确定后，应当尽快通知顾客，并追踪顾客反映。

6. 责任处罚。对造成顾客投诉的直接责任者按有关规定进行处罚，同时对造成顾客投诉得不到顺利圆满处理的直接责任者和部门主管进行处罚。

7. 提出改善工作对策。总结评价，吸取教训，提出相应的对策，改善企业的经营管理，杜绝类似事件再次发生。

8. 建立和保存对消费者投诉的受理记录。包括投诉者姓名、联系方式、投诉的食品名称、数量、生产日期或生产批号、投诉质量问题、企业采取的处理措施、处理结果等。

十六、企业食品安全事故应急处置制度

食品安全事故，指食物中毒、食源性疾病、食品污染等源于食品，对人体健康有危害或者可能有危害的事故。食品安全事故共分四级，即特别重大食品安全事故、重大食品安全事故、较大食品安全事故和一般食品安全事故。事故等级的评估核定，

由卫生行政部门会同有关部门依照有关规定进行。

制定和实施食品安全事故应急预案是我国防范食品安全事故发生的重要法律制度。《食品安全法》第70条第3款规定：“食品生产经营企业应当制定食品安全事故处置方案，定期检查本企业各项食品安全防范措施的落实情况，及时消除食品安全事故隐患。”第71条第1款规定：“发生食品安全事故的单位应当立即予以处置，防止事故扩大。事故发生单位和接收病人进行治疗的单位应当及时向事故发生地县级卫生行政部门报告。”

该制度的基本要点是：①生产加工企业应当制定食品安全事故处置方案；②应当定期检查各项食品安全防范措施的落实情况；③如发生食品安全事故，应当建立和保存处置食品安全事故记录。

十七、食品生产通用卫生规范

目前，我国《食品生产通用卫生规范》（征求意见稿）已经颁布。该规范是食品生产加工经营者守则贯彻落实的重要保障，其基本内容如下：

1. 适用范围。该规范规定了对食品生产从原料采购、加工过程、到运输贮存各环节的场所、设施、人员的基本卫生要求和管理准则，适用于各类食品生产和加工，如确有必要制定某类食品生产的专项卫生规范，应当以该标准作为依据。

2. 选址及厂区环境。规范要求选址及厂区环境应考虑环境给食品生产带来的潜在污染风险，并将其降至最低水平。

3. 厂房和车间。①设计和布局：食品加工厂的内部设计和布局应满足良好的食品卫生操作的要求，以防止食品加工生产中或工序间造成交叉污染；②建筑内部结构：内部结构应易于维护、清洁，必要时易于消毒，应采用合理的耐用材料建造；③设施：供水设施、排水系统、清洁设施、个人卫生设施、通风设施、照明设施应符合相应的标准。

4. 设备。①生产设备：应具有与生产能力相适应的生产设备，各设备应按工艺流程有序排列，避免引起交叉污染；②监控设备：用于测定、控制、记录的监控设备，如压力表、温度计等，应定期校准、维护，确保准确有效；③设备的保养和维修：应建立设备保养和维修制度，加强设备的日常维护和保养，定期检修，并做好记录。

5. 卫生管理。①应制定卫生管理制度及考核标准，并实行岗位责任制，明确岗位职责。②应制定卫生监控制度，确立内部监控的范围、对象和频率。记录并存档监控结果，定期对执行情况和效果进行检查。

6. 原料和包装材料的要求。①企业应建立与原料和包装材料的采购、验收、运输和贮存相关的管理制度，确保所使用的原料和包装材料符合法律法规的要求。不得使用任何危害人体健康和生命安全的物质。②原材料必须经过检验、化验，合格者方可使用；不符合质量卫生标准和要求的，不得投产使用并与合格品严格区分开，防止混淆和污染食品。

7. 生产过程的食品安全控制。应当从产品污染风险控制、微生物污染的控制、化学污染的控制、物理污染的控制、包装产品信息和标签等方面进行生产过程的食品安全控制。

8. 检验。①企业可自行对原料和产品进行检验，也可委托获得食品检验机构资质的外部检验机构进行检验。自行检验的企业应具备相应的检验能力。②自行检验的企业应有与所检项次适应的检验室，由经专业培训、考核合格的检验人员按规定的检验方法检验，检验仪器设备应按期检定，确保检验结果的准确性和真实性。③检验室应有完善的管理制度，妥善保存各项检验记录和检验报告，有条件时应保存原始记录。应建立产品留样制度，及时保留样品。

9. 产品的贮存和运输。①应根据产品的种类和性质选择贮存和运输的方式，并符合产品标签所标识的贮存条件。②贮存和运输过程中应避免日光直射、雨淋、激烈的温度、湿度变化和撞击等，以防止产品的成分、品质等受到不良的影响；不应将产品与有异味、有毒、有害物品一同贮存和运输。③贮存、运输和装卸食品的容器、工具和设备应当安全、无害，保持清洁，防止食品污染，并符合保证食品安全所需的温度等特殊要求，不得将食品与有毒、有害物品一同运输。④仓库中的产品应定期检查，如有异常应及时处理。

10. 产品追溯和召回。①应建立产品追溯制度，确保对产品从原料采购到产品销售的所有环节都可进行有效追溯。②应建立产品召回制度。当发现某一批次或类别的产品含有或可能含有对消费者健康造成危害的因素时，应主动召回，作好相关记录，并按要求及时向相关部门通告。③应对召回的食品采取无害化处理或销毁等措施，并将食品召回和处理情况向相关部门报告。不得将回收的食品用于生产。对因标签、标识或者说明书不符合食品安全标准而被召回的食品，食品生产者在采取补救措施且能保证食品安全的情况下可以继续销售；销售时应当向消费者明示补救措施。④应建立客户投诉处理机制。对客户提出的书面或口头意见、投诉，企业相关管理部门应做记录并查找原因，妥善处理。

11. 培训。①应建立员工的培训制度，对本企业所有从业人员进行食品安全知识培训；②应根据不同岗位需求制定年度培训计划，进行相应培训，特殊工种应持证上岗；③应定期审核和修订培训计划，评估培训效果，并进行常规检查，以确保计划的有效实施。

12. 管理机构和人员。①应建立健全企业的食品安全管理制度，采取相应的管理措施，管理与监督类型与企业的规模、生产活动的性质以及有关食品的种类相适应；②管理者和监督者应了解食品卫生的基本原则和操作规范，以便能够判断潜在的危险性，采取适当的预防和纠正措施，并确保监督和监测有效进行。

13. 记录和文件管理。①应建立记录管理制度，对产品加工中采购、生产、贮存、检验、销售等环节详细记录，以增加食品安全管理体系的可信性和有效性；②各项记录均应由记录和审核人员复核签名，记录内容完整、真实；③食品原料、食品添加剂、食品相关产品进货查验记录、食品出厂检验记录应当真实，保存期限不得少于2年；④应建立文件的管理制度，对文件进行有效控制，确保各相关场所使用的文件均为有效版本。

十八、食品生产者责任

法律责任是食品生产加工经营者守则贯彻落实的重要措施之一。《食品安全法》、《食品生产许可管理办法》对违反下列制度的法律责任作出了规定：

1. 违反食品生产加工许可制度，非法从事食品生产加工活动的责任。根据《食品安全法》第84条的规定，未经许可从事食品生产经营活动，或者未经许可生产食品添加剂的，由有关主管部门按照各自职责分工，没收违法所得、违法生产经营的食品、食品添加剂和用于违法生产经营的工具、设备、原料等物品；违法生产经营的食品、食品添加剂货值金额不足1万元的，并处2000元以上5万元以下罚款；货值金额1万元以上的，并处货值金额5倍以上10倍以下罚款。

2. 违反食品生产加工禁止规定，非法使用添加剂的责任。根据《食品安全法》第85条规定，有下列情形之一的，由有关主管部门按照各自职责分工，没收违法所得、违法生产经营的食品和用于违法生产经营的工具、设备、原料等物品；违法生产经营的食品货值金额不足1万元的，并处2000元以上5万元以下罚款；货值金额1万元以上的，并处货值金额5倍以上10倍以下罚款；情节严重的，吊销许可证：①用非食品原料生产食品或者在食品中添加食品添加剂以外的化学物质和其他可能危害人体健康的物质，或者用回收食品作为原料生产食品；②生产经营致病性微生物、农药残留、兽药残留、重金属、污染物质以及其他危害人体健康的物质含量超过食品安全标准限量的食品；③生产经营营养成分不符合食品安全标准的专供婴幼儿和其他特定人群的主辅食品；④经营腐败变质、油脂酸败、霉变生虫、污秽不洁、混有异物、掺假掺杂或者感官性状异常的食品；⑤经营病死、毒死或者死因不明的禽、畜、兽、水产动物肉类，或者生产经营病死、毒死或者死因不明的禽、畜、兽、水产动物肉类的制品；⑥经营未经动物卫生监督机构检疫或者检疫不合格的肉类，或者生产经营未经检验或者检验不合格的肉类制品；⑦经营超过保质期的食品；⑧生产经营国家为防病等特殊需要明令禁止生产经营的食品；⑨利用新的食品原料从事食品生产或者从事食品添加剂新品种、食品相关产品新品种生产，未经过安全性评估；⑩食品生产经营者在有关主管部门责令其召回或者停止经营不符合食品安全标准的食品后，仍拒不召回或者停止经营的。

3. 违反进货查验记录制度和食品安全标准化制度的责任。根据《食品安全法》第86条的规定，不认真执行进货检查验收制度，不执行食品安全标准，有下列情形之一的，由有关主管部门按照各自职责分工，没收违法所得、违法生产经营的食品和用于违法生产经营的工具、设备、原料等物品；违法生产经营的食品货值金额不足1万元的，并处2000元以上5万元以下罚款；货值金额1万元以上的，并处货值金额2倍以上5倍以下罚款；情节严重的，责令停产停业，直至吊销许可证：①经营被包装材料、容器、运输工具等污染的食品；②生产经营无标签的预包装食品、食品添加剂或者标签、说明书不符合本法规定的食品、食品添加剂；③食品生产者采购、使用不符合食品安全标准的食品原料、食品添加剂、食品相关产品；④食品生产经营者在食品中添加药品。

4. 违反进货检查验收制度、出厂检验制度、不合格食品管理制度的责任。根据《食品安全法》第87条的规定，不认真执行进货检查验收制度、出厂检验制度、不合格食品管理制度，有下列情形之一的，由有关主管部门按照各自职责分工，责令改正，给予警告；拒不改正的，处2000元以上2万元以下罚款；情节严重的，责令停产停业，直至吊销许可证：①未对采购的食品原料和生产的食品、食品添加剂、食品相关产品进行检验；②未建立并遵守查验记录制度、出厂检验记录制度；③制定食品安全企业标准未依照本法规定备案；④未按规定要求贮存、销售食品或者清理库存食品；⑤进货时未查验许可证和相关证明文件；⑥生产的食品、食品添加剂的标签、说明书涉及疾病预防、治疗功能；⑦安排患有《食品安全法》第34条所列疾病的人员从事接触直接入口食品的工作。

5. 违反食品安全事故应急处置制度的责任。根据《食品安全法》第88条的规定，事故单位在发生食品安全事故后未进行处置、报告的，由有关主管部门按照各自职责分工，责令改正，给予警告；毁灭有关证据的，责令停产停业，并处2000元以上10万元以下罚款；造成严重后果的，由原发证部门吊销许可证。

第七章

食品流通经营者守则

一、食品流通经营者守则的内容与要求

守则是一种特殊的文体，其篇幅一般比较短小，讲究言简意赅，简明扼要，多采用通篇分条式写法。

示例如下：

×××食品销售公司守则

为促使我公司严格依照《食品安全法》等法律法规从事食品经营活动，对社会和公众负责，诚信经营，保证食品安全，接受社会监督，承担社会责任，特制定本守则。

1. 依法经营，确保食品安全；
2. 执行从业人员健康管理制度；
3. 建立食品安全管理员制度；
4. 执行食品进货查验记录制度；
5. 完善食品安全定期检查制度；
6. 实施食品召回制度；
7. 健全广告管理制度；
8. 建立预包装食品经营制度；
9. 建立散装食品经营制度；

10. 建立直接入口食品经营制度；
11. 执行食品贮存、运输和装卸制度；
12. 建立食品批发管理制度；
13. 完善食品市场开办管理制度；
14. 实施惩罚性赔偿制度；
15. 建立食品安全事故处置制度。

为促进守则的贯彻落实，方便广大社会公众和政府部门的监督，食品流通经营者守则应当专人设计，专人拟定，专文书写，专业定制，置于主销售经营场所的醒目位置。如实际需要和条件允许，也可分置于各分经营场所。

二、食品经营法律法规规范

《食品安全法》、《食品安全法实施条例》、《流通环节食品安全监督管理办法》、《食品流通许可证管理办法》是我国目前规范和调整食品经营活动的基本法律规范。

三、安全合法经营制度

安全、合法经营是食品经营的首要条件与要求。我国食品安全法律法规十分重视食品经营的安全性和合法性，《流通环节食品安全监督管理办法》第3条明确规定："食品经营者应当依照法律、法规和食品安全标准从事食品经营活动，建立健全食品安全管理制度，采取有效管理措施，保证食品安全。食品经营者对其经营的食品安全负责，对社会和公众负责，承担社会责任。"该条规定确立了食品安全合法经营制度。

四、食品经营许可证制度

我国食品流通实行许可证制度。《食品流通许可证管理办法》第3条第1款规定："在流通环节从事食品经营的，应当依法取得食品流通许可。”第6条规定：“食品经营者应当在依法取得《食品流通许可证》后，向有登记管辖权的工商行政管理机关申请办理工商登记。未取得《食品流通许可证》和营业执照，不得从事食品经营。”

（一）食品流通许可证的取得

申请领取《食品流通许可证》，应当符合食品安全标准，并符合下列要求：①具有与经营的食品品种、数量相适应的食品原料处理和食品加工、包装、贮存等场所，保持该场所环境整洁，并与有毒、有害场所以及其他污染源保持规定的距离；②具有与经营的食品品种、数量相适应的设备或者设施，有相应的消毒、更衣、盥洗、采光、照明、通风、防腐、防尘、防蝇、防鼠、防虫、洗涤以及处理废水、存放垃圾和废弃物的设备或者设施；③有食品安全专业技术人员、管理人员和保证食品安全的规章制度；④具有合理的设备布局和工艺流程，防止待加工食品与直接入口食品、原料与成品交叉污染，避免食品接触有毒物、不洁物。

申请领取《食品流通许可证》，应当提交下列材料：①《食品流通许可申请书》；②《名称预先核准通知书》复印件；③与食品经营相适应的经营场所的使用证明；④负责人及食品安全管理人员的身份证明；⑤与食品经营相适应的经营设备、工具清单；⑥与食品经营相适应的经营设施空间布局和操作流程的文件；⑦食品安全管理制度文本；⑧省、自治区、直辖市工商行政管理局规定的其他材料。

申请人委托他人提出许可申请的，委托代理人应当提交委托书以及委托代理人或者指定代表的身份证明。

（二）食品经营许可证的有效期限

食品流通许可的有效期为3年。食品经营者需要延续食品流通许可的有效期的，应当在《食品流通许可证》有效期届满30日前向原许可机关提出申请，换发《食品流通许可证》。办理许可证延续的，换发后的《食品流通许可证》编号不变，但发证年份按照实际情况填写，有效期重新计算。

（三）食品经营许可证的使用

《食品流通许可证管理办法》对食品经营许可证的使用作了如下规定：①《食品流通许可证》分为正本、副本，正本、副本具有同等法律效力；②食品经营者取得《食品流通许可证》后，应当妥善保管，不得伪造、涂改、倒卖、出租、出借，或者以其他形式非法转让；③食品经营者应当在经营场所显著位置悬挂或者摆放《食品流通许可证》正本。

五、食品经营范围

《流通环节食品安全监督管理办法》第9条禁止食品经营者经营下列食品：①用非食品原料生产的食品或者添加食品添加剂以外的化学物质和其他可能危害人体健康物质的食品，或者用回收食品作为原料生产的食品；②致病性微生物、农药残留、兽药残留、重金属、污染物质以及其他危害人体健康的物质含量超过食品安全标准限量的食品；③营养成分不符合食品安全标准的专供婴幼儿和其他特定人群的主辅食品；④腐败变质、油脂酸败、霉变生虫、污秽不洁、混有异物、掺假掺杂或者感官性状异常的食品；⑤病死、毒死或者死因不明的禽、畜、兽、水产动物肉类及其制品；⑥未经动物卫生监督机构检疫或者检疫不合格的肉类，或者未经检验或者检验不合格的肉类制品；⑦被包装材料、容器、运输工具等污染的食品；⑧超过保质期的食品；⑨无标签的预包装食品；⑩国家为防病等特殊需要明令禁止经营的食品；⑪食品的标签、说明书不符合《食品安全法》第48条第3款规定的食品；⑫没有中文标签、中文说明书或者中文标签、中文说明书不符合《食品安全法》第66条规定的进口的预包装食品；⑬其他不符合食品安全标准或者要求的食品。对因标签、标识或者说明书不符合食品安全标准而被停止经营的食品，在食品生产者采取补救措施且能保证食品安全的情况下可以继续销售；销售时应当向消费者明示生产者采取的补救措施。

六、食品经营场所

食品经营必须具有与经营的食品品种、数量相适应的食品原料处理和食品加工、包装、贮存等场地。

食品经营场所应当符合下列要求：①经营场所与有毒、有害场所以及其他污染源保持规定距离；②经营场所与个人生活空间分开；③经营场所保持内部环境整洁。

七、食品经营设备设施

食品经营必须具有与经营的食品品种、数量相适应的消毒、更衣、盥洗、采光、照明、通风、防腐、防尘、防蝇、防鼠、防虫、洗涤以及处理废水、存放垃圾和废弃物的设备或者设施。

食品经营设备设施应当符合下列要求：①设备及设施空间布局和操作流程设计合理；②贮存、运输和装卸食品的容器、工具和设备安全、无害，保持清洁，符合保证食品安全所需的温度等特殊要求，不将食品与有毒、有害物品一起运输；③备有数量足够、安全无害的工具、容器，标志明显，防止直接入口食品与非直接入口食品、原料与成品交叉污染；④食品容器、工具和设备与个人生活用品严格分开。

八、从业人员健康管理制度

《流通环节食品安全监督管理办法》第12条确立了从业人员健康管理制度。该制度的要点有三：①食品经营者应当建立并执行从业人员健康检查制度和健康档案制度；②食品经营从业人员每年应当进行健康检查，取得健康证明后方可从事食品经营，其检查项目等事项应当符合所在地省、自治区、直辖市的规定；③患有《食品安全法》、《食品安全法实施条例》规定的不得从事接触直接入口食品工作疾病的从业人员，不得从事接触直接入口食品的工作。

九、食品安全管理制度

《流通环节食品安全监督管理办法》第 11 条和《食品安全法》第 92 条第 1 款确立了食品安全管理制度。该制度的要点有三：①食品经营企业应当建立健全本单位的食品安全管理制度，组织职工参加食品安全知识培训，学习食品安全法律、法规、规章、标准和其他食品安全知识，并建立培训档案；②配备专职或者兼职食品安全管理人员，做好对所经营食品的检验工作，依法从事食品经营活动；③被吊销食品生产、流通或者餐饮服务许可证的单位，其直接负责的主管人员自处罚决定作出之日起 5 年内不得从事食品经营管理工作。

十、食品进货查验记录制度

《流通环节食品安全监督管理办法》第 13 ~ 15 条确立了食品进货查验记录制度。该制度的要点如下：

1. 食品经营者采购食品，应当查验供货者的许可证、营业执照和食品合格的证明文件。

2. 食品经营企业应当建立食品进货查验记录制度，如实记录食品的名称、规格、数量、生产批号、保质期、供货者名称及联系方式、进货日期等内容。

3. 鼓励其他食品经营者建立进货查验记录制度。

4. 实行统一配送经营方式的食品经营企业，可以由企业总部统一查验供货者的许可证、营业执照和食品合格的证明文件，进行食品进货查验记录，可将有关资料复印件留存所属相关经营企业备查，也可以采用信息化技术，联网备查。

5. 从事食品批发业务的经营企业销售食品，应当如实记录批发食品的名称、规格、数量、生产批号、保质期、购货者名称及联系方式、销售日期等内容，或者保留载有上述信息的销售票据。从事批发业务的食品经营企业应当向购货者开具载有前款规定信息的销售票据或者清单，同时加盖印章或者签字。

6. 食品进货查验记录、批发记录或者票据应当真实，保存期限不得少于2年。

十一、食品安全定期检查制度

《流通环节食品安全监督管理办法》第18条确立了食品安全定期检查制度。该制度的要点如下：食品经营者对贮存、销售的食品应当定期进行检查，查验食品的生产日期和保质期，及时清理变质、超过保质期及其他不符合食品安全标准的食品，主动将其退出市场，并做好相关记录。

十二、问题食品退市制度

问题食品退市制度是我国食品安全法确立的一项新的、十分重要的法律制度。我国《流通环节食品安全监督管理办法》第23条对问题食品退市制度作了具体规定，其要点如下：①食品经营者应当建立并执行食品退市制度；②食品经营者发现其经营的食品不符合食品安全标准，应当立即停止经营，下架单独存放，通知相关生产经营者和消费者，并记录停止经营和通知情况，将有关情况报告辖区工商行政管理机关。

十三、食品广告管理制度

广告是为了某种特定的需要，通过一定形式的媒体，公开而广泛地向公众传递信息的宣传手段。广告有广义和狭义之分，广义广告包括非经济广告和经济广告。非经济广告指不以营利为目的的广告，又称效应广告，如政府行政部门、社会事业单位乃至个人的各种公告、启事、声明等，主要目的是推广；狭义广告仅指经济广告，又称商业广告，是指以营利为目的的广告，通常是商品生产者、经营者和消费者之间沟通信息的重要手段，或企业占领市场、推销产品、提供劳务的重要形式，主要目的是扩大经济效益。我国《食品安全法》第54、55条重视广告的作用发挥，并对食品广告作出了具体的要求和规范，其要点如下：①食品广告的内容应当真实合法，不得含有虚假或者夸大的内容，不得涉及疾病预防、治疗功能；②食品广告中不得含有食品安全监督管理部门或者承担食品检验职责的机构、食品行业协会、消费者协会向消费者推荐食品的内容；③社会团体或者其他组织、个人在虚假广告中向消费者推荐食品，使消费者的合法权益受到损害的，与食品生产经营者承担连带责任。

十四、预包装食品经营管理制度

预包装食品，指预先定量包装或者制作在包装材料和容器中的食品。《流通环节食品安全监督管理办法》第20条确立了预包装食品经营管理制度，其要点如下：①食品经营者销售的预包装食品的包装上，应当有标签。标签内容应当符合《食品安全法》第42条的规定。②食品的标签、说明书，不得含有虚假、夸大的内容，不得涉及疾病预防、治疗功能。③食品的标签、说明书应当清楚、明显，容易辨识。④食品经营者应当按照食品标签标示的警示标志、警示说明或者注意事项的要求，销售预包装食品。

十五、散装食品经营管理制度

散装食品，是指原来整包在出售时拆包散开使食品呈现以最小单位进行的包装，或零星出售不加包装的食品。《流通环节食品安全监督管理办法》第19条确立了散装食品经营管理制度，其要点如下：①贮存散装食品的，应当在贮存位置标明食品的名称、生产日期、保质期、生产名称及联系方式等内容；②销售散装食品的，应当在散装食品的容器、外包装上标明食品的名称、生产日期、保质期、生产经营者名称及联系方式等内容。

十六、直接入口食品经营管理制度

直接入口食品是一类十分重要的食品，不仅在其卫生质量上有很高的要求，而且在行业健康体检方面还有着特殊的法律意义。《食品安全法》第27条和《流通环节食品安全监督管理办法》第12条确立了直接入口食品经营管理制度，其要点如下：①患有痢疾、伤寒、病毒性肝炎等消化道传染病的人员，以及患有活动性肺结核、化脓性或者渗出性皮肤病等有碍食品安全的疾病的人员，不得从事接触直接入口食品的工作；②有小包装或者使用无毒、清洁的包装材料、餐具；③使用无毒、清洁的售货工具；④用水符合国家规定的生活饮用水卫生标准；⑤使用的洗涤剂、消毒剂对人体安全、无害。

十七、食品贮存、运输和装卸制度

贮存、运输和装卸是食品流通的必经环节，对于食品安全的影响很大，因此，食品安全法十分重视食品的贮存、运输和装卸问题。《流通环节食品安全监督管理办法》第18、19条确立了食品贮存、运输和装卸制度，其要点如下：①食品经营者对贮存、销售的食品应当定期进行检查，查验食品的生产日期和保质期，及时清理变质、超过保质期及其他不符合食品安全标准的食品，主动将其退出市场，并做好相关记录；②食品经营者贮存散装食品，应当在贮存位置标明食品的名称、生产日期、保质期、生产者名称及联系方式等内容；③食品经营者销售散装食品，应当在散装食品的容器、外包装上标明食品的名称、生产日期、保质期、生产经营者名称及联系方式等内容；

④食品经营者销售生鲜食品和熟食制品，应当符合食品安全所需要的温度、空间隔离等特殊要求，防止交叉污染。

十八、食品批发管理制度

食品批发是食品经营的重要形式，《流通环节食品安全监督管理办法》第 14、15 条确立了食品批发管理制度，其要点如下：①从事食品批发业务的经营企业销售食品，应当如实记录批发食品的名称、规格、数量、生产批号、保质期、购货者名称及联系方式、销售日期等内容，或者保留载有上述信息的销售票据；②从事批发业务的食品经营企业应当向购货者开具载有前款规定信息的销售票据或者清单，同时加盖印章或者签字；③食品进货查验记录、批发记录或者票据应当真实，保存期限不得少于 2 年。

十九、食品市场开办管理制度

食品市场是食品的重要流通场所，对满足消费者的实际需要，加速食品的流通具有十分重要的意义。《流通环节食品安全监督管理办法》第 22 条确立了食品市场开办管理制度，其要点如下：

1. 食品集中交易市场的开办者、食品经营柜台的出租者和食品展销会的举办者，应当依法履行下列管理义务：①审查入场食品经营者的《食品流通许可证》和营业执照；②明确入场食品经营者的食品安全管理责任；③定期对入场食品经营者的经营环境和条件进行检查；④建立食品经营者档案，记载市场内食品经营者的基本情况、主要进货渠道、经营品种、品牌和供货商状况等信息；⑤建立和完善食品经营管理制度，加强对食品经营者的培训；⑥设置食品信息公示媒介，及时公开市场内或者行政机关公布的相关食品信息；⑦其他应当履行的食品安全管理义务。

2. 食品集中交易市场的开办者、食品经营柜台的出租者和食品展销会的举办者发现食品经营者不具备经营资格的，应当禁止其入场销售；发现食品经营者不具备与所经营食品相适应的经营环境和条件的，可以暂停或者取消其入场经营资格；发现经营不符合食品安全标准的食品或者有其他违法行为的，应当及时制止，并立即将有关情况报告辖区工商行政管理机关。

二十、食品惩罚性赔偿制度

惩罚性赔偿是相对于补偿性赔偿的一个概念，是指超过实际损害的范围判决加害人或者对损害负有赔偿义务的人对受害人予以额外的金钱赔偿。该制度起源于美国，后在世界范围内得到了推广和应用。我国《消费者权益保护法》最早确立了该项制度，《食品安全法》在《消费者权益保护法》的基础上强化了经营者的惩罚性赔偿责任。根据《食品安全法》第96条的规定，食品惩罚性赔偿制度的要点是：生产不符合食品安全标准的食品或者销售明知是不符合食品安全标准的食品，消费者除要求赔偿损失外，还可以向生产者或者销售者要求支付价款10倍的赔偿金。

二十一、食品流通监督检查的配合

工商行政机关的监督检查是保障食品流通经营者依法经营的重要保障，同时也是监督食品经营者守则贯彻落实的重要措施。《流通环节食品安全监督管理办法》第41、48、49条要求食品经营者应当接受、配合和协助工商行政管理机关的监督检查，其基本要点有：①被检查经营者不得无理拒绝、干涉、阻挠县级及其以上地方工商行政管理机关依法开展的监督检查工作；②县级及其以上地方工商行政管理机关依法开展抽样检验时，被抽样检验的经营者应当配合抽样检验工作，如实提供被抽样检验食品的相关票证、货源、数量、存货地点、存货量、销售量等信息；③任何单位或者个人不得对食品安全事故隐瞒、谎报、缓报，不得毁灭有关证据；④有关单位和个人应当配合食品安全事故调查处理工作，按照要求提供相关资料和样品，不得拒绝；⑤任何单位或者个人不得阻挠、干涉食品安全的调查处理。

二十二、食品主体准入监管方面的配合

1. 监督检查的重点。在对食品市场主体准入方面进行监督检查时，工商行政管理部门应当本着“谁登记、谁规范、谁负责”和“谁监管、谁清理、谁负责”的办法实施经营主体资格监管。审核的重点是经营者主体资格是否合法、有效；企业名称（字号）、负责人、经营方式、经营范围是否与经营实际相符；经营者牌匾是否与核准名称一致；营业执照的内容与食品许可证的登记事项是否一致；流通环节经营者自律制度是否履行到位。对不符合法律法规规定的要提出缓检，限期整改，整改合格后予以通过年检、验照。同时，监管人员要在《食品经营主体审核表》上签署意见，并存入信用分类监管档案。

2. 配合的主要事项。食品经营者应当按照法律规定出示食品经营许可证、营业执照等法律文件。

二十三、日常监管和巡查方面的配合

（一）监督检查的重点

日常监管和巡查方面十分重要，其重点为：①巡查人员要按照市场巡查制度对辖区的经营主体开展市场巡查；②市场巡查时必须做好市场巡查记录，按照巡查记录上的巡查内容逐项进行巡查；③巡查人员要根据经营主体信用级别采取不同频次的监管，对信用级别低的实施重点监管巡查；④监督食品流通经营者按照国家工商行政管理总局《关于规范食品索证索票制度和进货台账制度的指导意见》（工商消字［2007］227号）建

立以粘贴式为主要形式的进（销）货台账制度，并对没有进货凭证的食品建立账簿登记式台账。

（二）配合的主要事项

食品经营者应当进行以下配合：①购置并出示合法的发票；②制定并出示内部制定的进货台账制度和食品索证索票制度；③出示食品质量检验报告及进（销）货票据，并保证索证索票的合法、有效。

二十四、食品市场分类监管方面的配合

（一）监督检查的重点

所谓食品市场分类监管，是指工商行政管理部门依据国家和自治区有关食品安全监管的法律、法规，对进入流通环节销售的食品，按照食品可能造成的危害程度，把食品分为高风险、一般风险两个等级。重点加强对日常销售量大，一旦发生质量事故扩散迅速、危害严重、影响面广的粮食（含米、面及其制品）、食用油、畜禽肉及肉制品、奶及奶制品、水产品、饮品（含酒类、饮料）、蔬菜、副食调料等高风险食品的质量进行的监督管理（具体高风险食品品种各地结合监管形势和本地实际自行确定）。

（二）配合的主要事项

食品经营者应当进行以下配合：①对定型包装食品，按照法律规定和检查要求提供载明食品生产厂名、厂址、合格证、生产日期、保质期等的法律文件；②对质检部门实施市场准入的食品，提供合法使用“QS”标志的法律文件；③对农产品、水产品、畜产品和大宗鲜活食品，提供该产品农药残留、甲醛、氯霉素等有毒有害项目的法律文件；④对散装、裸装食品，提供该食品名称、产地、保质期等法律文件；⑤说明食品经营条件、设备条件、卫生状况和用料质量、来源。

二十五、食品安全信息公示方面的配合

1. 监督检查的重点。所谓食品安全日常监督管理信息公示，是指工商行政管理机关依据《食品安全法》、《食品安全法实施条例》等法律法规，通过电视、广播、报刊、网站、公示栏等形式向社会公众发布有关流通环节食品安全日常监督管理信息的制度。一般而言，食品安全日常监督管理信息，主要包括工商行政管理机关在食品流通环节监督管理中掌握的下列食品安全信息：①依照食品安全法实施行政许可的情况；②责令停止经营的食品、食品添加剂、食品相关产品的名录；③查处食品流通违法经营行为的情况；④专项检查整治工作情况；⑤法律、行政法规规定的其他食品安全日常监督管理信息。

2. 配合的主要事项。按照法律规定和工商行政监督管理机关的要求提供各项食品信息和经营信息。

二十六、问题食品退市方面的配合

（一）监督检查的重点

工商行政监督管理部门有权监督经营者对下列食品停止销售，退出市场：①有毒有害、腐烂变质、污秽不洁的食品；②包装破损造成不符合食品卫生要求的食品；③国家明令淘汰并停止销售的；④超过安全使用期或者保质日期的；⑤应当检验、检疫而未检验、检疫，或检验、检疫不合格的；⑥掺杂、掺假，以假充真、以次充好，偷工减料的；⑦使用非食用色素或其他非食用物质加工的；⑧伪造产地，伪造或者冒用他人厂名、厂址，在商品上伪造或者冒用认证标志、名优标志等质量标志，对商品质量作引人误解的虚假表示；⑨假冒他人的注册商标，或者擅自使用知名商品特有的名称、包装、装潢，造成和他人的知名商品相混淆，使购买者误认为是该知名商品的；⑩经质量检验认定不合格的；⑪其他属于《流通环节食品安全

监督管理办法》第9条或者其他法律、法规所禁止的行为。

（二）配合的主要事项

经营者应当予以配合的重点事项有：①清点不合格食品，登记造册，如实报告工商行政管理机关；②将不合格食品做下架处理；③在经营场所或通过媒体发布召回公示，召回已售出的食品；④通知生产单位对不合格食品依法处理；⑤对有毒有害、腐烂变质的食品在有关部门的监督下进行无害化处理或销毁。

二十七、进货查验、索证索票和进销货台账方面的配合

（一）监督检查的重点

为了保障顾客的身体健康和生命安全，加强信誉建设，凡进入食品流通经营者本店（场）的食品都要进行进货查验，接收货物的人为进货查验责任人。

进货查验的内容包括：①中文标明的食品名称、生产厂名和厂址；②产品出厂质量检验合格证明；③符合食品安全法规要求的包装和标签；④根据食品的特点和使用要求，需要标明的规格、等级、所含主要成分和含量；⑤限期食用食品的生产日期、安全食用期（保质期、保鲜期、保存期）和失效日期；⑥“QS”标志。

（二）配合的主要事项

食品流通经营者配合的主要事项是拒绝购进如下食品：①有毒有害、腐烂变质、污秽不洁的食品；②食品包装破损造成不符合食品安全要求的；③国家明令淘汰并停止销售的食品；④超过安全食用期或者保质日期的食品；⑤应当检验、检疫而未检验、检疫，或检验、检疫不合格的食品；⑥食品中掺杂、掺假，以假充真、以次充好，偷工减料的；⑦食品中使用非食用色素或其他非食用物质加工的；⑧食品包装上伪造产地，伪造或者冒用他人厂名、厂址，在商品上伪造或者冒用认证标志、

名优标志等质量标志，对商品质量作引人误解的虚假表示或者使用绝对化宣传用语的；⑨食品假冒他人的注册商标，或者擅自使用知名商品特有的名称、包装、装潢、造成和他人的知名商品相混淆，使购买者误认为是该知名商品的；⑩必须标注“QS”标志的食品，无“QS”标志的；⑪存在生产日期、保质期等项目印制不清等问题，食品标签不符合要求的食品；⑫其他依法禁止经营的食品。

二十八、市场主办者、柜台出租者方面的配合

（一）监督检查的重点

展销会举办者应当协助工商行政管理机关对入场经营主体资格进行审查，确保经营主体的合法性。其主要职责包括：①监督经营亮照经营、明码标价、计量准确。②加强市场日常管理，维护好本市场正常的经营交易秩序，确保进场经营者的正常经营。加强市场内卫生、防火、防盗、治安等工作，保持市场经营场所整洁卫生，保证经营者经营的食品符合国家、地方或行业制定的卫生条件。③维护好市场内外正常的交通秩序，设立购物示意图、宣传栏、行市牌、监督服务台、意见箱、投诉举报电话（箱）、公平秤（尺）等服务设施，各项设施统一、规范、整齐，为广大消费者购物提供方便。④配备专（兼）职食品安全监督员，负责食品安全的督促管理工作。

（二）配合的主要事项

食品经营者配合的主要事项为：①按照法律规定和工商行政管理机关的要求开办、经营、管理和规范食品市场；②协助工商行政管理机关监督、管理承租户的具体经营活动。

二十九、市场（超市）食品协议准入方面的配合

（一）监督检查的重点

为了明确食品来源和责任，提高上市食品安全，确保食品

消费安全放心，工商行政管理机关应当积极推进市场（超市）或经营者以协议方式与优质农产品生产基地、食品安全合格的生产加工单位和管理规范的批发市场、大型批发商建立购销关系。其形式包括：场厂（场）挂钩、场地挂钩、户厂挂钩、户地挂钩等各种购销挂钩协议。重点对以下食品推行购销挂钩协议：粮食、蔬菜、肉、禽类及其制品、豆制品、水产品、熟食等。

（二）配合的主要方面

食品经营者应当做好如下配合：①使用规范的合同文本建立购销挂钩协议关系，并在合同中明确食品安全保证及对不合格食品的召回、退货、赔偿和解除合同的条款等；②积极做好购销挂钩的引导、组织工作，并为食品经营者履行购销挂钩协议提供必要的条件和优惠措施；③查验购销挂钩单位的合法性和产品是否符合相关标准或要求，并按照《食品索证索票制度》的规定，向供货方索取相关票证；④加强对挂钩食品的质量查验，发现不合格产品，立即停止销售，并及时报告相关行政执法部门。

三十、违反《流通环节食品安全监督管理办法》的责任

（一）违反违反法律规定销售禁止销售食品的责任

违反法律规定，销售《流通环节食品安全监督管理办法》第9条第1～6、8、10、13项规定的禁止销售食品的，根据《流通环节食品安全监督管理办法》第53条的规定，没收违法所得、违法经营的食品和用于违法经营的工具、设备、原料等物品；违法经营的食品货值金额不足1万元的，并处2000元以上5万元以下罚款；货值金额1万元以上的，并处货值金额5倍以上10倍以下罚款；情节严重的，吊销许可证。

销售《流通环节食品安全监督管理办法》第9条第7、9、11、12项规定的禁止销售的食品的，根据《流通环节食品安全监督管理办法》第56条的规定，没收违法所得、违法经营的食

品和用于违法经营的工具、设备等物品；违法经营的食品货值金额不足1万元的，并处2000元以上5万元以下罚款；货值金额1万元以上的，并处货值金额2倍以上5倍以下罚款；情节严重的，责令停产停业，直至吊销许可证。

（二）违反经营许可和经营登记规定的责任

我国实行食品经营许可证制度，从事食品经营，应当依法取得《食品流通许可证》，凭《食品流通许可证》办理工商登记，领取营业执照。未取得《食品流通许可证》和营业执照的，不得从事食品经营。根据《流通环节食品安全监督管理办法》第54条的规定，未经许可从事食品经营活动的，没收违法所得、违法经营的食品和用于违法经营的工具、设备等物品；违法经营的食品货值金额不足1万元的，并处2000元以上5万元以下罚款；货值金额1万元以上的，并处货值金额5倍以上10倍以下罚款。

（三）违反从业人员健康检查制度和健康档案制度的责任

食品经营企业应当建立并执行从业人员健康检查制度和健康档案制度。根据《流通环节食品安全监督管理办法》第55条的规定，责令改正，给予警告；拒不改正的，处2000元以上2万元以下罚款；情节严重的，责令停产停业，直至吊销许可证。

（四）违反食品贮存、运输和装卸制度的责任

根据《流通环节食品安全监督管理办法》第57条的规定，食品经营企业未按照要求进行食品运输的，责令改正，给予警告；拒不改正的，责令停产停业，并处2000元以上5万元以下罚款；情节严重的，由原发证部门吊销许可证。

（五）违反食品市场开办管理制度的责任

《流通环节食品安全监督管理办法》第22条第2款规定，“食品集中交易市场的开办者、食品经营柜台的出租者和食品展销会的举办者发现食品经营者不具备经营资格的，应当禁止其入场销售；发现食品经营者不具备与所经营食品相适应的经营

环境和条件的，可以暂停或者取消其入场经营资格；发现经营不符合食品安全标准的食品或者有其他违法行为的，应当及时制止，并立即将有关情况报告辖区工商行政管理机关。”违反上述规定的，根据《流通环节食品安全监督管理办法》第58条的规定，处2000元以上5万元以下罚款；造成严重后果的，责令停业，由原发证部门吊销许可证。

（六）违反广告管理制度的责任

《流通环节食品安全监督管理办法》第24条规定，“食品广告的内容应当真实合法，不得含有虚假或者夸大的内容，不得涉及疾病预防、治疗功能。食品广告中不得含有食品安全监督管理部门或者承担食品检验职责的机构、食品行业协会、消费者协会向消费者推荐食品的内容。”根据《流通环节食品安全监督管理办法》第59条规定，经营者违反上述第1款规定的，责令广告主停止发布广告，并以等额广告费用在相应范围内公开更正清除影响，并处广告费用1倍以上5倍以下的罚款；违反第2款规定的，没收违法所得，依法对直接负责的主管人员和其他直接责任人员给予记大过、降级或者撤职的处分。

（七）违反食品安全事故处置制度的责任

《流通环节食品安全监督管理办法》第26条规定，“食品经营企业应当制定食品安全事故处置方案，定期检查本企业各项食品安全防范措施的落实情况，及时消除食品安全事故隐患。发生食品安全事故的食品经营者对导致或者可能导致食品安全事故的食品及原料、工具、设备等，应当立即采取封存等控制措施，并自事故发生之时起2小时内向所在地县级人民政府卫生行政部门报告。”根据《流通环节食品安全监督管理办法》第60条规定，经营者违反上述规定的，按照工商行政管理机关职责分工，责令改正，给予警告；毁灭有关证据的，责令停业，并处2000元以上10万元以下罚款；造成严重后果的，由原发证部门吊销许可证。

食品餐饮服务经营者守则

一、食品餐饮服务经营守则的内容与要求

所谓餐饮服务，是指通过即时制作加工、商业销售和服务性劳动等，向消费者提供食品和消费场所及设施的服务活动。

食品餐饮服务经营守则的内容，包括承诺书、备案公示和制度管理三方面。

（一）食品安全责任承诺书

食品安全责任承诺书，一般适用于小餐馆或食品摊贩，其内容与格式由食品餐饮服务监管机构印制。如重庆市的承诺书为：

食品安全责任承诺书

本申请人对于食药监部门告知的食品安全要求已清楚、全面了解，将认真履行被告知的义务，对所经营的食品安全负责，并作出如下承诺：

1. 在餐饮经营活动中，自觉遵守食品安全法律、法规、规章、规范性文件以及食品安全标准要求。

2. 不加工经营食品安全法律、法规、规章禁止生产经营的食品，不在食品中添加非食用物质，不滥用食品添加剂。

3. 在核定的备案范围内经营，不擅自改变备案事项。

4. 如违反了食品安全法律、法规、规章和标准规定以及对消费者造成损害，本申请人将承担由此产生的法律责任。

申请人签字：__________

承诺日期：　　年　月　日

（二）备案公示

根据国家食品药品监督管理局的规定，自制并使用添加剂的餐饮服务单位，需要进行食品添加剂备案和公示。尤其是自制火锅底料、自制饮料、自制调味料的餐饮服务单位，应当向所在地餐饮服务食品安全监管部门备案，并向消费者公示其所使用的添加剂。备案公示后如需增加使用添加剂的，必须就新增加的添加剂，进行备案并公示方可使用。

备案公示内容包括使用的添加剂名称、使用范围、使用剂量、食品添加剂生产厂家、是否索证索票验收登记等。如黑龙江省食品添加剂备案公示表为：

餐饮服务单位食品添加剂备案公示表

报告单位名称（盖章）：

使用食品添加剂名称	使用的食品范围	作用	使用剂量（克/公斤）	食品添加剂生产厂家	添加剂是否索证索票验收登记

注：1. 本表一式两份，一份报当地食品药品监督管理局审查后备案留存，一份餐饮服务单位留存或公示。

2. 食品添加剂名称需详细填写包装上的商品名称及通用名称。

餐饮单位负责人签字：　　　　　　　　　　报告时间：　　年　月　日

餐饮单位联系电话：

（三）制度管理

根据《食品安全法》的规定，餐饮服务经营者，要遵守索证索票、进货查验和采购记录制度，遵守食品安全操作规范。

二、食品餐饮服务经营应遵守的法律规范

对食品餐饮服务活动实施监督管理的机构是国家食品药品监督管理部门，国务院卫生行政部门承担食品综合协调职责。为了落实《食品安全法》以及《食品安全法实施条例》在食品餐饮服务方面的规定，进一步规范餐饮服务活动，切实保障公众饮食安全，卫生部制定了《餐饮服务许可管理办法》（以下简称《许可办法》）、《餐饮服务食品安全监督管理办法》（以下简称《安全监督管理办法》）。在此基础之上，食品药品监督管理部门又制定了《餐饮服务许可审查规范》（以下简称《许可审查规范》）、《餐饮服务食品安全操作规范》（以下简称《操作规范》）以及《餐饮服务食品采购索证索票管理规定》（以下简称《索证索票管理规定》）。因此，从总体上来说，餐饮服务监管从过去的卫生监督转变为安全监管，标志着我国餐饮服务食品安全监管理念、模式和方式的重大调整，餐饮服务食品安全监管进入了新时代。

三、餐饮服务许可制度

《食品安全法》第29条规定，国家对食品生产经营实行许可制度。从事餐饮服务的，应当依法取得餐饮服务许可。为了落实此条款，卫生部制定了《许可办法》，在此基础上，食品药

品监督管理部门制定了《许可审查规范》。

餐饮服务提供者应当取得《餐饮服务许可证》，并依法承担餐饮服务的食品安全责任。国家食品药品监督管理局主管全国的餐饮服务许可管理工作，地方各级食品药品监督管理部门负责本行政区域内的餐饮服务许可管理工作。《餐饮服务许可证》受理和审批的许可机关由各省、自治区、直辖市食品药品监督管理部门规定。

（一）许可制度的原则

要申请餐饮服务许可证，必须遵循以下原则：①依法许可原则，《许可办法》第5条规定，食品药品监管部门实施餐饮服务许可，应当符合法律、法规和规章规定的权限、范围、条件与程序。②分类许可原则，《许可办法》第4条规定，餐饮服务许可按照餐饮服务提供者的业态和规模实施分类管理。所谓餐饮服务提供者的业态，是指餐饮服务提供者向消费者提供餐饮或者服务的具体形式，通常有餐馆、食堂等。③公开、公平、公正，要求将餐饮服务许可的机关、范围、条件、程序、时限等向社会公开，满足公众的知情权、参与权和监督权。《许可办法》第6条规定，食品药品监督管理部门建立餐饮服务许可和档案管理制度，定期公告取得或者注销餐饮服务许可的餐饮服务提供者名录。在申请或审核的过程中，要求对同一类申请人给予均等的机会和平等的待遇，其审核结果应当客观、公正。

（二）许可制度的内容

《许可办法》共8章42条，《许可审查规范》共7章78条，另有5个附件。就其内容来说，主要包括：

1. 申请许可证的条件。申请许可证的条件主要包括申请人应当具备的条件以及提交的书面材料两项。就申请人而言，主要包括以下条件：

（1）具有与制作供应的食品品种、数量相适应的食品原料处理和食品加工、贮存等场所，保持该场所环境整洁，并与有毒、有害场所以及其他污染源保持规定的距离。

（2）具有与制作供应的食品品种、数量相适应的经营设备或者设施，有相应的消毒、更衣、洗手、采光、照明、通风、冷冻冷藏、防尘、防蝇、防鼠、防虫、洗涤以及处理废水、存放垃圾和废弃物的设备或者设施。

（3）具有经食品安全培训、符合相关条件的食品安全管理人员，以及与本单位实际相适应的保证食品安全的规章制度。

（4）具有合理的布局和加工流程，防止待加工食品与直接入口食品、原料与成品交叉污染，避免食品接触有毒物、不洁物。

（5）国家食品药品监督管理局或者省、自治区、直辖市食品药品监督管理部门规定的其他条件。

餐饮服务食品安全管理人员的条件和食品安全培训的有关要求由国家食品药品监督管理局制定。

申请餐饮服务许可证应当提交的书面材料有：《餐饮服务许可证》申请书；名称预先核准证明（已从事其他经营的可提供营业执照复印件）；餐饮服务经营场所和设备布局、加工流程、卫生设施等示意图；法定代表人（负责人或者业主）的身份证明（复印件）；食品安全管理人员的材料：身体健康并持有有效的健康证明，具备 2 年以上餐饮服务食品安全工作经历，持有有效培训合格证明等；保证食品安全的规章制度；国家食品药品监督管理局或者省、自治区、直辖市食品药品监督管理部门规定的其他材料。

2. 许可证的审核。食品药品监督管理部门受理申请人提交的申请材料后，依据《许可审查规范》第 5 条的规定，餐饮服务许可审查包括对申请材料的书面审查和对经营现场的核查。书面审查主要审查材料的真实性，关键是现场审查。

（1）审核的原则。按照《许可审查规范》第 3 条的规定，食品药品监管部门按照推进分类管理、强化风险控制的原则对餐饮服务申请进行审查。所谓分类就是将餐饮服务业分为五大类：第一类：特大型餐馆，大型餐馆，供餐人数300人以上的学校（含托幼机构）食堂，供餐人数500人以上的机关、企事业单位食堂；第二类：中型餐馆，快餐店，供餐人数300人以下的学校食堂，供餐人数50～500人的机关、企事业单位食堂；第三类：小型餐馆，小吃店，饮品店，供餐人数50人以下的机关、企事业单位食堂；第四类：建筑工地食堂；第五类：集体用餐配送单位。按照相关法律的规定，强化风险就是在上述分类的基础之上再按照风险的程度分项，对风险大、隐患多的项目进行重点审查。比如，按照《许可审查规范》第6条的规定，现场审查人员要审查特大型餐馆，大型餐馆，学校食堂，供餐人数500人以上的机关、企事业单位食堂等是否设置有专职食品安全管理人员。因为对于其他餐饮服务提供者而言，食品安全管理人员不一定就是专职，而是可兼职。依照《许可审查规范》第7条的规定，要审查特大型餐馆、大型餐馆、学校食堂、供餐人数500人以上的机关等单位是否制定了关键环节食品加工操作规程、食品安全检查计划以及食品安全突发事件应急处置预案等。

(2) 审核的内容。由于《许可审查规范》的颁布晚于《安全操作规范》，因此，此处探讨许可审核的内容经常结合这两个规范的规定进行。按照这两个规范的规定，餐饮服务许可现场核查项目按其对食品安全的影响程度，分为关键项、重点项和一般项。现场核查结果实行综合判定。关键项是指对食品安全有重大影响的项目；重点项是指对食品安全有较大影响的项目；其余项目为一般项。关键项是审核的重点内容，要求必须全部合格。为了说明现场审核的关键内容，现根据《许可审查规范》以及《安全操作规范》的5个附件，通过整理，将各类业态和规模的餐饮服务食品的关键项列举如下：

表8－1　关键项

类型 内容	第一类：特大型餐馆，大型餐馆，供餐人数300人以上的学校（含托幼机构）食堂，供餐人数500人以上的机关、企事业单位食堂	第二类：中型餐馆，快餐店，供餐人数300人以下的学校（含托幼机构）食堂，供餐人数50～500人的机关、企事业单位食堂	第三类：小型餐馆，小吃店，饮品店，供餐人数50人以下的机关、企事业单位食堂	第四类：建筑工地食堂	第五类：集体用餐配送单位
1. 选址	选择地势干燥、有给排水条件和电力供应的地区，不得设在易受到污染的区域。距离粪坑、污水池、暴露垃圾场（站）、旱厕等污染源25m以上，并设置在粉尘、有害气体、放射性物质和其他扩散性污染源的影响范围之外	与第一类相同	与第一类相同	与第一类相同	与第一类相同
	设置与食品供应方式和品种相适应的粗加工、切配、烹饪、面点制作、餐用具清洗消毒、备餐等加工操作场所，以及食品库房、更衣室、清洁工具存放场所等。各场所均设在室内	与第一类相同	与第一类相同	与第一类相同	与第一类相同

续表

类型 内容	第一类：特大型餐馆，大型餐馆，供餐人数300人以上的学校（含托幼机构）食堂，供餐人数500人以上的机关、企事业单位食堂	第二类：中型餐馆，快餐店，供餐人数300人以下的学校（含托幼机构）食堂，供餐人数50～500人的机关、企事业单位食堂	第三类：小型餐馆，小吃店，饮品店，供餐人数50人以下的机关、企事业单位食堂	第四类：建筑工地食堂	第五类：集体用餐配送单位
2. 场所设置、布局、分隔和面积	进行凉菜配制、裱花操作和食堂备餐，分别设置相应操作专间	与第一类相同	与第一类相同	无规定	无规定
	无规定	凉菜间面积≥5m^2	凉菜间面积≥食品处理区面积10%	无规定	无规定
	用于原料、半成品、成品的工具、用具和容器，有明显的区分标识，存放区域分开设置	与第一类相同	与第一类相同	与第一类相同	与第一类相同
	无规定	无规定	无规定	无规定	食品处理区面积与最大供餐人数相适应：小于200m^2，面积与单班最大生产份数之比为1∶2.5；200～400m^2，面积与单班最大生产份数之比为1:

续表

类型 内容	第一类：特大型餐馆，大型餐馆，供餐人数300人以上的学校（含托幼机构）食堂，供餐人数500人以上的机关、企事业单位食堂	第二类：中型餐馆，快餐店，供餐人数300人以下的学校（含托幼机构）食堂，供餐人数50～500人的机关、企事业单位食堂	第三类：小型餐馆，小吃店，饮品店，供餐人数50人以下的机关、企事业单位食堂	第四类：建筑工地食堂	第五类：集体用餐配送单位
					2.5；400～800m²，面积与单班最大生产份数之比为1∶4；800～1500m²，面积与单班最大生产份数之比为1∶6；面积大于1500m²的，面积与单班最大生产份数之比可适当减少
3. 食品处理区与排水	地面用无毒、无异味、不透水、不易积垢、耐腐蚀、防滑的材料铺设，且平整、无裂缝。粗加工、切配、餐用具清洗、消毒和烹调等场所的地面易于清洗、防滑，并有排水系统	是重点项而非关键项	一般项	一般项	与第一类相同

续表

类型 内容	第一类：特大型餐馆，大型餐馆，供餐人数300人以上的学校（含托幼机构）食堂，供餐人数500人以上的机关、企事业单位食堂	第二类：中型餐馆，快餐店，供餐人数300人以下的学校（含托幼机构）食堂，供餐人数50~500人的机关、企事业单位食堂	第三类：小型餐馆，小吃店，饮品店，供餐人数50人以下的机关、企事业单位食堂	第四类：建筑工地食堂	第五类：集体用餐配送单位
4. 餐用具清洗、消毒、保洁设施	配备能正常运转的清洗、消毒、保洁设备、设施	与第一类相同	无规定	无规定	与第一类相同
	各类清洗、消毒方式设专用水池的最低数量：采用化学消毒的，至少设有3个专用水池；采用人工清洗热力消毒的，可设置2个专用水池。各类水池以明显标识标明其用途	与第一类相同	与第一类相同	与第一类相同	与第一类相同
	餐用具清洗、消毒水池专用，与食品原料、清洁用具及接触非直接入口食品的工具、容器清洗水池分开	与第一类相同	与第一类相同	无规定	与第一类相同
	清洗、消毒、保洁设备、设施的大小和数量能满足需要	变为重点项	变为重点项	与第一类相同	与第一类相同

续表

类型 内容	第一类：特大型餐馆，大型餐馆，供餐人数300人以上的学校（含托幼机构）食堂，供餐人数500人以上的机关、企事业单位食堂	第二类：中型餐馆，快餐店，供餐人数300人以下的学校（含托幼机构）食堂，供餐人数50～500人的机关、企事业单位食堂	第三类：小型餐馆，小吃店，饮品店，供餐人数50人以下的机关、企事业单位食堂	第四类：建筑工地食堂	第五类：集体用餐配送单位
5. 库房和食品贮存场所	冷藏、冷冻柜（库）数量和结构能使原料、半成品和成品分开存放，有明显区分标识	与第一类相同	变为重点项	一般项	与第一类相同
6. 专间	专间内设符合《餐饮服务食品安全操作规范》要求的空调设施、空气消毒设施、工具清洗消毒设施；凉菜间、裱花间设专用冷藏设施	与第一类相同	与第一类相同	与第一类相同	与第一类相同
	专间入口处设置有洗手、消毒、更衣设施	与第一类相同	与第一类相同	与第一类相同	与第一类相同
7. 厕所	厕所不设在食品处理区	与第一类相同	无规定	无规定	与第一类相同
8. 食品原料、清洁工具、清洗水池					设专用于拖把等清洁工具、用具的清洗水池，其位置不会污染食品及其加工、制作过程

续表

类型／内容	第一类：特大型餐馆，大型餐馆，供餐人数300人以上的学校（含托幼机构）食堂，供餐人数500人以上的机关、企事业单位食堂	第二类：中型餐馆，快餐店，供餐人数300人以下的学校（含托幼机构）食堂，供餐人数50～500人的机关、企事业单位食堂	第三类：小型餐馆，小吃店，饮品店，供餐人数50人以下的机关、企事业单位食堂	第四类：建筑工地食堂	第五类：集体用餐配送单位
9. 运输设备					配备封闭式专用运输车辆以及专用密闭运输容器
10. 检验室					设置开展食品和环节表面菌落总数、大肠菌群检验的检验室，并配备相应检验设备
关键项总数	13	12	9	7	16

（3）审核的程序。现场检查时，核查人员不少于2人。检查人员应当填写《餐饮服务许可现场核查表》，制作现场核查记录，经申请人核对无误后，核查人员和申请人在核查表和记录上签名或者盖章。申请人拒绝签名或者盖章的，核查人员应当注明拒签情况。

对不符合规定条件的，作出不予行政许可的决定并书面说明理由，同时告知申请人享有依法申请行政复议或者提起行政诉讼的权利。

3. 审核结果。

（1）许可。食品药品监督管理部门应当根据申请材料和现场核查的情况，对符合条件的，作出准予行政许可的决定。食品药品监督管理部门应当自受理申请之日起20个工作日内作出行政许可决定。因特殊原因需要延长许可期限的，经本机关负责人批准，可以延长10个工作日，并应当将延长期限的理由告知申请人。食品药品监督管理部门作出准予行政许可决定的，应当自作出决定之日起10个工作日内向申请人颁发《餐饮服务许可证》。也就是说，在一般情况下，餐饮服务许可的期限自申请之日起为30天，特殊情况下为40天，但许可监管部门须将延长期限的理由告知申请人。

（2）不许可。食品药品监督管理部门对不符合规定条件的，作出不予行政许可的决定，但应当告知申请人并书面说明理由，并告知申请人享有依法申请行政复议或者提起行政诉讼的权利。

（三）许可证的变化

1. 变更。餐饮服务提供者的名称、法定代表人（负责人或者业主）或者地址门牌号改变（实际经营场所未改变）的，应当向原发证部门提出办理《餐饮服务许可证》记载内容变更申请，并提供有关部门出具的有关核准证明。

餐饮服务提供者的许可类别、备注项目以及布局流程、主要卫生设施需要改变的，应当向原发证部门申请办理《餐饮服务许可证》变更手续。原发证部门应当以申请变更内容为重点进行审核。

食品药品监督管理部门根据上述规定，准予变更《餐饮服务许可证》记载内容或者准予办理变更手续的，颁发新的《餐饮服务许可证》，原《餐饮服务许可证》证号和有效期限不变。

2. 延续。餐饮服务提供者需要延续《餐饮服务许可证》的，应当在《餐饮服务许可证》有效期届满30日前向原发证部门书面提出延续申请。逾期提出延续申请的，按照新申请《餐饮服务许可证》办理。

原发证部门受理《餐饮服务许可证》延续申请后，应当重点对原许可的经营场所、布局流程、卫生设施等是否有变化进行审核。准予延续的，颁发新的《餐饮服务许可证》，原《餐饮服务许可证》证号不变。

3. 补发。餐饮服务提供者遗失《餐饮服务许可证》的，应当于遗失后60日内公开声明《餐饮服务许可证》遗失，向原发证部门申请补发。《餐饮服务许可证》毁损的，凭毁损的原证向原发证部门申请补发。

4. 注销。注销有两种情况：①由于许可证到期、依法终止、依法被撤销、撤回或者被吊销的，发证部门依法注销；②餐饮服务提供者主动申请注销。

（四）许可证的使用及管理

餐饮服务许可证应当载明单位名称、地址、法定代表人（负责人或者业主）、类别、备注、许可证号、发证机关（加盖公章）、发证日期、有效期限等内容，其样式由国家食品药品监督管理局统一规定。餐饮服务许可证有效期为3年。临时从事餐饮服务活动的，餐饮服务许可证有效期不超过6个月。

同一餐饮服务提供者在不同地点或者场所从事餐饮服务活动的，应当分别办理餐饮服务许可证。餐饮服务经营地点或者场所改变的，应当重新申请办理餐饮服务许可证。

餐饮服务提供者取得的餐饮服务许可证，不得转让、涂改、出借、倒卖或出租。

餐饮服务提供者应当按照许可范围依法经营，并在就餐场所醒目位置悬挂或者摆放餐饮服务许可证。

四、餐饮服务提供者索证索票、进货查验和采购记录制度

（一）基本要求

1. 餐饮服务提供者应当建立并落实食品、食品添加剂及食品相关产品采购索证索票、进货查验和采购记录制度，保障食

品安全。

2. 应当指定经培训合格的专（兼）职人员负责食品、食品添加剂及食品相关产品采购索证索票、进货查验和采购记录，指定的专（兼）职人员应当掌握餐饮服务食品安全法律知识、餐饮服务食品安全基本知识以及食品感官鉴别常识。

3. 指定的人员应当到证照齐全的食品生产经营单位或批发市场采购，并应当索取、留存有供货方盖章（或签字）的购物凭证。购物凭证应当包括供货方名称、产品名称、产品数量、送货或购买日期等内容。

4. 长期定点采购的，餐饮服务提供者应当与供应商签订包括保证食品安全内容的采购供应合同。

（二）具体要求

对餐饮服务提供者就食品、食品添加剂和食品相关产品采购索证索票，《索证索票规定》按照采购渠道从以下四个方面进行了规定：

1. 从生产加工单位或生产基地直接采购时，应当查验、索取并留存加盖有供货方公章的许可证、营业执照和产品合格证明文件复印件，留存盖有供货方公章（或签字）的每笔购物凭证或每笔送货单。

2. 从流通经营单位（商场、超市、批发零售市场等）批量或长期采购时，应当查验并留存加盖有公章的营业执照和食品流通许可证等复印件，留存盖有供货方公章（或签字）的每笔购物凭证或每笔送货单。

从流通经营单位（商场、超市、批发零售市场等）少量或临时采购时，应当确认其是否有营业执照和食品流通许可证，留存盖有供货方公章（或签字）的每笔购物凭证或每笔送货单。

从食品流通经营单位（商场、超市、批发零售市场等）和农贸市场采购畜禽肉类的，应当查验动物产品检疫合格证明原件；从屠宰企业直接采购的，应当索取并留存供货方盖章（或签字）的许可证、营业执照复印件和动物产品检疫合格证明原件。

3. 从农贸市场采购的，应当索取并留存市场管理部门或经营户出具的加盖公章（或签字）的购物凭证；从个体工商户采购的，应当查验并留存供应者盖章（或签字）的许可证、营业执照或复印件、购物凭证和每笔供应清单。

4. 实行统一配送经营方式的，可以由餐饮服务企业总部统一查验、索取并留存供货方盖章（或签字）的许可证、营业执照、产品合格证明文件，建立采购记录；各门店应当建立并留存日常采购记录；门店自行采购的产品，应当严格落实索证索票、进货查验和采购记录制度。

此外，《索证索票管理规定》还对批量采购进口食品及食品添加剂、采购集中消毒企业供应的餐饮具、采购乳制品需要索取的材料提出了明确的要求。

（三）其他规定

在前述采购的食品入库前，餐饮服务提供者应当查验所购产品外包装、包装标识是否符合规定，与购物凭证是否相符，并建立采购记录。鼓励餐饮服务提供者建立电子记录。采购记录应当如实记录产品的名称、规格、数量、生产批号、保质期、供应单位名称及联系方式、进货日期等。餐饮服务提供者应当按产品类别或供应商、进货时间顺序整理、妥善保管索取的相关证照、产品合格证明文件和进货记录，不得涂改、伪造，其保存期限不得少于2年。

对于餐饮服务提供者的索证索票活动，食品药品监督管理部门负责对其进行监督。

五、餐饮服务食品安全操作规范

《食品安全法实施条例》第31条规定，餐饮服务提供者应当制定并实施原料采购控制要求，确保所购原料符合食品安全标准。餐饮服务提供者在制作加工过程中应当检查待加工的食品及原料，发现有腐败变质或者其他感官性状异常的，不得加工或者使用。第32条规定，餐饮服务提供企业应当定期维护食品加工、贮存、陈列等设施、设备；定期清洗、校验保温设施及冷藏、冷冻设施。餐饮服务提供者应当按照要求对餐具、饮具进行清洗、消毒，不得使用未经清洗和消毒的餐具、饮具。这些都是对食品餐饮服务业安全操作规范上的要求。

为进一步提高餐饮服务提供者的食品安全意识、诚信经营意识和自律意识，落实企业主体责任，规范餐饮服务经营行为，保障消费者的饮食安全，国家食品药品监督管理局发布《餐饮服务食品安全操作规范》（以下简称《安全操作规范》）。《安全操作规范》共5章46条，主要涉及机构及人员管理，场所与设施、设备的选择，过程控制等。附件部分是对餐饮服务提供者的场所布局要求等6个附件。

《安全操作规范》是国家食品药品监督管理局根据《食品安全法》及其实施条例，经过调研论证、广泛征求意见及调整补充等过程而制定的。该规范对餐馆、快餐店、小吃店、饮品店、食堂、集体用餐配送单位和中央厨房的食品安全管理提出了明确、具体的要求，而且落实了直接责任人的法律责任。其第3条明确规定，餐饮服务提供者的法定代表人、负责人或业主是本单位食品安全的第一责任人，对本单位的食品安全负法律责任。

（一）机构及人员管理

《安全操作规范》第二章专门规定了“机构及人员管理”，并将人员分为安全管理人员和一般从业人员两类。

1. 安全管理机构与安全管理人员。《安全操作规范》第8条至第10条都是对安全管理机构和安全管理人员的规定。

（1）安全管理机构与安全管理人员的配备问题。要求大型以上餐馆（含大型餐馆）、学校食堂（含托幼机构食堂）、供餐人数500人以上的机关及企事业单位食堂、餐饮连锁企业总部、集体用餐配送单位、中央厨房应当设置食品安全管理机构并配备专职食品安全管理人员；其他餐饮服务提供者可以配备兼职食品安全管理人员。

（2）明确管理机构和管理人员的职责。建立、健全食品安全管理制度，明确食品安全责任，落实岗位责任制。食品安全管理制度主要包括：从业人员健康管理制度和培训管理制度，加工经营场所及设施、设备清洁、消毒和维修保养制度，食品、食品添加剂、食品相关产品采购索证索票、进货查验和台账记录制度，关键环节操作规程，餐厨废弃物处置管理制度，食品安全突发事件应急处置方案，投诉受理制度以及食品药品监管部门规定的其他制度。

（3）制订相关计划。制订从业人员食品安全知识培训计划，组织学习食品安全法律、法规、规章、规范、标准、加工操作规程和其他食品安全知识；组织从业人员进行健康检查；制订食品安全检查计划，明确检查项目及考核标准，并做好检查记录；组织制订食品安全事故处置方案，定期检查食品安全防范措施的落实情况，及时消除食品安全事故隐患；建立食品安全检查及从业人员健康、培训等；管理档案；等等。

（4）安全管理人员的基本要求。安全管理人员要符合以下条件：身体健康并持有有效健康证明；具备2年以上餐饮服务食品安全工作经历；持有有效培训合格证明等。

2. 一般从业人员。《安全操作规范》第11条至第14条详细规定了一般从业人员的要求。主要包括健康管理、培训以及个人卫生（包括服装）三方面。

（1）健康管理。在健康管理方面，《安全操作规范》规定，从业人员上岗前应取得健康证明，并建立每日晨检制度。有发热、腹泻、皮肤伤口或感染、咽部炎症等有碍食品安全病症的人员，应立即离开工作岗位，待查明原因并将有碍食品安全的病症治愈后，方可重新上岗。患有《食品安全法实施条例》第23条所列疾病（患有痢疾、伤寒、甲型病毒性肝炎、戊型病毒性肝炎等消化道传染病，以及患有活动性肺结核、化脓性或者渗出性皮肤病等有碍食品安全的疾病）的人员不得从事接触直接入口食品的工作。并要求每年对从业人员进行一次体检。

（2）培训。《安全操作规范》第14条规定了人员培训。①从业人员（包括新参加和临时参加工作的人员）应参加食品安全培训，合格后方能上岗；②从业人员应按照培训计划和要求参加培训；③食品安全管理人员原则上每年应接受不少于40小时的餐饮服务食品安全集中培训。

（3）个人卫生。在个人卫生上，主要强调养成良好的个人卫生习惯，操作时工作衣帽干净，不留长指甲，并勤洗手，在必要时还应消毒。工作服要保持干净整洁。

（二）场所与设施、设备

结合《安全操作规范》和《许可审查规范》的现场要求，硬件要求分为关键项、重点项和一般项，其中关键项必须全部符合。详细内容请见本章第三部分内容中的“表8-1”。

（三）过程控制

《安全操作规范》将过程分为一般餐饮服务过程和关键环节的过程。一般餐饮服务过程包括采购验收、粗加工、切配、烹饪、备餐和供餐等；关键环节的过程包括凉菜配制、裱花操作、生食海产品加工、饮料现榨、水果拼盘制作、面点制作、烧烤加工、食品再加热、食品添加剂使用、餐用具清洗消毒保洁、集体用餐食品分装及配送、中央厨房食品包装及配送、食品留样、贮存等。关键环节是控制的重点，因此，《安全操作规范》提高了关键岗位的人员配置要求，增补了关键环节的过程控制要求，完善了重点环节的加工制作要求。例如，第24条规定，凉菜配制要求专间、专人加工制作。第32条规定，使用食品添加剂应达到专人采购、专人保管、专人领用、专人登记和专柜保存的要求。

另外，《安全操作规范》增加了一系列新制度、新要求。要求餐饮服务单位建立从业人员健康晨检制度、备案公示制度、餐厨废弃物处置制度和食品安全应急防范制度，要求餐饮服务单位加强对有关环节可能出现的风险进行管理和控制，主动防范食品安全事故的发生。例如，明确规定自制火锅底料、饮料、调味料的餐饮服务提供者应向监管部门备案所使用的食品添加剂名称，并在店堂醒目位置或菜单上予以公示。

总之，《安全操作规范》从机构及人员管理、场所与设施设备、过程控制等方面，规范餐饮服务经营行为，强化餐饮服务食品安全过程控制，有利于提升餐饮服务管理水平，保障消费者饮食安全。

六、餐饮服务食品安全监督管理

餐饮服务监管是保障公众饮食安全的最后一道关口，任务艰巨，责任重大。

正如前文已述，为了落实《食品安全法》及《食品安全法实施条例》对于食品餐饮服务的规定，先后出台了《许可办法》、《许可审查规范》、《安全操作规范》以及《索证索票管理规定》等，相继建立起持证经营、依法经营制度，人员管理制度，索证索票管理制度等，而且规定安全监督应当贯穿每个环节的始终。

（一）安全监督的方法

《安全监督管理办法》建立了食品安全监督管理量化分级、分类管理制度。在前文已述，《许可审查规范》的原则是分类管理、强化风险控制。我们认为这两者存在异曲同工之处。分类管理是指将所有餐饮服务食品业按照业态和规模分为五类；量化分级以及风险控制都是在分类的基础之上，对各项具体事项又进行分级，分别是关键项、重点项和一般项。关键项是指对食品安全有重大影响的项目，重点项是指对食品安全有较大影响的项目，其余项目为一般项。无论是许可审核还是安全监督，都是按照这样的思路进行的。

（二）安全监督的内容

《安全监督管理办法》第23条规定，食品药品监督管理部门可以根据餐饮服务经营规模，建立并实施餐饮服务食品安全监督管理量化分级、分类管理制度。对于风险集中、隐患大、后果严重的情形应当进行重点监督。

1. 从具体内容上来看，应当对下列内容进行重点检查：

（1）餐饮服务许可情况。

（2）从业人员健康证明、食品安全知识培训和建立档案情况。

（3）环境卫生、个人卫生、食品用工具及设备、食品容器及包装材料、卫生设施、工艺流程情况。

（4）餐饮加工制作、销售、服务过程的食品安全情况。

（5）食品、食品添加剂、食品相关产品进货查验和索票索证制度及执行情况、制定食品安全事故应急处置制度及执行情况。

（6）食品原料、半成品、成品、食品添加剂等的感官性状、产品标签、说明书及储存条件。

（7）餐具、饮具、食品用工具及盛放直接入口食品的容器的清洗、消毒和保洁情况。

（8）用水的卫生情况。

2. 从风险级别上来看，应当对风险大、影响大的情形重点监督。从第二节“表8－1”所列关键项可以看出，第一类和第五类的关键项较多，意味着第一类和第五类的风险较大，应当重点监管第一类和第五类。因此，本着“高风险、高频率”的监管原则，应当狠抓一、五类，督促二、四类，带动第三类。

3. 安全监督的具体措施。食品药品监管部门是餐饮服务食品安全监管工作的执行主体。其在履行监管职责时，根据《食品安全法》第77条的规定，可以采取以下措施：①进入餐饮服务提供者经营场所（与食品加工制作和销售直接或者间接相关的场所，包括食品加工处理和就餐场所）实施现场检查；②对餐饮服务提供者制作加工和销售的食品进行抽样检验；③查阅、复制餐饮服务提供者的有关合同、票据、账簿以及其他有关资料；④查封、扣押有证据证明不符合食品安全标准的食品，违法使用的食品原料、食品添加剂、食品相关产品，以及用于违法经营或者被污染的工具、设备；⑤查封违法从事餐饮服务经营活动的场所。

（三）社会监督

餐饮消费与人民群众的生活联系密切，是日常生活中的刚性需求，随着生活水平的不断提高，这种刚性需求越来越多。近年来我国餐饮业发展迅猛，但总体上仍处于多、小、散、低的状况，食品安全隐患非常普遍。《许可办法》和《安全监督管理办法》对保障社会监督作出了明确规定，主要措施有：①鼓励社会团体、基层群众性自治组织开展餐饮服务食品安全知识和相关法律、法规的普及工作，增强餐饮服务提供者的食品安全意识，提高消费者的自我保护能力；②餐饮服务相关行业协会应当加强行业自律，引导餐饮服务提供者依法经营，推动行业诚信建设，宣传、普及餐饮服务食品安全知识；③任何组织和个人均有权对餐饮服务食品安全进行社会监督，举报餐饮服务提供者违反本办法的行为，了解有关餐饮服务食品安全信息，对餐饮服务食品安全工作提出意见和建议。

七、餐饮服务食品经营者的食品安全事故处理

餐饮食品服务的风险大，隐患多，事故不可避免。因此，针对食品安全事故的处理，相关法律都有比较详细的规定。例如，《食品安全法》第七章“食品安全事故处置”、《食品安全

法实施条例》第七章“食品安全事故处置”、《安全监督管理办法》第三章“食品安全事故处理”。但就餐饮服务食品经营者而言，其对事故的处理主要涉及以下内容：

（一）立即处置和报告的义务

立即处置是为了防止事故扩大，及时向事故发生地县级卫生行政部门报告是为了更有效地处理事故。《食品安全法实施条例》第43条规定，发生食品安全事故的单位对导致或者可能导致食品安全事故的食品及原料、工具、设备等，应当立即采取封存等控制措施，并自事故发生之时起2小时内向所在地县级人民政府卫生行政部门报告。《安全监督管理办法》第22条也规定，餐饮服务提供者发生食品安全事故，应当立即封存导致或者可能导致食品安全事故的食品及其原料、工具及用具、设备设施和现场，在2小时之内向所在地县级人民政府卫生部门和食品药品监督管理部门报告，并按照相关监管部门的要求采取控制措施。

（二）调查配合义务

参与食品安全事故调查的部门有权向有关单位和个人了解与事故有关的情况，并要求提供相关资料和样品。有关单位和个人应当配合食品安全事故调查处理工作，按照要求提供相关资料和样品，不得拒绝。任何单位或者个人不得阻挠、干涉食品安全事故的调查处理。

八、餐饮服务食品经营者的法律责任

餐饮服务食品经营者承担的法律责任有民事责任、刑事责任和行政责任。但由于餐饮服务食品过程主要涉及行政审批和行政监督，因此，法律责任也以行政责任为主。通过对《许可办法》、《安全监督管理办法》的梳理，餐饮服务食品经营者承担的法律责任如下：

（一）民事责任

《食品安全法》第96条规定，餐饮服务食品经营者销售明知是不符合食品安全标准的食品，消费者除要求赔偿损失外，还可以向生产者或者销售者要求支付价款10倍的赔偿金。

违反本法规定，应当承担民事赔偿责任和缴纳罚款、罚金，其财产不足以同时支付时，先承担民事赔偿责任。

（二）刑事责任

《食品安全法》第98条规定，违反本法规定，构成犯罪的，依法追究刑事责任。

（三）行政责任

餐饮服务食品经营者违反相关规定，给社会公共利益造成损失不言而喻，因此，餐饮服务食品经营者违反相关规定承担的责任也主要是行政责任，其方式主要有没收违法所得以及违法器具、违法材料，罚款，责令停业，吊销许可证等。

1. 申请人违法申请许可证的责任。

（1）申请人隐瞒有关情况或者提供虚假材料的，食品药品监督管理部门发现后不予受理或者不予许可，并给予警告；该申请人在1年内不得再次申请餐饮服务许可。

（2）申请人以欺骗、贿赂等不正当手段取得《餐饮服务许可证》的，食品药品监督管理部门应当予以撤销；该申请人在3年内不得再次申请餐饮服务许可。

2. 无证经营的责任。未经许可从事餐饮服务的，或者有下列情形之一的，按未取得《餐饮服务许可证》查处：①擅自改变餐饮服务经营地址、许可类别、备注项目的；②《餐饮服务许可证》超过有效期限仍从事餐饮服务的；③使用经转让、涂改、出借、倒卖、出租的《餐饮服务许可证》，或者使用以其他形式非法取得的《餐饮服务许可证》从事餐饮服务的。

由食品药品监督管理部门没收违法所得、违法生产经营的食品、食品添加剂和用于违法生产经营的工具、设备、原料等物品；违法生产经营的食品、食品添加剂货值金额不足 10 000 元的，并处 2000 元以上 50 000 元以下罚款；货值金额 10 000 元以上的，并处货值金额 5 倍以上 10 倍以下罚款。

3. 餐饮服务提供者违法经营的责任。

（1）餐饮服务提供者有下列情形之一的，由食品药品监督管理部门根据《食品安全法》第 85 条的规定，没收违法所得、违法生产经营的食品和用于违法生产经营的工具、设备、原料等物品；违法生产经营的食品货值金额不足 10 000 元的，并处 2000 元以上 50 000 元以下罚款；货值金额 10 000 元以上的，并处货值金额 5 倍以上 10 倍以下罚款；情节严重的，吊销许可证：①用非食品原料制作加工食品或者添加食品添加剂以外的化学物质和其他可能危害人体健康的物质，或者用回收食品作为原料制作加工食品；②经营致病性微生物、农药残留、兽药残留、重金属、污染物质以及其他危害人体健康的物质含量超过食品安全标准限量的食品；③经营营养成分不符合食品安全标准的专供婴幼儿和其他特定人群的主辅食品；④经营腐败变质、油脂酸败、霉变生虫、污秽不洁、混有异物、掺假掺杂或者感官性状异常的食品；⑤经营病死、毒死或者死因不明的禽、畜、兽、水产动物肉类及其制品；⑥经营未经动物卫生监督机构检疫或者检疫不合格的肉类，或者未经检验或者检验不合格的肉类制品；⑦经营超过保质期的食品；⑧经营国家为防病等特殊需要明令禁止经营的食品；⑨有关部门责令召回或者停止经营不符合食品安全标准的食品后，仍拒不召回或者停止经营的；⑩餐饮服务提供者违法改变经营条件造成严重后果的。

（2）餐饮服务提供者有下列情形之一的，由食品药品监督管理部门根据《食品安全法》第 86 条的规定予以处罚，没收违法所得、违法生产经营的食品和用于违法生产经营的工具、设备、原料等物品；违法生产经营的食品货值金额不足 10 000 元的，并处 2000 元以上 50 000 元以下罚款；货值金额 10 000 元以上的，并处货值金额2倍以上5倍以下罚款；情节严重的，责令停产停业，直至吊销许可证：①经营或者使用被包装材料、容器、运输工具等污染的食品；②经营或者使用无标签及其他不符合《食品安全法》、《食品安全法实施条例》有关标签、说明书规定的预包装食品、食品添加剂；③经营添加药品的食品。

（3）餐饮服务提供者有下列情形之一的，由食品药品监督管理部门根据《食品安全法》第87条的规定处罚，责令改正，给予警告；拒不改正的，处2000元以上20 000元以下罚款；情节严重的，责令停产停业，直至吊销许可证：①未建立和执行从业人员健康管理制度，或允许没有取得健康合格证的从业人员上岗的；②没有建立食品、食品原料、食品添加剂和食品相关产品的采购查验和索证索票制度的；③实行统一配送经营方式的，没有建立总部统一配送单据台账的；或者自行采购的产品，没有建立食品、食品原料、食品添加剂和食品相关产品的采购查验和索证索票制度的；④没有保持食品加工经营场所的环境整洁；或者没有定期维护相关设施、校验计量器具确保正常运转和使用；没有按照要求对餐具、饮具进行清洗、消毒的。

（4）餐饮服务提供者在发生食品安全事故后，未进行处置、报告的，由食品药品监督管理部门责令改正，给予警告；毁灭有关证据的，责令停产停业，并处2000元以上100 000元以下罚款；造成严重后果的，由原发证部门吊销许可证。

（5）餐饮服务提供者没有保持运输食品原料的工具与设备设施的清洁，或者在运输保温、冷藏（冻）食品没有必要的且与提供的食品品种、数量相适应的保温、冷藏（冻）设备设施的，由食品药品监督管理部门责令改正，给予警告；拒不改正的，责令停产停业，并处2000元以上50 000元以下罚款；情节严重的，由原发证部门吊销许可证。

（6）餐饮服务提供者在规定期限内（自处罚决定作出之日起5年内）聘用被吊销《餐饮服务许可证》单位的直接负责的

主管人员的，由食品药品监督管理部门吊销许可证。

另外，餐饮服务提供者被吊销《餐饮服务许可证》的，其直接负责的主管人员自处罚决定作出之日起5年内不得从事餐饮服务管理工作。

第九章

进出口食品安全法律保障

一、食品进出口监管机构

对我国食品进出口负有直接监管职能的机构主要有国家质检总局、商务部、海关总署以及国家认证认可监督管理委员会。根据《食品安全法》第64条的规定，卫生部、农业部、国家工商行政管理总局、国家食品药品监督管理局等机构都或多或少地行使着食品进出口的监管职能。“国务院食品安全委员会”属于议事协调机构，并不直接参与食品进出口的监管工作，只是间接地负有食品进出口的监管职能。

国家质量监督检验检疫总局（以下简称国家质检总局）统一管理全国进出口食品的检验检疫和监督管理工作。其设在各地的出入境检验检疫机构（以下简称检验检疫机构）负责所辖区域进出口食品的检验检疫和监督管理工作，质检总局对各地出入境检验检疫机构实行垂直管理。质检总局的内设机构中负责有关食品进出口监管职能的机构主要有进出口食品安全局、卫生检疫监管司。进出口食品安全局的主要职责包括：拟订进出口食品和化妆品安全、质量监督和检验检疫的工作制度；承担进出口食品、化妆品的检验检疫、监督管理以及风险分析和紧急预防措施工作；按规定权限承担重大进出口食品、化妆品质量安全事故查处工作。进出口食品安全局的工作范围包括：

动物源性食品检验检疫、植物源性食品检验检疫、预包装食品检验检疫、化妆品检验检疫。卫生检疫监管司的主要职能包括：拟订出入境卫生检疫监管的工作制度及口岸突发公共卫生事件处置预案；承担出入境卫生检疫、传染病监测、卫生监督、卫生处理以及口岸突发公共卫生事件应对工作；承担口岸反恐相关工作。

中华人民共和国商务部外贸司具体实施有关食品进出口监管的工作，其相关职责有：拟订外贸管理体制改革方案和进出口贸易发展战略；牵头拟订对外贸易政策，协调有关部门制定加工贸易相关政策；拟订进出口商品管理办法和进出口管理商品目录；负责供港、澳鲜活冷冻商品的管理；拟订进出口许可证件管理制度并监督实施；拟订进出口商品配额招标政策、边境贸易政策并组织实施；拟订国营贸易商品目录、管理办法并组织实施。

中华人民共和国海关是国家进出境监督管理机关，实行垂直领导体制。基本任务是出入境监管、征税、打私、统计，对外承担税收征管、通关监管、保税监管、进出口统计、海关稽查、知识产权海关保护、打击走私、口岸管理等主要职责。海关总署是中华人民共和国国务院下属的正部级直属机构，统一管理全国海关。海关总署下设监管司、稽查司，具体实施有关食品进出口监管工作。

中国国家认证认可监督管理委员会（中华人民共和国国家认证认可监督管理局）是国务院决定组建并授权，履行行政管理职能，统一管理、监督和综合协调全国认证认可工作的主管机构。其中，与食品进出口相关的职能是：负责进出口食品和化妆品生产、加工单位卫生注册登记的评审和注册等工作，办理注册通报和向国外推荐事宜。

二、进口食品检验制度

《食品安全法》第62条第2款规定：“进口的食品应当经出

入境检验检疫机构检验合格后，海关凭出入境检验检疫机构签发的通关证明放行。”《食品安全法实施条例》第36条规定：“进口食品的进口商应当持合同、发票、装箱单、提单等必要的凭证和相关批准文件，向海关报关地的出入境检验检疫机构报检。进口食品应当经出入境检验检疫机构检验合格。海关凭出入境检验检疫机构签发的通关证明放行。”

对进口食品的检验制度主要体现在《进出口肉类产品检验检疫监督管理办法》、《进出口水产品检验检疫监督管理办法》、《进出口食品添加剂检验检疫监督管理工作规范》中。

（一）进口肉类产品检验制度

《进出口肉类产品检验检疫监督管理办法》于2010年3月10日由国家质量监督检验检疫总局局务会议审议通过，自2011年6月1日起施行，国家质检总局2002年8月22日公布的《进出境肉类产品检验检疫管理办法》（国家质检总局令第26号）同时废止。现行的《进出口肉类产品检验检疫监督管理办法》主要规定了以下制度：

1. 收货人或者其代理人的报检义务。肉类产品进口前或者进口时，收货人或者其代理人应当持进口动植物检疫许可证、输出国家或者地区官方出具的相关证书正本原件、贸易合同、提单、装箱单、发票等单证向进口口岸检验检疫机构报检。进口肉类产品随附的输出国家或者地区官方检验检疫证书，应当符合国家质检总局对该证书的要求。

检验检疫机构对收货人或者其代理人提交的相关单证进行审核，符合要求的，受理报检，并对检疫审批数量进行核销，出具入境货物通关证明。装运进口肉类产品的运输工具和集装箱，应当在进口口岸检验检疫机构的监督下实施防疫消毒处理。未经检验检疫机构许可，进口肉类产品不得卸离运输工具和集装箱。

2. 现场检验检疫制度。进口口岸检验检疫机构依照规定对进口肉类产品实施现场检验检疫，现场检验检疫包括以下内容：检查运输工具是否清洁卫生、有无异味，控温设备设施运作是否正常，温度记录是否符合要求；核对货证是否相符，包括集装箱号码和铅封号、货物的品名、数（重）量、输出国家或者地区、生产企业名称或者注册号、生产日期、包装、唛头、输出国家或者地区官方证书编号、标志或者封识等信息；查验包装是否符合食品安全国家标准要求；预包装肉类产品的标签是否符合要求；对鲜冻肉类产品还应当检查新鲜程度、中心温度是否符合要求、是否有病变以及肉眼可见的寄生虫包囊、生活害虫、异物及其他异常情况，必要时进行蒸煮试验。

3. 检验检疫的法律后果。经检验检疫合格的，签发《入境货物检验检疫证明》，准予生产、加工、销售和使用。经检验检疫不合格的，签发检验检疫处理通知书。有下列情形之一的，作退回或者销毁处理：无有效进口动植物检疫许可证的；无输出国家或者地区官方机构出具的相关证书的；未获得注册的生产企业生产的进口肉类产品的；涉及人身安全、健康和环境保护项目不合格的。经检验检疫，涉及人身安全、健康和环境保护以外项目不合格的，可以在检验检疫机构的监督下进行技术处理，合格后，方可销售或者使用。需要对外索赔的，签发相关证书。

4. 中转预检制度。目的地为内地的进口肉类产品，在香港或者澳门卸离原运输船只并经港、澳陆路运输到内地的、在香港或者澳门码头卸载后到其他港区装船运往内地的，发货人应当向国家质检总局指定的检验机构申请中转预检。未经预检或者预检不合格的，不得转运内地。

（二）进口水产品检验制度

《进出口水产品检验检疫监督管理办法》于2010年3月10日由国家质量监督检验检疫总局局务会议审议通过，自2011年6月1日起施行。国家质检总局2002年11月6日公布的《进出境水产品检验检疫管理办法》（国家质检总局令第31号）同时废止。

1. 收货人或其代理人的报检义务。水产品进口前或者进口时，收货人或者其代理人应当持输出国家或者地区官方签发的检验检疫证书正本原件、原产地证书、贸易合同、提单、装箱单、发票等单证向进口口岸检验检疫机构报检。进口水产品随附的输出国家或者地区官方检验检疫证书，应当符合国家质检总局对该证书的要求。

检验检疫机构对收货人或者其代理人提交的相关单证进行审核，符合要求的，受理报检，对检疫审批数量进行核销，出具入境货物通关证明。

2. 现场检验检疫制度。进口口岸检验检疫机构依照规定对进口水产品实施现场检验检疫。现场检验检疫包括以下内容：核对单证并查验货物；查验包装是否符合进口水产品包装基本要求；对易滋生植物性害虫的进口盐渍或者干制水产品实施植物检疫，必要时进行除害处理；查验货物是否腐败变质，是否含有异物，是否有干枯，是否存在血冰、冰霜过多。

3. 检验检疫的法律后果。进口水产品经检验检疫合格的，由进口口岸检验检疫机构签发《入境货物检验检疫证明》，准予生产、加工、销售和使用。进口水产品经检验检疫不合格的，由检验检疫机构出具《检验检疫处理通知书》。涉及人身安全、健康和环境保护以外项目不合格的，可以在检验检疫机构的监督下进行技术处理，经重新检验检疫合格的，方可销售或者使用。当事人申请需要出具索赔证明等其他证明的，检验检疫机构签发相关证明。有下列情形之一的，作退回或者销毁处理：需办理进口检疫审批的产品，无有效进口动植物检疫许可证的；需办理注册的水产品生产企业未获得中方注册的；无输出国家或者地区官方机构出具的有效检验检疫证书的；涉及人身安全、健康和环境保护项目不合格的。

三、进口食品添加剂检验制度

2011年6月1日起实施的《进出口食品添加剂检验检疫监督管理工作规范》，对我国进口食品添加剂检验制度作了详细的规定。

（一）进口食品添加剂的条件

进口食品添加剂应当符合下列条件之一：有食品安全国家标准的；经国务院卫生行政管理部门批准、发布列入我国允许使用食品添加剂目录的；列入《食品添加剂使用卫生标准》（GB2760）、《食品营养强化剂使用卫生标准》（GB14880）的；列入“食品安全法实施前已有进口记录但尚无食品安全国家标准的食品添加剂目录”的。除符合上列四项条件之一外，应当办理进境动植物检疫许可的，还应取得进境动植物检疫许可证。

（二）进口企业报检

食品添加剂进口企业（以下简称“进口企业”）应按照规定向海关报关地的检验检疫机构报检，报检时应当提供如下资料：注明产品用途（食品加工用）的贸易合同，或者贸易合同中买卖双方出具的用途声明（食品加工用）；食品添加剂完整的成分说明；进口企业是经营企业的，应提供加盖进口企业公章的工商营业执照或经营许可证复印件；进口企业是食品生产企业的，应提供加盖进口企业公章的食品生产许可证复印件。

特殊情况下还应提供下列材料：需办理进境检疫审批的，应提供进境动植物检疫许可证；首次进口食品添加剂新品种，应提供卫生部准予进口的有关证明文件和经卫生部批准或认可的产品质量标准和检验方法标准文本；首次进口食品添加剂，应提供进口食品添加剂中文标签样张、说明书，并应在报检前经检验检疫机构审核合格；进口食品添加剂全部用来加工后复出口的，应提供输入国或者地区的相关标准或技术要求，或者在合同中注明产品质量安全项目和指标要求；检验检疫机构要求的其他资料。

（三）检验检疫的要求

检验检疫机构按照以下要求对进口食品添加剂实施检验检疫：①食品安全国家标准；②双边协议、议定书、备忘录；③国家质检总局、卫生部《关于进口食品、食品添加剂检验有关适用标准问题的公告》（2009年第72号公告）附件中列明的进口食品添加剂适用标准；④首次进口添加剂新品种的，应当按照卫生部批准或认可的产品质量标准和检验方法标准检验；⑤《食品安全法》实施前已有进口记录但尚无食品安全国家标准的，在食品安全国家标准发布实施之前，按照卫生部指定标准检验，没有卫生部指定标准的按原进口记录中指定的标准实施检验；⑥国家质检总局规定的检验检疫要求；⑦贸易合同中高于上述第1~6项的技术要求。包装要求：进口食品添加剂的内外包装和运输工具应符合相关食品质量安全要求，并经检验检疫合格；进口食品添加剂属于危险品的，其包装容器应符合危险货物包装容器管理的相关要求。

（四）现场检验检疫制度

检验检疫机构按照相关检验规程和标准对进口食品添加剂实施现场检验检疫：核对货物的名称、数（重）量、包装、生产日期、承载工具号码、输出国家或者地区等是否与所提供的报检单证相符；检查标签、说明书是否与经检验检疫机构审核合格的样张和样本一致；检查标签、说明书的内容是否符合中国法律、法规的规定和食品安全国家标准的要求；检查包装、容器是否完好，是否超过保质期，有无腐败变质，承运工具是否清洁、卫生；其他需要实施现场检验检疫的项目。

（五）检验检疫的法律后果

1. 不合格食品添加剂的判定标准。现场检验检疫有下列情形之一的，检验检疫机构可直接判定为不合格：不属于《进出口食品添加剂检验检疫监督管理工作规范》第 4 条规定的食品添加剂品种的；无生产、保质期，超过保质期或者腐败变质的；感官检查发现产品的色、香、味、形态、组织等存在异常情况，混有异物或被污染的；容器、包装密封不良、破损、渗漏严重，内容物受到污染的；使用来自国际组织宣布为严重核污染地区的原料生产的；货证不符；标签及说明书内容与报检前向检验检疫机构提供的样张和样本不一致；其他不符合中国法律法规规定、食品安全国家标准或者质检总局检验检疫要求的情况。

2. 不合格食品添加剂的处理。经检验检疫不合格的，按以下方式处理：涉及安全卫生项目不合格的，出具不合格证明，责成进口企业按规定程序实施退运或销毁，不合格证明中应注明判定产品不合格所依据的标准，包括标准的名称、编号；非安全卫生项目不合格的，可在检验检疫机构的监督下进行技术处理或改作他用，经重新检验合格后，方可销售、使用。

3. 合格食品添加剂的处理。经检验检疫合格的，检验检疫机构出具合格证明。合格证明中应注明判定产品合格所依据的标准，包括标准的名称、编号。

四、进口许可

（一）进口无食品安全国家标准食品许可

根据卫生部 2010 年颁布实施的《进口无食品安全国家标准食品许可管理规定》的规定，进口无食品安全国家标准食品，是指由境外生产经营的，尚未进口且我国未制定公布相应食品安全国家标准的食品。但是，以下食品不属于进口无食品安全国家标准食品：已制定食用农产品质量安全标准、食品卫生标准、食品质量标准和有关食品行业标准的食品；国务院有关部门公告或列入允许进口名单的食品；由已有标准的各种原料混合而成的预混食品；其他不属于进口无食品安全国家标准的食品。

卫生部负责进口无食品安全国家标准食品许可工作，制定公布安全性评估技术规范并指定卫生部卫生监督中心为进口无食品安全国家标准食品技术审评机构，负责进口无食品安全国家标准食品的申报受理、组织安全性评估、技术审核和报批等工作。

1. 申请。进口无食品安全国家标准食品许可的，进口商应当向审评机构提出申请，并提交以下材料：申请表；配方或成分；生产工艺；企业标准及检验方法；附有标签的最小销售包装的食品样品；境外允许生产经营的证明材料；其他有助于评估的资料。

2. 审评。审评机构应当在受理后60日内组织医学、食品、营养、标准等方面的专家，对进口无食品安全国家标准食品的安全性进行技术审查，并作出技术评审结论。根据技术评审需要，审评机构可以要求申请人现场解答有关技术问题，申请人应当予以配合。

对技术评审中需要补充资料的，审评机构应当及时通知申请人。申请人应当按照要求及时补充有关资料。需要对相关资料和检验结果进行验证试验的，审评机构应当将检验项目、检验批次、检验方法等要求告知申请人。安全性验证应当在取得资质认定的检验机构进行。对尚无食品安全国家检验方法标准的，应当首先对检验方法进行验证。

3. 审评结果。卫生部根据技术评审结论，对符合食品安全要求的进口无食品安全国家标准食品准予许可。对不符合食品安全要求的，不予许可并书面说明理由。

卫生部对准予许可的进口无食品安全国家标准食品进行公告，并将相关文件送达申请人。公告内容包括该食品的通用名称、参考标准、检验项目和检验方法等。符合上述公告要求的进口食品，不需再次申请许可。

4. 重新评估制度。有下列情形之一的，卫生部应当及时组织对已取得许可证明文件的进口无食品安全国家标准食品进行重新评估：有证据表明进口无食品安全国家标准食品安全性可能存在问题的；随着科学技术的发展，对进口无食品安全国家标准食品的安全性产生质疑的。对经重新评价认为不符合食品安全要求的，卫生部有权废除原公告并禁止其经营和使用。

（二）进口食品添加剂新品种许可

根据卫生部2010年颁布实施的《食品添加剂新品种管理办法》的规定，食品添加剂新品种是指：未列入食品安全国家标准的食品添加剂品种；未列入卫生部公告允许使用的食品添加剂品种；扩大使用范围或者用量的食品添加剂品种。卫生部负责食品添加剂新品种的审查许可工作，组织制定食品添加剂新品种技术评价和审查规范。

1. 申请。申请食品添加剂新品种进口的单位或者个人（以下简称申请人），应当提出食品添加剂新品种许可申请，并提交以下材料：①添加剂的通用名称、功能分类、用量和使用范围；②证明技术上确有必要和使用效果的资料或者文件；③食品添加剂的质量规格要求、生产工艺和检验方法，食品中该添加剂的检验方法或者相关情况说明；④安全性评估材料，包括生产原料或者来源、化学结构和物理特性、生产工艺、毒理学安全性评价资料或者检验报告、质量规格检验报告；⑤标签、说明书和食品添加剂产品样品；⑥其他国家（地区）、国际组织允许生产和使用等有助于安全性评估的资料；⑦出口国（地区）相关部门或者机构出具的允许该添加剂在本国（地区）生产或者销售的证明材料；⑧生产企业所在国（地区）有关机构或者组织出具的对生产企业审查或者认证的证明材料。

其中上述第7项与第8项材料，是仅针对申请首次进口食品添加剂新品种的情形。

2. 评审。卫生部应当在受理后60日内组织医学、农业、食品、营养、工艺等方面的专家对食品添加剂新品种技术上确有必要性和安全性评估资料进行技术审查，并作出技术评审结论。对技术评审中需要补充有关资料的，应当及时通知申请人，申请人应当按照要求及时补充有关材料。必要时，可以组织专家对食品添加剂新品种研制及生产现场进行核实、评价。需要对相关资料和检验结果进行验证检验的，应当将检验项目、检验批次、检验方法等要求告知申请人。安全性验证检验应当在取得资质认定的检验机构进行。对尚无食品安全国家检验方法标准的，应当首先对检验方法进行验证。

3. 评审结果。根据技术评审结论，卫生部决定对在技术上确有必要性和符合食品安全要求的食品添加剂新品种准予许可并列入允许使用的食品添加剂名单予以公布。

对缺乏技术上必要性和不符合食品安全要求的，不予许可并书面说明理由。

对发现可能添加到食品中的非食用化学物质或者其他危害人体健康的物质，按照《食品安全法实施条例》第49条执行。

卫生部根据技术上必要性和食品安全风险评估结果，将公告允许使用的食品添加剂的品种、使用范围、用量按照食品安全国家标准的程序，制定、公布为食品安全国家标准。

4. 重新评估制度。有下列情形之一的，卫生部应当及时组织对食品添加剂进行重新评估：科学研究结果或者有证据表明食品添加剂安全性可能存在问题的；不再具备技术上必要性的。对重新审查认为不符合食品安全要求的，卫生部可以公告撤销已批准的食品添加剂品种或者修订其使用范围和用量。

（三）进口食品相关产品新品种许可

根据卫生部2011年颁布实施的《食品相关产品新品种行政许可管理规定》的规定，食品相关产品新品种，是指用于食品包装材料、容器、洗涤剂、消毒剂和用于食品生产经营的工具、设备的新材料、新原料或新添加剂。具体包括：尚未列入食品安全国家标准或者卫生部公告允许使用的食品包装材料、容器及其添加剂；扩大使用范围或者使用量的食品包装材料、容器及其添加剂；尚未列入食品用消毒剂、洗涤剂原料名单的新原料；食品生产经营用工具、设备中直接接触食品的新材料、新添加剂。

卫生部负责食品相关产品新品种许可工作，制定安全性评估技术规范，并指定卫生部卫生监督中心作为食品相关产品新品种技术审评机构（以下简称审评机构），负责食品相关产品新品种的申报受理、组织安全性评估、技术审核和报批等工作。

1. 申请。申请食品相关产品新品种许可的单位或个人（以下简称“申请人”），应当向审评机构提出申请，并提交下列材料：①申请表；②理化特性；③技术必要性、用途及使用条件；④生产工艺；⑤质量规格要求、检验方法及检验报告；⑥毒理学安全性评估资料；⑦迁移量和/或残留量、估计膳食暴露量及其评估方法；⑧国内外允许使用情况的资料或证明文件；⑨其他有助于评估的资料。申请食品用消毒剂、洗涤剂新原料的，可以免予提交第 7 项资料。申请食品包装材料、容器、工具、设备用新添加剂的，还应当提交使用范围、使用量等资料。申请食品包装材料、容器、工具、设备用添加剂扩大使用范围或使用量的，应当提交第 1、3、6、7 项及使用范围、使用量等资料。申请首次进口食品相关产品新品种的，除提交上述材料外，还应当提交以下材料：①出口国（地区）相关部门或者机构出具的允许该产品在本国（地区）生产或者销售的证明材料；②生产企业所在国（地区）有关机构或者组织出具的对生产企业审查或者认证的证明材料；③受委托申请人应当提交委托申报的委托书；④中文译文应当有中国公证机关的公证。

2. 审评。审评机构应当在受理后 60 日内组织医学、食品、化工、材料等方面的专家，对食品相关产品新品种的安全性进行技术评审，并作出技术评审结论。对技术评审过程中需要补充资料的，审评机构应当及时书面一次性告知申请人，申请人应当按照要求及时补充有关资料。

根据技术评审需要，审评机构可以要求申请人现场解答有关技术问题，申请人应当予以配合。必要时，可以组织专家对食品相关产品新品种研制及生产现场进行核实、评价。

需要对相关资料和检验结果进行验证试验的，审评机构应当将检验项目、检验批次、检验方法等要求告知申请人。验证试验应当在取得资质认定的检验机构进行。对尚无食品安全国家标准检验方法的，应当首先对检验方法进行验证。

3. 审批结果。审评机构应当在评审过程中向社会公开征求意见。根据技术评审结论，卫生部对符合食品安全要求的食品相关产品新品种准予许可并予以公告。对不符合要求的，不予许可并书面说明理由。符合卫生部公告要求的食品相关产品（包括进口食品相关产品），不需再次申请许可。

4. 重新评估制度。有下列情况之一的，卫生部应当及时组织专家对已批准的食品相关产品进行重新评估：随着科学技术的发展，对食品相关产品的安全性产生质疑的；有证据表明食品相关产品的安全性可能存在问题的。经重新评价认为不符合食品安全要求的，卫生部可以公告撤销已批准的食品相关产品品种或者修订其使用范围和用量。

五、进出口食品的企业备案与注册制度

为确保进出口食品安全，国家出入境检验检疫部门需要对相关企业的资质、信誉情况进行考察，为此，我国建立了进出口食品的企业备案与注册制度。

（一）出口食品生产企业的备案制度

出口食品生产企业应当建立和实施以危害分析和预防控制措施为核心的食品安全卫生控制体系，并保证体系有效运行，确保出口食品生产、加工、储存过程持续符合我国有关法定要求和相关进口国（地区）的法律、法规要求以及出口食品生产企业安全卫生要求。出口食品生产企业未依法履行备案法定义务或者经备案审查不符合要求的，其产品不予出口。国家质检总局于2011年10月1日起实施的《出口食品生产企业备案管理规定》，对出口食品生产企业的备案制度作了详细规定，原国家质检总局2002年4月19日公布的《出口食品生产企业卫生注册登记管理规定》同时废止。

1. 备案内容。出口食品生产企业备案时，应当提交书面申请和以下相关文件、证明性材料，并对其备案材料的真实性负责：营业执照、组织机构代码证、法定代表人或者授权负责人的身份证明；企业承诺符合出口食品生产企业卫生要求和进口国（地区）要求的自我声明和自查报告；企业生产条件（厂区平面图、车间平面图）、产品生产加工工艺、关键加工环节等信息、食品原辅料和食品添加剂使用以及企业卫生质量管理人员和专业技术人员资质等基本情况；建立和实施食品安全卫生控制体系的基本情况；依法应当取得食品生产许可以及其他行政许可的，提供相关许可证照；其他通过认证以及企业内部实验室资质等有关情况。

2. 备案程序。直属检验检疫机构应当自出口食品生产企业申请备案之日起5日内，对出口食品生产企业提交的备案材料进行初步审查，材料齐全并符合法定形式的，予以受理；材料不齐全或者不符合法定形式的，应当一次告知出口食品生产企业需要补正的全部内容。为便利企业出口，直属检验检疫机构可以根据工作需要，委托其分支机构受理备案申请并组织实施评审工作。

直属检验检疫机构自受理备案申请之日起10日内，组成评审组，对出口食品生产企业提交的备案材料的符合性情况进行文件审核。

需要对出口食品生产企业实施现场检查的，应当在30日内完成。因企业自身原因导致无法按时完成文件审核和现场检查的，延长时间不计算在规定时限内。

直属检验检疫机构应当对出口食品生产企业实施现场检查：进口国（地区）有特殊注册要求的；必须实施危害分析与关键控制点（HACCP）体系验证的；未纳入食品生产许可管理的；根据出口食品风险程度和实际工作情况需要实施现场检查的。

经直属检验检疫机构确认，有效的第三方认证等符合性评定结果可以被采用。

评审组应当在完成出口食品生产企业评审工作5日内，完成评审报告，并提交直属检验检疫机构。

直属检验检疫机构应当自收到评审报告之日起10日内，对评审报告进行审查，并作出是否备案的决定。符合备案要求的，颁发《出口食品生产企业备案证明》（以下简称《备案证明》）；不予备案的，应当书面告知出口食品生产企业，并说明理由。

直属检验检疫机构应当及时将出口食品生产企业备案名录报国家认监委，国家认监委统一汇总公布，并报国家质检总局。

3. 备案证明。《备案证明》有效期为4年。出口食品生产企业需要延续依法取得的《备案证明》有效期的，应当至少在《备案证明》有效期届满前3个月，向其所在地直属检验检疫机构提出延续备案申请。直属检验检疫机构应当对提出延续备案申请的出口食品生产企业进行复查，经复查符合备案要求的，予以换发《备案证明》。

直属检验检疫机构按照出口食品生产企业备案编号规则对予以备案的出口食品生产企业进行编号管理。

出口食品生产企业的企业名称、法定代表人、营业执照等备案事项发生变更的，应当自发生变更之日起15日内，向所在地直属检验检疫机构办理备案变更手续。

出口食品生产企业生产地址搬迁、新建或者改建生产车间以及食品安全卫生控制体系发生重大变更等情况的，应当在变更前向所在地直属检验检疫机构报告，并重新办理相关备案事项。

4. 备案管理。出口食品企业应当建立食品安全卫生控制体系运行及出口食品生产记录档案，保存期限不得少于2年。出口食品生产企业应当于每年1月底前向其所在地直属检验检疫机构提交上一年度报告。出口食品生产企业发生食品安全卫生问题的，应当及时向所在地直属检验检疫机构报告，并提交相关材料、原因分析和整改计划。直属检验检疫机构应当对出口食品生产企业的整改情况进行现场监督检查。

出口食品生产企业有下列情况之一的，直属检验检疫局应当注销《备案证明》，予以公布，并向国家认监委报告：《备案证明》有效期届满，未申请延续的；《备案证明》有效期届满，经复查不符合延续备案要求的；出口食品生产企业依法终止的；2年内未出口食品的；法律、法规规定的应当注销的其他情形。

出口食品生产企业有下列情况之一的，直属检验检疫机构应当责令其限期整改，整改期间暂停使用《备案证明》，并予以公布：出口食品安全卫生管理存在隐患，不能确保其产品安全卫生的；出口食品生产企业出口的产品因安全卫生方面的问题被进口国（地区）主管当局通报的；出口食品经检验检疫时发现存在安全卫生问题的；不能持续保证食品安全卫生控制体系有效运行的；未依照本规定办理变更或者重新备案事项的。

出口食品生产企业有下列情况之一的，直属检验检疫机构应当撤销《备案证明》，予以公布，并向国家认监委报告：出口食品发生重大安全卫生事故的；不能持续符合我国食品有关法定要求和进口国（地区）法律、法规标准要求的；以欺骗、贿赂等不正当手段取得《备案证明》的；向检验检疫机构隐瞒有关情况、提供虚假材料或者拒绝提供其活动情况的真实材料的；

出租、出借、转让、倒卖、涂改《备案证明》的；拒不接受监督管理的；出口食品生产、加工过程中非法添加非食用物质、违规使用食品添加剂以及采用不适合人类食用的方法生产、加工食品等行为的。

以欺骗、贿赂等不正当手段取得《备案证明》，而被撤销《备案证明》的，出口食品生产企业3年内不得再次申请备案；因其他行为被撤销《备案证明》的，出口食品生产企业1年内不得再次申请备案。

（二）进口食品境外生产企业注册制度

为保护我国农、林、牧、渔业生产安全和人体健康，加强对进口食品的检验检疫和监督管理，2002年，国家质检总局公布施行《进口食品国外生产企业注册管理规定》（国家质检总局第16号令）。

1. 注册条件。申请注册的国外生产企业所在国家（地区）的兽医服务体系、植物保护体系、公共卫生管理体系须经国家认证认可监督管理局评估合格。

申请注册的国外生产企业所在国家（地区）应为非疫区。应提供必要的资料，证明向中国输出的食品所用动植物原料来自非疫区。

申请注册的国外生产企业应是经所在国家（地区）主管当局批准的并在其有效监管之下的企业，其卫生条件应符合中国法律、法规和标准规范的有关规定。

2. 注册申请及批准。国外生产企业申请注册，应当向国家认证认可监督管理局提出正式书面申请，并提供以下资料：

（1）本国（地区）的动植物疫情，兽医卫生、公共卫生、植物保护和农药、兽药残留监控等方面的法律、法规；所在国家（地区）主管当局机构设置和人员情况以及法律、法规执行等方面的书面资料。

（2）申请注册的国外生产企业名单。

(3) 所在国家（地区）主管当局对被推荐企业的检疫、公共卫生实际情况的评审报告。

(4) 所在国家（地区）主管当局关于企业符合中国法律、法规要求的承诺。

(5) 企业的有关资料（厂区、车间、冷库的平面图，工艺流程图等)。

国家认证认可监督管理局组织专家对输出国家（地区）提供的上述资料进行审查。符合要求的，派出评审组对所推荐的国外生产企业进行实地评审并向国家认证认可监督管理局提交评审报告，经国家认证认可监督管理局批准后对符合条件的国外生产企业予以注册。

3. 监督管理。国家认证认可监督管理局对进口食品国外生产企业的注册实施监督管理，必要时对已获得注册的国外生产企业进行复查。

对复查不符合要求的国外生产企业，国家认证认可监督管理局将通知企业所在国家（地区）主管当局，由其督促企业在规定的时间内整改或取消该企业的注册资格。企业若继续申请保留注册，在其整改完成后，所在国家（地区）主管当局应向国家认证认可监督管理局提交书面整改报告。经审查批准后，恢复其对中国的出口。

已获得注册的国外生产企业必须在其所在国家（地区）主管当局的监督下，从事向中国输出食品的生产、加工和存放，在合格产品包装上标注国家认证认可监督管理局认可的注册编号。

已获得注册的国外生产企业的产品在进口时，由出入境检验检疫机构依法实施检验检疫。

已获得注册的国外生产企业的产品经检验检疫不合格时，依照中国的有关法律、法规的规定，予以退回、销毁或者作卫生除害处理；情节严重的，吊销其注册资格。

进口食品国外生产企业注册编号专厂专用，不得将注册编号转让他人使用。若发现已获得注册的国外生产企业向中国输出非本企业产品或者将注册编号转让给其他企业的，国家认证认可监督管理局将吊销其注册资格。

4. 立法动态。2002年，国家质检总局公布施行《进口食品国外生产企业注册管理规定》（国家质检总局第16号令），截至2009年，已有7年之多，为进一步规范进口食品境外生产企业注册管理工作，符合《食品安全法》及其实施条例以及《进出口商品检验法实施条例》等相关法律、行政法规的规定，按照国务院《关于认真贯彻实施〈食品安全法〉的通知》的要求，卫生部、国家质检总局等七部委联合发布的《关于贯彻实施〈食品安全法〉有关问题的通知》要求，国家认监委根据国家质检总局的统一部署，修订了《进口食品国外生产企业注册管理规定》，[1]旨在规范进口食品境外生产企业注册管理工作，确保注册制度得以有效执行。

2009年4月，国家认监委组织山东、上海等7个直属检验检疫局的有关技术专家，研究修订《进口食品国外生产企业注册管理规定》（以下简称《规定》），形成该《规定》修订稿草案。2009年5月，国家认监委向35个直属检验检疫局征求该《规定》修订稿草案的意见，并吸纳了有关专家提出的合理建议和意见。2009年6月，该《规定》经法规审查后，国家认监委组织35个直属检验检疫局，对该《规定》再次进行研究论证，形成《规定》送审稿。2009年7月7日，该《规定》送审稿通过国家认监委委务会议审查。2011年6月21日国家质检总局局务会议审议通过该《规定》，并于2012年5月1日起施行。鉴于新修订的《进口食品境外生产企业注册管理规定》刚刚实施，因此，本书暂不予介绍。

---

〔1〕《进口食品国外生产企业注册管理规定》修订后，称为《进口食品境外生产企业注册管理规定》，即将“国外”改称“境外”。

六、进口食品和食品添加剂的标签管理

规范进口食品的标签是保证进口食品的安全、卫生的重要手段，可以防止由境外进口的食品中含有污染或有害因素对人身体造成危害，维护我国食品卫生管理和社会公共利益。

（一）进口预包装食品标签管理制度

食品标签，是指在食品包装容器上或附于食品包装容器上的一切附签、吊牌、文字、图形、符号说明。标签是反映商品内在品质及相关信息的载体，它对于指导消费者、保护消费者利益、防止欺诈、规范市场有着关键的作用。

《食品安全法》第99条对预包装食品的含义作了规定，即“预包装食品，指预先定量包装或者制作在包装材料和容器中的食品”。

《食品安全法》第66条规定：“进口的预包装食品应当有中文标签、中文说明书。标签、说明书应当符合本法以及我国其他有关法律、行政法规的规定和食品安全国家标准的要求，载明食品的原产地以及境内代理商的名称、地址、联系方式。预包装食品没有中文标签、中文说明书或者标签、说明书不符合本条规定的，不得进口。”

《进出口水产品检验检疫监督管理办法》第19条规定：“进口预包装水产品的中文标签应当符合中国食品标签的相关法律、行政法规、规章的规定以及国家技术规范的强制性要求。检验检疫机构依照规定对预包装水产品的标签进行检验。”

卫生部于2011年4月20日颁布了《预包装食品标签通则GB 7718—2011》，2012年4月20日实施。由于预包装食品标签制度与进出口企业密切相关，因此，需要进出口企业高度重视。该《通则》有以下重要内容：

1. 预包装食品。预先定量包装或者制作在包装材料和容器中的食品，包括预先定量包装以及预先定量制作在包装材料和容器中并且在一定量限范围内具有统一的质量或体积标识的食品。

2. 食品标签。食品包装上的文字、图形、符号及一切说明物。

3. 配料。在制造或加工食品时使用的，并存在（包括以改性的形式存在）于产品中的任何物质，包括食品添加剂。

4. 生产日期（制造日期）。食品成为最终产品的日期，也包括包装或灌装日期，即将食品装入（灌入）包装物或容器中，形成最终销售单元的日期。

5. 保质期。预包装食品在标签指明的贮存条件下，保持品质的期限。在此期限内，产品完全适于销售，并保持标签中不必说明或已经说明的特有品质。

6. 规格。同一预包装内含有多件预包装食品时，对净含量和内含件数关系的表述。

7. 主要展示版面。预包装食品包装物或包装容器上容易被观察到的版面。

8. 预包装食品标签基本要求。

（1）应符合法律、法规的规定，并符合相应食品安全标准的规定。

（2）应清晰、醒目、持久，应使消费者购买时易于辨认和识读。

（3）应通俗易懂、有科学依据，不得标示封建迷信、色情、贬低其他食品或违背营养科学常识的内容。

（4）应真实、准确，不得以虚假、夸大、使消费者误解或欺骗性的文字、图形等方式介绍食品，也不得利用字号大小或色差误导消费者。

（5）不应直接或以暗示性的语言、图形、符号，误导消费者将购买的食品或食品的某一性质与另一产品混淆。

（6）不应标注或者暗示具有预防、治疗疾病作用的内容，非保健食品不得明示或者暗示具有保健作用。

（7）不应与食品或者其包装物（容器）分离。

(8) 应使用规范的汉字（商标除外）。具有装饰作用的各种艺术字，应书写正确，易于辨认。①可以同时使用拼音或少数民族文字，拼音不得大于相应汉字。②可以同时使用外文，但应与中文有对应关系（商标、进口食品的制造者和地址、国外经销者的名称和地址、网址除外）。所有外文不得大于相应的汉字（商标除外）。

(9) 预包装食品包装物或包装容器最大表面面积大于 $35cm^2$ 时（最大表面面积计算方法见附录 A），强制标示内容的文字、符号、数字的高度不得小于 1.8mm。

(10) 一个销售单元的包装中含有不同品种、多个独立包装可单独销售的食品，每件独立包装的食品标识应当分别标注。

(11) 若外包装易于开启识别或透过外包装物能清晰地识别内包装物（容器）上的所有强制标示内容或部分强制标示内容，可不在外包装物上重复标示相应的内容；否则应在外包装物上按要求标示所有强制标示内容。

9. 标示内容。标示内容包含四种类型：直接向消费者提供的预包装食品标签标示内容、非直接提供给消费者的预包装食品标签标示内容、豁免的标示内容、推荐的标示内容。

(1) 直接向消费者提供的预包装食品标签标示内容。直接向消费者提供的预包装食品标签标示应包括食品名称、配料表、净含量和规格、生产者和（或）经销者的名称、地址和联系方式、生产日期和保质期、贮存条件、食品生产许可证编号、产品标准代号及其他需要标示的内容。

(2) 非直接提供给消费者的预包装食品标签标示内容。非直接提供给消费者的预包装食品标签应标示食品名称、规格、净含量、生产日期、保质期和贮存条件，其他内容如未在标签上标注，则应在说明书或合同中注明。

(3) 豁免的标示内容。下列预包装食品可以免除标示保质期：酒精度大于等于 10% 的饮料酒；食醋；食用盐；固态食糖类；味精。

(4) 推荐的标示内容。当预包装食品包装物或包装容器的最大表面面积小于 $10cm^2$ 时，可以只标示产品名称、净含量、生产者（或经销商）的名称和地址。

(二) 进口食品添加剂标签管理制度

《食品安全法实施条例》第40条规定："进口的食品添加剂应当有中文标签、中文说明书。标签、说明书应当符合食品安全法和我国其他有关法律、行政法规的规定以及食品安全国家标准的要求，载明食品添加剂的原产地和境内代理商的名称、地址、联系方式。食品添加剂没有中文标签、中文说明书或者标签、说明书不符合本条规定的，不得进口。"

1. 进口食品添加剂的标示方式。进口食品添加剂的标示方式应遵守《预包装食品标签通则 GB 7718－2011》以及该规则的附录 B《食品添加剂在配料表中的标示形式》。

食品添加剂应当标示其在 GB 2760[1] 中的食品添加剂通用名称。食品添加剂通用名称可以标示为食品添加剂的具体名称，也可标示为食品添加剂的功能类别名称并同时标示食品添加剂的具体名称或国际编码（INS 号）（标示形式见附录B[2]）。在同一预包装食品的标签上，应选择附录 B 中的一种形式标示食品添加剂。当采用同时标示食品添加剂的功能类别名称和国际编码的形式时，若某种食品添加剂尚不存在相应的国际编码，或因致敏物质标示需要，可以标示其具体名称。食品添加剂的名称不包括其制法。加入量小于食品总量 25% 的复合配料中含有的食品添加剂，若符合 GB 2760 规定的带入原则且在最终产品中不起工艺作用的，不需要标示。

---

〔1〕 GB 2760 指的是《食品添加剂适用标准》，卫生部公告 2011 第 12 号。

〔2〕 "附录 B" 指的是《预包装食品标签通则 GB 7718－2011》附录 B "食品添加剂在配料表中的标示形式"。

2. 进口食品添加剂标签管理的专门规定。《进出口食品添加剂检验检疫监督管理工作规范》（总局2011年第52号公告）第5、6条还就进口食品添加剂标签管理作了专门规定：

进口食品添加剂应当有包装、中文标签和中文说明书。中文标签、中文说明书应当符合中国法律、法规的规定和食品安全国家标准的要求。食品添加剂说明书应置于食品添加剂的外包装以内，并避免与添加剂直接接触。进口食品添加剂标签、说明书和包装不得分离。

食品添加剂的标签应直接标注在最小销售单元包装上。食品添加剂标签应标明以下事项：

（1）名称（相关标准中的通用名称）、规格、净含量。

（2）成分（表）或配料（表），采用相关标准中的通用名称。

（3）原产国（地）及境内代理商的名称、地址、联系方式。

（4）生产日期（批号）和保质期。

（5）产品标准代号。

（6）符合本规范第4条（2）的食品添加剂标签，应标明卫生部准予进口的证明文件号和经卫生部批准或认可的产品质量标准。

（7）贮存条件。

（8）使用范围、用量、使用方法。

（9）复合添加剂中各单一品种的通用名称、辅料的名称和含量，按含量由大到小排列（各单一品种必须具有相同的使用范围）。

（10）“食品添加剂”字样。

（11）中国食品安全法律、法规或者食品安全国家标准规定必须标明的其他事项。

七、进口食品进口和销售记录制度

为加强对进口食品经营活动的监督管理，为进口食品质量查询、投诉提供依据，分清和妥善处理进口食品购销中的事故责任，我国建立了进口食品进口和销售记录制度。《食品安全法》第67条规定："进口商品应当建立食品进口和销售记录制度，如实记录食品的名称、规格、数量、生产日期、生产或者进口批号、保质期、出口商和购货者名称及联系方式、交货日期等内容。食品进口和销售记录应当真实，保存期限不得少于2年。"《进出口肉类产品检验检疫监督管理办法》第11条规定："进口肉类产品收货人应当建立肉类产品进口和销售记录制度。记录应当真实，保存期限不得少于2年。"《进出口水产品检验检疫监督管理办法》第12条规定："进口水产品收货人应当建立水产品进口和销售记录制度。记录应当真实，保存期限不得少于2年。"

（一）食品进口和销售记录的载明事项

1. 食品的名称。表明该食品真实属性的专用名称，食品名称必须使用不使消费者误解或混淆的常用名称或俗名。

2. 规格、数量。定型包装的规格是生产或分装者按照需要自行确定的，但必须采用国际单位制，如液态食品用体积、固态食品用质量表示等。

3. 生产日期、生产或者进口批号。生产日期指生产或分装的时间，标注顺序为年、月、日。批号指同一配料单元所生产的同一批产品的通用代号。

4. 保质期。《食品安全法》第99条规定保质期是指预包装食品在标签指明的贮存条件下保持品质的期限，即通常所说的最佳食用期。

5. 出口商和购货者名称及联系方式、交货日期等内容

依据《食品安全法》第87条和第89条的规定，进口商未建立并遵守食品进口和销售记录制度的，由有关主管部门依据各自职责分工，责令立即改正，给予警告；拒不改正的，处2000元以上20 000元以下罚款；情节严重的，责令停产停业，

直至吊销许可证。

（二）食品进口和销售记录具体要求

为配合《食品安全法》的实施，各地检验检疫局都设立具体制度保障敦促食品进口商做好进口和销售记录，具体要求如下：

1. 记录归档。食品进口商应当建立食品进口和销售记录制度，参照《入境食品进口、销售记录表》推荐模板（见附表），按批次如实记录入境食品的进口和销售情况，记录保存期限不得少于2年。

2. 全面记录。《入境食品进口、销售记录表》中必须包括产品的名称、原产地、制造商、品牌、规格、生产日期、保质期、入库日期、入库数/重量、出库日期、购货者名称及联系方式、货物流向地区、出库数/重量等内容。入境食品的相关检验检疫信息，包括报检单编号、境外出口商/代理商及备案号、检验检疫机构《食品证书》签发日期等信息，是产品入库登记的必填内容。

3. 及时登记。《入境食品进口、销售记录表》中应该同时记录相同原产地、制造商、品牌、规格产品的入库登记和出货登记两部分内容，以便进行库存核销检查；入境食品在每次入库、出货后必须进行及时登记，库存情况应该与记录相符。

4. 记录方式。食品进口商可以通过纸质、电子文档或数据库方式，登记和保存入境食品进口、销售记录，食品进口和销售记录必须达到上述要求。

5. 记录抽查。检验检疫部门对食品进口商入境食品进口、销售记录做不定期抽查，抽查结果作为企业信用管理的一项重要考评指标，将直接影响到对其所进口食品的检验监管方式。

附：入境食品进口、销售记录表（范例）[1]

入境食品入库登记

入库日期	品名	品牌	原产地	制造商	制造商注册号	规格	数量	重量（kg）	产品批号	生产日期	保质日期	报检单编号	境外出口商/代理商	境外出口商/代理商备案号	国外检疫证书号	检验检疫机构《食品证书》签发日期
20090506	阳光黄油	阳光	美国	P&Q LTD.		20kg/箱	20	400	5600XTD	20090101	20091231	310700109××××	JOHN LTD.	P126	MPH－568482	20090518

入境食品出货登记

出库日期	品名	规格	数量	重量（kg）	产品批号	生产日期	货物流向地区	购货者名称	联系人	联系电话	备注
20090519	阳光黄油	20kg/箱	10	200	5600XTD	20090101	无锡	无锡大鹏集团有限公司	李四	139016875××	
20090529	阳光黄油	20kg/箱	10	200	5600XTD	20090101	上海	上海家福食品有限公司	张三	131986241××	

注：来源于相同原产地、制造商、品牌、规格的产品为一张独立记录表，相关入境检验检疫信息是产品入库登记的必填内容，记录表中不同生产日期的产品每次进出库记录为一行独立记录条目。

〔1〕 该表下载自"上海出入境检验检疫局网站"，http：//www. shciq. gov. cn/templates/detail. jsp？ id＝11738.

八、进出口食品信息溯源与信用档案制度

国家出入境检验检疫部门负责建立信息收集网络。食品安全信息是建立现代食品安全保障体系的重要内容，也是制定食品安全法律、法规、食品安全国家标准的基础，并为国家食品安全监管部门对食品实行监督管理提供参考依据。国家建立食品安全信息网络，有利于企业实现食品安全控制，有利于实现对食品安全问题的早发现、早预防、早整治和早解决。

（一）进出口食品信息溯源制度

1. 基本要求。《食品安全法》第 69 条第 1 款规定："国家出入境检验检疫部门应当收集、汇总进出口食品安全信息，并及时通报相关部门、机构和企业。"《食品安全法实施条例》第 42 条规定："国家出入境检验检疫部门应当建立信息收集网络，依照食品安全法第 69 条的规定，收集、汇总、通报下列信息：①出入境检验检疫机构对进出口食品实施检验检疫发现的食品安全信息；②行业协会、消费者反映的进口食品安全信息；③国际组织、境外政府机构发布的食品安全信息、风险预警信息，以及境外行业协会等组织、消费者反映的食品安全信息；④其他食品安全信息。接到通报的部门必要时应当采取相应处理措施。食品安全监督管理部门应当及时将获知的涉及进出口食品安全的信息向国家出入境检验检疫部门通报。"

2. 进出口肉类产品与水产品的信息溯源制度。《进出口肉类产品检验检疫监督管理办法》与《进出口水产品检验检疫监督管理办法》具体规定了追溯信息的记录，进口肉类"经检验检疫合格的，签发《入境货物检验检疫证明》，准予生产、加工、销售、使用《入境货物检验检疫证明》应当注明进口肉类产品的集装箱号、生产批次号、生产厂家名称和注册号、唛头等追溯信息"。"进口水产品经检验检疫合格的，由进口口岸检验检疫机构签发《入境货物检验检疫证明》，准予生产、加工、销

售、使用。《入境货物检验检疫证明》应当注明进口水产品的集装箱号、生产批次号、生产厂家及唛头等追溯信息。”

3. 出境水产品溯源制度。为确保出境水产品的可追溯性，保证不合格产品的及时召回，质检总局于2004年发布了《出境水产品追溯规程（试行)》。其中规定的追溯要求包括批次的确定、识别代码的确定、识别代码管理三个方面。如当产品出现不合格时，应通过产品识别代码从成品到原料每一环节逐一进行追溯。追溯途径是：出口卫生证书——报检单——报检批清单——生产加工记录——原料验收记录——原料收购来源，如为海捕原料可追溯到船；如为养殖原料可追溯到养殖场或塘；如为淡水捕捞原料可追溯到捕捞区域；如为进口原料可追溯到进口批的有关信息。企业应通过建立以原料批为单元的产品流向登记记录，以便从原料追溯到产品，查找到不合格产品的去向，并及时召回不合格产品。通过追溯，可用查阅该批产品的相关记录等手段分析不合格的原因，采取有效整改措施。

4. 产品安全与缺陷产品信息管理。2011年全国质检工作会议提出，建立产品伤害监测系统。《缺陷产品召回管理条例》也专门提出：国务院质检部门应当加强产品安全与缺陷产品管理信息化建设，组织建立缺陷产品监督管理信息系统，并与国务院卫生主管部门共同建立产品伤害监测系统，收集、分析与统计因产品缺陷造成的人身伤害信息等。〔1〕

（二）进出口食品企业信用档案制度

《食品安全法》第69条第2款规定：“国家出入境检验检疫部门应当建立进出口食品的进口商、出口商和出口食品生产企业的信誉记录，并予以公布。对有不良记录的进口商、出口商和出口食品生产企业，应当加强对其进出口食品的检验检疫。”

---

〔1〕 来源于国家质检总局网站：http：//www. aqsiq. gov. cn/zjxw/dfzjxw/dfftpxw/201105/t20110510_ 183933. htm.

1. 食品添加剂质量信息档案。《进出口食品添加剂检验检疫监督管理工作规范》第16条规定："检验检疫机构应当按照有关规定将进口食品添加剂不合格信息及时报国家质检总局。"企业应当建立食品添加剂质量信息档案，如实记录以下内容：

（1）基本信息。进口时向检验检疫机构申报的报检号、品名、数/重量、包装、生产和输出国家或者地区、生产日期、保质期等内容。

（2）资质证书号。国外出口商、境外生产企业名称及其在所在国家或者地区获得的资质证书号。

（3）样本。进口食品添加剂中文标签样张、中文说明书样本。

（4）证单。检验检疫机构签发的检验检疫证单。

（5）其他信息及存档。进口食品添加剂流向等信息。档案保存期限不得少于2年，且不能少于保质期。检验检疫机构对进口企业的质量信息档案进行审查，审查不合格的，将其列入不良记录企业名单，对其进口的食品添加剂实施加严检验检疫措施。

2. "产品质量信用记录"系统。国家质检总局已建立了"产品质量信用记录"系统，只要登录质检总局"产品质量信用记录"网站（http://zlxy.aqsiq.gov.cn/credit/index.jsp），输入"企业名称"、"组织机构代码"、"所在地区"，就可以查询有关企业的信用记录。

质检总局定期对不良企业予以通报，截至2011年9月，总局通报"出口食品违规企业名单（2011年9月16日更新）"共166家，作出"暂停出口，由检验检疫机构依法处理或通报相关执法机构依法处理"的决定；通报"进口食品违规企业名单（2011年9月13日更新）"共16家，其中美国企业有10家，印尼、泰国、加拿大、菲律宾、越南、荷兰企业各1家。[1]

为强化企业的诚信意识，出入境检验检疫机构根据《食品安全法》及相关规章的规定，建立了进出口食品企业信用档案，对企业的进出口情况、退货情况以及违法乱纪情况进行汇总，实施“良好企业名单”和“不良企业名单（黑名单）”制度。对列入“良好企业名单”的企业，给予相对宽松的政策，鼓励企业进一步增强自律意识，靠诚信取胜；对列入“不良企业名单（黑名单）”的企业，加强监管频率，采取相应的处罚措施，直到淘汰出局。

〔1〕参见：质检总局“产品质量信用记录”网站（http：//zlxy. aqsiq. gov. cn/credit/index. jsp）。

乳制品

一、乳制品

乳制品，是指以生鲜牛（羊）乳及其制品为主要原料，经加工制成的产品。包括：液体乳类（杀菌乳、灭菌乳、酸牛乳、配方乳）；乳粉类（全脂乳粉、脱脂乳粉、全脂加糖乳粉和调味乳粉、婴幼儿配方乳粉、其他配方乳粉）；炼乳类（全脂淡炼乳、全脂加糖炼乳、调味/调制炼乳、配方炼乳）；乳脂肪类（稀奶油、奶油、无水奶油）；干酪类（原干酪、再制干酪）；其他乳制品类（干酪素、乳糖、乳清粉等）。

二、乳制品业

在我国，乳制品逐渐成为人民的生活必需食品，乳制品工业也逐渐成为我国改革开放以来增长最快的重要产业之一，同时也是推动第一、二、三产业协调发展的重要战略产业。发展乳制品工业，对于改善城乡居民膳食结构、提高国民身体素质、丰富城乡市场、提高人民生活水平，以及优化农村产业结构、增加农民收入、促进社会主义新农村建设具有很大的推动作用；对于带动畜牧业和食品机械、包装、现代物流等相关产业发展也具有重要意义。

目前，我国乳制品工业正处在由数量扩张型向质量效益型转变的关键时期，在迅猛发展的同时也出现了较多问题，如产业布局不合理，重复建设严重，加工能力过剩；养殖水平低，企业与奶农关系不协调，生鲜乳供应不稳定；有效需求不足，消费结构失衡，市场竞争失序；产品质量安全保证体系不健全等。

三、乳制品质量安全法律规范

为了加强乳品质量安全监督管理，保证乳品质量安全，保障公众身体健康和生命安全，促进奶业健康发展，2008 年 10 月 9 日，国务院发布了《乳品质量安全监督管理条例》（以下简称《条例》）。该《条例》是我国规范乳制品质量安全的基本法律规范，共分 8 章 64 条。

为了更好地贯彻和实施《条例》，农业部于 2008 年 10 月 30 日制定了《生鲜乳购销合同（示范文本）》（会同国家工商行政管理总局），于 2008 年 11 月 7 日制定了《生鲜乳生产收购管理办法》，于 2009 年 5 月 21 日制定了《生鲜乳收购站标准化管理技术规范》。这些文本、规范和办法也都是规范乳制品质量安全的重要法律规范。

四、乳品国家安全标准

乳品国家安全标准是判断乳品质量好坏的依据。目前，乳品国家安全标准是乳制品的唯一质量标准，生鲜乳和乳制品均应当符合乳品质量安全国家标准。

乳品质量安全国家标准由国务院卫生主管部门组织制定，并根据风险监测和风险评估的结果及时组织修订。关于乳品国家安全标准的制定、修订和监管，《条例》作了如下规定：

1. 乳品质量安全国家标准的制定是一项科学性、严肃性、法律性都要求很强、很严的活动。一般而言，一项乳品质量安全国家标准应当包含以下内容：①乳品中的致病性微生物、农药残留、兽药残留、重金属以及其他危害人体健康物质的限量规定；②乳品生产经营过程的卫生要求；③通用的乳品检验方法与规程；④与乳品安全有关的质量要求；⑤以及其他需要制定为乳品质量安全国家标准的内容。除此之外，在制定婴幼儿奶粉质量安全国家标准时，还应当充分考虑婴幼儿的身体特点和生长发育需要，保证婴幼儿生长发育所需的营养成分。

2. 乳品国家安全标准是乳制品的唯一质量标准，生鲜乳和乳制品均应当按照乳品质量安全国家标准进行收购、生产和销售。但是，任何标准都不是绝对的，也不是一成不变的。因此，乳品国家安全标准的制定机关应当根据实际情况不断地完善乳品国家安全标准。于是，《条例》要求国务院卫生主管部门应当根据疾病信息和监督管理部门的监督管理信息等，对发现添加或者可能添加到乳品中的非食品用化学物质和其他可能危害人体健康的物质，立即组织进行风险评估，采取相应的监测、检测和监督措施，并在此基础上完善乳品国家安全标准。

卫生部发布卫通〔2010〕7 号通告，根据《食品安全法》第 21 条的规定，经食品安全国家标准审评委员会审查，发布《生乳》（GB19301 -2010）等 66 项食品安全国家标准，其编号和名称详见第一章的第三部分内容。

五、奶业整顿与振兴

目前，我国奶业尤其是婴幼儿奶粉业的形势不容乐观，问题颇多。这些问题主要表现为：①在奶业快速发展过程中，存在只求数量、忽视质量的倾向；②对生鲜乳及乳制品（以下统称乳品）质量监管存在严重缺失，标准体系不完善，监测和管理制度不健全，对生产全过程的质量控制存在漏洞；③乳制品生产企业盲目发展，产能过剩，争抢奶源，无序竞争，缺乏社会责任感；④对奶站的监管缺失，对掺杂掺假、压级压价等行为打击不力，致使奶站运营管理混乱；⑤奶牛养殖方式落后，规模化、标准化水平低，奶农与乳制品生产企业的利益关系不合理；⑥法制建设滞后，行业指导不适应形势发展的需要。这些问题的普遍存在不仅给婴幼儿的生命健康造成损害，给社会稳定和国家形象带来负面影响，更使我国奶业发展陷入严重的困难和危机。因此，要振兴和保持奶业持续健康发展，必须对奶业进行全面整顿。在这种背景下，2008 年 11 月 19 日，发展改革委员会、农业部、工业和信息化部、商务部、卫生部、质检总局、工商总局、财政部、人民银行、银监会、保监会、中央宣传部、监察部十三部门制定并发布了《奶业整顿和振兴规划纲要》（以下简称《纲要》）。

《纲要》以邓小平理论和“三个代表”重要思想为指导，深入贯彻落实科学发展观，把整顿和振兴奶业作为实践科学发展观的具体行动，作为确保人民群众健康安全和保持当前经济社会稳定发展的重要任务，以建设现代奶业为总目标，以全面加强质量管理和制度建设为核心，以整顿乳制品生产企业和奶站、规范养殖为重点，努力开创奶业发展新局面，并推动食品行业的质量安全和监管水平的全面提升。

《纲要》要求应当从以下八个方面全面振兴我国奶业：①全面加强质量监管，其基本措施包括完善质量标准体系、强化检测能力建设、健全质量管理制度等；②重塑消费者信心，其基本措施包括及时公布信息、维护消费者权益、普及乳制品知识等；③加快市场恢复与培育工作，其基本措施包括明确退货、退款资金结算和不合格产品销毁办法、确保市场供应、维护市场秩序、继续推进学生饮用奶计划等；④全面提升乳制品生产企业素质，其基本措施包括开展行业整顿、保持正常生产、提高企业管理水平、优化产业结构等；⑤强化生鲜乳收购管理，其基本措施包括整顿和规范奶站、提高奶站准入门槛、实施标准化管理等；⑥提高养殖水平，基本措施包括继续落实相关扶持政策、对重点地区特别困难奶农实施临时救助政策、推进规模化和标准化养殖、做好奶牛养殖技术指导和服务等；⑦推进产业化经营，其基本措施包括大力发展奶农专业生产合作组织、建立合理的利益联结机制、规范生鲜乳交易行为等；⑧加强行业指导和法制建设，其基本措施包括加强行业指导、加强监测预警、发挥行业协会作用、加强法制建设等。

六、乳制品监督检查

奶业整顿与振兴，政府监管是关键。《纲要》和《条例》都对乳制品的监督检查作出了要求和规定。

（一）监管主体

乳制品市场是一个影响面广、影响力大的特殊市场。针对这样的特殊市场，我国确立了多主体总分相结合的乳制品监督管理体制。

从负责的情况来看，《条例》规定，县级以上地方人民政府对本行政区域内的乳品质量安全监督管理负总责；从具体分管来看，《条例》规定，县级以上人民政府畜牧兽医主管部门、县级以上质量监督检验检疫部门、县级以上工商行政管理部门、县级以上食品药品监督部门以及其他相关部门具体负责乳制品监管工作。同时，《条例》还规定，任何单位和个人有权向畜牧兽医、卫生、质量监督、工商行政管理、食品药品监督等部门举报乳品生产经营中的违法行为。

（二）监管范围

在乳制品的具体监督检查中，《条例》按照环节的不同划分了各监管部门的职责，要求各监管部门各司其职，各负其责。其中：①县级以上人民政府畜牧兽医主管部门负责奶畜饲养以及生鲜乳生产环节、收购环节的监督管理；②县级以上质量监督检验检疫部门负责乳制品生产环节和乳品进出口环节的监督管理；③县级以上工商行政管理部门负责乳制品销售环节的监督管理；④县级以上食品药品监督部门负责乳制品餐饮服务环节的监督管理；⑤县级以上人民政府价格主管部门应当加强对生鲜乳购销过程中压级压价、价格欺诈、价格串通等不正当价格行为的监督检查。

在这里需要特别强调的是，县级以上人民政府卫生主管部门是乳制品监督检查的综合协调部门，依照职权负责乳品质量安全监督管理的综合协调以及组织查处食品安全重大事故。

（三）监督检查的职权与职责

畜牧兽医、质量监督、工商行政管理等部门在依据各自职责进行监督检查时，行使下列职权：

（1）实施现场检查。

（2）向有关人员调查、了解有关情况。

（3）查阅、复制有关合同、票据、账簿、检验报告等资料。

（4）查封、扣押有证据证明不符合乳品质量安全国家标准的乳品以及违法使用的生鲜乳、辅料、添加剂。

（5）查封涉嫌违法从事乳品生产经营活动的场所，扣押用于违法生产经营的工具、设备。

（6）法律、行政法规规定的其他职权。

畜牧兽医、质量监督、工商行政管理等部门在享有上述职权的同时，还应当履行如下职责：

（1）对不符合乳品质量安全国家标准、存在危害人体健康和生命安全危险或者可能危害婴幼儿身体健康和生长发育的乳制品，应当责令并监督生产企业召回、销售者停止销售。

（2）发现奶畜养殖者、生鲜乳收购者、乳制品生产企业和销售者涉嫌犯罪的，应当及时移送公安机关立案侦查。

（3）应当建立乳品生产经营者违法行为记录，及时提供给中国人民银行，由中国人民银行纳入企业信用信息基础数据库。

（4）应当依据各自职责，公布乳品质量安全监督管理信息。

（5）应当公布本单位的电子邮件地址和举报电话；对接到的举报，应当完整地记录、保存。接到举报的部门对属于本部门职责范围内的事项，应当及时依法处理，对于实名举报，应当及时答复；对不属于本部门职责范围内的事项，应当及时移交有权处理的部门，有权处理的部门应当立即处理，不得推诿。

七、乳畜养殖

乳畜养殖是乳业发展的基础，《条例》以专章共9条的篇幅对乳畜养殖进行了规定。这些规定专门而具体，主要包括以下内容：

1. 乳畜养殖的政策支持。我国鼓励发展包括乳畜在内的养殖业，鼓励、引导、扶持奶畜养殖者提高生鲜乳质量安全水平。目前，我国鼓励、引导、扶持乳畜养殖的政策支持主要有：

（1）信贷支持。《条例》要求省级以上人民政府应当在本级财政预算内安排支持奶业发展资金，并鼓励对奶畜养殖者、奶农专业生产合作社等给予信贷支持。

（2）保险支持。《条例》建议国家应建立奶畜政策性保险制度，对参保奶畜养殖者给予保费补助。

（3）技术支持。《条例》要求畜牧兽医技术推广机构应当向奶畜养殖者提供养殖技术培训、良种推广、疫病防治等服务。

（4）服务支持。国家鼓励乳制品生产企业和其他相关生产经营者为奶畜养殖者提供所需的服务。

2. 奶畜养殖的制度保障。为促进奶畜养殖的健康发展，《条例》确立了以下基本制度：

（1）奶畜养殖材料管理制度。该制度要求，从事奶畜养殖，不得使用国家禁用的饲料、饲料添加剂、兽药以及其他对动物和人体具有直接或者潜在危害的物质。

（2）生鲜乳销售管理制度。该制度要求，禁止养殖户销售在规定用药期和休药期内的奶畜产的生鲜乳。

（3）动物防疫管理制度。该制度要求应当重视和加强动物防疫工作，要求动物疫病预防控制机构应当对奶畜的健康情况进行定期检测；经检测不符合健康标准的，应当立即隔离、治疗或者作无害化处理。要求养殖者应当确保奶畜符合国务院畜牧兽医主管部门规定的健康标准，并确保奶畜接受强制免疫；应当做好奶畜和养殖场所的动物防疫工作，发现奶畜染疫或者疑似染疫的，应当立即报告，停止生鲜乳生产，并采取隔离等控制措施，防止疫病扩散。

3. 奶畜养殖场、养殖小区开办与经营的特别规定。如设立奶畜养殖场、养殖小区等进行规模养殖，《条例》规定应当具备以下条件：①符合所在地人民政府确定的本行政区域奶畜养殖规模；②有与其养殖规模相适应的场所和配套设施；③有为其服务的畜牧兽医技术人员；④具备法律、行政法规和国务院畜牧兽医主管部门规定的防疫条件；⑤有对奶畜粪便、废水和其他固体废物进行综合利用的沼气池等设施或者其他无害化处理设施；⑥有生鲜乳生产、销售、运输管理制度；⑦法律、行政法规规定的其他条件。符合上述条件的奶畜养殖场、养殖小区的开办者应当将养殖场、养殖小区的名称、养殖地址、奶畜品种和养殖规模向养殖场、养殖小区所在地县级人民政府畜牧兽医主管部门备案。

同时，《条例》还要求奶畜养殖场应当建立养殖档案。养殖档案应载明以下内容：①奶畜的品种、数量、繁殖记录、标识情况、来源和进出场日期；②饲料、饲料添加剂、兽药等投入品的来源、名称、使用对象、时间和用量；③检疫、免疫和消毒情况；④奶畜发病、死亡和无害化处理情况；⑤生鲜乳生产、检测和销售情况；⑥国务院畜牧兽医主管部门规定的其他内容。

八、生鲜乳收购

生鲜乳，是指未经加工的奶畜原奶。《条例》以专章共9条的篇幅对生鲜乳收购进行了规定。同时，农业部还发布了《生鲜乳收购站标准化管理技术规范》和《生鲜乳生产收购管理办法》。这些规定专门而具体，主要包括以下内容：

1. 收购主体。生鲜乳收购站是生鲜乳收购的唯一合法主体，其他单位或者个人都不得进行生鲜乳收购。

根据《条例》的规定，生鲜乳收购站只能由具备以下条件的乳制品生产企业、奶畜养殖场、奶农专业生产合作社开办，其他单位或者个人不得开办生鲜乳收购站。这些条件包括：①取得了工商登记；②取得了所在地县级人民政府畜牧兽医主管部门颁发的生鲜乳收购许可证；③符合生鲜乳收购站建设规划布局；④有符合环保和卫生要求的收购场所；⑤有与收奶量相适应的冷却、冷藏、保鲜设施和低温运输设备；⑥有与检测项目相适应的化验、计量、检测仪器设备；⑦有经培训合格并持有有效健康证明的从业人员；⑧有卫生管理和质量安全保障制度。

关于生鲜乳收购站的建设，开办者应当按照《生鲜乳收购站标准化管理技术规范》的要求进行建设。

由于生鲜乳收购站均为乳制品生产企业、奶畜养殖场、奶农专业生产合作社开办，所以，不需要再办理工商登记。

2. 政策支持。国家鼓励和扶持生鲜乳收购工作，按照方便奶畜养殖者、促进规模化养殖的原则，对生鲜乳收购站的建设进行科学规划和合理布局。必要时，可以实行生鲜乳集中定点收购；同时，对生鲜乳收购站给予扶持和补贴，提高其机械化挤奶和生鲜乳冷藏运输能力。

3. 制度保障。为确保生鲜奶的收购质量，《条例》确立了如下保障制度：

（1）卫生保障制度。该制度要求，生鲜乳收购站应当及时对挤奶设施、生鲜乳贮存运输设施等进行清洗、消毒，避免对生鲜乳造成污染。

（2）质量保障制度。该制度要求，生鲜乳收购站应当保持生鲜乳的质量。

（3）常规检测制度。该制度要求，生鲜乳收购站应当按照乳品质量安全国家标准对收购的生鲜乳进行常规检测。检测费用不得向奶畜养殖者收取。

（4）生鲜乳收购、销售和检测记录制度。该制度要求，生鲜乳收购站应当建立生鲜乳收购、销售和检测记录。生鲜乳收购、销售和检测记录应当包括畜主姓名、单次收购量、生鲜乳检测结果、销售去向等内容，并保存2年。

（5）生鲜乳购销合同制度。该制度要求，生鲜乳购销双方应当签订书面合同。

（6）生鲜乳贮存制度。该制度要求，贮存生鲜乳的容器，应当符合国家有关卫生标准，在挤奶后2小时内应当降温至0℃～4℃。

（7）生鲜乳运输制度。该制度要求，生鲜乳运输车辆应当取得所在地县级人民政府畜牧兽医主管部门核发的生鲜乳准运证明，并随车携带生鲜乳交接单。交接单应当载明生鲜乳收购站的名称、生鲜乳数量和交接时间，并由生鲜乳收购站经手人、押运员、司机和收奶员签字。

4. 收购禁限。按照《条例》的规定，生鲜乳收购站不得收购下列生鲜乳：①经检测不符合健康标准或者未经检疫合格的奶畜产的；②奶畜产犊7日内的初乳，但以初乳为原料从事乳制品生产的除外；③在规定用药期和休药期内的奶畜产的；④其他不符合乳品质量安全国家标准的。

九、乳制品生产

乳制品生产是乳业发展的核心环节，《条例》以专章共9条的篇幅对乳制品的生产进行了规范。

1. 生产主体。乳制品生产属特殊产品的生产，市场准入条件要求严格。《条例》规定，从事乳制品生产活动，应当具备下列条件，取得所在地质量监督部门颁发的食品生产许可证：

①符合国家奶业产业政策；②厂房的选址和设计符合国家有关规定；③有与所生产的乳制品品种和数量相适应的生产、包装和检测设备；④有相应的专业技术人员和质量检验人员；⑤有符合环保要求的废水、废气、垃圾等污染物的处理设施；⑥有经培训合格并持有有效健康证明的从业人员；⑦法律、行政法规规定的其他条件。

根据该规定，未取得食品生产许可证的任何单位和个人，不得从事乳制品生产。

2. 保障制度。为保障安全生产，确保乳制品质量，维护消费者合法权益,《条例》规定了一系列的保障制度。这些保障制度主要有:

（1）质量管理制度。该制度要求乳制品生产企业应当采取质量安全管理措施，对乳制品生产从原料进厂到成品出厂的全过程实施质量控制，保证产品质量安全。

（2）进货检查验收制度。该制度要求乳制品生产企业进货时应当逐批检测收购的生鲜乳，如实记录质量检测情况、供货者的名称以及联系方式、进货日期等内容，并查验运输车辆生鲜乳交接单。

（3）原材料管理制度。该制度要求生产乳制品使用的生鲜乳、辅料和添加剂等，应当符合法律、行政法规的规定和乳品质量安全国家标准。

（4）包装管理制度。该制度要求乳制品的包装应当有标签；使用奶粉、黄油、乳清粉等原料加工的液态奶，应当在包装上注明；使用复原乳作为原料生产液态奶的，应当标明“复原乳”字样，并在产品配料中如实标明复原乳所含原料及比例；婴幼儿奶粉标签还应当标明主要营养成分及其含量，详细说明使用方法和注意事项。

（5）产品检验制度。该制度要求，乳制品生产企业应当对出厂的乳制品逐批检验，并保存检验报告，留取样品。对检验合格的乳制品应当标识检验合格证号；检验不合格的不得出厂。检验报告应当保存2年。

（6）产品召回制度。该制度要求，乳制品生产企业发现其生产的乳制品不符合乳品质量安全国家标准、存在危害人体健康和生命安全危险或者可能危害婴幼儿身体健康或者生长发育的，应当立即停止生产，报告有关主管部门，告知销售者、消费者，召回已经出厂、上市销售的乳制品，并记录召回情况。乳制品生产企业对召回的乳制品应当采取销毁、无害化处理等措施，防止其再次流入市场。

十、乳制品销售

乳制品销售是乳业发展的最后一个环节，也是距离消费者最近、与消费者打交道最多的一个环节。《条例》同样以专章共9条的篇幅对乳制品的销售进行了规范。

1. 销售主体。《条例》对乳制品销售者的主体资格和准入条件没有作出更加具体的规定，第37条只规定“从事乳制品销售应当按照食品安全监督管理的有关规定，依法向工商行政管理部门申请领取有关证照”。依此规定，单位和个人可从事乳制品的销售活动。

2. 保障制度。为保障乳制品的质量安全，维护消费者的合法权益，《条例》规定了一系列保障制度。这些保障制度主要有：

（1）进货检查验收制度。该制度要求乳制品销售者应当建立并执行进货查验制度，审验供货商的经营资格，验明乳制品的合格证明和产品标识，并建立乳制品进货台账，如实记录乳制品的名称、规格、数量、供货商及其联系方式、进货时间等内容。进货台账和销售台账的保存期限不得少于2年。

（2）乳制品销售台账制度。该规定要求从事乳制品批发业务的销售企业应当建立乳制品销售台账，如实记录批发的乳制品的品种、规格、数量和流向等内容。

（3）质量保障制度。该制度要求乳制品销售者应当采取措施，保持所销售乳制品的质量。销售需要低温保存的乳制品的，应当配备冷藏设备或者采取冷藏措施。

（4）追回、报告与通知制度。该制度要求对不符合乳品质量安全国家标准、存在危害人体健康和生命安全或者可能危害婴幼儿身体健康和生长发育的乳制品，销售者应当立即停止销售，追回已经售出的乳制品，并记录追回情况，同时应当立即报告所在地工商行政管理等有关部门，通知乳制品生产企业。

3. 销售禁止。《条例》规定，禁止购进、销售无质量合格证明、无标签或者标签残缺不清的乳制品；禁止购进、销售过期、变质或者不符合乳品质量安全国家标准的乳制品；不得伪造产地，不得伪造或者冒用他人的厂名、厂址，不得伪造或者冒用认证标志等质量标志。

十一、法律责任

法律责任是法律贯彻执行的根本保障，也是法律威慑力的集中表现。《条例》以专章共9条的篇幅对违反条例行为的法律责任进行了规定。

（一）责任特点

《条例》的法律责任具有以下“三多”的特点：

1. 处罚机关多。《条例》的执法主体多，进而也就决定了处罚机关多，几乎涉及了所有的监管主体。根据《条例》法律责任一章的规定，畜牧兽医主管部门、质量监督部门、工商行政管理部门、食品药品监督管理部门、监察机关等均可依据职权对违反《条例》的相关行为人进行处罚。

2. 责任主体众多。奶业环节众多，进而也决定了责任主体众多。根据《条例》法律责任一章的规定，奶畜养殖者、生鲜乳收购者、乳制品生产企业、乳制品销售者以及国家机关工作人员均可能因特定的违反《条例》的行为而成为责任人，责任主体众多。

3. 责任形式多。食品安全关乎百姓的生命与健康，无一是小事，因此，《条例》规定了众多的责任形式。这种责任形式，既有行政责任，也有刑事责任，每一种责任中都有多种更加具体的责任形态，形式多样。

（二）行为表现

根据《条例》的规定，下列行为均属于违反规定，并应承担法律责任的行为：

1. 在生鲜乳收购、乳制品生产过程中，加入非食品用化学物质或者其他可能危害人体健康物质的行为。

2. 生产、销售不符合乳品质量安全国家标准乳品的行为。

3. 对不符合乳品质量安全国家标准、存在危害人体健康和生命安全或者可能危害婴幼儿身体健康和生长发育的乳制品，不停止生产、不召回的行为。

4. 在婴幼儿奶粉生产过程中，加入非食品用化学物质或其他可能危害人体健康的物质的，或者生产、销售的婴幼儿奶粉营养成分不足、不符合乳品质量安全国家标准的行为。

5. 在发生乳品质量安全事故后未报告、处置的行为。

6. 违法收购生鲜乳的行为，具体包括：①未取得生鲜乳收购许可证收购生鲜乳的；②生鲜乳收购站取得生鲜乳收购许可证后，不再符合许可条件继续从事生鲜乳收购的；③生鲜乳收购站收购本条例第24条规定的禁止收购的生鲜乳的。

7. 未取得许可证或者取得许可证后不按照法定条件、法定要求从事生产销售活动的行为。

8. 滥用职权行为和渎职行为。

（三）责任承担

1. 行政责任的承担。奶畜养殖者、生鲜乳收购者、乳制品生产企业、乳制品销售者承担的行政责任主要有：①责令停止销售；②责令追回；③责令停产停业；④警告；⑤没收违法所得和违法生产的乳品，以及相关的工具、设备等物品；⑥罚款；⑦吊销许可证照。

国家机关工作人员承担的行政责任主要有：①记大过；②降级；③撤职；④开除的处分。

2. 刑事责任的承担。奶畜养殖者、生鲜乳收购者、乳制品生产企业、乳制品销售者主要依据《刑法》第 143 条和第 144 条承担刑事责任；主要负责人、直接负责的主管人员和其他直接责任人员依照《刑法》相关规定承担刑事责任。

第十一章

肉制品

一、肉制品

以畜禽肉为主要原料，经选料、修整、调味、腌制（或不腌制）、绞碎（或切块或整体）、成型（或充填）、成熟（或不成熟）、包装等工艺制作，开袋即食（或经简单加热即食）的预制食品。

肉制品的类型和品种十分庞大和繁杂，在世界范围内还没有一个统一的分类方法。在一些发达的工业国家，由于生产设计等方面的需要，按基本国情多对肉制品作了一些粗略的分类。有些作为标准公布，例如，日本 JAS 标准将肉制品分为培根、火腿、压缩火腿、香肠和混合制品五类；美国将肉制品分为午餐肉、香肠和肉冻类产品、煮火腿和罐头肉三类，其中香肠又分为生鲜香肠、干和半干香肠、其他等六类；德国将肉制品分为香肠和腌制品两大门类，其中香肠又分为生香肠、蒸煮香肠和熟香肠三类，腌制品分为生腌制品和熟腌制品两类。由于我国地域辽阔，各民族、各地区人民的饮食习惯差异悬殊，肉制品品种极其丰富。所以，肉制品的分类更难以作出精细的划分。

2011 年 6 月 16 日，国家质检总局、国家标准委发布了《肉制品分类》国家标准（GB/T 26604 – 2011）。该标准自 2011 年 12 月 1 日起实施。根据该标准，我国肉制品分为腌腊肉制品、酱卤肉制品、熏烧烤肉制品、肉干制品、熏煮香肠火腿制品、发酵肉制品六大类。其中，腌腊肉制品，是指以畜禽肉为原料，经选料、修整、调味、腌制（或不腌制）、绞碎（或切块或整体）、成型（或充填），再经晾晒（或风干或低温烘烤）、包装等工艺制作，食用前需简单热加的一类预制食品；酱卤肉制品，是指以畜禽肉为原料，经选料、修整、调味、腌制（或不腌制）、成型，以水为媒介加热成熟、冷却、包装等工艺制作的开袋即食的一类预制食品；熏烧烤肉制品，是指以畜禽肉为原料，经选料、修整、调味、腌制（或不腌制）、成型，以空气（或固体）为媒介加热成熟、冷却、包装等工艺制作的开袋即食的一类预制食品；肉干制品，是指以畜禽肉为原料，经选料、修整、调味、成型、煮制（或不煮制）、烘烤（或烘干或炒松）冷却、包装等工艺制作，开袋即食的一类预制食品，包括肉干、肉脯和肉松；熏煮香肠火腿制品，是指以畜禽肉为主要原料，经选料、修整、调味、腌制、绞碎（或切块）、斩拌（或滚揉）、成型后，再经熏煮、冷却、包装等工艺制作，开袋即食的一类预制食品，包括熏煮香肠和熏煮火腿；发酵肉制品，是指以畜禽肉为原料，经选料、修整、调味、绞碎（或不绞碎）、灌装（或成型），再经发酵成熟、包装等工艺制作，不经加热可直接食用的一类预制食品，其典型产品有发酵香肠和发酵火腿。

二、肉制品法律规范

目前，我国规范肉制品质量安全的法律规范主要有国务院颁布的《饲料和饲料添加剂管理条例》（2011 年 11 月 3 日）、《兽药管理条例》（2004 年 3 月 24 日）、《生猪屠宰管理条例》（2008 年 5 月 25 日）和国家质量监督检验检疫总局发布的《进出口饲料和饲料添加剂检验检疫监督管理办法》（2009 年 7 月 20 日）、《肉制品分类标准》（2011 年 6 月 16 日）、《火腿国家标准》（2009 年 5 月 11 日）、《鲜（冻）禽肉卫生标准》、《鲜

（冻）畜肉卫生标准》和《猪肉卫生标准》等。

三、肉制品安全的饲料保证

饲料的质量对肉制品安全的影响很大，因此，我国法律十分重视肉制品安全的饲料保证。目前，《饲料和饲料添加剂管理条例》（国务院1999年5月29日颁布、2001年11月29日修订）、《进出口饲料和饲料添加剂检验检疫监督管理办法》（国家质量监督检验检疫总局2009年2月23日发布）、《动物源性饲料产品安全卫生管理办法》（农业部2004年8月2日发布）和《饲料生产企业审查办法》（农业部2006年11月7日发布）是规范饲料质量安全的基本法律规范。

四、饲料与饲料添加剂

饲料是所有人饲养的动物的食物的总称，比较狭义的一般饲料，主要是指是农业或牧业饲养的动物的食物。饲料（Feed）包括大豆、豆粕、玉米、鱼粉、氨基酸、杂粕、添加剂、乳清粉、油脂、肉骨粉、谷物、甜高粱等十余个品种的饲料原料。

饲料添加剂，是指在饲料生产加工、使用过程中添加的少量或微量物质，在饲料中用量很少但作用显著。饲料添加剂是现代饲料工业必然使用的原料，对强化基础饲料的营养价值，提高动物的生产性能，保证动物健康，节省饲料成本，改善畜产品品质等方面有明显的效果。

在我国《饲料和饲料添加剂管理条例》中，饲料，是指经工业化加工、制作的供动物食用的饲料，包括单一饲料、添加剂预混合饲料、浓缩饲料、配合饲料和精料补充料。饲料添加剂，是指在饲料加工、制作、使用过程中添加的少量或者微量物质，包括营养性饲料添加剂、一般饲料添加剂和药物饲料添加剂。其中，营养性饲料添加剂，是指用于补充饲料营养成分的少量或者微量物质，包括饲料级氨基酸、维生素、矿物质微量元素、酶制剂和非蛋白氮等；一般饲料添加剂，是指为保证或者改善饲料品质、提高饲料利用率而掺入饲料中的少量或者微量物质；药物饲料添加剂，是指为预防、治疗动物疾病而掺入载体或者稀释剂的兽药的预混物，包括抗球虫药类、驱虫剂类和抑菌促生长类等。

五、饲料与饲料添加剂的生产

我国《饲料和饲料添加剂管理条例》从市场准入条件和生产保障两个方面对饲料与饲料添加剂的生产作出了规定。

1. 饲料与饲料添加剂生产企业的市场准入条件。饲料与饲料添加剂生产企业的市场准入条件十分严格，由条件、许可和批准构成。设立饲料、饲料添加剂生产企业，除应当符合有关法律、行政法规规定的企业设立条件外，还应当具备下列条件：①有与生产饲料、饲料添加剂相适应的厂房、设备、工艺及仓储设施；②有与生产饲料、饲料添加剂相适应的专职技术人员；③有必要的产品质量检验机构、检验人员和检验设施；④生产环境符合国家规定的安全、卫生要求；⑤污染防治措施符合国家环境保护要求。

符合上述条件的生产饲料添加剂、添加剂预混合饲料的企业，经省、自治区、直辖市人民政府饲料管理部门审核后，由国务院农业行政主管部门颁发生产许可证。

企业取得生产许可证后，由省、自治区、直辖市人民政府饲料管理部门核发饲料添加剂、添加剂预混合饲料产品批准文号。

2. 饲料与饲料添加剂的生产保障。为保障饲料与饲料添加剂的生产质量，《饲料和饲料添加剂管理条例》规定了一系列的生产保障制度：

（1）标准化制度。《条例》规定，生产饲料、饲料添加剂的企业，应当按照产品质量标准组织生产，并实行生产记录和产品留样观察制度。

（2）质量检验制度。《条例》规定，企业生产饲料、饲料添加剂，应当进行产品质量检验。检验合格的，应当附具产品质量检验合格证；无产品质量合格证的，不得销售。

（3）包装制度。《条例》规定，饲料、饲料添加剂的包装，应当符合国家有关安全、卫生的规定。易燃或者其他有特殊要求的饲料、饲料添加剂的包装应当有警示标志或者说明，并注明储运注意事项。饲料、饲料添加剂的包装物不得重复使用；但是，生产方和使用方另有约定的除外。

（4）标签制度。《条例》规定，饲料、饲料添加剂的包装物上应当附具标签。标签应当以中文或者适用符号标明产品名称、原料组成、产品成分分析保证值、净重、生产日期、保质期、厂名、厂址和产品标准代号。饲料添加剂的标签，还应当标明使用方法和注意事项。加入药物饲料添加剂的饲料的标签，还应当标明“加入药物饲料添加剂”字样，并标明其化学名称、含量、使用方法及注意事项。饲料添加剂、添加剂预混合饲料的标签，还应当注明产品批准文号和生产许可证号。

六、饲料与饲料添加剂的经营

我国《饲料和饲料添加剂管理条例》从经营条件和经营保障两个方面对饲料与饲料添加剂的经营作出了规定。

1. 经营条件。《条例》规定，经营饲料、饲料添加剂的企业，应当具备下列条件：①有与经营饲料、饲料添加剂相适应的仓储设施；②有具备饲料、饲料添加剂使用、贮存和分装等知识的技术人员；③有必要的产品质量管理制度。

2. 经营保障。为保障饲料与饲料添加剂的经营质量，《条例》规定了一系列经营保障制度：

（1）进货检查验收制度。《条例》规定，经营饲料、饲料添加剂的企业，进货时必须核对产品标签、产品质量合格证。

（2）禁限制度。《条例》规定，禁止经营无产品质量标准、无产品质量合格证、无生产许可证和产品批准文号的饲料、饲料添加剂；禁止经营停用、禁用或者淘汰的饲料、饲料添加剂以及未经审定公布的饲料、饲料添加剂；禁止经营未经国务院农业行政主管部门登记的进口饲料、进口饲料添加剂。

七、饲料与饲料添加剂的使用

关于饲料与饲料添加剂的使用，《条例》规定：

1. 使用饲料添加剂应当遵守国务院农业行政主管部门制定的安全使用规范。禁止使用本《条例》第18条规定的饲料、饲料添加剂。禁止在饲料和动物饮用水中添加激素类药品和国务院农业行政主管部门规定的其他禁用药品。

2. 饲料、饲料添加剂在使用过程中，证实对饲养动物、人体健康和环境有害的，由国务院农业行政主管部门决定限用、停用或者禁用，并予以公布。

3. 禁止对饲料、饲料添加剂作预防或者治疗动物疾病的说明或者宣传；但是，饲料中加入药物饲料添加剂的，可以对所加入的药物饲料添加剂的作用加以说明。

八、肉制品安全监管

我国是肉制品第一生产大国，肉类食品在居民消费中占据的比例也日益增加，但是我国肉制品的安全却不尽如人意，问题颇多。因此，我们必须加强肉食品安全的监管，集中精力进行治理整顿，大力强化企业的责任意识，严厉打击违法、违规行为，保证人民群众吃上“放心肉”、“放心肉制品”。

九、肉制品监管的重点与措施

根据国务院颁发的《关于促进生猪生产发展稳定市场供应的意见》，国务院办公厅印发的《食品安全专项整治工作方案》、

《关于促进生猪生产平稳健康持续发展，防止市场供应和价格大幅波动的通知》、《关于整顿和规范活禽经营市场秩序加强高致病性禽流感防控工作的意见》以及商务部办公厅等六部门印发的《关于进一步加强生猪屠宰管理　确保肉品质量安全的紧急通知》的精神和规定，我们应当从以下几个方面做好肉制品的监督管理工作：①扎实开展病死畜禽非法交易整治；②积极开展瘦肉精等禁用物质整治；③深入开展注水肉整治；④持续开展私屠滥宰整治；⑤大力开展定点屠宰企业集中清理；⑥认真开展屠宰企业肉品质量整治；⑦切实开展加工流通餐饮等环节肉品质量整治；⑧加大刑事打击力度，严厉惩处犯罪分子。

十、生猪屠宰与检疫规范

目前，我国规范生猪屠宰与检疫活动的法律规范主要是国务院颁布的《生猪屠宰管理条例》和农业部发布的《生猪屠宰检疫规程》。《生猪屠宰管理条例》颁布于1997年12月19日，于2007年12月19日、2011年1月8日进行了修订。《生猪屠宰检疫规程》发布于2010年8月2日。

十一、生猪屠宰

我国实行生猪定点屠宰制度。未经定点，任何单位和个人不得从事生猪屠宰活动。但是，农村地区个人自宰自食的除外。

生猪定点屠宰厂（场）应当持生猪定点屠宰证书向工商行政管理部门办理登记手续。根据《条例》的规定，生猪定点屠宰厂（场）应当具备下列条件：①有与屠宰规模相适应、水质符合国家规定标准的水源条件；②有符合国家规定要求的待宰间、屠宰间、急宰间以及生猪屠宰设备和运载工具；③有依法取得健康证明的屠宰技术人员；④有经考核合格的肉品品质检验人员；⑤有符合国家规定要求的检验设备、消毒设施以及符合环境保护要求的污染防治设施；⑥有病害生猪及生猪产品无害化处理设施；⑦依法取得动物防疫条件合格证。

十二、生猪检疫

生猪检疫，我国实行驻厂集中检疫制度，即由动物卫生监督所向辖区内的定点生猪屠宰厂（场或公司）派驻检疫监督工作机构，具体实施该厂的检疫和动物卫生监督管理工作。生猪检疫分生猪入场检查、宰前检疫、宰后检疫和检疫记录等阶段。

1. 生猪入场检查。生猪入场时，检疫员首先应向货主索取检疫证明，货主应持有《动物检疫合格证明》和《动物及动物产品运载工具消毒证明》。

2. 宰前检疫。宰前检验，是指对即将屠宰的生猪在屠宰前实施的临床检查，包括对生猪活体的检疫、测温和临床观察，必要时，应进行细菌学、血清学检验和变态反应。

宰前检疫按 GB16549 临床健康检查方法进行。检疫人员根据检疫结果作出准宰、急宰、缓宰、禁宰处理决定，签发相关决定通知书。其中，①准宰：针对健康生猪。②急宰：针对确认无碍肉品卫生的普通病；对人畜危害不大的一般性传染病和纯物理性原因造成的濒死猪。③缓宰：针对疑似传染病而未确诊的生猪。④禁宰：针对确认口蹄疫、猪水泡病、猪瘟等国家规定的一类动物传染病；炭疽、急性猪丹毒、败血性链球菌病等对人畜危害较大的传染病及新发现的烈性传染病；被狂犬病或疑似狂犬病患畜咬伤超过 8 天的猪。

3. 宰后检疫。宰后检验，是指生猪屠宰后，对其胴体、胴体分割后及各部位组织、器官，依照规程及有关规定进行疫病检验和卫生质量评定，发现和检出有害于人类、其他动物或公共卫生的肉和肉品，是生猪宰前检验的继续和补充。

宰后检疫主要包括：①头、蹄部检查，包括检查天然孔、皮肤、黏膜有无病变；摘除甲状腺；剖检左右两侧颌下淋巴结；与下颌骨平行切开左右两侧咬肌，暴露咬肌面积 2/3 以上，检查有无寄生虫；检查蹄冠部有无水泡、溃疡灶等。②胴体检查，包括皮肤、脂肪、肌肉、胸膜和腹膜有无病变和放血程度检查；腹股沟浅淋巴结检查；髂内淋巴结、髂外淋巴结和腹股沟深淋巴结检查；股前淋巴结（髂下淋巴结）检查；摘除病变淋巴结；摘除两侧肾上腺；肾脏检查；腰肌检查；膈肌检查；内脏检查等。

4. 检疫结果处理。检疫结果分合格与不合格两种。检疫合格，在胴体上加盖检疫合格验讫印章。

检疫不合格的情况分别情况做以下处理：①胴体、内脏、头、蹄及摘除的甲状腺、肾上腺、病变淋巴结，按 GB16548 的规定分别作出高温、化制、销毁的处理决定，加盖“高温”、“化制”、“销毁”印记，签发高温、化制、销毁处理通知书，监督货主按 GB16548 的规定进行无害化处理。采用深埋法销毁的，应选择远离居民住所、河流、水源地、畜禽场、道路等高燥地方作为掩埋点，用密闭容器运送，埋入距地面 1.5m 以下，并做好消毒工作。②宰后检出炭疽、口蹄疫、猪水泡病等恶性传染病，应责令停止屠宰，封锁现场，采取严格防范措施，并向当地政府动物防疫主管部门报告。③宰后检出疑似炭疽、口蹄疫、猪水泡病等病猪时，应停止屠宰，迅速将病料密封后送化验室检查。④宰后检出囊虫、旋毛虫等病猪时，按 GB16548 的规定予以处理。⑤宰后仅发现组织、器官有下列病变之一者，应将病变组织或器官作工业用或销毁：局部化脓、明显损伤、发炎、充血与出血、肿胀或水肿、病理性肥大或萎缩、钙化或机化灶、寄生虫结节、包囊或其他损害，以及有异常颜色、气味的。

5. 检疫记录。检疫过程中和结束时，详细记录、登记生猪入场检查、宰前检疫和宰后检疫情况，分类保存收取的检疫证明和出具的检疫证明存根以及其他有关材料。

十三、火腿标准

火腿是腌制或熏制的猪腿，又名“火肉”、“兰熏”，是世界上流行范围很广的一种肉制品。在我国，浙江金华、江西安福与云南宣威出产的火腿最有名。目前，我国已经颁布《火腿卫生国家标准》、《熏制火腿国家标准》和《火腿肠标准》等国家强制性标准。

（一）火腿卫生国家标准

2009年5月11日，国家质检总局发布了《火腿卫生国家标准》。该标准的基本内容如下：

1. 适用范围。鲜猪肉后腿经过干腌、洗、晒、发酵（或不经洗、晒、发酵）加工制成的肉制品。

2. 引用标准。

（1）GB5009.33：食品中亚硝酸盐与硝盐的测定方法。

（2）GB5009.37：食用植物油卫生标准的分析方法。

3. 感官指标。依据该标准，一级火腿鲜度的感官特征为：①色泽：肌肉切面呈深玫瑰红色或桃红色，脂肪切面呈白色或微红色，有光泽；②组织状态：致密而结实，切面平整；③气味和煮熟尝味：具有火腿特有的香味或香味平淡，尝味时盐味度，无其他异味。二级火腿鲜度的感官特征为：①色泽：肌肉切面呈暗红色或深玫瑰红色，脂肪切面呈白色或淡黄色，光泽较差；②组织状态：较致密而稍软，切面平整；③气味和煮熟尝味：稍有酱味、豆豉味或酸味，尝味时允许有轻度酸味或涩味。

4. 理化指标。依据该标准，一级火腿鲜度的理化指标为：①过氧化值（meq/kg）≤20；②三甲胺－氮（mg/100g）≤1.3；③亚硝酸盐（mg/kg，c NaNo2 计）≤20。二级火腿鲜度的理化指标为：①过氧化值（meq/kg）≤32；②三甲胺－氮（mg/100g）≤2.5；③亚硝酸盐（mg/kg，c NaNo2 计）≤20。

（二）熏蒸火腿标准

2006年12月11日，国家质检总局发布了《熏蒸火腿标准》。该标准属国家强制性标准，自2007年6月1日起实施。该标准的基本内容如下：

1. 适用范围。本标准适用于以检验、检疫合格畜、禽肉为主要原料，经分割、腌制后，加入辅料，再经滚揉、充填（或不充填）、蒸煮、烟熏（或不烟熏）、冷却、包装等工艺制作的火腿类熟肉制品。

2. 质量要求。①原辅料：猪肉应符合GB9959.1、GB9959.2的规定；牛肉应符合GB/T 17283的规定；禽肉应符合GB16896的规定；其他原辅料应符合国家相应的标准规定。②感官指标：外观——标识清晰，外形良好，无污垢，无破损，无汁液；色泽——切片呈粉红色或玫瑰红色，颜色均匀一致，有光泽；组织形态——结构紧密，富有弹性，切片性能好，无汁液分离，无空洞，无异物；气味与口味——具有该产品独有的风味，肉香纯正浓郁，肉嫩爽口，咸淡适中，无异味。③理化指标：水分（%）≤65～75；脂肪（%）≤10；蛋白质（%）≥14；淀粉（%）≤15；亚硝酸盐（以$NaNO_2$计mg/kg）≤70。④微生物指标：菌落总数（cfu/g）≤30000；大肠菌群：（MPN/100g）≤90。⑤食品添加剂：食品添加剂的品种及其用量应符合GB2760的规定。⑥企业产品及生产卫生要求：应符合GB2726、GB19303的相应规定。⑦净含量及偏差：净含量应与标明量相符，偏差以国家技术监督局令第75号《定量包装商品计量监督管理办法》为标准。

3. 标志、包装、运输、贮存要求。①标志：产品的食品标签应符合GB7718的要求；②包装：产品应用真空包装，其内包装材料应符合GB9683的要求，外包装应符合GB/T 6543标准规定的纸箱，包装物应清洁卫生，封口牢固；③运输：运输工具必须清洁、卫生、无异味，运输过程中避免日晒、雨淋；④贮存产品贮存在通风、干燥、无异味的库房内，且不得与地面直接接触，保质期为8个月。

（三）火腿肠标准

火腿肠是深受广大消费者欢迎的一种肉类食品，火腿肠最先起源于日本和欧美，进入中国的历史并不长。它是以鲜或冻畜、禽、鱼肉为主要原料，经腌制、搅拌、斩拌（或乳化）、灌入塑料肠衣，经高温杀菌，制成的肉类灌肠制品，其特点是肉质细腻、鲜嫩爽口、携带方便、食用简单、保质期长。

2006年12月11日，国家质检总局发布了《火腿肠标准》。该标准属国家强制性标准，自2007年6月1日起实施。该标准的基本内容如下：

1. 适用范围。本标准适用于以畜、禽、鱼肉为主要原料加工制成的猪肉肠、牛肉肠、鸡肉肠、鱼肉肠等高温杀菌香肠。

2. 质量要求。①原料和辅料：原料肉应符合GB2707、GB2708、GB/T9959的规定；淀粉应符合GB/T8883或GB/T8885的规定；食用盐应符合GB5461的规定；白砂糖应符合GB317的规定；味精应符合GB/T8967或QB/T1500的规定；亚硝酸钠应符合GB1907的规定；肠衣应符合GB9681的规定；其他辅料应符合相应的国家标准和行业标准的有关规定。②外观和感官要求：外观——肠体均匀饱满，无损伤，表面干净，密封良好，结扎牢固，肠衣的结扎部位无内容物；色泽——具有产品固有的色泽；质地——组织紧密，有弹性，切片良好，无软骨及其他杂物、无气孔；风味——咸淡适中，鲜香可口，具固有风味，无异味。③理化指标：《火腿肠》新标准根据蛋白质、淀粉和水分含量的不同把火腿肠分为四级，即特级、优级、普通级和无淀粉级。其中，特级产品规定水分≤70%、蛋白质≥12%、淀粉≤6%；优级产品规定水分≤67%、蛋白质≥11%、淀粉≤8%；普通级产品规定水分≤64%、蛋白质≥10%、淀粉≤10%；无淀粉产品规定水分≤70%、蛋白质≥

10%、淀粉≤1%。

十四、鲜肉标准

鲜肉有生鲜肉和冷鲜肉之分。生鲜肉通常为凌晨宰杀，清早上市，未经过任何降温处理的鲜肉。冷鲜肉，又叫冷却肉、水鲜肉，是指严格执行兽医检疫制度，对屠宰后的畜胴体迅速进行冷却处理，使胴体温度以后腿肉中心为测量点在24小时内降为0~4摄氏度，并在后续加工、流通和销售过程中始终保持0~4摄氏度的鲜肉。目前，我国卫生部颁布了《鲜（冻）禽肉卫生标准》、《鲜（冻）畜肉卫生标准》和《猪肉卫生标准》。

（一）鲜（冻）禽肉卫生标准

《鲜（冻）禽肉卫生标准》规定了家禽（鸡、鸭、鹅）肉的卫生要求和检验方法。

1. 适用范围。本标准适用于健康活禽宰杀、煺毛、净膛或半净膛后经兽医卫生检验合格的新鲜（未冷冻）或冷冻的家禽肉。

2. 卫生要求。《鲜（冻）禽肉卫生标准》从感官指标和理化指标两个方面对鲜（冻）禽肉的卫生标准作出了规定。

（1）感官指标。眼球：眼球饱满、平坦或稍凹陷；色泽：皮肤有光泽，肌肉切面有光泽，并有该禽固有色泽；粘度：外表微干或微湿润、不粘手；弹性：有弹性，肌肉指压后的凹陷立即恢复；气味：具有该禽固有的气味；煮沸后肉汤：透明澄清、脂肪团聚于表面，具固有香味。

（2）理化指标。挥发性盐基氮，mg/100g ≤20；汞（以Hg计），mg/kg ≤0.05；四环素，mg/kg ≤0.25。

（二）鲜（冻）畜肉卫生标准

《鲜（冻）畜肉卫生标准》规定了鲜冻畜肉的卫生要求和检验方法。

1. 适用范围。该标准适用于牲畜屠宰后，经兽医卫生检验合格的生鲜或冷冻畜肉。

2. 卫生要求。《鲜（冻）畜肉卫生标准》从指标要求、生产加工、包装、标识、储存与运输等方面对鲜冻畜肉的卫生标准进行了规定。其中，①指标要求：从原料上来讲，牲畜应是来自非疫区的健康牲畜，并持有产地兽医检疫证明。从感官指标上来讲，应当无异味、无酸败味。从理化指标上来讲，挥发性盐基氮/（mg/100g）≤15；铅（Pb）/（mg/g）≤0.2；无机砷/（mg/g）≤0.05；镉（Cd）/（mg/g）≤0.1；总汞（以Hg计）/（mg/g）≤0.05。②储存：产品应储存在干燥、通风良好的场所，不得与有毒、有害、有异味、易挥发、易腐蚀的物品同处储存。③运输：运输产品时应避免日晒、雨淋，不得与有毒、有害、有异味或者影响产品质量的物品混装运输。

第十二章

食品添加剂生产经营法律制度

一、食品添加剂

《食品安全法》第99条规定，食品添加剂，是指改善食品品质和色、香、味以及为防腐、保鲜和加工工艺的需要而加入食品中的人工合成或者天然物质。《复配食品添加剂通则》规定，复配食品添加剂，是指为了改善食品品质、便于食品加工，将两种或两种以上单一品种的食品添加剂，添加或不添加辅料，经物理方法混匀而成的食品添加剂。卫生部根据《食品安全法》和《食品安全国家标准管理办法》发布的《食品添加剂使用标准》（GB2760－2011），规定了食品添加剂、食品用加工助剂、胶母糖基础剂和食品用香料等2314个品种，涉及16大类食品、23个功能类别。依据《食品添加剂使用标准》的规定，食品添加剂，是指为改善食品品质和色、香、味以及为防腐、保鲜和加工工艺的需要而加入食品中的人工合成或者天然物质，包括营养强化剂、食品用香料、胶基糖果中基础剂物质、食品工业用加工助剂。营养强化剂，是指为了增强营养成分而加入食品中的天然的或者人工合成的属于天然营养素范围的物质。食品用香料，是指能够用于调配食品香精，并使食品增香的物质。胶基糖果中基础剂物质，是指赋予胶基糖果起泡、增塑、耐咀嚼等作用的物质。食品工业用加工助剂，是指保证食品加工能顺利进行的各种物质，与食品本身无关，如助滤、澄清、吸附、脱模、脱色、脱皮、提取溶剂、发酵用营养物质等。

为了保障食品安全，加强对食品添加剂生产的监督管理，根据《产品质量法》、《食品安全法》及其实施条例和《工业产品生产许可证管理条例》等有关法律、法规，2010 年 3 月 10 日，国家质量监督检验检疫总局局务会议审议通过了《食品添加剂生产监督管理规定》，该《规定》自 2010 年 6 月 1 日起施行。在中华人民共和国境内从事食品添加剂生产、实施生产许可和监督管理，适用该《规定》。该《规定》所称的食品添加剂，是指经国务院卫生行政部门批准并以标准、公告等方式公布的可以作为改善食品品质和色、香、味以及为防腐、保鲜和加工工艺的需要而加入食品的人工合成或者天然物质。

二、食品添加剂相关规范及监管

我国食品添加剂生产环节的规范主要包括，《食品安全法》、《食品安全法实施条例》、《工业产品生产许可证管理条例》、《食品添加剂生产监督管理规定》、《食品添加剂生产管理办法》、《食品添加剂生产许可审查通则》（2010 版）、《食品添加剂新品种管理办法》、《食品添加剂新品种申报与受理规定》、《食品添加剂生产企业卫生规范》、《食品添加剂明胶生产企业卫生规范》等。

根据《食品安全法》及其实施条例的规定和部门职责分工，质检部门负责食品和食品添加剂生产企业的监督管理，组织对食品生产中食品添加剂使用和食品添加剂进出口的监督检查。工商部门负责流通环节食品添加剂销售单位的监督管理。食品药品监管部门负责餐饮服务环节食品添加剂采购、使用和保管的监督管理。农业部门负责农产品生产环节的质量安全监督管理有关工作。商务部门负责食品流通行业管理，加强生猪屠宰的监督管理工作。卫生部门负责组织对食品添加剂新品种进行安全性评估，完善食品添加剂标准。各有关部门要依法协调配合，及时报告和通报获知的食品添加剂生产经营和使用中的食品安全风险信息，按照职责分工，采取控制措施，消除食品安全隐患，降低食品安全风险。工业和信息化部门负责食品工业和食品添加剂生产的行业管理，制定食品添加剂产业发展政策，指导食品生产企业诚信体系建设。食品和食品添加剂等行业组织负责行业自律和内部监督，开展食品生产经营和食品添加剂生产流通单位的诚信宣传和教育，使生产经营单位树立食品安全意识，做到依法生产经营食品添加剂，严格按照《食品添加剂使用卫生标准》、《食品营养强化剂使用卫生标准》和卫生部相关公告的规定，定量使用，尽可能少用或不用食品添加剂。

三、食品添加剂生产许可

（一）食品添加剂生产许可情形

国家对食品添加剂的生产实行许可制度。在《食品安全法》实施之前，已经依法取得食品添加剂生产或卫生许可证明的，许可证明在有效期内继续有效。凡未取得上述许可证明的，不得生产食品添加剂。卫生许可证明到期后申请食品添加剂生产许可证的，其产品质量必须符合相关国家标准、行业标准的规定；尚无标准的，其产品质量要求、检验方法可以参照国际组织或相关国家的标准，由卫生部会同有关部门指定。

2009 年 6 月 1 日以后新建的食品添加剂生产企业，其生产的食品添加剂质量、检验方法标准必须符合国家标准、行业标准的规定，并且必须依法取得工业产品生产许可证后方可从事食品添加剂的生产。

复合食品添加剂纳入工业产品生产许可范围。企业申请生产许可时，复合食品添加剂的名称、组分、生产工艺应当符合复合食品添加剂的通用安全标准；各组分含量及其质量标准和检验方法标准应当符合相关国家标准、行业标准的规定。复合食品添加剂中的各单一品种食品添加剂应当列入《食品添加剂使用卫生标准》、《食品营养强化剂使用卫生标准》和卫生部公告的食品添加剂名单，且具有相同的使用范围。严禁使用非食用物质生产复合食品添加剂。

受他人委托加工食品添加剂的，受委托生产者应当具有委托生产范围内的食品添加剂生产许可证。获得食品添加剂生产许可证书的生产者需要增加产品品种的，应当依照本规定提出申请。原许可机关应当依照本规定对申请增加的产品品种组织审查。在食品添加剂生产许可证书有效期内，生产者生产条件、检验手段、生产技术或者工艺发生较大变化的，生产者应当及时向原许可机关提出审查申请，原许可机关应当依照本规定重新组织审查。生产者名称等发生变化而生产者生产条件、检验手段、生产技术或者工艺未发生较大变化的，食品添加剂生产者应当在变更后一个月内向原许可机关提出生产许可变更申请。原许可机关按照有关规定办理变更手续。在生产许可证有效期内，国家有关法律、法规、产品标准及技术要求发生较大改变的，国家质检总局可以根据需要作出相应的规定，原许可机关根据规定重新组织审查。

（二）食品添加剂许可机关

生产食品添加剂的，申请人应当向生产所在地省级质量技术监督部门提交生产许可申请。

（三）申请食品添加剂生产许可的条件

依据《工业产品生产许可证管理条例》和《食品添加剂生产监督管理规定》的规定，取得生产许可，应当具备的条件包括：①合法有效的营业执照；②与生产食品添加剂相适应的专业技术人员；③与生产食品添加剂相适应的生产场所、厂房设施，其卫生管理符合卫生安全要求；④与生产食品添加剂相适应的生产设备或者设施等生产条件；⑤与生产食品添加剂相适应的符合有关要求的技术文件和工艺文件；⑥健全有效的质量管理和责任制度；⑦与生产食品添加剂相适应的出厂检验能力，产品符合相关标准以及保障人体健康和人身安全的要求；⑧符合国家产业政策的规定，不存在国家明令淘汰和禁止投资建设的工艺落后、耗能高、污染环境、浪费资源的情况；⑨法律、法规规定的其他条件。

（四）申请食品添加剂生产许可的材料

申请食品添加剂生产许可应提交下列材料：①食品添加剂生产许可申请书；②申请人营业执照复印件；③与申请生产许可的食品添加剂有关的生产工艺文本；④与申请生产许可的食品添加剂相适应的生产场所的合法使用权证明材料，及其周围环境平面图和厂房设施、设备布局平面图复印件；⑤与申请生产许可的食品添加剂相适应的生产设备、设施的合法使用权证明材料及清单，检验设备的合法使用权证明材料及清单；⑥与申请生产许可的食品添加剂相适应的质量管理和责任制度文本；⑦与申请生产许可的食品添加剂相适应的专业技术人员名单；⑧生产所执行的食品添加剂标准文本；⑨法律、法规规定的其他材料。

（五）许可机关处理食品添加剂许可申请的情形

许可机关对申请人提出的许可申请，应当根据下列情况分别作出处理：申请事项依法不需要取得生产许可的，应当即时告知申请人不受理；申请事项依法不属于质量技术监督部门管理范围的，应当即时作出不予受理的决定，并告知申请人向有关行政机关申请；行政许可申请人隐瞒有关情况或者提供虚假材料申请行政许可的，行政机关不予受理或者不予行政许可，并给予警告；行政许可申请属于直接关系公共安全、人身健康、生命财产安全事项的，申请人在1年内不得再次申请该行政许可；被许可人以欺骗、贿赂等不正当手段取得行政许可的，行政机关应当依法给予行政处罚；取得的行政许可属于直接关系公共安全、人身健康、生命财产安全事项的，申请人在3年内不得再次申请该行政许可；构成犯罪的，依法追究刑事责任。申请材料存在可以当场更正的错误的，应当允许申请人当场更正；申请材料不完整或不符合法定形式的，应当当场或者5日内一次性告知予以补正的材料及要求，并向申请人发出许可申请材料补正告知书；逾期不告知的，视为受理；申请事项属于质量技术监督部门职权范围，申请材料齐全、符合法定形式，或者申请人按要求提交全部补正申请材料的，应当受理生产许可申请，并向申请人发出行政许可申请受理决定书。许可机关受理或者不予受理许可申请，应当出具加盖本机关专用印章和注明日期的书面凭证。

（六）食品添加剂生产条件审查

许可机关受理申请后，应当组织对申请人是否具备持续生产合格产品的必备生产条件进行审查。审查内容包括对申请的资料、生产场所进行实地核查以及产品质量检验。

1. 实地核查。许可机关组织对申请人进行实地核查，应当组织核查组。核查组由2～4名有资质的核查人员组成，核查组工作实行组长负责制，并按照有关规定接受所在地质量技术监督部门的监督。许可机关组织对申请人进行实地核查应当制定实地核查计划，并于核查5日前向申请人发出实地核查通知书。实地核查工作一般不超过2日。核查人员进行实地核查，不得刁难企业，不得索取、收受财物，不得谋取其他不正当利益。申请人应当配合核查组的实地核查，因不可抗力等原因需要延长核查时间的，应当及时向许可机关提出延期申请。核查组应当按照核查计划以及规定的许可条件、程序等要求对申请人进行实地核查，并根据核查结果作出如下处理：实地核查合格的，按照规定抽取和封存样品，由申请人依法送交符合规定要求的检验机构进行检验；实地核查不合格的，不再进行产品抽样。拒绝核查或无正当理由不予配合，导致实地核查无法在规定期限内实施的，视为实地核查不合格。实地核查工作应当由核查组组长填写实地核查记录，由核查人员签字并经申请人确认。

许可机关应当自受理申请之日起30日内，完成对申请人的实地核查和产品抽样工作，并向申请人发出实地核查结论告知书。核查不合格的，应当说明理由。

2. 产品检验。承担发证检验工作的检验机构应当依据相关标准对食品添加剂进行检验，并在规定的时间内完成检验工作。承担食品添加剂生产许可发证检验工作的检验机构，应当具备法定资质并由国家质检总局统一发布名录。检验机构完成检验工作后，应当出具产品检验报告。检验报告一式三份，一份送申请人，一份送许可机关，一份由检验机构存档。对检验结果有异议的，申请人可以自接到检验报告之日起5日内向原许可机关提出复检申请。复检应在原检验机构以外的符合规定要求的检验机构进行，复检结论为最终结论。复检结论与原检验结论一致的，复检费用由申请人承担；复检结论与原检验结论不一致的，复检费用由原检验机构承担。

（七）食品添加剂生产条件审查结果的处理

许可机关应当自受理申请之日起60日内，根据审查结果作出如下处理：申请人符合发证条件的，依法作出准予生产许可的书面决定，并于作出决定之日起10日内向申请人颁发食品添加剂生产许可证书；申请人不符合发证条件的，依法作出不予生产许可的书面决定，并说明理由，告知申请人享有依法申请行政复议或者提起行政诉讼的权利。产品检验时间不计入许可期限。

（八）食品添加剂生产许可证书的备案及公布

省级质量技术监督部门应当及时将获得食品添加剂生产许可证书的生产者名单向国家质检总局备案，并向社会公布。

四、食品添加剂产品标准

食品添加剂的主要标准包括使用标准和产品标准。食品添加剂产品标准规定了食品添加剂的鉴别试验、纯度、杂质限量以及相应的检验方法。至2010年5月，卫生部已制定并公布了102项食品添加剂国家标准，指定了58项食品添加剂标准，完成了《食品添加剂使用标准》的修订。目前，除香品用香料和胶母糖基础剂外，80%以上的食品添加剂品种已制定（或指定）了相应的产品标准。

《食品安全法》正式实施以前已经取得卫生许可证的食品添加剂生产企业，在食品添加剂产品标准制定或指定公布前，可以继续生产已列入《食品添加剂使用标准》（GB2760）、《食品营养强化剂使用卫生标准》（GB14880）和卫生部公告的单一品种。

2011年12月31日前，《食品安全法》正式实施以前已经取得卫生许可证的复配食品添加剂生产企业可以继续生产复配食品添加剂。生产使用复配食品添加剂应当按照《复配食品添加剂通则》（GB26687－2011）的标准执行。生产使用食品用香精应当按照《食用香精》（QB/T1505）、《咸味食品香精》（QB/T2640）和《乳化香精》（GB10355）的标准执行。

对于尚无产品标准的食品添加剂，根据卫生部、质检总局等九部门《关于加强食品添加剂监督管理工作的通知》（卫监督发〔2009〕89号）的规定，其产品质量要求、检验方法可以参照国际组织或相关国家的标准，由卫生部会同有关部门指定。《关于指定食品添加剂产品标准的有关要求的公告》（卫生部公告2011年第11号）对食品添加剂产品标准指定工作作了如下规定：①对于没有国际标准或国外标准可参考的，或虽然有参考标准但未在2011年7月1日前提交材料的，应当按照《食品安全国家标准管理办法》和《食品安全国家标准制（修）订项目管理规定》的程序制定产品标准。②生产企业建议指定产品标准的食品添加剂，应当属于已经列入《食品添加剂使用标准》（GB2760）或卫生部公告的单一品种食品添加剂（包括食品添加剂、加工助剂、食品用香料，不包括复配食品添加剂）。③拟提出指定标准建议的生产企业，应当向中国疾病预防控制中心营养与食品安全所提交书面及电子版材料，包括指定标准文本、编制说明及参考的国际组织或相关国家标准。指定标准文本应当包含质量要求、检验方法，其格式应当符合食品安全国家标准的要求。

凡未列入《食品添加剂使用标准》、《食品营养强化剂使用卫生标准》和卫生部公告批准的食品添加剂以外的其他物质，不得作为食品添加剂生产，不得作为食品添加剂实施生产许可、流通和使用。

为尽快完善食品添加剂产品标准，卫生部和质检总局于2011 年发布第 6 号公告，规定生产食品添加剂新品种的，应当依照《食品安全法》第 44 条的规定进行安全性评估，并符合《食品添加剂新品种管理办法》的规定。

五、食品添加剂新品种生产许可

（一）食品添加剂新品种

依据《食品添加剂新品种管理办法》的规定，食品添加剂新品种是指：①未列入食品安全国家标准的食品添加剂品种；②未列入卫生部公告允许使用的食品添加剂品种；③扩大使用范围或者用量的食品添加剂品种。

《关于加强食品添加剂监督管理工作的通知》（卫监督发〔2009〕89 号）要求完善食品添加剂新品种的行政许可制度，严格规范食品添加剂新品种的研究和申报，及时公布审核发现的缺乏技术必要性和未通过安全性评价的物质名单，以及违法添加的非食用物质的名单。对技术上确有必要且经过风险评估证明安全可靠的食品添加剂新品种，按照公开、公正、透明的原则，向社会公开征求意见，经卫生部批准后方可被列入允许使用的食品添加剂范围。

（二）食品添加剂新品种审查许可机关

卫生部负责食品添加剂新品种的审查许可工作，组织制定食品添加剂新品种技术评价和审查规范。从事食品添加剂新品种生产、经营、使用或者进口的单位或者个人，应当向国务院卫生行政部门提交相关产品的安全性评估材料。

（三）食品添加剂新品种许可申请材料

申请食品添加剂新品种生产、经营、使用或者进口的单位或者个人（以下简称“申请人”），应当提出食品添加剂新品种许可申请，并提交以下材料：①添加剂的通用名称、功能分类、用量和使用范围；②证明技术上确有必要和使用效果的资料或者文件；③食品添加剂的质量规格要求、生产工艺和检验方法，食品中该添加剂的检验方法或者相关情况说明；④安全性评估材料，包括生产原料或者来源、化学结构和物理特性、生产工艺、毒理学安全性评价资料或者检验报告、质量规格检验报告；⑤标签、说明书和食品添加剂产品样品；⑥其他国家（地区）、国际组织允许生产和使用等有助于安全性评估的资料。

申请食品添加剂品种扩大使用范围或者用量的，可以免予提交安全性评估材料，包括生产原料或者来源、化学结构和物理特性、生产工艺、毒理学安全性评价资料或者检验报告、质量规格检验报告，但是技术评审中要求补充提供的除外。

申请首次进口食品添加剂新品种的，除提交前述6项规定的材料外，还应当提交以下材料：出口国（地区）相关部门或者机构出具的允许该添加剂在本国（地区）生产或者销售的证明材料；生产企业所在国（地区）有关机构或者组织出具的对生产企业审查或者认证的证明材料。

申请人应当如实提交有关材料，反映真实情况，并对申请材料内容的真实性负责，承担法律后果。申请人应当在其提交的添加剂的通用名称、功能分类、用量和使用范围；证明技术上确有必要和使用效果的资料或者文件；食品添加剂的质量规格要求、生产工艺和检验方法，食品中该添加剂的检验方法或者相关情况说明的材料中注明不涉及商业秘密，可以向社会公开的内容。

（四）食品添加剂新品种的审查

卫生部应当在受理后60日内组织医学、农业、食品、营养、工艺等方面的专家对食品添加剂新品种技术上确有必要性和安全性评估资料进行技术审查，并作出技术评审结论。对技术评审中需要补充有关资料的，应当及时通知申请人，申请人应当按照要求及时补充有关材料。必要时，可以组织专家对食品添加剂新品种研制及生产现场进行核实、评价。

需要对相关资料和检验结果进行验证检验的，应当将检验项目、检验批次、检验方法等要求告知申请人。安全性验证检验应当在取得资质认定的检验机构进行。对尚无食品安全国家检验方法标准的，应当首先对检验方法进行验证。

食品添加剂新品种技术上确有必要和使用效果等情况，应当向社会公开征求意见，同时征求质量监督，工商行政管理，食品药品监督管理，工业和信息化、商务等有关部门和相关行业组织的意见。

对有重大意见分歧或者涉及重大利益关系的，可以举行听证会听取意见，反映的有关意见作为技术评审的参考依据。

（五）食品添加剂新品种审查结果的处理

对符合食品安全要求的，依法决定准予许可并予以公布；对不符合食品安全要求的，决定不予许可并书面说明理由。

根据技术评审结论，卫生部决定对在技术上确有必要性和符合食品安全要求的食品添加剂新品种准予许可并列入允许使用的食品添加剂名单予以公布。

卫生部根据技术上必要性和食品安全风险评估结果，将公告允许使用的食品添加剂的品种、使用范围、用量按照食品安全国家标准的程序，制定、公布为食品安全国家标准。

对缺乏技术上必要性和不符合食品安全要求的，不予许可并书面说明理由。

对发现可能添加到食品中的非食用化学物质或者其他危害人体健康的物质，国务院卫生行政部门应公布其名录及检测方法；国务院质量监督、工商行政管理和国家食品药品监督管理部门应当采取相应的监督管理措施。

六、食品添加剂生产许可证的效力及规格

食品添加剂生产许可证有效期为5年。有效期届满，生产者需要继续生产的，应当在生产许可证有效期届满6个月前向原许可机关提出换证申请。逾期未申请换证或申请不予批准的，食品添加剂生产许可证自有效期届满之日起失效。

食品添加剂生产许可证书遗失或者损毁，生产者应当及时向原许可机关提出补领生产许可证申请，并同时在省级以上媒体发布原生产许可证书遗失和作废声明。原许可机关按照有关规定办理补证手续。

许可决定作出前，申请人要求退回食品添加剂生产许可申请的，应当说明理由，并提交申请书；退回许可申请的，许可机关以书面形式予以确认，许可自然终止。

生产者要求终止食品添加剂生产许可的，应当说明理由，并向原许可机关提交申请书；原许可机关按照有关规定依法办理注销手续。

食品添加剂生产许可的撤销、撤回、注销，依照有关规定执行。

任何单位和个人不得伪造、变造食品添加剂生产许可证书和编号。

取得生产许可证的食品添加剂生产者不得出租、出借或者以其他方式转让生产许可证书和编号。

食品添加剂生产许可证书分为正本和副本。证书应当载明

生产者名称、住所、生产地址、食品添加剂名称、证书编号、发证日期、有效期、发证机关（加盖公章）等内容。

食品添加剂生产许可证书格式和编号规则由国家质检总局统一规定。

七、食品添加剂标签、说明书及包装

（一）食品添加剂标签、说明书

食品添加剂应当有标签、说明书，并在标签上载明“食品添加剂”字样。食品添加剂的标签、说明书，是指粘贴、印刷、标记在食品添加剂或者其包装上，用以表示食品添加剂的名称、质量等级、商品量、使用方法、生产者或者销售者等相关信息的文字、符号、数字、图案以及其他说明的总称。

（二）食品添加剂标签、说明书的内容

食品添加剂的标签、说明书应当标明下列事项：食品添加剂产品名称、规格和净含量；生产者名称、地址和联系方式；成分或者配料表；生产日期、保质期限或安全使用期限；贮存条件；产品标准代号；生产许可证编号；食品安全标准规定的和国务院卫生行政部门公告批准的使用范围、使用量和使用方法；法律、法规或者相关标准规定必须标注的其他事项。有使用禁忌或安全注意事项的食品添加剂，应当有警示标志或者中文警示说明。

委托加工的食品添加剂，除应当按照产品质量和食品安全法律、法规以及本规定的要求进行食品添加剂标识标注外，还应标明受委托生产者的名称、地址和联系方式等内容。

（三）复配食品添加剂产品的标签、说明书的内容

复配食品添加剂产品的标签、说明书应当标明下列事项：产品名称、商品名、规格、净含量、生产日期；各单一食品添加剂的通用名称、辅料的名称，进入市场销售和餐饮环节使用的复配食品添加剂还应标明各单一食品添加剂品种的含量；生

产者的名称、地址、联系方式；保质期；产品标准代号；贮存条件；生产许可证编号；使用范围、用量、使用方法；标签上载明“食品添加剂”字样，进入市场销售和餐饮环节使用复配食品添加剂应标明“零售”字样；法律、法规要求应标注的其他内容。

进口复配食品添加剂应有中文标签、说明书，除标识上述内容外还应载明原产地以及境内代理商的名称、地址、联系方式，生产者的名称、地址、联系方式可以使用外文，可以豁免标识产品标准代号和生产许可证编号。

（四）食品添加剂标签、说明书的禁止事项

食品添加剂的标签、说明书，不得含有虚假、夸大的内容，不得涉及疾病预防、治疗功能。生产者对标签、说明书上所载明的内容负责。

食品添加剂的标签、说明书应当清楚、明显，容易辨识。

食品添加剂与其标签、说明书所载明的内容不符的，不得上市销售。所谓食品添加剂与其标签、说明书所载明的内容不符，是指标签、说明书不能真实反映食品和食品添加剂的功能。

如果生产者故意在食品添加剂的标签、说明书上标注虚假信息，则构成欺诈，应依法承担相应的法律责任。

八、食品添加剂生产者质量管理

（一）食品添加剂生产者一般质量管理

生产食品添加剂，应当使用符合相关质量安全要求的原辅材料、包装材料及生产设备。

生产者应当建立原材料采购、生产过程控制、产品出厂检验和销售等质量管理制度，并做好以下生产管理记录：生产者从业人员的培训和考核记录；厂房、设施和设备的使用、维护、保养检修和清洗、消毒记录；生产者质量管理制度的运行记录，其中包括原辅材料进货验收记录、生产过程控制记录、产品出厂检验记录、产品销售记录等。上述记录应当真实、完整，生产者对其真实性和完整性负责。记录的保存期限不得少于2年；产品保质期超过2年的，保存期限应当不短于产品保质期。

生产者应当建立生产管理情况自查制度，按照有关规定对食品添加剂质量安全控制等生产管理情况进行自查。

生产者应当对出厂销售的食品添加剂进行出厂检验，检验合格后方可销售。

（二）复配食品添加剂生产者特殊要求

1. 复配食品添加剂。《复配食品添加剂通则》适用于除食品用香精和胶基糖果基础剂以外的所有复配食品添加剂。复配食品添加剂，是指为了改善食品品质、便于食品加工，将两种或两种以上单一品种的食品添加剂，添加或不添加辅料，经物理方法混匀而成的食品添加剂。辅料，是指为复配食品添加剂的加工、贮存、溶解等工艺目的而添加的食品原料。

2. 命名原则。由单一功能且功能相同的食品添加剂品种复配而成的，应按照其在终端食品中发挥的功能命名，即复配中食品添加剂功能类别名称，如复配着色剂、复配防腐剂等。

由功能相同的多种功能食品添加剂或者不同功能的食品添加剂复配而成的，可以其在终端食品中发挥的全部功能或者主要功能命名，即复配中食品添加剂功能类别名称，也可以在命名中增加终端食品类别名称，即复配食品类别中食品添加剂功能类别名称。

3. 要求。

（1）基本要求。复配食品添加剂不应对人体产生任何健康危害。复配食品添加剂在达到预期的效果下，应尽可能降低在食品中的用量。用于生产复配食品添加剂的各种食品添加剂，应符合 GB2760 和卫生部公告的规定，具有共同的使用范围。用于生产复配食品添加剂的各种食品添加剂和辅料，其质量规格应符合相应的食品安全国家标准或相关标准。复配食品添加剂在生产过程中不应发生化学反应，不应产生新的化合物。复配食品添加剂的生产企业应按照国家标准和相关标准组织生产，制定复配食品添加剂的生产管理制度，明确规定各种食品添加剂的含量和检验方法。

（2）感官要求。应符合表 12－1 规定的感官要求。

表 12－1　感官要求

要　求	检验方法
不应有异味、异臭，不应有腐败及霉变现象，不应有视力可见的外来杂质	取适量被测样品于无色透明的容器或白瓷盘中，置于明亮处，观察形态、色泽，并在室温下嗅其气味。

（3）有害物质控制。

第一，根据复配的食品添加剂单一品种和辅料的食品安全国家标准或相关标准中对铅、砷等有害物质的要求，按照加权计算的方法由生产企业制定有害物质的限量并进行控制。最终产品中相应有害物质不得超过限量。

例如，某复配食品添加剂由 A、B 和 C 三种食品添加剂单一品种复配而成，若该复配食品添加剂的铅限量值为 d，数值以毫克／每千克（mg/kg）表示，按公式（1）计算：

$$d = a \times a_1 + b \times b_1 + c \times c_1 \quad \cdots\cdots (1)$$

式中：

a——A 的食品安全国家标准中铅限量，单位为毫克每千克（mg/kg）；

b——B 的食品安全国家标准中铅限量，单位为毫克每千克（mg/kg）；

c——C 的食品安全国家标准中铅限量，单位为毫克每千克（mg/kg）；

a_1——A 的复配产品所占比例，%；

b_1——B 的复配产品所占比例，%；

c_1——C 的复配产品所占比例,%;

其中，$a_1 + b_1 + c_1 = 100\%$。

第二，若参与复配的各单一品种标准中铅、砷等指标不统一，无法采用加权计算的方法制定有害物质限量值，则应采用表12－2中安全限量值控制产品中的有害物质。

表12－2 有害物质限量要求

项 目	指 标	检测方法
砷（以As计），mg/kg ≤	2.0	GB/T 5009.76
铅（Pb），mg/kg ≤	2.0	GB/T 5009.75

（4）致病性微生物控制。根据所有复配的食品添加剂单一品种和辅料的食品安全国家标准或相关标准，对相应的致病性微生物进行控制，并在最终产品中不得检出。

九、食品中可能违法添加的非食用物质和易滥用的食品添加剂名单

为打击在食品生产、流通、餐饮服务中违法添加非食用物质和滥用食品添加剂的行为，保障消费者的健康，全国打击违法添加非食用物质和滥用食品添加剂专项整治领导小组自2008年以来陆续发布了5批《食品中可能违法添加的非食用物质和易滥用的食品添加剂名单》。为方便查询，2011年4月19日，卫生部将5批名单汇总发布（见表12－3、12－4）。为打击在食品及食品添加剂生产中违法添加非食用物质的行为，保障消费者的身体健康，卫生部制定了《食品中可能违法添加的非食用物质和易滥用的食品添加剂名单（第六批）》（见表12－5）。

表12-3　食品中可能违法添加的非食用物质名单

序号	名称	可能添加的食品品种	检测方法
1	吊白块	腐竹、粉丝、面粉、竹笋	GB/T 21126-2007 小麦粉与大米粉及其制品中甲醛次硫酸氢钠含量的测定；卫生部《关于印发面粉、油脂中过氧化苯甲酰测定等检验方法的通知》（卫监发〔2001〕159号）附件2 食品中甲醛次硫酸氢钠的测定方法
2	苏丹红	辣椒粉、含辣椒类的食品（辣椒酱、辣味调味品）	GB/T 19681-2005 食品中苏丹红染料的检测方法高效液相色谱法
3	王金黄、块黄	腐皮	
4	蛋白精、三聚氰胺	乳及乳制品	GB/T 22388-2008 原料乳与乳制品中三聚氰胺检测方法 GB/T 22400-2008 原料乳中三聚氰胺快速检测液相色谱法
5	硼酸与硼砂	腐竹、肉丸、凉粉、凉皮、面条、饺子皮	无
6	硫氰酸钠	乳及乳制品	无
7	玫瑰红B	调味品	无
8	美术绿	茶叶	无
9	碱性嫩黄	豆制品	
10	工业用甲醛	海参、鱿鱼等干水产品、血豆腐	SC/T 3025-2006 水产品中甲醛的测定
11	工业用火碱	海参、鱿鱼等干水产品、生鲜乳	无
12	一氧化碳	金枪鱼、三文鱼	无
13	硫化钠	味精	无
14	工业硫磺	白砂糖、辣椒、蜜饯、银耳、龙眼、胡萝卜、姜等	无

续表

序号	名称	可能添加的食品品种	检测方法
15	工业染料	小米、玉米粉、熟肉制品等	无
16	罂粟壳	火锅底料及小吃类	参照上海市食品药品检验所自建方法
17	革皮水解物	乳与乳制品 含乳饮料	乳与乳制品中动物水解蛋白鉴定 - L(-) -羟脯氨酸含量测定（检测方法由中国检验检疫科学院食品安全所提供。该方法仅适应于生鲜乳、纯牛奶、奶粉。联系方式：Wkzhong@21cn. com）
18	溴酸钾	小麦粉	GB/T 20188 - 2006 小麦粉中溴酸盐的测定　离子色谱法
19	β - 内酰胺酶（金玉兰酶制剂）	乳与乳制品	液相色谱法（检测方法由中国检验检疫科学院食品安全所提供。联系方式：Wkzhong@21cn. com）
20	富马酸二甲酯	糕点	气相色谱法（检测方法由中国疾病预防控制中心营养与食品安全所提供）
21	废弃食用油脂	食用油脂	无
22	工业用矿物油	陈化大米	无
23	工业明胶	冰淇淋、肉皮冻等	无
24	工业酒精	勾兑假酒	无
25	敌敌畏	火腿、鱼干、咸鱼等制品	GB T5009. 20 - 2003 食品中有机磷农药残留的测定
26	毛发水	酱油等	无
27	工业用乙酸	勾兑食醋	GB/T5009. 41 - 2003 食醋卫生标准的分析方法

续表

序号	名称	可能添加的食品品种	检测方法
28	肾上腺素受体激动剂类药物（盐酸克仑特罗、莱克多巴胺等）	猪肉、牛羊肉及肝脏等	GB－T22286－2008 动物源性食品中多种β－受体激动剂残留量的测定，液相色谱串联质谱法
29	硝基呋喃类药物	猪肉、禽肉、动物性水产品	GB/T 21311－2007 动物源性食品中硝基呋喃类药物代谢物残留量检测方法，高效液相色谱－串联质谱法
30	玉米赤霉醇	牛羊肉及肝脏、牛奶	GB/T 21982－2008 动物源食品中玉米赤霉醇、β－玉米赤霉醇、α－玉米赤霉烯醇、β－玉米赤霉烯醇、玉米赤霉酮和赤霉烯酮残留量检测方法，液相色谱－质谱/质谱法
31	抗生素残渣	猪肉	无，需要研制动物性食品中测定万古霉素的液相色谱－串联质谱法
32	镇静剂	猪肉	参考 GB/T 20763－2006 猪肾和肌肉组织中乙酰丙嗪、氯丙嗪、氟哌啶醇、丙酰二甲氨基丙吩噻嗪、甲苯噻嗪、阿扎哌垄阿扎哌醇、咔唑心安残留量的测定，液相色谱－串联质谱法。 无，需要研制动物性食品中测定安定的液相色谱－串联质谱法
33	荧光增白物质	双孢蘑菇、金针菇、白灵菇、面粉	蘑菇样品可通过照射进行定性检测 面粉样品无检测方法
34	工业氯化镁	木耳	无
35	磷化铝	木耳	无
36	馅料原料漂白剂	焙烤食品	无，需要研制馅料原料中二氧化硫脲的测定方法

续表

序号	名称	可能添加的食品品种	检测方法
37	酸性橙Ⅱ	黄鱼、鲍汁、腌卤肉制品、红壳瓜子、辣椒面和豆瓣酱	无，需要研制食品中酸性橙Ⅱ的测定方法。参照江苏省疾控创建的鲍汁中酸性橙Ⅱ的高效液相色谱－串联质谱法（说明：水洗方法可作为补充，如果脱色，可怀疑是违法添加了色素）
38	氯霉素	生食水产品、肉制品、猪肠衣、蜂蜜	GB/T 22338－2008 动物源性食品中氯霉素类药物残留量测定
39	喹诺酮类	麻辣烫类食品	无，需要研制麻辣烫类食品中喹诺酮类抗生素的测定方法
40	水玻璃	面制品	无
41	孔雀石绿	鱼类	GB20361－2006 水产品中孔雀石绿和结晶紫残留量的测定，高效液相色谱荧光检测法（建议研制水产品中孔雀石绿和结晶紫残留量测定的液相色谱－串联质谱法）
42	乌洛托品	腐竹、米线等	无，需要研制食品中六亚甲基四胺的测定方法
43	五氯酚钠	河蟹	SC/T 3030－2006 水产品中五氯苯酚及其钠盐残留量的测定气相色谱法
44	喹乙醇	水产养殖饲料	水产品中喹乙醇代谢物残留量的测定高效液相色谱法（农业部1077号公告－5－2008）；水产品中喹乙醇残留量的测定 液相色谱法（SC/T 3019－2004）
45	碱性黄	大黄鱼	无
46	磺胺二甲嘧啶	叉烧肉类	GB20759－2006 畜禽肉中16种磺胺类药物残留量的测定 液相色谱－串联质谱法
47	敌百虫	腌制食品	GB/T5009.20－2003 食品中有机磷农药残留量的测定

表 12－4　食品中可能滥用的食品添加剂品种名单

序号	食品品种	可能易滥用的添加剂品种	检测方法
1	渍菜（泡菜等）、葡萄酒	着色剂（胭脂红、柠檬黄、诱惑红、日落黄）等	GB/T 5009.35－2003 食品中合成着色剂的测定 GB/T 5009.141－2003 食品中诱惑红的测定
2	水果冻、蛋白冻类	着色剂、防腐剂、酸度调节剂（己二酸等）	
3	腌菜	着色剂、防腐剂、甜味剂（糖精钠、甜蜜素等）	
4	面点、月饼	乳化剂（蔗糖脂肪酸酯等、乙酰化单甘脂肪酸酯等）、防腐剂、着色剂、甜味剂	
5	面条、饺子皮	面粉处理剂	
6	糕点	膨松剂（硫酸铝钾、硫酸铝铵等）、水分保持剂磷酸盐类（磷酸钙、焦磷酸二氢二钠等）、增稠剂（黄原胶、黄蜀葵胶等）、甜味剂（糖精钠、甜蜜素等）	GB/T 5009.182－2003 面制食品中铝的测定
7	馒头	漂白剂（硫磺）	
8	油条	膨松剂（硫酸铝钾、硫酸铝铵）	
9	肉制品和卤制熟食、腌肉料和嫩肉粉类产品	护色剂（硝酸盐、亚硝酸盐）	GB/T 5009.33－2003 食品中亚硝酸盐、硝酸盐的测定
10	小麦粉	二氧化钛、硫酸铝钾	

续表

序号	食品品种	可能易滥用的添加剂品种	检测方法
11	小麦粉	滑石粉	GB21913－2008 食品中滑石粉的测定
12	臭豆腐	硫酸亚铁	
13	乳制品（除干酪外）	山梨酸	GB/T21703－2008 乳与乳制品中苯甲酸和山梨酸的测定方法
14	乳制品（除干酪外）	纳他霉素	参照 GB/T 21915－2008 食品中纳他霉素的测定方法
15	蔬菜干制品	硫酸铜	无
16	“酒类”（配制酒除外）	甜蜜素	
17	“酒类”	安塞蜜	
18	面制品和膨化食品	硫酸铝钾、硫酸铝铵	
19	鲜瘦肉	胭脂红	GB/T 5009.35－2003 食品中合成着色剂的测定
20	大黄鱼、小黄鱼	柠檬黄	GB/T 5009.35－2003 食品中合成着色剂的测定
21	陈粮、米粉等	焦亚硫酸钠	GB5009.34－2003 食品中亚硫酸盐的测定
22	烤鱼片、冷冻虾、烤虾、鱼干、鱿鱼丝、蟹肉、鱼糜等	亚硫酸钠	GB/T 5009.34－2003 食品中亚硫酸盐的测定

注：滥用食品添加剂的行为包括超量使用或超范围使用食品添加剂的行为。

表 12－5　食品中可能违法添加的非食用物质和易滥用的食品添加剂名单（第六批）

名　称	可能添加的食品品种	检验方法
邻苯二甲酸酯类物质，主要包括： 邻苯二甲酸二（2－乙基）己酯（DEHP）、 邻苯二甲酸二异壬酯（DINP）、 邻苯二甲酸二苯酯、 邻苯二甲酸二甲酯（DMP）、 邻苯二甲酸二乙酯（DEP）、 邻苯二甲酸二丁酯（DBP）、 邻苯二甲酸二戊酯（DPP）、 邻苯二甲酸二己酯（DHXP）、 邻苯二甲酸二壬酯（DNP）、 邻苯二甲酸二异丁酯（DIBP）、 邻苯二甲酸二环己酯（DCHP）、 邻苯二甲酸二正辛酯（DNOP）、 邻苯二甲酸丁基苄基酯（BBP）、 邻苯二甲酸二（2－甲氧基）乙酯（DMEP）、 邻苯二甲酸二（2－乙氧基）乙酯（DEEP）、 邻苯二甲酸二（2－丁氧基）乙酯（DBEP）、 邻苯二甲酸二（4－甲基－2－戊基）酯（BMPP）等	乳化剂类食品添加剂、使用乳化剂的其他类食品添加剂或食品等	GB/T 21911 食品中邻苯二甲酸酯的测定

十、食品添加剂生产者的法律责任

（一）食品添加剂的召回

生产的食品添加剂存在安全隐患的，生产者应当依法实施召回。生产者应当将食品添加剂召回和召回产品的处理情况向质量技术监督部门报告。

（二）未经许可生产食品添加剂的法律责任

违反《食品安全法》的规定，未经许可生产食品添加剂的，由有关主管部门按照各自职责分工，没收违法所得、违法生产经营的食品添加剂和用于违法生产经营的工具、设备、原料等物品；违法生产经营的食品添加剂货值金额不足10 000元的，并处2000元以上50 000元以下罚款；货值金额10 000元以上的，并处货值金额5倍以上10倍以下罚款。

（三）未经安全性评估从事食品添加剂新品种生产的法律责任

从事食品添加剂新品种生产，未经过安全性评估由有关主管部门按照各自职责分工，没收违法所得、违法生产经营的食品和用于违法生产经营的工具、设备、原料等物品；违法生产经营的食品货值金额不足10 000元的，并处2000元以上50 000元以下罚款；货值金额10 000元以上的，并处货值金额5倍以上10倍以下罚款；情节严重的，吊销许可证。

（四）生产经营无标签的食品添加剂或者标签、说明书不符合规定的法律责任

生产经营无标签的食品添加剂或者标签、说明书不符合本法规定的食品添加剂，由有关主管部门按照各自职责分工，没收违法所得、违法生产经营的食品和用于违法生产经营的工具、设备、原料等物品；违法生产经营的食品货值金额不足10 000元的，并处2000元以上50 000元以下罚款；货值金额10 000元以上的，并处货值金额2倍以上5倍以下罚款；情节严重的，责令停产停业，直至吊销许可证。

（五）未对生产的食品添加剂进行检验或生产的食品添加剂的标签、说明书涉及疾病预防、治疗功能的法律责任

未对生产的食品添加剂进行检验或生产的食品添加剂的标签、说明书涉及疾病预防、治疗功能的，由有关主管部门按照各自职责分工，责令改正，给予警告；拒不改正的，处2000元以上20 000元以下罚款；情节严重的，责令停产停业，直至吊销许可证。

违反食品安全法的法律责任

对于一个法律，离开了责任，一切的权利和义务都失去了保障，法律本身也将变成虚幻的。为保障《食品安全法》的执行，对违反《食品安全法》的行为，设定了刑事责任、民事责任和行政责任。食品安全法律责任是一种特殊的责任，意味着激励也意味着惩罚，关系着国计也关系着民生。

一、违反食品安全法的刑事责任

《食品安全法》第 98 条规定："违反本法规定，构成犯罪的，依法追究刑事责任。"因此，对于食品安全领域刑事责任的追究，应该参照《刑法》的规定。基于目前国内食品安全问题的严峻形势，2011 年 2 月，全国人大通过了《刑法修正案(八)》，其中涉及食品安全问题的，主要是第 24、25 条和 49 条，包括：生产、销售不符合安全标准的食品罪；生产、销售有毒、有害食品罪；食品监管渎职罪。本文仅讨论前两个罪名。

（一）生产、销售不符合安全标准的食品罪

《刑法修正案（八)》第 24 条规定："生产、销售不符合食品安全标准的食品，足以造成严重食物中毒事故或者其他严重食源性疾病的，处 3 年以下有期徒刑或者拘役，并处罚金；对人体健康造成严重危害或者有其他严重情节的，处 3 年以上 7 年以下有期徒刑，并处罚金；后果特别严重的，处 7 年以上有

期徒刑或者无期徒刑，并处罚金或者没收财产。”

本罪的犯罪主体，一是单位，二是自然人。这里的单位，包括从事食品生产经营的企业、小作坊和摊贩，自然人包括年满16岁以上从事食品生产经营的个人和食品企业、小作坊、摊贩的负责人，以及其他直接责任人员。

本罪的主观方面通说认为只能是故意，过失不构成本罪。在故意犯罪中，如果行为人希望结果发生，就是直接故意；如果行为人放任结果发生，就是间接故意。具体到本罪，只能是间接故意。犯罪人对危害结果，只能是明知生产、销售不符合食品安全标准的食品，可能会危害到消费者的生命与健康安全，但为了追求和获得利润，仍然进行生产、销售，而放任了危害结果的发生。

本罪客观方面的行为表现是生产、销售不符合食品安全标准的食品，足以造成严重食物中毒事故或者其他严重食源性疾病。对此的理解，应注意把握以下三个方面：首先，对食品的界定，应以《食品安全法》的规定为准，指各种供人食用或者饮用的成品和原料以及按照传统既是食品又是药品的物品，但不包括以治疗为目的的物品。其次，食品安全标准，是指以《食品安全法》为基础制定的食品安全国家标准和食品安全地方标准。最后，“足以造成”从客观方面上讲，并未造成危害结果发生，也就是说，本罪并不要求严重食物中毒事故或其他严重食源性疾病的实际发生。那么，实践中如何认识和掌握“足以造成”呢？最高人民法院、最高人民检察院《关于办理生产、销售伪劣商品刑事案件具体应用法律若干问题的解释》第4条第1款规定“经省级以上卫生行政部门确定的机构鉴定，食品中含有可能导致严重食物中毒事故或者其他严重食源性疾患的超标准的有毒细菌或者其他污染物的”，应认定为《刑法》第143条规定的“足以造成”。

本罪侵害的客体是食品安全法律、法规建立和保护的安全食品生产、销售和消费活动的社会秩序。具体而言，包括：为保障食品生产领域的安全秩序；为保障食品流通领域的安全秩序；消费者有权获得安全的食品，这是消费者最基本的权利。

本罪的刑事责任，根据行为和结果的不同，分设为三档：

（1）足以造成严重食物中毒事故或者其他严重食源性疾病的，处3年以下有期徒刑或者拘役，并处罚金；

（2）对人体健康造成严重危害或者有其他严重情节的，处3年以上7年以下有期徒刑，并处罚金；

（3）后果特别严重的，处7年以上有期徒刑或者无期徒刑，并处罚金或者没收财产。

根据《刑法》第150条的规定，单位犯本罪的，对单位判处罚金，并对其直接负责的主管人员和其他直接责任人员，依照以上规定处罚。

（二）生产、销售有毒、有害食品罪

《刑法修正案（八）》第25条规定："在生产、销售的食品中掺入有毒、有害的非食品原料的，或者销售明知掺有有毒、有害的非食品原料的食品的，处5年以下有期徒刑，并处罚金；对人体健康造成严重危害或者有其他严重情节的，处5年以上10年以下有期徒刑，并处罚金；致人死亡或者有其他特别严重情节的，依照本法第141条的规定处罚。"

本罪的犯罪主体和生产、销售不符合食品安全标准的食品罪相同，即一是单位，二是自然人。这里的单位，包括从事食品生产经营的企业、小作坊和摊贩；自然人包括年满16岁以上从事食品生产经营的个人和食品企业、小作坊、摊贩的负责人，以及其他直接责任人员。

本罪的主观方面通说认为是故意，直接故意和间接故意均可构成本罪。明知是有毒、有害的非食品原料而故意掺入所生产、销售的食品中，或者明知是有毒、有害的非食品原料而故意予以销售。行为人生产、销售有毒、有害食品都是出于非法营利的目的，根据立法原意，营利并不是本罪的必备条件。

在客观方面表现为“生产、销售的食品中掺入有毒、有害的非食品原料的行为”。对此的理解，应把握以下几点：

第一，食品原料，指用于食品加工的植物及制品、动物及制品、微生物、矿物质、人造物质和水，从类型上包括初级农产品、食品添加剂和水。

第二，有毒、有害的非食品原料，指食品原料外的其他物质，主要指工业原料，由于从质量管制的角度，并未要求或达到食品级标准，所以非食品原料对人而言，多为有毒、有害物质，不宜食用，若食用则对人的生命健康产生危害。有毒、有害物质，有的源自动植物的天然毒素，有的源自环境污染，有的源自病原性微生物和病毒，还有的源自化工产品。

第三，掺入，既可以是按生产工艺流程作为食品原料投入，作为添加剂调入，或拌入水中或作为助剂使用，最后残留在食品中；也可以是在食品中直接加入，如在乳中加入三聚氰胺，在食盐中加入工业用盐，在原酒中加入敌敌畏制造假茅台等。至于掺入的对象，既可以是在动物饲料和饮用水中，也可以是在食品生产加工过程中，还可以是在销售环节中。

本罪侵害的客体同于生产、销售不符合食品安全罪的客体，即食品安全法律、法规建立和保护的安全食品生产、销售和消费活动的社会秩序。

本罪的刑事责任，根据结果的不同，划分为三个量刑档次：〔1〕

第一档刑，对于在生产、销售的食品中掺入有毒、有害的非食品原料的，或者销售明知掺有有毒、有害的非食品原料的

---

〔1〕 全国人大常委会法制工作委员会刑法室编：《〈中华人民共和国刑法修正案（八）〉条文说明、立法理由及相关规定》，北京大学出版社 2011 年版，第 84 ~ 85 页。

食品的，处5年以下有期徒刑，并处罚金。

第二档刑，对人体健康造成严重危害或者有其他严重情节的，处5年以上10年以下有期徒刑，并处罚金。这里所说的“对人体健康造成严重危害”，是指对人体器官造成严重损伤以及其他严重损害人体健康的情节。“其他严重情节”，是指具有大量生产、销售有毒、有害食品等情节。

第三档刑，致人死亡或者有其他特别严重情节的，依照《刑法》第141条的规定处罚，即处10年以上有期徒刑、无期徒刑或者死刑，并处罚金或者没收财产。这里的“致人死亡或者有其他特别严重情节”，是指生产、销售有毒、有害食品被食用后，造成他人死亡或者致使多人严重残疾，以及具有生产、销售特别大量有毒、有害食品的情节。

本罪是行为犯，行为人在生产、销售的食品中掺入有毒、有害的非食源性原料的，或者明知是掺入有毒、有害的非食源性原料的食品而进行销售的，就构成本罪，而不必考虑行为人的上述行为是否有造成危害后果的危险或者实际造成一定的危害后果。认定本罪应当考虑《刑法》第13条“但书”的规定，也就是说，行为人虽然实施了上述行为，但情节显著轻微、危害不大的，不构成犯罪。此外，本罪是选择性罪名，只要有生产、销售行为中的一种，即可构成本罪。

二、违反食品安全法的行政责任

《食品安全法》为强化生产经营者作为保证食品安全第一责任人的责任，其从禁止生产经营食品、对生产经营者资质的取得及管理、保障食品安全管理制度三个方面作了详细的、成体系化的规定，并建构了相应的行政法律责任体系。

（一）生产经营不安全食品的法律责任

食品生产经营者违背《食品安全法》第28条第1~6款规定的行为性质比较严重，只要食品生产经营者出现这些行为，无论是否造成了危害后果，就要根据第85条的规定承担法律责任："由有关主管部门按照各自职责分工，没收违法所得、违法生产经营的食品和用于违法生产经营的工具、设备、原料等物品；违法生产经营的食品货值金额不足10 000元的，并处2000元以上50 000元以下罚款；货值金额10 000元以上的，并处货值金额5倍以上10倍以下罚款；情节严重的，吊销许可证。"这里的有关主管机关，是指县级以上质量监督部门、工商行政管理部门、食品药品监督管理部门、动物卫生监督部门。

食品生产经营企业违反《食品安全法》第28条"……⑦被包装材料、容器、运输工具等污染的食品；⑧超过保质期的食品；⑨无标签的预包装食品；⑩国家为防病等特殊需要明令禁止生产经营的食品；⑪其他不符合食品安全标准或者要求的食品"的规定，所应当承担的法律责任主要是《食品安全法》第86条的规定。生产经营"被包装材料、容器、运输工具等污染的"和"无标签的预包装食品"，所应承担的法律责任主要是"由有关主管部门按照各自职责分工，没收违法所得、违法生产经营的食品和用于违法生产经营的工具、设备、原料等物品；违法生产经营的食品货值金额不足10 000元的，并处2000元以上50 000元以下罚款；货值金额10 000元以上的，并处货值金额2倍以上5倍以下罚款；情节严重的，责令停产停业，直至吊销许可证"。其中，进行行政处罚的有关主管机关，是指县级以上质量监督部门、工商行政管理部门和食品药品监督管理机构，他们依据职权分别管理生产环节、流通环节和餐饮服务环节的违法行为。

（二）违反法律关于生产经营资质规定的法律责任

《食品安全法》第27、29条的规定是食品生产经营者取得生产经营许可的依据。对于取得许可之后，食品生产经营条件发生变化怎么办，《食品安全法》没有规定，《食品安全法实施条例》第21条对此进行了具体规定。

食品生产经营者的生产经营条件发生变化，不符合食品生产经营要求的，食品生产经营者应当立即采取整改措施；有发生食品安全事故潜在风险的，应当立即停止食品生产经营活动，并向所在地县级质量监督、工商行政管理或者食品药品监督管理部门报告；需要重新办理许可手续的，应当依法办理。

县级以上质量监督、工商行政管理、食品药品监督管理部门应当加强对食品生产经营者生产经营活动的日常监督检查；发现不符合食品生产经营要求情形的，应当责令立即纠正，并依法予以处理；不再符合生产经营许可条件的，应当依法撤销相关许可。

《食品安全法实施条例》第55条规定了违反食品安全法关于资质规定的处罚方式，即食品生产经营者的生产经营条件发生变化，未依照《食品安全法实施条例》第21条的规定处理的，由有关主管部门责令改正，给予警告；造成严重后果的，依照《食品安全法》第85条的规定给予处罚。具体而言，分为两种情形：

第一，食品生产经营者对于生产经营条件发生变化，未能及时发现或发现之后，未立即采取整改措施，或采取整改措施但未恢复到法律要求条件的，食品安全监管部门应该责令改正，给予警告。

第二，造成严重后果的，依照《食品安全法》第85条的规定给予处罚。这里的“严重后果”，主要是指造成生产经营的食品中含有毒、有害、不洁、污染物质，或不符合食品安全标准要求的，或导致食品安全事故的。对此，依据《食品安全法》第85条的规定，食品安全监管机构可以对食品企业进行：①罚款，其中食品货值金额不足10 000元的，处2000元以上50 000元以下罚款；货值金额1万元以上的，处货值金额5倍以上10倍以下罚款。②吊销许可证。

（三）违反相关管理制度的法律责任

通过确立制度，引导生产经营者在食品生产经营活动中重质量、重服务、重信誉、重自律，以形成确保食品安全的长效机制。具体包括：进货查验记录制度、生产过程控制制度、出厂检验记录制度、不合格产品管理制度、销售台账制度、贮存管理制度和从业人员健康、培训、从业禁止制度等。《食品安全法》在确立先进的食品管理制度之外，同时配置了各类责任形式，以保障制度的贯彻和落实。

1. 违反进货查验制度的法律责任。《食品安全法》第 36 条和第 39 条建立了进货查验制度，《食品安全法实施条例》第 24 条对此进行了细化，质检总局《食品生产加工企业落实质量安全主体责任监督检查规定》将其体系化。其基本要求是企业应建立进货查验记录制度。

（1）企业采购食品原料、食品添加剂、食品相关产品应建立和保存进货查验记录，向供货者索取许可证复印件（指按照相关法律、法规的规定，应当取得许可的）和与购进批次产品相适应的合格证明文件。

（2）对供货者无法提供有效合格证明文件的食品原料，企业应依照食品安全标准自行检验或委托检验，并保存检验记录。

（3）企业采购进口需法定检验的食品原料、食品添加剂、食品相关产品，应当向供货者索取有效的检验检疫证明。

（4）企业生产加工食品所使用的食品原料、食品添加剂、食品相关产品的品种应与进货查验记录内容一致。

根据《食品安全法》第 87 条的规定，违背进货查验记录制度，进货时未查验许可证和相关证明文件，由有关主管部门按照职责分工，责令改正，给予警告；拒不改正的，处 2000 元以上 20 000 元以下罚款；情节严重的，责令停产停业，直至吊销许可证。

2. 违反生产过程控制制度的法律责任。《食品安全法》第

33条第1款规定："国家鼓励食品生产经营企业符合良好生产规范要求，实施危害分析与关键控制点体系，提高食品安全管理水平。"即国家推广GMP管理系统和HACCP质量控制系统。《食品安全法实施条例》第27条规定："食品生产企业应当就下列事项制定并实施控制要求，保证出厂的食品符合食品安全标准：①原料采购、原料验收、投料等原料控制；②生产工序、设备、贮存、包装等生产关键环节控制；③原料检验、半成品检验、成品出厂检验等检验控制；④运输、交付控制。食品生产过程中有不符合控制要求情形的，食品生产企业应当立即查明原因并采取整改措施。"并在第57条配设了法律责任，质检总局《食品生产加工企业落实质量安全主体责任监督检查规定》对此进行了重要补充和完善。

根据《食品安全法实施条例》第57条的规定，食品生产企业未制定、实施生产过程控制要求，或者食品生产过程中有不符合控制要求的情形未依照规定采取整改措施的，依照《食品安全法》第87条的规定给予处罚。处罚措施包括：由有关主管部门按照职责分工，责令改正，给予警告；拒不改正的，处2000元以上20 000元以下罚款；情节严重的，责令停产停业，直至吊销许可证。

3. 违反出厂检验记录制度的法律责任。出厂检验记录制度是由《食品安全法》第37条和第38条规定的。第37条规定："食品生产企业应当建立食品出厂检验记录制度，查验出厂食品的检验合格证和安全状况，并如实记录食品的名称、规格、数量、生产日期、生产批号、检验合格证号、购货者名称及联系方式、销售日期等内容。食品出厂检验记录应当真实，保存期限不得少于2年。"第38条规定："食品、食品添加剂和食品相关产品的生产者，应当依照食品安全标准对所生产的食品、食品添加剂和食品相关产品进行检验，检验合格后方可出厂或者销售。"《食品安全法实施条例》在第24条和第27条对出厂检验制度进行了细化，质检总局《食品生产加工企业落实质量安全主体责任监督检查规定》将其体系化。

食品生产经营者“未对采购的食品原料和生产的食品、食品添加剂、食品相关产品进行检验”和“未建立并遵守查验记录制度、出厂检验记录制度”的，依据《食品安全法》第87条的规定进行处罚，由有关主管部门按照各自职责分工，责令改正，给予警告；拒不改正的，处2000元以上20 000元以下罚款；情节严重的，责令停产停业，直至吊销许可证。

4. 违反不合格产品管理制度的法律责任。《食品安全法》第38条从正面规定食品检验合格后方可出厂或者销售，对于检验不合格的如何处理，未进行规定。《食品安全法实施条例》第26条要求食品生产企业应当建立不合格产品管理制度，质检总局《食品生产加工企业落实质量安全主体责任监督检查规定》对此进行了细化。其基本要求是：

（1）企业应建立和保存采购的不合格食品原料、食品添加剂、食品相关产品的处理记录，包括批次、批号、数量、处理方式、去向等。

（2）企业应当建立和保存生产的不合格产品的处理记录，包括批次、批号、数量、处理方式、去向等。

根据《食品安全法实施条例》第57条的规定，食品生产企业未建立、执行不合格产品管理制度，依照《食品安全法》第87条的规定给予处罚。处罚措施包括：由有关主管部门按照职责分工，责令改正，给予警告；拒不改正的，处2000元以上20 000元以下罚款；情节严重的，责令停产停业，直至吊销许可证。

5. 违反销售台账记录制度的法律责任。《食品安全法实施条例》规定了从事食品批发业务的经营企业的销售台账制度，要求“从事食品批发业务的经营企业销售食品，应当如实记录批发食品的名称、规格、数量、生产批号、保质期、购货者名称、及联系方式、销售日期等内容，或者保留载有相关信息的销售票据。记录、票据的保存期限不得少于2年”。但对于生产企业的销售活动，缺乏有效的规范。国家质检总局在《食品生产加工企业落实质量安全主体责任监督检查规定》中，要求生产企业建立销售台账，其基本要求是企业应建立销售台账。企业应对销售（包括批发商或零售商）每批产品建立和保存销售台账，包括产品名称、数量、生产日期、生产批号、购货者名称及联系方式、销售日期、出货日期、地点、检验合格证号、交付控制、承运者等内容。

根据《食品安全法实施条例》第57条的规定，从事食品批发业务的经营企业，未记录、保存销售信息或者保留销售票据的，依照《食品安全法》第87条的规定给予处罚。处罚措施包括：由有关主管部门按照职责分工，责令改正，给予警告；拒不改正的，处2000元以上20 000元以下罚款；情节严重的，责令停产停业，直至吊销许可证。

6. 违反贮存管理制度的法律责任。《食品安全法》第40条规定：“食品经营者应当按照保证食品安全的要求贮存食品，定期检查库存食品，及时清理变质或者超过保质期的食品。”第41条规定：“食品经营者贮存散装食品，应当在贮存位置标明食品的名称、生产日期、保质期、生产者名称及联系方式等内容。食品经营者销售散装食品，应当在散装食品的容器、外包装上标明食品的名称、生产日期、保质期、生产经营者名称及联系方式等内容。”因此，在实施中，食品生产者对于食品原料和食品的贮存管理应以上述法规为依据。

食品生产经营者未按规定要求贮存、销售食品或者清理库存食品的，按照《食品安全法》第87条的规定给予行政处罚，即由有关主管部门按照各自职责分工，责令改正，给予警告；拒不改正的，处2000元以上20 000元以下罚款；情节严重的，责令停产停业，直至吊销许可证。

7. 违反从业人员管理制度的法律责任。从业人员管理制度具体包括从业人员的健康管理、从业人员的职业培训和从业禁止。

（1）从业人员健康管理制度。对从业人员健康管理，《食品安全法》第34条要求食品企业建立并执行从业人员健康管理制度："食品生产经营者应当建立并执行从业人员健康管理制度。患有痢疾、伤寒、病毒性肝炎等消化道传染病的人员，以及患有活动性肺结核、化脓性或者渗出性皮肤病等有碍食品安全的疾病的人员，不得从事接触直接入口食品的工作。食品生产经营人员每年应当进行健康检查，取得健康证明后方可参加工作。"《食品安全法实施条例》第23条对此进行了细化和补充："食品生产经营者应当依照食品安全法第34条的规定建立并执行从业人员健康检查制度和健康档案制度。从事接触直接入口食品工作的人员患有痢疾、伤寒、甲型病毒性肝炎、戊型病毒性肝炎等消化道传染病，以及患有活动性肺结核、化脓性或者渗透性皮肤病等有碍食品安全的疾病的，食品生产经营者应当将其调整到其他不影响食品安全的工作岗位。"《食品安全法》第87条规定，安排患有本法第34条所列疾病的人员从事接触直接入口食品的工作，由有关主管部门按照职责分工，责令改正，给予警告；拒不改正的，处2000元以上20 000元以下罚款；情节严重的，责令停产停业，直至吊销许可证。

（2）从业人员的职业培训制度。对从业人员职业培训，《食品安全法》第32条要求加强职业食品安全培训，"食品生产经营企业应当建立健全本单位的食品安全管理制度，加强对职工食品安全知识的培训，配备专职或者兼职食品安全管理人员，做好对所生产经营食品的检验工作，依法从事食品生产经营活动"。《食品安全法实施条例》第22条在此基础上提出建立培训档案。"食品生产经营企业应当依照食品安全法第32条的规定组织职工参加食品安全知识培训，学校食品安全法律、法规、规章、标准和其他食品安全知识，并建立培训档案。”国务院食品安全委员会办公室《食品安全宣传教育工作纲要》（2011～2015年）又针对企业实际，要求按照分级分类的原则进行培训。《食品安全法》和《食品安全法实施条例》并没有具体规定违反该制度的生产经营者所应承担的法律责任。

（3）从业人员从业禁止管理制度。对于从业禁止，《食品安全法》第92条规定：“被吊销食品生产、流通或者餐饮服务许可证的单位，其直接负责的主管人员自处罚决定作出之日起五年内不得从事食品生产经营管理工作。食品生产经营者聘用不得从事食品生产经营管理工作的人员从事管理工作的，由原发证部门吊销许可证。”

8. 企业诚信制度。为此，国家食品药品监督管理局、公安部、农业部、商务部、卫生部、工商总局、质检总局和海关总署八部委于2004年4月联合制定了《关于加快食品安全信用体系建设的若干指导意见》，并据此推动实施了食品放心工程。在此基础上，工业和信息化部会同发改委、监察部、农业部、商务部、卫生部、中国人民银行、工商总局、质检总局和国家食品药品监管局十部委于2009年12月共同制定了《食品工业企业诚信体系建设工作指导意见》，将食品安全信息建设建立在企业诚信的基础。

对严重违反食品安全管理法律法规、制假售假等严重失信的企业，要列入黑名单实行重点监管，要依法采取限期召回产品及其他行政处罚措施，并向社会公布；行业协会要利用诚信提示、警示等方式实行失信惩戒。

9. 其他食品安全管理制度。《食品安全法实施条例》第26条要求食品生产企业应当建立并执行食品安全管理制度，不断完善食品安全保障体系，保证食品安全。食品安全管理制度的构成包括原料验收、生产过程安全管理、贮存管理、设备管理、不合格产品管理等。由于原料验收、生产过程安全管理和不合格产品管理在食品安全法律、法规中已分别规定并要求企业独立建立。《食品安全法实施条例》提出食品安全管理制度，期望通过“不断完善食品安全保障体系”，实行制度扩容。

根据《食品安全法实施条例》第57条的规定，食品生产企业未建立、执行食品安全管理制度的，依照《食品安全法》第87条的规定给予处罚。处罚措施包括：由有关主管部门按照职责分工，责令改正，给予警告；拒不改正的，处2000元以上20 000元以下罚款；情节严重的，责令停产停业，直至吊销许可证。

三、违反食品安全法的民事责任

《食品安全法》将民事责任具体规定在第96条和第97条中，包括一般的损害赔偿和惩罚性赔偿两种。

（一）一般的损害赔偿

《食品安全法》第96条第1款规定“违反本法规定，造成人身、财产或者其他损害的，依法承担赔偿责任”，具体是指生产经营者实施了违反食品安全法的行为，侵犯了相关人的人身、财产或者生命健康等情形时，承担的损害赔偿责任。这一条款，一方面确定了实施生产经营者的损害赔偿责任；另一方面也基于侵权的基础关系的存在，该条的具体适用，可以参照《侵权法》的相关规定。

《食品安全法》第96条第1款规定，违反本法规定，造成人身、财产或者其他损害的，依法承担赔偿责任。本条的规定包括了三种情形：

1. 食品生产经营者，违反本法规定生产、销售不安全食品，造成消费者人身、财产或者其他损害的，消费者可请求损害赔偿。

2. 食品监管者违反本法规定滥用职权、玩忽职守、徇私舞弊（第95条），造成食品生产经营者人身、财产或者其他损害的，依法请求损害赔偿。《食品召回管理规定》为此提供了制度支撑，“从事食品召回管理的公务人员，以及受托进行食品安全危害调查、食品安全危害评估的专家或工作人员捏造散布虚假信息、违反保密规定、伪造或者提供有关虚假结论或者意见的……造成损失的，依法承担赔偿责任”。当上述虚假信息被竞争者利用进行不正当竞争时，应当依《反不正当竞争法》的规定而不是《侵权责任法》的规定，更不是《食品安全法》的规定，进行损害赔偿。

3. 食品检验机构和食品检验人员违反本法规定，出具虚假检验报告（第93条），造成人身、财产或者其他损害的，食品生产经营者依法请求损害赔偿。具体包括：赔偿因虚假检验报告而给生产经营者造成的损害，同时承担消除影响，在指定媒体或范围内公开澄清事实，赔礼道歉，恢复食品生产经营者受损的名誉、荣誉、商誉和市场形象。

（二）惩罚性赔偿

《食品安全法》第96条第2款规定的10倍赔偿责任的适用以“食品不符合食品安全标准”为根据。它的适用条件因主体为生产者或者是销售者而不同。

对于生产者来说，“生产不符合食品安全标准的食品”是承担10倍赔偿的条件。这里的生产，是指食品的形成过程，即包括食品加工、制作、包装、储藏、运输，也包括初级食品饲养、种植、养殖和收获、捕捞、狩猎、屠宰。这里的食品安全标准，既包括食品安全国家标准，也包括食品安全地方标准，还包括食品安全企业标准。我国实行的是食品安全国家标准主导的食品安全标准体系，《食品安全法》第19条规定“食品安全标准是强制执行的标准。除食品安全标准外，不得制定其他的食品强制性标准”。食品安全地方标准，是对食品安全国家标准的补充。某一食品没有食品安全国家标准的——没有及时制定出或属于地方特色食品无必要制定——允许地方制定食品安全地方标准。国家已制定标准，地方不得再行制定地方标准；有地方标准后国家又制定国家标准的，地方标准自国家标准施行之日废止。对于企业标准，《食品安全法》第 25 条构建了食品安全企业标准制度，包括：①禁止食品无标生产，“企业生产的食品没有食品安全国家标准或者地方标准的，应当制定企业标准，作为组织生产的依据”。②鼓励食品高标生产，“国家鼓励食品生产企业制定严于食品安全国家标准或者地方标准的企业标准”，作为食品安全的质量依据。③规制食品企业标准，“企业标准应当报省级卫生行政部门备案，在本企业内部适用”。企业标准是事实标准，是企业内部的技术文件和生产技术规则，所以它只能“在企业内部使用”。但不能因此认为企业标准低于国家标准或者地方标准。实践中，企业标准成了食品市场贸易的条件（标准），召回的条件（标准）和消费者索赔的条件（标准），同时也就成了监管机关监管食品是否安全的依据。因此，它的地位和作用不可小觑。

对于销售者来说，销售“明知是不符合食品安全标准的食品”是承担 10 倍赔偿的条件。销售者在主观上必须是“明知”的，才承担惩罚性责任。如何确认经营者是否“明知”的根据只有一个，《食品安全法》第 39 条规定的进货查验记录制度。它要求：食品经营者采购食品，应当查验供货者的许可证和食品合格的证明文件；食品经营企业应当建立食品进货查验记录，如实记录食品的名称、规格、数量、生产批量、保质期、供货者名称及联系方式、进货日期等内容；食品进货查验记录应当真实，保存期限不得少于 2 年；实行统一配送经营方式的食品经营企业，可以由企业总部统一查验供货者的许可证和食品合格的证明文件，进行食品进货查验记录。经营者未建立进货查验记录或记录不符合《食品安全法》要求的，即可推定其具有了“明知”的过错。

此外，结合《食品安全法》第 40 条要求“食品经营者应当按照保证食品安全的要求贮存食品，定期检查库存食品，及时清理变质或者超过保质期的食品”。当出现第 28 条规定的禁止生产经营“被包装材料、容器、运输工具等污染的食品”时，经营者不得进货，已进货的不得进入销售；在进货之后销售的过程中，销售者必须履行查验义务。销售者若没有尽到查验义务和注意义务，当视为“明知”。相对于生产者的责任，这是销售者承担 10 倍惩罚性赔偿另行增加的一种条件。生产者因此被追究 10 倍赔偿责任的，可以根据《产品质量法》的规定，产品投入市场流通时，食品安全问题尚不存在的，免予承担赔偿责任；此外，援引《合同法》上销售者为履行注意义务致使损失扩大来免予承担赔偿责任，而由经营者自己承担，促进经营者谨慎履行注意义务和《食品安全法》的制度要求。

四、适用原则

《食品安全法》集刑事责任、行政责任和民事责任于一体，其相互之间是独立且可并存，生产经营者实施某一违反食品安全法的行为可能同时被追究相关的刑事责任、行政责任和民事责任。但对罚金、罚款、损害赔偿金三者之间的适用存在一个孰先孰后的问题。《食品安全法》第 97 条规定“违反本法规定，应当承担民事赔偿责任和缴纳罚款、罚金，其财产不足以同时支付时，先承担民事赔偿责任”。建立了食品安全民事责任承担的优先受偿机制，这和《产品质量法》第 64 条、《公司法》第 215 条的思想与制度是一致的，其目的是使受害人优先于国库得到赔偿。

食品安全法律、法规选

中华人民共和国食品安全法

（2009 年 2 月 28 日第十一届全国人民代表大会常务委员会第七次会议通过 2009 年 2 月 28 日中华人民共和国主席令第 9 号公布 自 2009 年 6 月 1 日起施行）

第一章 总 则

第一条 为保证食品安全，保障公众身体健康和生命安全，制定本法。

第二条 在中华人民共和国境内从事下列活动，应当遵守本法：

（一）食品生产和加工（以下称食品生产），食品流通和餐饮服务（以下称食品经营）；

（二）食品添加剂的生产经营；

（三）用于食品的包装材料、容器、洗涤剂、消毒剂和用于食品生产经营的工具、设备（以下称食品相关产品）的生产经营；

（四）食品生产经营者使用食品添加剂、食品相关产品；

（五）对食品、食品添加剂和食品相关产品的安全管理。

供食用的源于农业的初级产品（以下称食用农产品）的质量安全管理，遵守《中华人民共和国农产品质量安全法》的规定。但是，制定有关食用农产品的质量安全标准、公布食用农产品安全有关信息，应当遵守本法的有关规定。

第三条 食品生产经营者应当依照法律、法规和食品安全标准从事生产经营活动，对社会和公众负责，保证食品安全，接受社会监督，承担社会责任。

第四条 国务院设立食品安全委员会，其工作职责由国务院规定。

国务院卫生行政部门承担食品安全综合协调职责，负责食品安全风险评估、食品安全标准制定、食品安全信息公布、食品检验机构的资质认定条件和检验规范的制定，组织查处食品安全重大事故。

国务院质量监督、工商行政管理和国家食品药品监督管理部门依照本法和国务院规定的职责，分别对食品生产、食品流通、餐饮服务活动实施监督管理。

第五条 县级以上地方人民政府统一负责、领导、组织、协调本行政区域的食品安全监督管理工作，建立健全食品安全全程监督管理的工作机制；统一领导、指挥食品安全突发事件应对工作；完善、落实食品安全监督管理责任制，对食品安全监督管理部门进行评议、考核。

县级以上地方人民政府依照本法和国务院的规定确定本级卫生行政、农业行政、质量监督、工商行政管理、食品药品监督管理部门的食品安全监督管理职责。有关部门在各自职责范围内负责本行政区域的食品安全监督管理工作。

上级人民政府所属部门在下级行政区域设置的机构应当在所在地人民政府的统一组织、协调下，依法做好食品安全监督管理工作。

第六条 县级以上卫生行政、农业行政、质量监督、工商行政管理、食品药品监督管理部门应当加强沟通、密切配合，按照各自职责分工，依法行使职权，承担责任。

第七条 食品行业协会应当加强行业自律，引导食品生产经营者依法生产经营，推动行业诚信建设，宣传、普及食品安全知识。

第八条 国家鼓励社会团体、基层群众性自治组织开展食品安全法律、法规以及食品安全标准和知识的普及工作，倡导健康的饮食方式，增强消费者食品安全意识和自我保护能力。

新闻媒体应当开展食品安全法律、法规以及食品安全标准和知识的公益宣传，并对违反本法的行为进行舆论监督。

第九条 国家鼓励和支持开展与食品安全有关的基础研究和应用研究，

鼓励和支持食品生产经营者为提高食品安全水平采用先进技术和先进管理规范。

第十条 任何组织或者个人有权举报食品生产经营中违反本法的行为，有权向有关部门了解食品安全信息，对食品安全监督管理工作提出意见和建议。

第二章 食品安全风险监测和评估

第十一条 国家建立食品安全风险监测制度，对食源性疾病、食品污染以及食品中的有害因素进行监测。

国务院卫生行政部门会同国务院有关部门制定、实施国家食品安全风险监测计划。省、自治区、直辖市人民政府卫生行政部门根据国家食品安全风险监测计划，结合本行政区域的具体情况，组织制定、实施本行政区域的食品安全风险监测方案。

第十二条 国务院农业行政、质量监督、工商行政管理和国家食品药品监督管理等有关部门获知有关食品安全风险信息后，应当立即向国务院卫生行政部门通报。国务院卫生行政部门会同有关部门对信息核实后，应当及时调整食品安全风险监测计划。

第十三条 国家建立食品安全风险评估制度，对食品、食品添加剂中生物性、化学性和物理性危害进行风险评估。

国务院卫生行政部门负责组织食品安全风险评估工作，成立由医学、农业、食品、营养等方面的专家组成的食品安全风险评估专家委员会进行食品安全风险评估。

对农药、肥料、生长调节剂、兽药、饲料和饲料添加剂等的安全性评估，应当有食品安全风险评估专家委员会的专家参加。

食品安全风险评估应当运用科学方法，根据食品安全风险监测信息、科学数据以及其他有关信息进行。

第十四条 国务院卫生行政部门通过食品安全风险监测或者接到举报发现食品可能存在安全隐患的，应当立即组织进行检验和食品安全风险评估。

第十五条 国务院农业行政、质量监督、工商行政管理和国家食品药品监督管理等有关部门应当向国务院卫生行政部门提出食品安全风险评估的建议，并提供有关信息和资料。

国务院卫生行政部门应当及时向国务院有关部门通报食品安全风险评估的结果。

第十六条 食品安全风险评估结果是制定、修订食品安全标准和对食品安全实施监督管理的科学依据。

食品安全风险评估结果得出食品不安全结论的，国务院质量监督、工商行政管理和国家食品药品监督管理部门应当依据各自职责立即采取相应措施，确保该食品停止生产经营，并告知消费者停止食用；需要制定、修订相关食品安全国家标准的，国务院卫生行政部门应当立即制定、修订。

第十七条 国务院卫生行政部门应当会同国务院有关部门，根据食品安全风险评估结果、食品安全监督管理信息，对食品安全状况进行综合分析。对经综合分析表明可能具有较高程度安全风险的食品，国务院卫生行政部门应当及时提出食品安全风险警示，并予以公布。

第三章 食品安全标准

第十八条 制定食品安全标准，应当以保障公众身体健康为宗旨，做到科学合理、安全可靠。

第十九条 食品安全标准是强制执行的标准。除食品安全标准外，不得制定其他的食品强制性标准。

第二十条 食品安全标准应当包括下列内容：

（一）食品、食品相关产品中的致病性微生物、农药残留、兽药残留、重金属、污染物质以及其他危害人体健康物质的限量规定；

（二）食品添加剂的品种、使用范围、用量；

（三）专供婴幼儿和其他特定人群的主辅食品的营养成分要求；

（四）对与食品安全、营养有关的标签、标识、说明书的要求；

（五）食品生产经营过程的卫生要求；

（六）与食品安全有关的质量要求；

（七）食品检验方法与规程；

（八）其他需要制定为食品安全标准的内容。

第二十一条 食品安全国家标准由国务院卫生行政部门负责制定、公布，国务院标准化行政部门提供国家标准编号。

食品中农药残留、兽药残留的限量规定及其检验方法与规程由国务院卫生行政部门、国务院农业行政部门制定。

屠宰畜、禽的检验规程由国务院有关主管部门会同国务院卫生行政部门制定。

有关产品国家标准涉及食品安全国家标准规定内容的，应当与食品安全国家标准相一致。

第二十二条 国务院卫生行政部门应当对现行的食用农产品质量安全标准、食品卫生标准、食品质量标准和有关食品的行业标准中强制执行的标准予以整合，统一公布为食品安全国家标准。

本法规定的食品安全国家标准公布前，食品生产经营者应当按照现行食用农产品质量安全标准、食品卫生标准、食品质量标准和有关食品的行业标准生产经营食品。

第二十三条 食品安全国家标准应当经食品安全国家标准审评委员会审查通过。食品安全国家标准审评委员会由医学、农业、食品、营养等方面的专家以及国务院有关部门的代表组成。

制定食品安全国家标准，应当依据食品安全风险评估结果并充分考虑食用农产品质量安全风险评估结果，参照相关的国际标准和国际食品安全风险评估结果，并广泛听取食品生产经营者和消费者的意见。

第二十四条 没有食品安全国家标准的，可以制定食品安全地方标准。

省、自治区、直辖市人民政府卫生行政部门组织制定食品安全地方标准，应当参照执行本法有关食品安全国家标准制定的规定，并报国务院卫生行政部门备案。

第二十五条 企业生产的食品没有食品安全国家标准或者地方标准的，应当制定企业标准，作为组织生产的依据。国家鼓励食品生产企业制定严于食品安全国家标准或者地方标准的企业标准。企业标准应当报省级卫生行政部门备案，在本企业内部适用。

第二十六条 食品安全标准应当供公众免费查阅。

第四章 食品生产经营

第二十七条 食品生产经营应当符合食品安全标准，并符合下列要求：

（一）具有与生产经营的食品品种、数量相适应的食品原料处理和食品加工、包装、贮存等场所，保持该场所环境整洁，并与有毒、有害场所以及其他污染源保持规定的距离；

（二）具有与生产经营的食品品种、数量相适应的生产经营设备或者设施，有相应的消毒、更衣、盥洗、采光、照明、通风、防腐、防尘、防蝇、防鼠、防虫、洗涤以及处理废水、存放垃圾和废弃物的设备或者设施；

（三）有食品安全专业技术人员、管理人员和保证食品安全的规章制度；

（四）具有合理的设备布局和工艺流程，防止待加工食品与直接入口食品、原料与成品交叉污染，避免食品接触有毒物、不洁物；

（五）餐具、饮具和盛放直接入口食品的容器，使用前应当洗净、消毒，炊具、用具用后应当洗净，保持清洁；

（六）贮存、运输和装卸食品的容器、工具和设备应当安全、无害，保持清洁，防止食品污染，并符合保证食品安全所需的温度等特殊要求，不得将食品与有毒、有害物品一同运输；

（七）直接入口的食品应当有小包装或者使用无毒、清洁的包装材料、餐具；

（八）食品生产经营人员应当保持个人卫生，生产经营食品时，应当将手洗净，穿戴清洁的工作衣、帽；销售无包装的直接入口食品时，应当使用无毒、清洁的售货工具；

（九）用水应当符合国家规定的生活饮用水卫生标准；

（十）使用的洗涤剂、消毒剂应当对人体安全、无害；

（十一）法律、法规规定的其他要求。

第二十八条　禁止生产经营下列食品：

（一）用非食品原料生产的食品或者添加食品添加剂以外的化学物质和其他可能危害人体健康物质的食品，或者用回收食品作为原料生产的食品；

（二）致病性微生物、农药残留、兽药残留、重金属、污染物质以及其他危害人体健康的物质含量超过食品安全标准限量的食品；

（三）营养成分不符合食品安全标准的专供婴幼儿和其他特定人群的主辅食品；

（四）腐败变质、油脂酸败、霉变生虫、污秽不洁、混有异物、掺假掺杂或者感官性状异常的食品；

（五）病死、毒死或者死因不明的禽、畜、兽、水产动物肉类及其制品；

（六）未经动物卫生监督机构检疫或者检疫不合格的肉类，或者未经检验或者检验不合格的肉类制品；

（七）被包装材料、容器、运输工具等污染的食品；

（八）超过保质期的食品；

（九）无标签的预包装食品；

（十）国家为防病等特殊需要明令禁止生产经营的食品；

（十一）其他不符合食品安全标准或者要求的食品。

第二十九条 国家对食品生产经营实行许可制度。从事食品生产、食品流通、餐饮服务，应当依法取得食品生产许可、食品流通许可、餐饮服务许可。

取得食品生产许可的食品生产者在其生产场所销售其生产的食品，不需要取得食品流通的许可；取得餐饮服务许可的餐饮服务提供者在其餐饮服务场所出售其制作加工的食品，不需要取得食品生产和流通的许可；农民个人销售其自产的食用农产品，不需要取得食品流通的许可。

食品生产加工小作坊和食品摊贩从事食品生产经营活动，应当符合本法规定的与其生产经营规模、条件相适应的食品安全要求，保证所生产经营的食品卫生、无毒、无害，有关部门应当对其加强监督管理，具体管理办法由省、自治区、直辖市人民代表大会常务委员会依照本法制定。

第三十条 县级以上地方人民政府鼓励食品生产加工小作坊改进生产条件；鼓励食品摊贩进入集中交易市场、店铺等固定场所经营。

第三十一条 县级以上质量监督、工商行政管理、食品药品监督管理部门应当依照《中华人民共和国行政许可法》的规定，审核申请人提交的本法第二十七条第一项至第四项规定要求的相关资料，必要时对申请人的生产经营场所进行现场核查；对符合规定条件的，决定准予许可；对不符合规定条件的，决定不予许可并书面说明理由。

第三十二条 食品生产经营企业应当建立健全本单位的食品安全管理制度，加强对职工食品安全知识的培训，配备专职或者兼职食品安全管理人员，做好对所生产经营食品的检验工作，依法从事食品生产经营活动。

第三十三条 国家鼓励食品生产经营企业符合良好生产规范要求，实施危害分析与关键控制点体系，提高食品安全管理水平。

对通过良好生产规范、危害分析与关键控制点体系认证的食品生产经营企业，认证机构应当依法实施跟踪调查；对不再符合认证要求的企业，应当依法撤销认证，及时向有关质量监督、工商行政管理、食品药品监督管理部门通报，并向社会公布。认证机构实施跟踪调查不收取任何费用。

第三十四条 食品生产经营者应当建立并执行从业人员健康管理制度。患有痢疾、伤寒、病毒性肝炎等消化道传染病的人员，以及患有活动性肺结核、化脓性或者渗出性皮肤病等有碍食品安全的疾病的人员，不得从事接触直接入口食品的工作。

食品生产经营人员每年应当进行健康检查，取得健康证明后方可参加工作。

第三十五条 食用农产品生产者应当依照食品安全标准和国家有关规定使用农药、肥料、生长调节剂、兽药、饲料和饲料添加剂等农业投入品。食用农产品的生产企业和农民专业合作经济组织应当建立食用农产品生产记录制度。

县级以上农业行政部门应当加强对农业投入品使用的管理和指导，建立健全农业投入品的安全使用制度。

第三十六条 食品生产者采购食品原料、食品添加剂、食品相关产品，应当查验供货者的许可证和产品合格证明文件；对无法提供合格证明文件的食品原料，应当依照食品安全标准进行检验；不得采购或者使用不符合食品安全标准的食品原料、食品添加剂、食品相关产品。

食品生产企业应当建立食品原料、食品添加剂、食品相关产品进货查验记录制度，如实记录食品原料、食品添加剂、食品相关产品的名称、规格、数量、供货者名称及联系方式、进货日期等内容。

食品原料、食品添加剂、食品相关产品进货查验记录应当真实，保存期限不得少于二年。

第三十七条 食品生产企业应当建立食品出厂检验记录制度，查验出厂食品的检验合格证和安全状况，并如实记录食品的名称、规格、数量、生产日期、生产批号、检验合格证号、购货者名称及联系方式、销售日期等内容。

食品出厂检验记录应当真实，保存期限不得少于二年。

第三十八条 食品、食品添加剂和食品相关产品的生产者，应当依照食品安全标准对所生产的食品、食品添加剂和食品相关产品进行检验，检验合格后方可出厂或者销售。

第三十九条 食品经营者采购食品，应当查验供货者的许可证和食品合格的证明文件。

食品经营企业应当建立食品进货查验记录制度，如实记录食品的名称、规格、数量、生产批号、保质期、供货者名称及联系方式、进货日期等内容。

食品进货查验记录应当真实，保存期限不得少于二年。

实行统一配送经营方式的食品经营企业，可以由企业总部统一查验供货者的许可证和食品合格的证明文件，进行食品进货查验记录。

第四十条 食品经营者应当按照保证食品安全的要求贮存食品，定期检查库存食品，及时清理变质或者超过保质期的食品。

第四十一条 食品经营者贮存散装食品，应当在贮存位置标明食品的名称、生产日期、保质期、生产者名称及联系方式等内容。

食品经营者销售散装食品，应当在散装食品的容器、外包装上标明食品的名称、生产日期、保质期、生产经营者名称及联系方式等内容。

第四十二条 预包装食品的包装上应当有标签。标签应当标明下列事项：

（一）名称、规格、净含量、生产日期；

（二）成分或者配料表；

（三）生产者的名称、地址、联系方式；

（四）保质期；

（五）产品标准代号；

（六）贮存条件；

（七）所使用的食品添加剂在国家标准中的通用名称；

（八）生产许可证编号；

（九）法律、法规或者食品安全标准规定必须标明的其他事项。

专供婴幼儿和其他特定人群的主辅食品，其标签还应当标明主要营养成分及其含量。

第四十三条 国家对食品添加剂的生产实行许可制度。申请食品添加剂生产许可的条件、程序，按照国家有关工业产品生产许可证管理的规定执行。

第四十四条 申请利用新的食品原料从事食品生产或者从事食品添加剂新品种、食品相关产品新品种生产活动的单位或者个人，应当向国务院卫生行政部门提交相关产品的安全性评估材料。国务院卫生行政部门应当自收到申请之日起六十日内组织对相关产品的安全性评估材料进行审查；对符合食品安全要求的，依法决定准予许可并予以公布；对不符合食品安全要求的，决定不予许可并书面说明理由。

第四十五条 食品添加剂应当在技术上确有必要且经过风险评估证明安全可靠，方可列入允许使用的范围。国务院卫生行政部门应当根据技术必要性和食品安全风险评估结果，及时对食品添加剂的品种、使用范围、用量的标准进行修订。

第四十六条 食品生产者应当依照食品安全标准关于食品添加剂的品种、使用范围、用量的规定使用食品添加剂；不得在食品生产中使用食品添加剂以外的化学物质和其他可能危害人体健康的物质。

第四十七条 食品添加剂应当有标签、说明书和包装。标签、说明书应当载明本法第四十二条第一款第一项至第六项、第八项、第九项规定的事项，以及食品添加剂的使用范围、用量、使用方法，并在标签上载明“食品添加剂”字样。

第四十八条 食品和食品添加剂的标签、说明书，不得含有虚假、夸大的内容，不得涉及疾病预防、治疗功能。生产者对标签、说明书上所载明的内容负责。

食品和食品添加剂的标签、说明书应当清楚、明显，容易辨识。

食品和食品添加剂与其标签、说明书所载明的内容不符的，不得上市销售。

第四十九条 食品经营者应当按照食品标签标示的警示标志、警示说明或者注意事项的要求，销售预包装食品。

第五十条 生产经营的食品中不得添加药品，但是可以添加按照传统既是食品又是中药材的物质。按照传统既是食品又是中药材的物质的目录由国务院卫生行政部门制定、公布。

第五十一条 国家对声称具有特定保健功能的食品实行严格监管。有关监督管理部门应当依法履职，承担责任。具体管理办法由国务院规定。

声称具有特定保健功能的食品不得对人体产生急性、亚急性或者慢性危害，其标签、说明书不得涉及疾病预防、治疗功能，内容必须真实，应当载明适宜人群、不适宜人群、功效成分或者标志性成分及其含量等；产品的功能和成分必须与标签、说明书相一致。

第五十二条 集中交易市场的开办者、柜台出租者和展销会举办者，应当审查入场食品经营者的许可证，明确入场食品经营者的食品安全管理责任，定期对入场食品经营者的经营环境和条件进行检查，发现食品经营者有违反本法规定的行为的，应当及时制止并立即报告所在地县级工商行政管理部门或者食品药品监督管理部门。

集中交易市场的开办者、柜台出租者和展销会举办者未履行前款规定义务，本市场发生食品安全事故的，应当承担连带责任。

第五十三条 国家建立食品召回制度。食品生产者发现其生产的食品不符合食品安全标准，应当立即停止生产，召回已经上市销售的食品，通知相关生产经营者和消费者，并记录召回和通知情况。

食品经营者发现其经营的食品不符合食品安全标准，应当立即停止经营，通知相关生产经营者和消费者，并记录停止经营和通知情况。食品生产者认为应当召回的，应当立即召回。

食品生产者应当对召回的食品采取补救、无害化处理、销毁等措施，并将食品召回和处理情况向县级以上质量监督部门报告。

食品生产经营者未依照本条规定召回或者停止经营不符合食品安全标准的食品的，县级以上质量监督、工商行政管理、食品药品监督管理部门可以责令其召回或者停止经营。

第五十四条 食品广告的内容应当真实合法，不得含有虚假、夸大的内容，不得涉及疾病预防、治疗功能。

食品安全监督管理部门或者承担食品检验职责的机构、食品行业协会、消费者协会不得以广告或者其他形式向消费者推荐食品。

第五十五条 社会团体或者其他组织、个人在虚假广告中向消费者推荐食品，使消费者的合法权益受到损害的，与食品生产经营者承担连带责任。

第五十六条 地方各级人民政府鼓励食品规模化生产和连锁经营、配送。

第五章 食品检验

第五十七条 食品检验机构按照国家有关认证认可的规定取得资质认定后，方可从事食品检验活动。但是，法律另有规定的除外。

食品检验机构的资质认定条件和检验规范，由国务院卫生行政部门规定。

本法施行前经国务院有关主管部门批准设立或者经依法认定的食品检验机构，可以依照本法继续从事食品检验活动。

第五十八条　食品检验由食品检验机构指定的检验人独立进行。

检验人应当依照有关法律、法规的规定，并依照食品安全标准和检验规范对食品进行检验，尊重科学，恪守职业道德，保证出具的检验数据和结论客观、公正，不得出具虚假的检验报告。

第五十九条　食品检验实行食品检验机构与检验人负责制。食品检验报告应当加盖食品检验机构公章，并有检验人的签名或者盖章。食品检验机构和检验人对出具的食品检验报告负责。

第六十条　食品安全监督管理部门对食品不得实施免检。

县级以上质量监督、工商行政管理、食品药品监督管理部门应当对食品进行定期或者不定期的抽样检验。进行抽样检验，应当购买抽取的样品，不收取检验费和其他任何费用。

县级以上质量监督、工商行政管理、食品药品监督管理部门在执法工作中需要对食品进行检验的，应当委托符合本法规定的食品检验机构进行，并支付相关费用。对检验结论有异议的，可以依法进行复检。

第六十一条　食品生产经营企业可以自行对所生产的食品进行检验，也可以委托符合本法规定的食品检验机构进行检验。

食品行业协会等组织、消费者需要委托食品检验机构对食品进行检验的，应当委托符合本法规定的食品检验机构进行。

第六章　食品进出口

第六十二条　进口的食品、食品添加剂以及食品相关产品应当符合我国食品安全国家标准。

进口的食品应当经出入境检验检疫机构检验合格后，海关凭出入境检验检疫机构签发的通关证明放行。

第六十三条　进口尚无食品安全国家标准的食品，或者首次进口食品添加剂新品种、食品相关产品新品种，进口商应当向国务院卫生行政部门提出申请并提交相关的安全性评估材料。国务院卫生行政部门依照本法第四十四条的规定作出是否准予许可的决定，并及时制定相应的食品安全国家标准。

第六十四条　境外发生的食品安全事件可能对我国境内造成影响，或者在进口食品中发现严重食品安全问题的，国家出入境检验检疫部门应当及时采取风险预警或者控制措施，并向国务院卫生行政、农业行政、工商行政管理和国家食品药品监督管理部门通报。接到通报的部门应当及时采取相应措施。

第六十五条 向我国境内出口食品的出口商或者代理商应当向国家出入境检验检疫部门备案。向我国境内出口食品的境外食品生产企业应当经国家出入境检验检疫部门注册。

国家出入境检验检疫部门应当定期公布已经备案的出口商、代理商和已经注册的境外食品生产企业名单。

第六十六条 进口的预包装食品应当有中文标签、中文说明书。标签、说明书应当符合本法以及我国其他有关法律、行政法规的规定和食品安全国家标准的要求，载明食品的原产地以及境内代理商的名称、地址、联系方式。预包装食品没有中文标签、中文说明书或者标签、说明书不符合本条规定的，不得进口。

第六十七条 进口商应当建立食品进口和销售记录制度，如实记录食品的名称、规格、数量、生产日期、生产或者进口批号、保质期、出口商和购货者名称及联系方式、交货日期等内容。

食品进口和销售记录应当真实，保存期限不得少于二年。

第六十八条 出口的食品由出入境检验检疫机构进行监督、抽检，海关凭出入境检验检疫机构签发的通关证明放行。

出口食品生产企业和出口食品原料种植、养殖场应当向国家出入境检验检疫部门备案。

第六十九条 国家出入境检验检疫部门应当收集、汇总进出口食品安全信息，并及时通报相关部门、机构和企业。

国家出入境检验检疫部门应当建立进出口食品的进口商、出口商和出口食品生产企业的信誉记录，并予以公布。对有不良记录的进口商、出口商和出口食品生产企业，应当加强对其进出口食品的检验检疫。

第七章　食品安全事故处置

第七十条 国务院组织制定国家食品安全事故应急预案。

县级以上地方人民政府应当根据有关法律、法规的规定和上级人民政府的食品安全事故应急预案以及本地区的实际情况，制定本行政区域的食品安全事故应急预案，并报上一级人民政府备案。

食品生产经营企业应当制定食品安全事故处置方案，定期检查本企业各项食品安全防范措施的落实情况，及时消除食品安全事故隐患。

第七十一条 发生食品安全事故的单位应当立即予以处置，防止事故扩大。事故发生单位和接收病人进行治疗的单位应当及时向事故发生地县级卫生行政部门报告。

农业行政、质量监督、工商行政管理、食品药品监督管理部门在日常监督管理中发现食品安全事故，或者接到有关食品安全事故的举报，应当立即向卫生行政部门通报。

发生重大食品安全事故的，接到报告的县级卫生行政部门应当按照规定向本级人民政府和上级人民政府卫生行政部门报告。县级人民政府和上级人民政府卫生行政部门应当按照规定上报。

任何单位或者个人不得对食品安全事故隐瞒、谎报、缓报，不得毁灭有关证据。

第七十二条 县级以上卫生行政部门接到食品安全事故的报告后，应当立即会同有关农业行政、质量监督、工商行政管理、食品药品监督管理部门进行调查处理，并采取下列措施，防止或者减轻社会危害：

（一）开展应急救援工作，对因食品安全事故导致人身伤害的人员，卫生行政部门应当立即组织救治；

（二）封存可能导致食品安全事故的食品及其原料，并立即进行检验；对确认属于被污染的食品及其原料，责令食品生产经营者依照本法第五十三条的规定予以召回、停止经营并销毁；

（三）封存被污染的食品用工具及用具，并责令进行清洗消毒；

（四）做好信息发布工作，依法对食品安全事故及其处理情况进行发布，并对可能产生的危害加以解释、说明。

发生重大食品安全事故的，县级以上人民政府应当立即成立食品安全事故处置指挥机构，启动应急预案，依照前款规定进行处置。

第七十三条 发生重大食品安全事故，设区的市级以上人民政府卫生行政部门应当立即会同有关部门进行事故责任调查，督促有关部门履行职责，向本级人民政府提出事故责任调查处理报告。

重大食品安全事故涉及两个以上省、自治区、直辖市的，由国务院卫生行政部门依照前款规定组织事故责任调查。

第七十四条 发生食品安全事故，县级以上疾病预防控制机构应当协助卫生行政部门和有关部门对事故现场进行卫生处理，并对与食品安全事故有关的因素开展流行病学调查。

第七十五条 调查食品安全事故，除了查明事故单位的责任，还应当查明负有监督管理和认证职责的监督管理部门、认证机构的工作人员失职、渎职情况。

第八章 监督管理

第七十六条 县级以上地方人民政府组织本级卫生行政、农业行政、质量监督、工商行政管理、食品药品监督管理部门制定本行政区域的食品安全年度监督管理计划，并按照年度计划组织开展工作。

第七十七条 县级以上质量监督、工商行政管理、食品药品监督管理部门履行各自食品安全监督管理职责，有权采取下列措施：

（一）进入生产经营场所实施现场检查；

（二）对生产经营的食品进行抽样检验；

（三）查阅、复制有关合同、票据、账簿以及其他有关资料；

（四）查封、扣押有证据证明不符合食品安全标准的食品，违法使用的食品原料、食品添加剂、食品相关产品，以及用于违法生产经营或者被污染的工具、设备；

（五）查封违法从事食品生产经营活动的场所。

县级以上农业行政部门应当依照《中华人民共和国农产品质量安全法》规定的职责，对食用农产品进行监督管理。

第七十八条 县级以上质量监督、工商行政管理、食品药品监督管理部门对食品生产经营者进行监督检查，应当记录监督检查的情况和处理结果。监督检查记录经监督检查人员和食品生产经营者签字后归档。

第七十九条 县级以上质量监督、工商行政管理、食品药品监督管理部门应当建立食品生产经营者食品安全信用档案，记录许可颁发、日常监督检查结果、违法行为查处等情况；根据食品安全信用档案的记录，对有不良信用记录的食品生产经营者增加监督检查频次。

第八十条 县级以上卫生行政、质量监督、工商行政管理、食品药品监督管理部门接到咨询、投诉、举报，对属于本部门职责的，应当受理，并及时进行答复、核实、处理；对不属于本部门职责的，应当书面通知并移交有权处理的部门处理。有权处理的部门应当及时处理，不得推诿；属于食品安全事故的，依照本法第七章有关规定进行处置。

第八十一条 县级以上卫生行政、质量监督、工商行政管理、食品药品监督管理部门应当按照法定权限和程序履行食品安全监督管理职责；对生产经营者的同一违法行为，不得给予二次以上罚款的行政处罚；涉嫌犯罪的，应当依法向公安机关移送。

第八十二条 国家建立食品安全信息统一公布制度。下列信息由国务院卫生行政部门统一公布：

（一）国家食品安全总体情况；

（二）食品安全风险评估信息和食品安全风险警示信息；

（三）重大食品安全事故及其处理信息；

（四）其他重要的食品安全信息和国务院确定的需要统一公布的信息。

前款第二项、第三项规定的信息，其影响限于特定区域的，也可以由有关省、自治区、直辖市人民政府卫生行政部门公布。县级以上农业行政、质量监督、工商行政管理、食品药品监督管理部门依据各自职责公布食品安全日常监督管理信息。

食品安全监督管理部门公布信息，应当做到准确、及时、客观。

第八十三条 县级以上地方卫生行政、农业行政、质量监督、工商行政管理、食品药品监督管理部门获知本法第八十二条第一款规定的需要统一公布的信息，应当向上级主管部门报告，由上级主管部门立即报告国务院卫生行政部门；必要时，可以直接向国务院卫生行政部门报告。

县级以上卫生行政、农业行政、质量监督、工商行政管理、食品药品监督管理部门应当相互通报获知的食品安全信息。

第九章　法律责任

第八十四条 违反本法规定，未经许可从事食品生产经营活动，或者未经许可生产食品添加剂的，由有关主管部门按照各自职责分工，没收违法所得、违法生产经营的食品、食品添加剂和用于违法生产经营的工具、设备、原料等物品；违法生产经营的食品、食品添加剂货值金额不足一万元的，并处二千元以上五万元以下罚款；货值金额一万元以上的，并处货值金额五倍以上十倍以下罚款。

第八十五条 违反本法规定，有下列情形之一的，由有关主管部门按照各自职责分工，没收违法所得、违法生产经营的食品和用于违法生产经营的工具、设备、原料等物品；违法生产经营的食品货值金额不足一万元的，并处二千元以上五万元以下罚款；货值金额一万元以上的，并处货值金额五倍以上十倍以下罚款；情节严重的，吊销许可证：

（一）用非食品原料生产食品或者在食品中添加食品添加剂以外的化学物质和其他可能危害人体健康的物质，或者用回收食品作为原料生产食品；

（二）生产经营致病性微生物、农药残留、兽药残留、重金属、污染物质以及其他危害人体健康的物质含量超过食品安全标准限量的食品；

（三）生产经营营养成分不符合食品安全标准的专供婴幼儿和其他特定人群的主辅食品；

（四）经营腐败变质、油脂酸败、霉变生虫、污秽不洁、混有异物、掺假掺杂或者感官性状异常的食品；

（五）经营病死、毒死或者死因不明的禽、畜、兽、水产动物肉类，或者生产经营病死、毒死或者死因不明的禽、畜、兽、水产动物肉类的制品；

（六）经营未经动物卫生监督机构检疫或者检疫不合格的肉类，或者生产经营未经检验或者检验不合格的肉类制品；

（七）经营超过保质期的食品；

（八）生产经营国家为防病等特殊需要明令禁止生产经营的食品；

（九）利用新的食品原料从事食品生产或者从事食品添加剂新品种、食品相关产品新品种生产，未经过安全性评估；

（十）食品生产经营者在有关主管部门责令其召回或者停止经营不符合食品安全标准的食品后，仍拒不召回或者停止经营的。

第八十六条 违反本法规定，有下列情形之一的，由有关主管部门按照各自职责分工，没收违法所得、违法生产经营的食品和用于违法生产经营的工具、设备、原料等物品；违法生产经营的食品货值金额不足一万元的，并处二千元以上五万元以下罚款；货值金额一万元以上的，并处货值金额二倍以上五倍以下罚款；情节严重的，责令停产停业，直至吊销许可证：

（一）经营被包装材料、容器、运输工具等污染的食品；

（二）生产经营无标签的预包装食品、食品添加剂或者标签、说明书不符合本法规定的食品、食品添加剂；

（三）食品生产者采购、使用不符合食品安全标准的食品原料、食品添加剂、食品相关产品；

（四）食品生产经营者在食品中添加药品。

第八十七条 违反本法规定，有下列情形之一的，由有关主管部门按照各自职责分工，责令改正，给予警告；拒不改正的，处二千元以上二万元以下罚款；情节严重的，责令停产停业，直至吊销许可证：

（一）未对采购的食品原料和生产的食品、食品添加剂、食品相关产品进行检验；

（二）未建立并遵守查验记录制度、出厂检验记录制度；

（三）制定食品安全企业标准未依照本法规定备案；

（四）未按规定要求贮存、销售食品或者清理库存食品；

（五）进货时未查验许可证和相关证明文件；

（六）生产的食品、食品添加剂的标签、说明书涉及疾病预防、治疗功能；

（七）安排患有本法第三十四条所列疾病的人员从事接触直接入口食品的工作。

第八十八条 违反本法规定，事故单位在发生食品安全事故后未进行处置、报告的，由有关主管部门按照各自职责分工，责令改正，给予警告；毁灭有关证据的，责令停产停业，并处二千元以上十万元以下罚款；造成严重后果的，由原发证部门吊销许可证。

第八十九条 违反本法规定，有下列情形之一的，依照本法第八十五条的规定给予处罚：

（一）进口不符合我国食品安全国家标准的食品；

（二）进口尚无食品安全国家标准的食品，或者首次进口食品添加剂新品种、食品相关产品新品种，未经过安全性评估；

（三）出口商未遵守本法的规定出口食品。

违反本法规定，进口商未建立并遵守食品进口和销售记录制度的，依照本法第八十七条的规定给予处罚。

第九十条 违反本法规定，集中交易市场的开办者、柜台出租者、展销会的举办者允许未取得许可的食品经营者进入市场销售食品，或者未履行检查、报告等义务的，由有关主管部门按照各自职责分工，处二千元以上五万元以下罚款；造成严重后果的，责令停业，由原发证部门吊销许可证。

第九十一条 违反本法规定，未按照要求进行食品运输的，由有关主管部门按照各自职责分工，责令改正，给予警告；拒不改正的，责令停产停业，并处二千元以上五万元以下罚款；情节严重的，由原发证部门吊销许可证。

第九十二条 被吊销食品生产、流通或者餐饮服务许可证的单位，其直接负责的主管人员自处罚决定作出之日起五年内不得从事食品生产经营管理工作。

食品生产经营者聘用不得从事食品生产经营管理工作的人员从事管理工作的，由原发证部门吊销许可证。

第九十三条 违反本法规定，食品检验机构、食品检验人员出具虚假检验报告的，由授予其资质的主管部门或者机构撤销该检验机构的检验资格；依法对检验机构直接负责的主管人员和食品检验人员给予撤职或者开除的处分。

违反本法规定，受到刑事处罚或者开除处分的食品检验机构人员，自刑罚执行完毕或者处分决定作出之日起十年内不得从事食品检验工作。食品检验机构聘用不得从事食品检验工作的人员的，由授予其资质的主管部门或者机构撤销该检验机构的检验资格。

第九十四条 违反本法规定，在广告中对食品质量作虚假宣传，欺骗消费者的，依照《中华人民共和国广告法》的规定给予处罚。

违反本法规定，食品安全监督管理部门或者承担食品检验职责的机构、食品行业协会、消费者协会以广告或者其他形式向消费者推荐食品的，由有关主管部门没收违法所得，依法对直接负责的主管人员和其他直接责任人员给予记大过、降级或者撤职的处分。

第九十五条 违反本法规定，县级以上地方人民政府在食品安全监督管理中未履行职责，本行政区域出现重大食品安全事故、造成严重社会影响的，依法对直接负责的主管人员和其他直接责任人员给予记大过、降级、撤职或者开除的处分。

违反本法规定，县级以上卫生行政、农业行政、质量监督、工商行政管理、食品药品监督管理部门或者其他有关行政部门不履行本法规定的职责或者滥用职权、玩忽职守、徇私舞弊的，依法对直接负责的主管人员和其他直接责任人员给予记大过或者降级的处分；造成严重后果的，给予撤职或者开除的处分；其主要负责人应当引咎辞职。

第九十六条 违反本法规定，造成人身、财产或者其他损害的，依法承担赔偿责任。

生产不符合食品安全标准的食品或者销售明知是不符合食品安全标准的食品，消费者除要求赔偿损失外，还可以向生产者或者销售者要求支付价款十倍的赔偿金。

第九十七条 违反本法规定，应当承担民事赔偿责任和缴纳罚款、罚金，其财产不足以同时支付时，先承担民事赔偿责任。

第九十八条 违反本法规定，构成犯罪的，依法追究刑事责任。

第十章 附 则

第九十九条 本法下列用语的含义：

食品，指各种供人食用或者饮用的成品和原料以及按照传统既是食品又是药品的物品，但是不包括以治疗为目的的物品。

食品安全，指食品无毒、无害，符合应当有的营养要求，对人体健康不造成任何急性、亚急性或者慢性危害。

预包装食品，指预先定量包装或者制作在包装材料和容器中的食品。

食品添加剂，指为改善食品品质和色、香、味以及为防腐、保鲜和加工工艺的需要而加入食品中的人工合成或者天然物质。

用于食品的包装材料和容器，指包装、盛放食品或者食品添加剂用的纸、竹、木、金属、搪瓷、陶瓷、塑料、橡胶、天然纤维、化学纤维、玻璃等制品和直接接触食品或者食品添加剂的涂料。

用于食品生产经营的工具、设备，指在食品或者食品添加剂生产、流通、使用过程中直接接触食品或者食品添加剂的机械、管道、传送带、容器、用具、餐具等。

用于食品的洗涤剂、消毒剂，指直接用于洗涤或者消毒食品、餐饮具以及直接接触食品的工具、设备或者食品包装材料和容器的物质。

保质期，指预包装食品在标签指明的贮存条件下保持品质的期限。

食源性疾病，指食品中致病因素进入人体引起的感染性、中毒性等疾病。

食物中毒，指食用了被有毒有害物质污染的食品或者食用了含有毒有害物质的食品后出现的急性、亚急性疾病。

食品安全事故，指食物中毒、食源性疾病、食品污染等源于食品，对人体健康有危害或者可能有危害的事故。

第一百条 食品生产经营者在本法施行前已经取得相应许可证的，该许可证继续有效。

第一百零一条 乳品、转基因食品、生猪屠宰、酒类和食盐的食品安全管理，适用本法；法律、行政法规另有规定的，依照其规定。

第一百零二条 铁路运营中食品安全的管理办法由国务院卫生行政部门会同国务院有关部门依照本法制定。

军队专用食品和自供食品的食品安全管理办法由中央军事委员会依照本法制定。

第一百零三条 国务院根据实际需要，可以对食品安全监督管理体制作出调整。

第一百零四条 本法自2009年6月1日起施行。《中华人民共和国食品卫生法》同时废止。

中华人民共和国农产品质量安全法

（2006年4月29日第十届全国人民代表大会常务委员会第二十一次会议　通过2006年4月29日中华人民共和国主席令第四十九号公布　自2006年11月1日起施行）

第一章　总　则

第一条 为保障农产品质量安全，维护公众健康，促进农业和农村经济发展，制定本法。

第二条 本法所称农产品，是指来源于农业的初级产品，即在农业活动中获得的植物、动物、微生物及其产品。

本法所称农产品质量安全，是指农产品质量符合保障人的健康、安全的要求。

第三条 县级以上人民政府农业行政主管部门负责农产品质量安全的监督管理工作；县级以上人民政府有关部门按照职责分工，负责农产品质量安全的有关工作。

第四条 县级以上人民政府应当将农产品质量安全管理工作纳入本级

国民经济和社会发展规划，并安排农产品质量安全经费，用于开展农产品质量安全工作。

第五条 县级以上地方人民政府统一领导、协调本行政区域内的农产品质量安全工作，并采取措施，建立健全农产品质量安全服务体系，提高农产品质量安全水平。

第六条 国务院农业行政主管部门应当设立由有关方面专家组成的农产品质量安全风险评估专家委员会，对可能影响农产品质量安全的潜在危害进行风险分析和评估。

国务院农业行政主管部门应当根据农产品质量安全风险评估结果采取相应的管理措施，并将农产品质量安全风险评估结果及时通报国务院有关部门。

第七条 国务院农业行政主管部门和省、自治区、直辖市人民政府农业行政主管部门应当按照职责权限，发布有关农产品质量安全状况信息。

第八条 国家引导、推广农产品标准化生产，鼓励和支持生产优质农产品，禁止生产、销售不符合国家规定的农产品质量安全标准的农产品。

第九条 国家支持农产品质量安全科学技术研究，推行科学的质量安全管理方法，推广先进安全的生产技术。

第十条 各级人民政府及有关部门应当加强农产品质量安全知识的宣传，提高公众的农产品质量安全意识，引导农产品生产者、销售者加强质量安全管理，保障农产品消费安全。

第二章　农产品质量安全标准

第十一条 国家建立健全农产品质量安全标准体系。农产品质量安全标准是强制性的技术规范。

农产品质量安全标准的制定和发布，依照有关法律、行政法规的规定执行。

第十二条 制定农产品质量安全标准应当充分考虑农产品质量安全风险评估结果，并听取农产品生产者、销售者和消费者的意见，保障消费安全。

第十三条 农产品质量安全标准应当根据科学技术发展水平以及农产品质量安全的需要，及时修订。

第十四条 农产品质量安全标准由农业行政主管部门商有关部门组织实施。

第三章　农产品产地

第十五条　县级以上地方人民政府农业行政主管部门按照保障农产品质量安全的要求，根据农产品品种特性和生产区域大气、土壤、水体中有毒有害物质状况等因素，认为不适宜特定农产品生产的，提出禁止生产的区域，报本级人民政府批准后公布。具体办法由国务院农业行政主管部门商国务院环境保护行政主管部门制定。

农产品禁止生产区域的调整，依照前款规定的程序办理。

第十六条　县级以上人民政府应当采取措施，加强农产品基地建设，改善农产品的生产条件。

县级以上人民政府农业行政主管部门应当采取措施，推进保障农产品质量安全的标准化生产综合示范区、示范农场、养殖小区和无规定动植物疫病区的建设。

第十七条　禁止在有毒有害物质超过规定标准的区域生产、捕捞、采集食用农产品和建立农产品生产基地。

第十八条　禁止违反法律、法规的规定向农产品产地排放或者倾倒废水、废气、固体废物或者其他有毒有害物质。

农业生产用水和用作肥料的固体废物，应当符合国家规定的标准。

第十九条　农产品生产者应当合理使用化肥、农药、兽药、农用薄膜等化工产品，防止对农产品产地造成污染。

第四章　农产品生产

第二十条　国务院农业行政主管部门和省、自治区、直辖市人民政府农业行政主管部门应当制定保障农产品质量安全的生产技术要求和操作规程。县级以上人民政府农业行政主管部门应当加强对农产品生产的指导。

第二十一条　对可能影响农产品质量安全的农药、兽药、饲料和饲料添加剂、肥料、兽医器械，依照有关法律、行政法规的规定实行许可制度。

国务院农业行政主管部门和省、自治区、直辖市人民政府农业行政主管部门应当定期对可能危及农产品质量安全的农药、兽药、饲料和饲料添加剂、肥料等农业投入品进行监督抽查，并公布抽查结果。

第二十二条　县级以上人民政府农业行政主管部门应当加强对农业投

入品使用的管理和指导，建立健全农业投入品的安全使用制度。

第二十三条 农业科研教育机构和农业技术推广机构应当加强对农产品生产者质量安全知识和技能的培训。

第二十四条 农产品生产企业和农民专业合作经济组织应当建立农产品生产记录，如实记载下列事项：

（一）使用农业投入品的名称、来源、用法、用量和使用、停用的日期；

（二）动物疫病、植物病虫草害的发生和防治情况；

（三）收获、屠宰或者捕捞的日期。

农产品生产记录应当保存二年。禁止伪造农产品生产记录。

国家鼓励其他农产品生产者建立农产品生产记录。

第二十五条 农产品生产者应当按照法律、行政法规和国务院农业行政主管部门的规定，合理使用农业投入品，严格执行农业投入品使用安全间隔期或者休药期的规定，防止危及农产品质量安全。

禁止在农产品生产过程中使用国家明令禁止使用的农业投入品。

第二十六条 农产品生产企业和农民专业合作经济组织，应当自行或者委托检测机构对农产品质量安全状况进行检测；经检测不符合农产品质量安全标准的农产品，不得销售。

第二十七条 农民专业合作经济组织和农产品行业协会对其成员应当及时提供生产技术服务，建立农产品质量安全管理制度，健全农产品质量安全控制体系，加强自律管理。

第五章 农产品包装和标识

第二十八条 农产品生产企业、农民专业合作经济组织以及从事农产品收购的单位或者个人销售的农产品，按照规定应当包装或者附加标识的，须经包装或者附加标识后方可销售。包装物或者标识上应当按照规定标明产品的品名、产地、生产者、生产日期、保质期、产品质量等级等内容；使用添加剂的，还应当按照规定标明添加剂的名称。具体办法由国务院农业行政主管部门制定。

第二十九条 农产品在包装、保鲜、贮存、运输中所使用的保鲜剂、防腐剂、添加剂等材料，应当符合国家有关强制性的技术规范。

第三十条 属于农业转基因生物的农产品，应当按照农业转基因生物安全管理的有关规定进行标识。

第三十一条 依法需要实施检疫的动植物及其产品，应当附具检疫合格标志、检疫合格证明。

第三十二条 销售的农产品必须符合农产品质量安全标准，生产者可以申请使用无公害农产品标志。农产品质量符合国家规定的有关优质农产品标准的，生产者可以申请使用相应的农产品质量标志。

禁止冒用前款规定的农产品质量标志。

第六章 监督检查

第三十三条 有下列情形之一的农产品，不得销售：

（一）含有国家禁止使用的农药、兽药或者其他化学物质的；

（二）农药、兽药等化学物质残留或者含有的重金属等有毒有害物质不符合农产品质量安全标准的；

（三）含有的致病性寄生虫、微生物或者生物毒素不符合农产品质量安全标准的；

（四）使用的保鲜剂、防腐剂、添加剂等材料不符合国家有关强制性的技术规范的；

（五）其他不符合农产品质量安全标准的。

第三十四条 国家建立农产品质量安全监测制度。县级以上人民政府农业行政主管部门应当按照保障农产品质量安全的要求，制定并组织实施农产品质量安全监测计划，对生产中或者市场上销售的农产品进行监督抽查。监督抽查结果由国务院农业行政主管部门或者省、自治区、直辖市人民政府农业行政主管部门按照权限予以公布。

监督抽查检测应当委托符合本法第三十五条规定条件的农产品质量安全检测机构进行，不得向被抽查人收取费用，抽取的样品不得超过国务院农业行政主管部门规定的数量。上级农业行政主管部门监督抽查的农产品，下级农业行政主管部门不得另行重复抽查。

第三十五条 农产品质量安全检测应当充分利用现有的符合条件的检测机构。

从事农产品质量安全检测的机构，必须具备相应的检测条件和能力，由省级以上人民政府农业行政主管部门或者其授权的部门考核合格。具体办法由国务院农业行政主管部门制定。

农产品质量安全检测机构应当依法经计量认证合格。

第三十六条 农产品生产者、销售者对监督抽查检测结果有异议的，可以自收到检测结果之日起五日内，向组织实施农产品质量安全监督抽查的农业行政主管部门或者其上级农业行政主管部门申请复检。

采用国务院农业行政主管部门会同有关部门认定的快速检测方法进行农产品质量安全监督抽查检测，被抽查人对检测结果有异议的，可以自收到检测结果时起四小时内申请复检。复检不得采用快速检测方法。

因检测结果错误给当事人造成损害的，依法承担赔偿责任。

第三十七条 农产品批发市场应当设立或者委托农产品质量安全检测机构，对进场销售的农产品质量安全状况进行抽查检测；发现不符合农产品质量安全标准的，应当要求销售者立即停止销售，并向农业行政主管部门报告。

农产品销售企业对其销售的农产品，应当建立健全进货检查验收制度；经查验不符合农产品质量安全标准的，不得销售。

第三十八条 国家鼓励单位和个人对农产品质量安全进行社会监督。任何单位和个人都有权对违反本法的行为进行检举、揭发和控告。有关部门收到相关的检举、揭发和控告后，应当及时处理。

第三十九条 县级以上人民政府农业行政主管部门在农产品质量安全监督检查中，可以对生产、销售的农产品进行现场检查，调查了解农产品质量安全的有关情况，查阅、复制与农产品质量安全有关的记录和其他资料；对经检测不符合农产品质量安全标准的农产品，有权查封、扣押。

第四十条 发生农产品质量安全事故时，有关单位和个人应当采取控制措施，及时向所在地乡级人民政府和县级人民政府农业行政主管部门报告；收到报告的机关应当及时处理并报上一级人民政府和有关部门。发生重大农产品质量安全事故时，农业行政主管部门应当及时通报同级食品药品监督管理部门。

第四十一条 县级以上人民政府农业行政主管部门在农产品质量安全监督管理中，发现有本法第三十三条所列情形之一的农产品，应当按照农产品质量安全责任追究制度的要求，查明责任人，依法予以处理或者提出处理建议。

第四十二条 进口的农产品必须按照国家规定的农产品质量安全标准进行检验；尚未制定有关农产品质量安全标准的，应当依法及时制定，未制定之前，可以参照国家有关部门指定的国外有关标准进行检验。

第七章　法律责任

第四十三条　农产品质量安全监督管理人员不依法履行监督职责，或者滥用职权的，依法给予行政处分。

第四十四条　农产品质量安全检测机构伪造检测结果的，责令改正，没收违法所得，并处五万元以上十万元以下罚款，对直接负责的主管人员和其他直接责任人员处一万元以上五万元以下罚款；情节严重的，撤销其检测资格；造成损害的，依法承担赔偿责任。

农产品质量安全检测机构出具检测结果不实，造成损害的，依法承担赔偿责任；造成重大损害的，并撤销其检测资格。

第四十五条　违反法律、法规规定，向农产品产地排放或者倾倒废水、废气、固体废物或者其他有毒有害物质的，依照有关环境保护法律、法规的规定处罚；造成损害的，依法承担赔偿责任。

第四十六条　使用农业投入品违反法律、行政法规和国务院农业行政主管部门的规定的，依照有关法律、行政法规的规定处罚。

第四十七条　农产品生产企业、农民专业合作经济组织未建立或者未按照规定保存农产品生产记录的，或者伪造农产品生产记录的，责令限期改正；逾期不改正的，可以处二千元以下罚款。

第四十八条　违反本法第二十八条规定，销售的农产品未按照规定进行包装、标识的，责令限期改正；逾期不改正的，可以处二千元以下罚款。

第四十九条　有本法第三十三条第四项规定情形，使用的保鲜剂、防腐剂、添加剂等材料不符合国家有关强制性的技术规范的，责令停止销售，对被污染的农产品进行无害化处理，对不能进行无害化处理的予以监督销毁；没收违法所得，并处二千元以上二万元以下罚款。

第五十条　农产品生产企业、农民专业合作经济组织销售的农产品有本法第三十三条第一项至第三项或者第五项所列情形之一的，责令停止销售，追回已经销售的农产品，对违法销售的农产品进行无害化处理或者予以监督销毁；没收违法所得，并处二千元以上二万元以下罚款。

农产品销售企业销售的农产品有前款所列情形的，依照前款规定处理、处罚。

农产品批发市场中销售的农产品有第一款所列情形的，对违法销售的农产品依照第一款规定处理，对农产品销售者依照第一款规定处罚。

农产品批发市场违反本法第三十七条第一款规定的，责令改正，处二千元以上二万元以下罚款。

第五十一条　违反本法第三十二条规定，冒用农产品质量标志的，责令改正，没收违法所得，并处二千元以上二万元以下罚款。

第五十二条　本法第四十四条、第四十七条至第四十九条、第五十条第一款、第四款和第五十一条规定的处理、处罚，由县级以上人民政府农业行政主管部门决定；第五十条第二款、第三款规定的处理、处罚，由工商行政管理部门决定。

法律对行政处罚及处罚机关有其他规定的，从其规定。但是，对同一违法行为不得重复处罚。

第五十三条　违反本法规定，构成犯罪的，依法追究刑事责任。

第五十四条　生产、销售本法第三十三条所列农产品，给消费者造成损害的，依法承担赔偿责任。

农产品批发市场中销售的农产品有前款规定情形的，消费者可以向农产品批发市场要求赔偿；属于生产者、销售者责任的，农产品批发市场有权追偿。消费者也可以直接向农产品生产者、销售者要求赔偿。

第八章　附　则

第五十五条　生猪屠宰的管理按照国家有关规定执行。

第五十六条　本法自 2006 年 11 月 1 日起施行。

中华人民共和国食品安全法实施条例

（2009 年 7 月 8 日国务院第 73 次常务会议　通过 2009 年 7 月 20 日中华人民共和国国务院令第 557 号公布　自公布之日起施行）

第一章　总　则

第一条　根据《中华人民共和国食品安全法》（以下简称食品安全法），制定本条例。

第二条 县级以上地方人民政府应当履行食品安全法规定的职责；加强食品安全监督管理能力建设，为食品安全监督管理工作提供保障；建立健全食品安全监督管理部门的协调配合机制，整合、完善食品安全信息网络，实现食品安全信息共享和食品检验等技术资源的共享。

第三条 食品生产经营者应当依照法律、法规和食品安全标准从事生产经营活动，建立健全食品安全管理制度，采取有效管理措施，保证食品安全。

食品生产经营者对其生产经营的食品安全负责，对社会和公众负责，承担社会责任。

第四条 食品安全监督管理部门应当依照食品安全法和本条例的规定公布食品安全信息，为公众咨询、投诉、举报提供方便；任何组织和个人有权向有关部门了解食品安全信息。

第二章 食品安全风险监测和评估

第五条 食品安全法第十一条规定的国家食品安全风险监测计划，由国务院卫生行政部门会同国务院质量监督、工商行政管理和国家食品药品监督管理以及国务院商务、工业和信息化等部门，根据食品安全风险评估、食品安全标准制定与修订、食品安全监督管理等工作的需要制定。

第六条 省、自治区、直辖市人民政府卫生行政部门应当组织同级质量监督、工商行政管理、食品药品监督管理、商务、工业和信息化等部门，依照食品安全法第十一条的规定，制定本行政区域的食品安全风险监测方案，报国务院卫生行政部门备案。

国务院卫生行政部门应当将备案情况向国务院质量监督、工商行政管理和国家食品药品监督管理以及国务院商务、工业和信息化等部门通报。

第七条 国务院卫生行政部门会同有关部门除依照食品安全法第十二条的规定对国家食品安全风险监测计划作出调整外，必要时，还应当依据医疗机构报告的有关疾病信息调整国家食品安全风险监测计划。

国家食品安全风险监测计划作出调整后，省、自治区、直辖市人民政府卫生行政部门应当结合本行政区域的具体情况，对本行政区域的食品安全风险监测方案作出相应调整。

第八条 医疗机构发现其接收的病人属于食源性疾病病人、食物中毒病人，或者疑似食源性疾病病人、疑似食物中毒病人的，应当及时向所在地县级人民政府卫生行政部门报告有关疾病信息。

接到报告的卫生行政部门应当汇总、分析有关疾病信息，及时向本级人民政府报告，同时报告上级卫生行政部门；必要时，可以直接向国务院卫生行政部门报告，同时报告本级人民政府和上级卫生行政部门。

第九条 食品安全风险监测工作由省级以上人民政府卫生行政部门会同同级质量监督、工商行政管理、食品药品监督管理等部门确定的技术机构承担。

承担食品安全风险监测工作的技术机构应当根据食品安全风险监测计划和监测方案开展监测工作，保证监测数据真实、准确，并按照食品安全风险监测计划和监测方案的要求，将监测数据和分析结果报送省级以上人民政府卫生行政部门和下达监测任务的部门。

食品安全风险监测工作人员采集样品、收集相关数据，可以进入相关食用农产品种植养殖、食品生产、食品流通或者餐饮服务场所。采集样品，应当按照市场价格支付费用。

第十条 食品安全风险监测分析结果表明可能存在食品安全隐患的，省、自治区、直辖市人民政府卫生行政部门应当及时将相关信息通报本行政区域设区的市级和县级人民政府及其卫生行政部门。

第十一条 国务院卫生行政部门应当收集、汇总食品安全风险监测数据和分析结果，并向国务院质量监督、工商行政管理和国家食品药品监督管理以及国务院商务、工业和信息化等部门通报。

第十二条 有下列情形之一的，国务院卫生行政部门应当组织食品安全风险评估工作：

（一）为制定或者修订食品安全国家标准提供科学依据需要进行风险评估的；

（二）为确定监督管理的重点领域、重点品种需要进行风险评估的；

（三）发现新的可能危害食品安全的因素的；

（四）需要判断某一因素是否构成食品安全隐患的；

（五）国务院卫生行政部门认为需要进行风险评估的其他情形。

第十三条 国务院农业行政、质量监督、工商行政管理和国家食品药品监督管理等有关部门依照食品安全法第十五条规定向国务院卫生行政部门提出食品安全风险评估建议，应当提供下列信息和资料：

（一）风险的来源和性质；

（二）相关检验数据和结论；

（三）风险涉及范围；

（四）其他有关信息和资料。

县级以上地方农业行政、质量监督、工商行政管理、食品药品监督管理等有关部门应当协助收集前款规定的食品安全风险评估信息和资料。

第十四条 省级以上人民政府卫生行政、农业行政部门应当及时相互通报食品安全风险监测和食用农产品质量安全风险监测的相关信息。

国务院卫生行政、农业行政部门应当及时相互通报食品安全风险评估结果和食用农产品质量安全风险评估结果等相关信息。

第三章 食品安全标准

第十五条 国务院卫生行政部门会同国务院农业行政、质量监督、工商行政管理和国家食品药品监督管理以及国务院商务、工业和信息化等部门制定食品安全国家标准规划及其实施计划。制定食品安全国家标准规划及其实施计划，应当公开征求意见。

第十六条 国务院卫生行政部门应当选择具备相应技术能力的单位起草食品安全国家标准草案。提倡由研究机构、教育机构、学术团体、行业协会等单位，共同起草食品安全国家标准草案。

国务院卫生行政部门应当将食品安全国家标准草案向社会公布，公开征求意见。

第十七条 食品安全法第二十三条规定的食品安全国家标准审评委员会由国务院卫生行政部门负责组织。

食品安全国家标准审评委员会负责审查食品安全国家标准草案的科学性和实用性等内容。

第十八条 省、自治区、直辖市人民政府卫生行政部门应当将企业依照食品安全法第二十五条规定报送备案的企业标准，向同级农业行政、质量监督、工商行政管理、食品药品监督管理、商务、工业和信息化等部门通报。

第十九条 国务院卫生行政部门和省、自治区、直辖市人民政府卫生行政部门应当会同同级农业行政、质量监督、工商行政管理、食品药品监督管理、商务、工业和信息化等部门，对食品安全国家标准和食品安全地方标准的执行情况分别进行跟踪评价，并应当根据评价结果适时组织修订食品安全标准。

国务院和省、自治区、直辖市人民政府的农业行政、质量监督、工商行政管理、食品药品监督管理、商务、工业和信息化等部门应当收集、汇总食品安全标准在执行过程中存在的问题，并及时向同级卫生行政部门通报。

食品生产经营者、食品行业协会发现食品安全标准在执行过程中存在问题的，应当立即向食品安全监督管理部门报告。

第四章　食品生产经营

第二十条　设立食品生产企业，应当预先核准企业名称，依照食品安全法的规定取得食品生产许可后，办理工商登记。县级以上质量监督管理部门依照有关法律、行政法规规定审核相关资料、核查生产场所、检验相关产品；对相关资料、场所符合规定要求以及相关产品符合食品安全标准或者要求的，应当作出准予许可的决定。

其他食品生产经营者应当在依法取得相应的食品生产许可、食品流通许可、餐饮服务许可后，办理工商登记。法律、法规对食品生产加工小作坊和食品摊贩另有规定的，依照其规定。

食品生产许可、食品流通许可和餐饮服务许可的有效期为3年。

第二十一条　食品生产经营者的生产经营条件发生变化，不符合食品生产经营要求的，食品生产经营者应当立即采取整改措施；有发生食品安全事故的潜在风险的，应当立即停止食品生产经营活动，并向所在地县级质量监督、工商行政管理或者食品药品监督管理部门报告；需要重新办理许可手续的，应当依法办理。

县级以上质量监督、工商行政管理、食品药品监督管理部门应当加强对食品生产经营者生产经营活动的日常监督检查；发现不符合食品生产经营要求情形的，应当责令立即纠正，并依法予以处理；不再符合生产经营许可条件的，应当依法撤销相关许可。

第二十二条　食品生产经营企业应当依照食品安全法第三十二条的规定组织职工参加食品安全知识培训，学习食品安全法律、法规、规章、标准和其他食品安全知识，并建立培训档案。

第二十三条　食品生产经营者应当依照食品安全法第三十四条的规定建立并执行从业人员健康检查制度和健康档案制度。从事接触直接入口食品工作的人员患有痢疾、伤寒、甲型病毒性肝炎、戊型病毒性肝炎等消化道传染病，以及患有活动性肺结核、化脓性或者渗出性皮肤病等有碍食品安全的疾病的，食品生产经营者应当将其调整到其他不影响食品安全的工作岗位。

食品生产经营人员依照食品安全法第三十四条第二款规定进行健康检查，其检查项目等事项应当符合所在地省、自治区、直辖市的规定。

第二十四条 食品生产经营企业应当依照食品安全法第三十六条第二款、第三十七条第一款、第三十九条第二款的规定建立进货查验记录制度、食品出厂检验记录制度，如实记录法律规定记录的事项，或者保留载有相关信息的进货或者销售票据。记录、票据的保存期限不得少于2年。

第二十五条 实行集中统一采购原料的集团性食品生产企业，可以由企业总部统一查验供货者的许可证和产品合格证明文件，进行进货查验记录；对无法提供合格证明文件的食品原料，应当依照食品安全标准进行检验。

第二十六条 食品生产企业应当建立并执行原料验收、生产过程安全管理、贮存管理、设备管理、不合格产品管理等食品安全管理制度，不断完善食品安全保障体系，保证食品安全。

第二十七条 食品生产企业应当就下列事项制定并实施控制要求，保证出厂的食品符合食品安全标准：

（一）原料采购、原料验收、投料等原料控制；

（二）生产工序、设备、贮存、包装等生产关键环节控制；

（三）原料检验、半成品检验、成品出厂检验等检验控制；

（四）运输、交付控制。

食品生产过程中有不符合控制要求情形的，食品生产企业应当立即查明原因并采取整改措施。

第二十八条 食品生产企业除依照食品安全法第三十六条、第三十七条规定进行进货查验记录和食品出厂检验记录外，还应当如实记录食品生产过程的安全管理情况。记录的保存期限不得少于2年。

第二十九条 从事食品批发业务的经营企业销售食品，应当如实记录批发食品的名称、规格、数量、生产批号、保质期、购货者名称及联系方式、销售日期等内容，或者保留载有相关信息的销售票据。记录、票据的保存期限不得少于2年。

第三十条 国家鼓励食品生产经营者采用先进技术手段，记录食品安全法和本条例要求记录的事项。

第三十一条 餐饮服务提供者应当制定并实施原料采购控制要求，确保所购原料符合食品安全标准。

餐饮服务提供者在制作加工过程中应当检查待加工的食品及原料，发现有腐败变质或者其他感官性状异常的，不得加工或者使用。

第三十二条 餐饮服务提供企业应当定期维护食品加工、贮存、陈列等设施、设备；定期清洗、校验保温设施及冷藏、冷冻设施。

餐饮服务提供者应当按照要求对餐具、饮具进行清洗、消毒，不得使用未经清洗和消毒的餐具、饮具。

第三十三条 对依照食品安全法第五十三条规定被召回的食品，食品生产者应当进行无害化处理或者予以销毁，防止其再次流入市场。对因标签、标识或者说明书不符合食品安全标准而被召回的食品，食品生产者在采取补救措施且能保证食品安全的情况下可以继续销售；销售时应当向消费者明示补救措施。

县级以上质量监督、工商行政管理、食品药品监督管理部门应当将食品生产者召回不符合食品安全标准的食品的情况，以及食品经营者停止经营不符合食品安全标准的食品的情况，记入食品生产经营者食品安全信用档案。

第五章 食品检验

第三十四条 申请人依照食品安全法第六十条第三款规定向承担复检工作的食品检验机构（以下称复检机构）申请复检，应当说明理由。

复检机构名录由国务院认证认可监督管理、卫生行政、农业行政等部门共同公布。复检机构出具的复检结论为最终检验结论。

复检机构由复检申请人自行选择。复检机构与初检机构不得为同一机构。

第三十五条 食品生产经营者对依照食品安全法第六十条规定进行的抽样检验结论有异议申请复检，复检结论表明食品合格的，复检费用由抽样检验的部门承担；复检结论表明食品不合格的，复检费用由食品生产经营者承担。

第六章　食品进出口

第三十六条　进口食品的进口商应当持合同、发票、装箱单、提单等必要的凭证和相关批准文件，向海关报关地的出入境检验检疫机构报检。进口食品应当经出入境检验检疫机构检验合格。海关凭出入境检验检疫机构签发的通关证明放行。

第三十七条　进口尚无食品安全国家标准的食品，或者首次进口食品添加剂新品种、食品相关产品新品种，进口商应当向出入境检验检疫机构提交依照食品安全法第六十三条规定取得的许可证明文件，出入境检验检疫机构应当按照国务院卫生行政部门的要求进行检验。

第三十八条　国家出入境检验检疫部门在进口食品中发现食品安全国家标准未规定且可能危害人体健康的物质，应当按照食品安全法第十二条的规定向国务院卫生行政部门通报。

第三十九条　向我国境内出口食品的境外食品生产企业依照食品安全法第六十五条规定进行注册，其注册有效期为 4 年。已经注册的境外食品生产企业提供虚假材料，或者因境外食品生产企业的原因致使相关进口食品发生重大食品安全事故的，国家出入境检验检疫部门应当撤销注册，并予以公告。

第四十条　进口的食品添加剂应当有中文标签、中文说明书。标签、说明书应当符合食品安全法和我国其他有关法律、行政法规的规定以及食品安全国家标准的要求，载明食品添加剂的原产地和境内代理商的名称、地址、联系方式。食品添加剂没有中文标签、中文说明书或者标签、说明书不符合本条规定的，不得进口。

第四十一条　出入境检验检疫机构依照食品安全法第六十二条规定对进口食品实施检验，依照食品安全法第六十八条规定对出口食品实施监督、抽检，具体办法由国家出入境检验检疫部门制定。

第四十二条　国家出入境检验检疫部门应当建立信息收集网络，依照食品安全法第六十九条的规定，收集、汇总、通报下列信息：

（一）出入境检验检疫机构对进出口食品实施检验检疫发现的食品安全信息；

（二）行业协会、消费者反映的进口食品安全信息；

（三）国际组织、境外政府机构发布的食品安全信息、风险预警信息，以及境外行业协会等组织、消费者反映的食品安全信息；

（四）其他食品安全信息。

接到通报的部门必要时应当采取相应处理措施。

食品安全监督管理部门应当及时将获知的涉及进出口食品安全的信息向国家出入境检验检疫部门通报。

第七章　食品安全事故处置

第四十三条　发生食品安全事故的单位对导致或者可能导致食品安全事故的食品及原料、工具、设备等，应当立即采取封存等控制措施，并自事故发生之时起2小时内向所在地县级人民政府卫生行政部门报告。

第四十四条　调查食品安全事故，应当坚持实事求是、尊重科学的原则，及时、准确查清事故性质和原因，认定事故责任，提出整改措施。

参与食品安全事故调查的部门应当在卫生行政部门的统一组织协调下分工协作、相互配合，提高事故调查处理的工作效率。

食品安全事故的调查处理办法由国务院卫生行政部门会同国务院有关部门制定。

第四十五条　参与食品安全事故调查的部门有权向有关单位和个人了解与事故有关的情况，并要求提供相关资料和样品。

有关单位和个人应当配合食品安全事故调查处理工作，按照要求提供相关资料和样品，不得拒绝。

第四十六条　任何单位或者个人不得阻挠、干涉食品安全事故的调查处理。

第八章　监督管理

第四十七条　县级以上地方人民政府依照食品安全法第七十六条规定制定的食品安全年度监督管理计划，应当包含食品抽样检验的内容。对专供婴幼儿、老年人、病人等特定人群的主辅食品，应当重点加强抽样检验。

县级以上农业行政、质量监督、工商行政管理、食品药品监督管理部门应当按照食品安全年度监督管理计划进行抽样检验。抽样检验购买样品所需费用和检验费等，由同级财政列支。

第四十八条　县级人民政府应当统一组织、协调本级卫生行政、农业行政、质量监督、工商行政管理、食品药品监督管理部门，依法对本行政区域内的食品生产经营者进行监督管理；对发生食品安全事故风险较高的食品生产经营者，应当重点加强监督管理。

在国务院卫生行政部门公布食品安全风险警示信息，或者接到所在地省、自治区、直辖市人民政府卫生行政部门依照本条例第十条规定通报的食品安全风险监测信息后，设区的市级和县级人民政府应当立即组织本级卫生行政、农业行政、质量监督、工商行政管理、食品药品监督管理部门采取有针对性的措施，防止发生食品安全事故。

第四十九条 国务院卫生行政部门应当根据疾病信息和监督管理信息等，对发现的添加或者可能添加到食品中的非食品用化学物质和其他可能危害人体健康的物质的名录及检测方法予以公布；国务院质量监督、工商行政管理和国家食品药品监督管理部门应当采取相应的监督管理措施。

第五十条 质量监督、工商行政管理、食品药品监督管理部门在食品安全监督管理工作中可以采用国务院质量监督、工商行政管理和国家食品药品监督管理部门认定的快速检测方法对食品进行初步筛查；对初步筛查结果表明可能不符合食品安全标准的食品，应当依照食品安全法第六十条第三款的规定进行检验。初步筛查结果不得作为执法依据。

第五十一条 食品安全法第八十二条第二款规定的食品安全日常监督管理信息包括：

（一）依照食品安全法实施行政许可的情况；

（二）责令停止生产经营的食品、食品添加剂、食品相关产品的名录；

（三）查处食品生产经营违法行为的情况；

（四）专项检查整治工作情况；

（五）法律、行政法规规定的其他食品安全日常监督管理信息。

前款规定的信息涉及两个以上食品安全监督管理部门职责的，由相关部门联合公布。

第五十二条 食品安全监督管理部门依照食品安全法第八十二条规定公布信息，应当同时对有关食品可能产生的危害进行解释、说明。

第五十三条 卫生行政、农业行政、质量监督、工商行政管理、食品药品监督管理等部门应当公布本单位的电子邮件地址或者电话，接受咨询、投诉、举报；对接到的咨询、投诉、举报，应当依照食品安全法第八十条的规定进行答复、核实、处理，并对咨询、投诉、举报和答复、核实、处理的情况予以记录、保存。

第五十四条 国务院工业和信息化、商务等部门依据职责制定食品行业的发展规划和产业政策，采取措施推进产业结构优化，加强对食品行业诚信体系建设的指导，促进食品行业健康发展。

第九章 法律责任

第五十五条 食品生产经营者的生产经营条件发生变化，未依照本条例第二十一条规定处理的，由有关主管部门责令改正，给予警告；造成严重后果的，依照食品安全法第八十五条的规定给予处罚。

第五十六条 餐饮服务提供者未依照本条例第三十一条第一款规定制定、实施原料采购控制要求的，依照食品安全法第八十六条的规定给予处罚。

餐饮服务提供者未依照本条例第三十一条第二款规定检查待加工的食品及原料，或者发现有腐败变质或者其他感官性状异常仍加工、使用的，依照食品安全法第八十五条的规定给予处罚。

第五十七条 有下列情形之一的，依照食品安全法第八十七条的规定给予处罚：

（一）食品生产企业未依照本条例第二十六条规定建立、执行食品安全管理制度的；

（二）食品生产企业未依照本条例第二十七条规定制定、实施生产过程控制要求，或者食品生产过程中有不符合控制要求的情形未依照规定采取整改措施的；

（三）食品生产企业未依照本条例第二十八条规定记录食品生产过程的安全管理情况并保存相关记录的；

（四）从事食品批发业务的经营企业未依照本条例第二十九条规定记录、保存销售信息或者保留销售票据的；

（五）餐饮服务提供企业未依照本条例第三十二条第一款规定定期维护、清洗、校验设施、设备的；

（六）餐饮服务提供者未依照本条例第三十二条第二款规定对餐具、饮具进行清洗、消毒，或者使用未经清洗和消毒的餐具、饮具的。

第五十八条 进口不符合本条例第四十条规定的食品添加剂的，由出入境检验检疫机构没收违法进口的食品添加剂；违法进口的食品添加剂货值金额不足1万元的，并处2000元以上5万元以下罚款；货值金额1万元以上的，并处货值金额2倍以上5倍以下罚款。

第五十九条 医疗机构未依照本条例第八条规定报告有关疾病信息的，由卫生行政部门责令改正，给予警告。

第六十条 发生食品安全事故的单位未依照本条例第四十三条规定采取措施并报告的，依照食品安全法第八十八条的规定给予处罚。

第六十一条 县级以上地方人民政府不履行食品安全监督管理法定职责，本行政区域出现重大食品安全事故、造成严重社会影响的，依法对直接负责的主管人员和其他直接责任人员给予记大过、降级、撤职或者开除的处分。

县级以上卫生行政、农业行政、质量监督、工商行政管理、食品药品监督管理部门或者其他有关行政部门不履行食品安全监督管理法定职责、日常监督检查不到位或者滥用职权、玩忽职守、徇私舞弊的，依法对直接负责的主管人员和其他直接责任人员给予记大过或者降级的处分；造成严重后果的，给予撤职或者开除的处分；其主要负责人应当引咎辞职。

第十章 附 则

第六十二条 本条例下列用语的含义：

食品安全风险评估，指对食品、食品添加剂中生物性、化学性和物理性危害对人体健康可能造成的不良影响所进行的科学评估，包括危害识别、危害特征描述、暴露评估、风险特征描述等。

餐饮服务，指通过即时制作加工、商业销售和服务性劳动等，向消费者提供食品和消费场所及设施的服务活动。

第六十三条 食用农产品质量安全风险监测和风险评估由县级以上人民政府农业行政部门依照《中华人民共和国农产品质量安全法》的规定进行。

国境口岸食品的监督管理由出入境检验检疫机构依照食品安全法和本条例以及有关法律、行政法规的规定实施。

食品药品监督管理部门对声称具有特定保健功能的食品实行严格监管，具体办法由国务院另行制定。

第六十四条 本条例自公布之日起施行。

国务院关于加强食品等产品安全监督管理的特别规定

（2007年7月25日国务院第186次常务会议 通过2007年7月26日中华人民共和国国务院令第503号公布 自公布之日起施行）

第一条 为了加强食品等产品安全监督管理，进一步明确生产经营者、监督管理部门和地方人民政府的责任，加强各监督管理部门的协调、配合，保障人体健康和生命安全，制定本规定。

第二条 本规定所称产品除食品外，还包括食用农产品、药品等与人体健康和生命安全有关的产品。

对产品安全监督管理，法律有规定的，适用法律规定；法律没有规定或者规定不明确的，适用本规定。

第三条 生产经营者应当对其生产、销售的产品安全负责，不得生产、销售不符合法定要求的产品。

依照法律、行政法规规定生产、销售产品需要取得许可证照或者需要经过认证的，应当按照法定条件、要求从事生产经营活动。不按照法定条件、要求从事生产经营活动或者生产、销售不符合法定要求产品的，由农业、卫生、质检、商务、工商、药品等监督管理部门依据各自职责，没收违法所得、产品和用于违法生产的工具、设备、原材料等物品，货值金额不足5000元的，并处5万元罚款；货值金额5000元以上不足1万元的，并处10万元罚款；货值金额1万元以上的，并处货值金额10倍以上20倍以下的罚款；造成严重后果的，由原发证部门吊销许可证照；构成非法经营罪或者生产、销售伪劣商品罪等犯罪的，依法追究刑事责任。

生产经营者不再符合法定条件、要求，继续从事生产经营活动的，由原发证部门吊销许可证照，并在当地主要媒体上公告被吊销许可证照的生产经营者名单；构成非法经营罪或者生产、销售伪劣商品罪等犯罪的，依法追究刑事责任。

依法应当取得许可证照而未取得许可证照从事生产经营活动的，由农业、卫生、质检、商务、工商、药品等监督管理部门依据各自职责，没收违法所得、产品和用于违法生产的工具、设备、原材料等物品，货值金额不足1万元的，并处10万元罚款；货值金额1万元以上的，并处货值金额10倍以上20倍以下的罚款；构成非法经营罪的，依法追究刑事责任。

有关行业协会应当加强行业自律，监督生产经营者的生产经营活动；加强公众健康知识的普及、宣传，引导消费者选择合法生产经营者生产、销售的产品以及有合法标识的产品。

第四条 生产者生产产品所使用的原料、辅料、添加剂、农业投入品，应当符合法律、行政法规的规定和国家强制性标准。

违反前款规定，违法使用原料、辅料、添加剂、农业投入品的，由农业、卫生、质检、商务、药品等监督管理部门依据各自职责没收违法所得，货值金额不足5000元的，并处2万元罚款；货值金额5000元以上不足1万元的，并处5万元罚款；货值金额1万元以上的，并处货值金额5倍以上10倍以下的罚款；造成严重后果的，由原发证部门吊销许可证照；构成生产、销售伪劣商品罪的，依法追究刑事责任。

第五条 销售者必须建立并执行进货检查验收制度，审验供货商的经营资格，验明产品合格证明和产品标识，并建立产品进货台账，如实记录产品名称、规格、数量、供货商及其联系方式、进货时间等内容。从事产品批发业务的销售企业应当建立产品销售台账，如实记录批发的产品品种、规格、数量、流向等内容。在产品集中交易场所销售自制产品的生产企业应当比照从事产品批发业务的销售企业的规定，履行建立产品销售台账的义务。进货台账和销售台账保存期限不得少于2年。销售者应当向供货商按照产品生产批次索要符合法定条件的检验机构出具的检验报告或者由供货商签字或者盖章的检验报告复印件；不能提供检验报告或者检验报告复印件的产品，不得销售。

违反前款规定的，由工商、药品监督管理部门依据各自职责责令停止销售；不能提供检验报告或者检验报告复印件销售产品的，没收违法所得和违法销售的产品，并处货值金额3倍的罚款；造成严重后果的，由原发证部门吊销许可证照。

第六条 产品集中交易市场的开办企业、产品经营柜台出租企业、产品展销会的举办企业，应当审查入场销售者的经营资格，明确入场销售者的产品安全管理责任，定期对入场销售者的经营环境、条件、内部安全管理制度和经营产品是否符合法定要求进行检查，发现销售不符合法定要求产品或者其他违法行为的，应当及时制止并立即报告所在地工商行政管理部门。

违反前款规定的，由工商行政管理部门处以1000元以上5万元以下的罚款；情节严重的，责令停业整顿；造成严重后果的，吊销营业执照。

第七条 出口产品的生产经营者应当保证其出口产品符合进口国（地区）的标准或者合同要求。法律规定产品必须经过检验方可出口的，应当经符合法律规定的机构检验合格。

出口产品检验人员应当依照法律、行政法规规定和有关标准、程序、方法进行检验，对其出具的检验证单等负责。

出入境检验检疫机构和商务、药品等监督管理部门应当建立出口产品的生产经营者良好记录和不良记录，并予以公布。对有良好记录的出口产品的生产经营者，简化检验检疫手续。

出口产品的生产经营者逃避产品检验或者弄虚作假的，由出入境检验检疫机构和药品监督管理部门依据各自职责，没收违法所得和产品，并处货值金额3倍的罚款；构成犯罪的，依法追究刑事责任。

第八条 进口产品应当符合我国国家技术规范的强制性要求以及我国与出口国（地区）签订的协议规定的检验要求。

质检、药品监督管理部门依据生产经营者的诚信度和质量管理水平以及进口产品风险评估的结果，对进口产品实施分类管理，并对进口产品的收货人实施备案管理。进口产品的收货人应当如实记录进口产品流向。记录保存期限不得少于2年。

质检、药品监督管理部门发现不符合法定要求产品时，可以将不符合法定要求产品的进货人、报检人、代理人列入不良记录名单。进口产品的进货人、销售者弄虚作假的，由质检、药品监督管理部门依据各自职责，没收违法所得和产品，并处货值金额3倍的罚款；构成犯罪的，依法追究刑事责任。进口产品的报检人、代理人弄虚作假的，取消报检资格，并处货值金额等值的罚款。

第九条 生产企业发现其生产的产品存在安全隐患，可能对人体健康和生命安全造成损害的，应当向社会公布有关信息，通知销售者停止销售，告知消费者停止使用，主动召回产品，并向有关监督管理部门报告；销售者应当立即停止销售该产品。销售者发现其销售的产品存在安全隐患，可能对人体健康和生命安全造成损害的，应当立即停止销售该产品，通知生产企业或者供货商，并向有关监督管理部门报告。

生产企业和销售者不履行前款规定义务的，由农业、卫生、质检、商务、工商、药品等监督管理部门依据各自职责，责令生产企业召回产品、销售者停止销售，对生产企业并处货值金额3倍的罚款，对销售者并处1000元以上5万元以下的罚款；造成严重后果的，由原发证部门吊销许可证照。

第十条 县级以上地方人民政府应当将产品安全监督管理纳入政府工作考核目标，对本行政区域内的产品安全监督管理负总责，统一领导、协调本行政区域内的监督管理工作，建立健全监督管理协调机制，加强对行政执法的协调、监督；统一领导、指挥产品安全突发事件应对工作，依法组织查处产品安全事故；建立监督管理责任制，对各监督管理部门进行评议、考核。质检、工商和药品等监督管理部门应当在所在地同级人民政府的统一协调下，依法做好产品安全监督管理工作。

县级以上地方人民政府不履行产品安全监督管理的领导、协调职责，本行政区域内一年多次出现产品安全事故、造成严重社会影响的，由监察机关或者任免机关对政府的主要负责人和直接负责的主管人员给予记大过、降级或者撤职的处分。

第十一条 国务院质检、卫生、农业等主管部门在各自职责范围内尽快制定、修改或者起草相关国家标准，加快建立统一管理、协调配套、符合实际、科学合理的产品标准体系。

第十二条 县级以上人民政府及其部门对产品安全实施监督管理，应当按照法定权限和程序履行职责，做到公开、公平、公正。对生产经营者同一违法行为，不得给予2次以上罚款的行政处罚；对涉嫌构成犯罪、依法需要追究刑事责任的，应当依照《行政执法机关移送涉嫌犯罪案件的规定》，向公安机关移送。

农业、卫生、质检、商务、工商、药品等监督管理部门应当依据各自职责对生产经营者进行监督检查，并对其遵守强制性标准、法定要求的情况予以记录，由监督检查人员签字后归档。监督检查记录应当作为其直接负责主管人员定期考核的内容。公众有权查阅监督检查记录。

第十三条 生产经营者有下列情形之一的，农业、卫生、质检、商务、工商、药品等监督管理部门应当依据各自职责采取措施，纠正违法行为，防止或者减少危害发生，并依照本规定予以处罚：

（一）依法应当取得许可证照而未取得许可证照从事生产经营活动的；

（二）取得许可证照或者经过认证后，不按照法定条件、要求从事生产经营活动或者生产、销售不符合法定要求产品的；

（三）生产经营者不再符合法定条件、要求继续从事生产经营活动的；

（四）生产者生产产品不按照法律、行政法规的规定和国家强制性标准使用原料、辅料、添加剂、农业投入品的；

（五）销售者没有建立并执行进货检查验收制度，并建立产品进货台账的；

（六）生产企业和销售者发现其生产、销售的产品存在安全隐患，可能对人体健康和生命安全造成损害，不履行本规定的义务的；

（七）生产经营者违反法律、行政法规和本规定的其他有关规定的。

农业、卫生、质检、商务、工商、药品等监督管理部门不履行前款规定职责、造成后果的，由监察机关或者任免机关对其主要负责人、直接负责的主管人员和其他直接责任人员给予记大过或者降级的处分；造成严重后果的，给予其主要负责人、直接负责的主管人员和其他直接责任人员撤职或者开除的处分；其主要负责人、直接负责的主管人员和其他直接责任人员构成渎职罪的，依法追究刑事责任。

违反本规定，滥用职权或者有其他渎职行为的，由监察机关或者任免机关对其主要负责人、直接负责的主管人员和其他直接责任人员给予记过或者记大过的处分；造成严重后果的，给予其主要负责人、直接负责的主管人员和其他直接责任人员降级或者撤职的处分；其主要负责人、直接负责的主管人员和其他直接责任人员构成渎职罪的，依法追究刑事责任。

第十四条 农业、卫生、质检、商务、工商、药品等监督管理部门发现违反本规定的行为，属于其他监督管理部门职责的，应当立即书面通知并移交有权处理的监督管理部门处理。有权处理的部门应当立即处理，不得推诿；因不立即处理或者推诿造成后果的，由监察机关或者任免机关对其主要负责人、直接负责的主管人员和其他直接责任人员给予记大过或者降级的处分。

第十五条 农业、卫生、质检、商务、工商、药品等监督管理部门履行各自产品安全监督管理职责，有下列职权：

（一）进入生产经营场所实施现场检查；

（二）查阅、复制、查封、扣押有关合同、票据、账簿以及其他有关资料；

（三）查封、扣押不符合法定要求的产品，违法使用的原料、辅料、添加剂、农业投入品以及用于违法生产的工具、设备；

（四）查封存在危害人体健康和生命安全重大隐患的生产经营场所。

第十六条 农业、卫生、质检、商务、工商、药品等监督管理部门应当建立生产经营者违法行为记录制度，对违法行为的情况予以记录并公布；对有多次违法行为记录的生产经营者，吊销许可证照。

第十七条 检验检测机构出具虚假检验报告，造成严重后果的，由授予其资质的部门吊销其检验检测资质；构成犯罪的，对直接负责的主管人员和其他直接责任人员依法追究刑事责任。

第十八条 发生产品安全事故或者其他对社会造成严重影响的产品安全事件时，农业、卫生、质检、商务、工商、药品等监督管理部门必须在各自职责范围内及时作出反应，采取措施，控制事态发展，减少损失，依照国务院规定发布信息，做好有关善后工作。

第十九条 任何组织或者个人对违反本规定的行为有权举报。接到举报的部门应当为举报人保密。举报经调查属实的，受理举报的部门应当给予举报人奖励。

农业、卫生、质检、商务、工商、药品等监督管理部门应当公布本单位的电子邮件地址或者举报电话；对接到的举报，应当及时、完整地进行记录并妥善保存。举报的事项属于本部门职责的，应当受理，并依法进行核实、处理、答复；不属于本部门职责的，应当转交有权处理的部门，并告知举报人。

第二十条 本规定自公布之日起施行。

乳品质量安全监督管理条例

（2008年10月6日国务院第28次常务会议 通过2008年10月9日中华人民共和国国务院令第536号公布 自公布之日起施行）

第一章 总 则

第一条 为了加强乳品质量安全监督管理，保证乳品质量安全，保障公众身体健康和生命安全，促进奶业健康发展，制定本条例。

第二条 本条例所称乳品，是指生鲜乳和乳制品。

乳品质量安全监督管理适用本条例；法律对乳品质量安全监督管理另有规定的，从其规定。

第三条 奶畜养殖者、生鲜乳收购者、乳制品生产企业和销售者对其生产、收购、运输、销售的乳品质量安全负责，是乳品质量安全的第一责任者。

第四条 县级以上地方人民政府对本行政区域内的乳品质量安全监督管理负总责。

县级以上人民政府畜牧兽医主管部门负责奶畜饲养以及生鲜乳生产环节、收购环节的监督管理。县级以上质量监督检验检疫部门负责乳制品生产环节和乳品进出口环节的监督管理。县级以上工商行政管理部门负责乳制品销售环节的监督管理。县级以上食品药品监督部门负责乳制品餐饮服务环节的监督管理。县级以上人民政府卫生主管部门依照职权负责乳品质量安全监督管理的综合协调、组织查处食品安全重大事故。县级以上人民政府其他有关部门在各自职责范围内负责乳品质量安全监督管理的其他工作。

第五条 发生乳品质量安全事故，应当依照有关法律、行政法规的规定及时报告、处理；造成严重后果或者恶劣影响的，对有关人民政府、有关部门负有领导责任的负责人依法追究责任。

第六条 生鲜乳和乳制品应当符合乳品质量安全国家标准。乳品质量安全国家标准由国务院卫生主管部门组织制定，并根据风险监测和风险评估的结果及时组织修订。

乳品质量安全国家标准应当包括乳品中的致病性微生物、农药残留、兽药残留、重金属以及其他危害人体健康物质的限量规定，乳品生产经营过程的卫生要求，通用的乳品检验方法与规程，与乳品安全有关的质量要求，以及其他需要制定为乳品质量安全国家标准的内容。

制定婴幼儿奶粉的质量安全国家标准应当充分考虑婴幼儿身体特点和生长发育需要，保证婴幼儿生长发育所需的营养成分。

国务院卫生主管部门应当根据疾病信息和监督管理部门的监督管理信息等，对发现添加或者可能添加到乳品中的非食品用化学物质和其他可能危害人体健康的物质，立即组织进行风险评估，采取相应的监测、检测和监督措施。

第七条 禁止在生鲜乳生产、收购、贮存、运输、销售过程中添加任何物质。

禁止在乳制品生产过程中添加非食品用化学物质或者其他可能危害人体健康的物质。

第八条 国务院畜牧兽医主管部门会同国务院发展改革部门、工业和信息化部门、商务部门，制定全国奶业发展规划，加强奶源基地建设，完善服务体系，促进奶业健康发展。

县级以上地方人民政府应当根据全国奶业发展规划，合理确定本行政区域内奶畜养殖规模，科学安排生鲜乳的生产、收购布局。

第九条 有关行业协会应当加强行业自律，推动行业诚信建设，引导、规范奶畜养殖者、生鲜乳收购者、乳制品生产企业和销售者依法生产经营。

第二章 奶畜养殖

第十条 国家采取有效措施，鼓励、引导、扶持奶畜养殖者提高生鲜乳质量安全水平。省级以上人民政府应当在本级财政预算内安排支持奶业发展资金，并鼓励对奶畜养殖者、奶农专业生产合作社等给予信贷支持。

国家建立奶畜政策性保险制度，对参保奶畜养殖者给予保费补助。

第十一条 畜牧兽医技术推广机构应当向奶畜养殖者提供养殖技术培训、良种推广、疫病防治等服务。

国家鼓励乳制品生产企业和其他相关生产经营者为奶畜养殖者提供所需的服务。

第十二条 设立奶畜养殖场、养殖小区应当具备下列条件：

（一）符合所在地人民政府确定的本行政区域奶畜养殖规模；

（二）有与其养殖规模相适应的场所和配套设施；

（三）有为其服务的畜牧兽医技术人员；

（四）具备法律、行政法规和国务院畜牧兽医主管部门规定的防疫条件；

（五）有对奶畜粪便、废水和其他固体废物进行综合利用的沼气池等设施或者其他无害化处理设施；

（六）有生鲜乳生产、销售、运输管理制度；

（七）法律、行政法规规定的其他条件。

奶畜养殖场、养殖小区开办者应当将养殖场、养殖小区的名称、养殖地址、奶畜品种和养殖规模向养殖场、养殖小区所在地县级人民政府畜牧兽医主管部门备案。

第十三条 奶畜养殖场应当建立养殖档案，载明以下内容：

（一）奶畜的品种、数量、繁殖记录、标识情况、来源和进出场日期；

（二）饲料、饲料添加剂、兽药等投入品的来源、名称、使用对象、时间和用量；

（三）检疫、免疫、消毒情况；

（四）奶畜发病、死亡和无害化处理情况；

（五）生鲜乳生产、检测、销售情况；

（六）国务院畜牧兽医主管部门规定的其他内容。

奶畜养殖小区开办者应当逐步建立养殖档案。

第十四条 从事奶畜养殖，不得使用国家禁用的饲料、饲料添加剂、兽药以及其他对动物和人体具有直接或者潜在危害的物质。

禁止销售在规定用药期和休药期内的奶畜产的生鲜乳。

第十五条 奶畜养殖者应当确保奶畜符合国务院畜牧兽医主管部门规定的健康标准，并确保奶畜接受强制免疫。

动物疫病预防控制机构应当对奶畜的健康情况进行定期检测；经检测不符合健康标准的，应当立即隔离、治疗或者做无害化处理。

第十六条 奶畜养殖者应当做好奶畜和养殖场所的动物防疫工作，发现奶畜染疫或者疑似染疫的，应当立即报告，停止生鲜乳生产，并采取隔离等控制措施，防止疫病扩散。

奶畜养殖者对奶畜养殖过程中的排泄物、废弃物应当及时清运、处理。

第十七条 奶畜养殖者应当遵守国务院畜牧兽医主管部门制定的生鲜乳生产技术规程。直接从事挤奶工作的人员应当持有有效的健康证明。

奶畜养殖者对挤奶设施、生鲜乳贮存设施等应当及时清洗、消毒，避免对生鲜乳造成污染。

第十八条 生鲜乳应当冷藏。超过 2 小时未冷藏的生鲜乳，不得销售。

第三章 生鲜乳收购

第十九条 省、自治区、直辖市人民政府畜牧兽医主管部门应当根据当地奶源分布情况，按照方便奶畜养殖者、促进规模化养殖的原则，对生鲜乳收购站的建设进行科学规划和合理布局。必要时，可以实行生鲜乳集中定点收购。

国家鼓励乳制品生产企业按照规划布局，自行建设生鲜乳收购站或者收购原有生鲜乳收购站。

第二十条 生鲜乳收购站应当由取得工商登记的乳制品生产企业、奶畜养殖场、奶农专业生产合作社开办，并具备下列条件，取得所在地县级人民政府畜牧兽医主管部门颁发的生鲜乳收购许可证：

（一）符合生鲜乳收购站建设规划布局；

（二）有符合环保和卫生要求的收购场所；

（三）有与收奶量相适应的冷却、冷藏、保鲜设施和低温运输设备；

（四）有与检测项目相适应的化验、计量、检测仪器设备；

（五）有经培训合格并持有有效健康证明的从业人员；

（六）有卫生管理和质量安全保障制度。

生鲜乳收购许可证有效期2年；生鲜乳收购站不再办理工商登记。

禁止其他单位或者个人开办生鲜乳收购站。禁止其他单位或者个人收购生鲜乳。

国家对生鲜乳收购站给予扶持和补贴，提高其机械化挤奶和生鲜乳冷藏运输能力。

第二十一条 生鲜乳收购站应当及时对挤奶设施、生鲜乳贮存运输设施等进行清洗、消毒，避免对生鲜乳造成污染。

生鲜乳收购站应当按照乳品质量安全国家标准对收购的生鲜乳进行常规检测。检测费用不得向奶畜养殖者收取。

生鲜乳收购站应当保持生鲜乳的质量。

第二十二条 生鲜乳收购站应当建立生鲜乳收购、销售和检测记录。生鲜乳收购、销售和检测记录应当包括畜主姓名、单次收购量、生鲜乳检测结果、销售去向等内容，并保存2年。

第二十三条 县级以上地方人民政府价格主管部门应当加强对生鲜乳价格的监控和通报，及时发布市场供求信息和价格信息。必要时，县级以上地方人民政府建立由价格、畜牧兽医等部门以及行业协会、乳制品生产企业、生鲜乳收购者、奶畜养殖者代表组成的生鲜乳价格协调委员会，确定生鲜乳交易参考价格，供购销双方签订合同时参考。

生鲜乳购销双方应当签订书面合同。生鲜乳购销合同示范文本由国务院畜牧兽医主管部门会同国务院工商行政管理部门制定并公布。

第二十四条 禁止收购下列生鲜乳：

（一）经检测不符合健康标准或者未经检疫合格的奶畜产的；

（二）奶畜产犊7日内的初乳，但以初乳为原料从事乳制品生产的除外；

（三）在规定用药期和休药期内的奶畜产的；

（四）其他不符合乳品质量安全国家标准的。

对前款规定的生鲜乳，经检测无误后，应当予以销毁或者采取其他无害化处理措施。

第二十五条 贮存生鲜乳的容器，应当符合国家有关卫生标准，在挤奶后2小时内应当降温至0－4℃。

生鲜乳运输车辆应当取得所在地县级人民政府畜牧兽医主管部门核发的生鲜乳准运证明，并随车携带生鲜乳交接单。交接单应当载明生鲜乳收购站的名称、生鲜乳数量、交接时间，并由生鲜乳收购站经手人、押运员、司机、收奶员签字。

生鲜乳交接单一式两份，分别由生鲜乳收购站和乳品生产者保存，保存时间2年。准运证明和交接单式样由省、自治区、直辖市人民政府畜牧兽医主管部门制定。

第二十六条 县级以上人民政府应当加强生鲜乳质量安全监测体系建设，配备相应的人员和设备，确保监测能力与监测任务相适应。

第二十七条 县级以上人民政府畜牧兽医主管部门应当加强生鲜乳质量安全监测工作，制定并组织实施生鲜乳质量安全监测计划，对生鲜乳进行监督抽查，并按照法定权限及时公布监督抽查结果。

监测抽查不得向被抽查人收取任何费用，所需费用由同级财政列支。

第四章 乳制品生产

第二十八条 从事乳制品生产活动，应当具备下列条件，取得所在地质量监督部门颁发的食品生产许可证：

（一）符合国家奶业产业政策；

（二）厂房的选址和设计符合国家有关规定；

（三）有与所生产的乳制品品种和数量相适应的生产、包装和检测设备；

（四）有相应的专业技术人员和质量检验人员；

（五）有符合环保要求的废水、废气、垃圾等污染物的处理设施；

（六）有经培训合格并持有有效健康证明的从业人员；

（七）法律、行政法规规定的其他条件。

质量监督部门对乳制品生产企业颁发食品生产许可证，应当征求所在地工业行业管理部门的意见。

未取得食品生产许可证的任何单位和个人，不得从事乳制品生产。

第二十九条 乳制品生产企业应当建立质量管理制度，采取质量安全管理措施，对乳制品生产实施从原料进厂到成品出厂的全过程质量控制，保证产品质量安全。

第三十条 乳制品生产企业应当符合良好生产规范要求。国家鼓励乳制品生产企业实施危害分析与关键控制点体系，提高乳制品安全管理水平。生产婴幼儿奶粉的企业应当实施危害分析与关键控制点体系。

对通过良好生产规范、危害分析与关键控制点体系认证的乳制品生产企业，认证机构应当依法实施跟踪调查；对不再符合认证要求的企业，应当依法撤销认证，并及时向有关主管部门报告。

第三十一条 乳制品生产企业应当建立生鲜乳进货查验制度，逐批检测收购的生鲜乳，如实记录质量检测情况、供货者的名称以及联系方式、进货日期等内容，并查验运输车辆生鲜乳交接单。查验记录和生鲜乳交接单应当保存2年。乳制品生产企业不得向未取得生鲜乳收购许可证的单位和个人购进生鲜乳。

乳制品生产企业不得购进兽药等化学物质残留超标，或者含有重金属等有毒有害物质、致病性的寄生虫和微生物、生物毒素以及其他不符合乳品质量安全国家标准的生鲜乳。

第三十二条 生产乳制品使用的生鲜乳、辅料、添加剂等，应当符合法律、行政法规的规定和乳品质量安全国家标准。

生产的乳制品应当经过巴氏杀菌、高温杀菌、超高温杀菌或者其他有效方式杀菌。

生产发酵乳制品的菌种应当纯良、无害，定期鉴定，防止杂菌污染。

生产婴幼儿奶粉应当保证婴幼儿生长发育所需的营养成分，不得添加任何可能危害婴幼儿身体健康和生长发育的物质。

第三十三条 乳制品的包装应当有标签。标签应当如实标明产品名称、规格、净含量、生产日期，成分或者配料表，生产企业的名称、地址、联系方式，保质期，产品标准代号，贮存条件，所使用的食品添加剂的化学通用名称，食品生产许可证编号，法律、行政法规或者乳品质量安全国家标准规定必须标明的其他事项。

使用奶粉、黄油、乳清粉等原料加工的液态奶，应当在包装上注明；使用复原乳作为原料生产液态奶的，应当标明“复原乳”字样，并在产品配料中如实标明复原乳所含原料及比例。

婴幼儿奶粉标签还应当标明主要营养成分及其含量，详细说明使用方法和注意事项。

第三十四条 出厂的乳制品应当符合乳品质量安全国家标准。

乳制品生产企业应当对出厂的乳制品逐批检验，并保存检验报告，留取样品。检验内容应当包括乳制品的感官指标、理化指标、卫生指标和乳制品中使用的添加剂、稳定剂以及酸奶中使用的菌种等；婴幼儿奶粉在出厂前还应当检测营养成分。对检验合格的乳制品应当标识检验合格证号；检验不合格的不得出厂。检验报告应当保存2年。

第三十五条 乳制品生产企业应当如实记录销售的乳制品名称、数量、生产日期、生产批号、检验合格证号、购货者名称及其联系方式、销售日期等。

第三十六条 乳制品生产企业发现其生产的乳制品不符合乳品质量安全国家标准、存在危害人体健康和生命安全危险或者可能危害婴幼儿身体健康或者生长发育的，应当立即停止生产，报告有关主管部门，告知销售者、消费者，召回已经出厂、上市销售的乳制品，并记录召回情况。

乳制品生产企业对召回的乳制品应当采取销毁、无害化处理等措施，防止其再次流入市场。

第五章 乳制品销售

第三十七条 从事乳制品销售应当按照食品安全监督管理的有关规定，依法向工商行政管理部门申请领取有关证照。

第三十八条 乳制品销售者应当建立并执行进货查验制度，审验供货商的经营资格，验明乳制品合格证明和产品标识，并建立乳制品进货台账，如实记录乳制品的名称、规格、数量、供货商及其联系方式、进货时间等内容。从事乳制品批发业务的销售企业应当建立乳制品销售台账，如实记录批发的乳制品的品种、规格、数量、流向等内容。进货台账和销售台账保存期限不得少于2年。

第三十九条 乳制品销售者应当采取措施，保持所销售乳制品的质量。

销售需要低温保存的乳制品的，应当配备冷藏设备或者采取冷藏措施。

第四十条 禁止购进、销售无质量合格证明、无标签或者标签残缺不清的乳制品。

禁止购进、销售过期、变质或者不符合乳品质量安全国家标准的乳制品。

第四十一条 乳制品销售者不得伪造产地，不得伪造或者冒用他人的厂名、厂址，不得伪造或者冒用认证标志等质量标志。

第四十二条 对不符合乳品质量安全国家标准、存在危害人体健康和生命安全或者可能危害婴幼儿身体健康和生长发育的乳制品，销售者应当立即停止销售，追回已经售出的乳制品，并记录追回情况。

乳制品销售者自行发现其销售的乳制品有前款规定情况的，还应当立即报告所在地工商行政管理等有关部门，通知乳制品生产企业。

第四十三条 乳制品销售者应当向消费者提供购货凭证，履行不合格乳制品的更换、退货等义务。

乳制品销售者依照前款规定履行更换、退货等义务后，属于乳制品生产企业或者供货商的责任的，销售者可以向乳制品生产企业或者供货商追偿。

第四十四条 进口的乳品应当按照乳品质量安全国家标准进行检验；尚未制定乳品质量安全国家标准的，可以参照国家有关部门指定的国外有关标准进行检验。

第四十五条 出口乳品的生产者、销售者应当保证其出口乳品符合乳品质量安全国家标准的同时还符合进口国家（地区）的标准或者合同要求。

第六章 监督检查

第四十六条 县级以上人民政府畜牧兽医主管部门应当加强对奶畜饲养以及生鲜乳生产环节、收购环节的监督检查。县级以上质量监督检验检疫部门应当加强对乳制品生产环节和乳品进出口环节的监督检查。县级以上工商行政管理部门应当加强对乳制品销售环节的监督检查。县级以上食品药品监督部门应当加强对乳制品餐饮服务环节的监督管理。监督检查部门之间，监督检查部门与其他有关部门之间，应当及时通报乳品质量安全监督管理信息。

畜牧兽医、质量监督、工商行政管理等部门应当定期开展监督抽查，并记录监督抽查的情况和处理结果。需要对乳品进行抽样检查的，不得收取任何费用，所需费用由同级财政列支。

第四十七条 畜牧兽医、质量监督、工商行政管理等部门在依据各自职责进行监督检查时，行使下列职权：

（一）实施现场检查；

（二）向有关人员调查、了解有关情况；

（三）查阅、复制有关合同、票据、账簿、检验报告等资料；

（四）查封、扣押有证据证明不符合乳品质量安全国家标准的乳品以及违法使用的生鲜乳、辅料、添加剂；

（五）查封涉嫌违法从事乳品生产经营活动的场所，扣押用于违法生产经营的工具、设备；

（六）法律、行政法规规定的其他职权。

第四十八条 县级以上质量监督部门、工商行政管理部门在监督检查中，对不符合乳品质量安全国家标准、存在危害人体健康和生命安全危险或者可能危害婴幼儿身体健康和生长发育的乳制品，责令并监督生产企业召回、销售者停止销售。

第四十九条 县级以上人民政府价格主管部门应当加强对生鲜乳购销过程中压级压价、价格欺诈、价格串通等不正当价格行为的监督检查。

第五十条 畜牧兽医主管部门、质量监督部门、工商行政管理部门应当建立乳品生产经营者违法行为记录，及时提供给中国人民银行，由中国人民银行纳入企业信用信息基础数据库。

第五十一条 省级以上人民政府畜牧兽医主管部门、质量监督部门、工商行政管理部门依据各自职责，公布乳品质量安全监督管理信息。有关监督管理部门应当及时向同级卫生主管部门通报乳品质量安全事故信息；乳品质量安全重大事故信息由省级以上人民政府卫生主管部门公布。

第五十二条 有关监督管理部门发现奶畜养殖者、生鲜乳收购者、乳制品生产企业和销售者涉嫌犯罪的，应当及时移送公安机关立案侦查。

第五十三条 任何单位和个人有权向畜牧兽医、卫生、质量监督、工商行政管理、食品药品监督等部门举报乳品生产经营中的违法行为。畜牧兽医、卫生、质量监督、工商行政管理、食品药品监督等部门应当公布本单位的电子邮件地址和举报电话；对接到的举报，应当完整地记录、保存。

接到举报的部门对属于本部门职责范围内的事项，应当及时依法处理，对于实名举报，应当及时答复；对不属于本部门职责范围内的事项，应当及时移交有权处理的部门，有权处理的部门应当立即处理，不得推诿。

第七章　法律责任

第五十四条　生鲜乳收购者、乳制品生产企业在生鲜乳收购、乳制品生产过程中，加入非食品用化学物质或者其他可能危害人体健康的物质，依照刑法第一百四十四条的规定，构成犯罪的，依法追究刑事责任，并由发证机关吊销许可证照；尚不构成犯罪的，由畜牧兽医主管部门、质量监督部门依据各自职责没收违法所得和违法生产的乳品，以及相关的工具、设备等物品，并处违法乳品货值金额15倍以上30倍以下罚款，由发证机关吊销许可证照。

第五十五条　生产、销售不符合乳品质量安全国家标准的乳品，依照刑法第一百四十三条的规定，构成犯罪的，依法追究刑事责任，并由发证机关吊销许可证照；尚不构成犯罪的，由畜牧兽医主管部门、质量监督部门、工商行政管理部门依据各自职责没收违法所得、违法乳品和相关的工具、设备等物品，并处违法乳品货值金额10倍以上20倍以下罚款，由发证机关吊销许可证照。

第五十六条　乳制品生产企业违反本条例第三十六条的规定，对不符合乳品质量安全国家标准、存在危害人体健康和生命安全或者可能危害婴幼儿身体健康和生长发育的乳制品，不停止生产、不召回的，由质量监督部门责令停止生产、召回；拒不停止生产、拒不召回的，没收其违法所得、违法乳制品和相关的工具、设备等物品，并处违法乳制品货值金额15倍以上30倍以下罚款，由发证机关吊销许可证照。

第五十七条　乳制品销售者违反本条例第四十二条的规定，对不符合乳品质量安全国家标准、存在危害人体健康和生命安全或者可能危害婴幼儿身体健康和生长发育的乳制品，不停止销售、不追回的，由工商行政管理部门责令停止销售、追回；拒不停止销售、拒不追回的，没收其违法所得、违法乳制品和相关的工具、设备等物品，并处违法乳制品货值金额15倍以上30倍以下罚款，由发证机关吊销许可证照。

第五十八条　违反本条例规定，在婴幼儿奶粉生产过程中，加入非食品用化学物质或其他可能危害人体健康的物质的，或者生产、销售的婴幼儿奶粉营养成分不足、不符合乳品质量安全国家标准的，依照本条例规定，从重处罚。

第五十九条 奶畜养殖者、生鲜乳收购者、乳制品生产企业和销售者在发生乳品质量安全事故后未报告、处置的，由畜牧兽医、质量监督、工商行政管理、食品药品监督等部门依据各自职责，责令改正，给予警告；毁灭有关证据的，责令停产停业，并处10万元以上20万元以下罚款；造成严重后果的，由发证机关吊销许可证照；构成犯罪的，依法追究刑事责任。

第六十条 有下列情形之一的，由县级以上地方人民政府畜牧兽医主管部门没收违法所得、违法收购的生鲜乳和相关的设备、设施等物品，并处违法乳品货值金额5倍以上10倍以下罚款；有许可证照的，由发证机关吊销许可证照：

（一）未取得生鲜乳收购许可证收购生鲜乳的；

（二）生鲜乳收购站取得生鲜乳收购许可证后，不再符合许可条件继续从事生鲜乳收购的；

（三）生鲜乳收购站收购本条例第二十四条规定禁止收购的生鲜乳的。

第六十一条 乳制品生产企业和销售者未取得许可证，或者取得许可证后不按照法定条件、法定要求从事生产销售活动的，由县级以上地方质量监督部门、工商行政管理部门依照《国务院关于加强食品等产品安全监督管理的特别规定》等法律、行政法规的规定处罚。

第六十二条 畜牧兽医、卫生、质量监督、工商行政管理等部门，不履行本条例规定职责、造成后果的，或者滥用职权、有其他渎职行为的，由监察机关或者任免机关对其主要负责人、直接负责的主管人员和其他直接责任人员给予记大过或者降级的处分；造成严重后果的，给予撤职或者开除的处分；构成犯罪的，依法追究刑事责任。

第八章 附 则

第六十三条 草原牧区放牧饲养的奶畜所产的生鲜乳收购办法，由所在省、自治区、直辖市人民政府参照本条例另行制定。

第六十四条 本条例自公布之日起施行。

生猪屠宰管理条例

(1997 年 12 月 19 日中华人民共和国国务院令第 238 号发布
2007 年 12 月 19 日国务院第 201 次常务会议修订通过)

第一章 总 则

第一条 为了加强生猪屠宰管理，保证生猪产品质量安全，保障人民身体健康，制定本条例。

第二条 国家实行生猪定点屠宰、集中检疫制度。

未经定点，任何单位和个人不得从事生猪屠宰活动。但是，农村地区个人自宰自食的除外。

在边远和交通不便的农村地区，可以设置仅限于向本地市场供应生猪产品的小型生猪屠宰场点，具体管理办法由省、自治区、直辖市制定。

第三条 国务院商务主管部门负责全国生猪屠宰的行业管理工作。县级以上地方人民政府商务主管部门负责本行政区域内生猪屠宰活动的监督管理。

县级以上人民政府有关部门在各自职责范围内负责生猪屠宰活动的相关管理工作。

第四条 国家根据生猪定点屠宰厂（场）的规模、生产和技术条件以及质量安全管理状况，推行生猪定点屠宰厂（场）分级管理制度，鼓励、引导、扶持生猪定点屠宰厂（场）改善生产和技术条件，加强质量安全管理，提高生猪产品质量安全水平。生猪定点屠宰厂（场）分级管理的具体办法由国务院商务主管部门征求国务院畜牧兽医主管部门意见后制定。

第二章 生猪定点屠宰

第五条 生猪定点屠宰厂（场）的设置规划（以下简称设置规划），由省、自治区、直辖市人民政府商务主管部门会同畜牧兽医主管部门、环境保护部门以及其他有关部门，按照合理布局、适当集中、有利流通、方便群众的原则，结合本地实际情况制订，报本级人民政府批准后实施。

第六条 生猪定点屠宰厂（场）由设区的市级人民政府根据设置规划，组织商务主管部门、畜牧兽医主管部门、环境保护部门以及其他有关部门，依照本条例规定的条件进行审查，经征求省、自治区、直辖市人民政府商务主管部门的意见确定，并颁发生猪定点屠宰证书和生猪定点屠宰标志牌。

设区的市级人民政府应当将其确定的生猪定点屠宰厂（场）名单及时向社会公布，并报省、自治区、直辖市人民政府备案。

生猪定点屠宰厂（场）应当持生猪定点屠宰证书向工商行政管理部门办理登记手续。

第七条 生猪定点屠宰厂（场）应当将生猪定点屠宰标志牌悬挂于厂（场）区的显著位置。

生猪定点屠宰证书和生猪定点屠宰标志牌不得出借、转让。任何单位和个人不得冒用或者使用伪造的生猪定点屠宰证书和生猪定点屠宰标志牌。

第八条 生猪定点屠宰厂（场）应当具备下列条件：

（一）有与屠宰规模相适应、水质符合国家规定标准的水源条件；

（二）有符合国家规定要求的待宰间、屠宰间、急宰间以及生猪屠宰设备和运载工具；

（三）有依法取得健康证明的屠宰技术人员；

（四）有经考核合格的肉品品质检验人员；

（五）有符合国家规定要求的检验设备、消毒设施以及符合环境保护要求的污染防治设施；

（六）有病害生猪及生猪产品无害化处理设施；

（七）依法取得动物防疫条件合格证。

第九条 生猪屠宰的检疫及其监督，依照动物防疫法和国务院的有关规定执行。

生猪屠宰的卫生检验及其监督，依照食品卫生法的规定执行。

第十条 生猪定点屠宰厂（场）屠宰的生猪，应当依法经动物卫生监督机构检疫合格，并附有检疫证明。

第十一条 生猪定点屠宰厂（场）屠宰生猪，应当符合国家规定的操作规程和技术要求。

第十二条 生猪定点屠宰厂（场）应当如实记录其屠宰的生猪来源和生猪产品流向。生猪来源和生猪产品流向记录保存期限不得少于2年。

第十三条 生猪定点屠宰厂（场）应当建立严格的肉品品质检验管理

制度。肉品品质检验应当与生猪屠宰同步进行，并如实记录检验结果。检验结果记录保存期限不得少于2年。

经肉品品质检验合格的生猪产品，生猪定点屠宰厂（场）应当加盖肉品品质检验合格验讫印章或者附具肉品品质检验合格标志。经肉品品质检验不合格的生猪产品，应当在肉品品质检验人员的监督下，按照国家有关规定处理，并如实记录处理情况；处理情况记录保存期限不得少于2年。

生猪定点屠宰厂（场）的生猪产品未经肉品品质检验或者经肉品品质检验不合格的，不得出厂（场）。

第十四条 生猪定点屠宰厂（场）对病害生猪及生猪产品进行无害化处理的费用和损失，按照国务院财政部门的规定，由国家财政予以适当补助。

第十五条 生猪定点屠宰厂（场）以及其他任何单位和个人不得对生猪或者生猪产品注水或者注入其他物质。

生猪定点屠宰厂（场）不得屠宰注水或者注入其他物质的生猪。

第十六条 生猪定点屠宰厂（场）对未能及时销售或者及时出厂（场）的生猪产品，应当采取冷冻或者冷藏等必要措施予以储存。

第十七条 任何单位和个人不得为未经定点违法从事生猪屠宰活动的单位或者个人提供生猪屠宰场所或者生猪产品储存设施，不得为对生猪或者生猪产品注水或者注入其他物质的单位或者个人提供场所。

第十八条 从事生猪产品销售、肉食品生产加工的单位和个人以及餐饮服务经营者、集体伙食单位销售、使用的生猪产品，应当是生猪定点屠宰厂（场）经检疫和肉品品质检验合格的生猪产品。

第十九条 地方人民政府及其有关部门不得限制外地生猪定点屠宰厂（场）经检疫和肉品品质检验合格的生猪产品进入本地市场。

第三章 监督管理

第二十条 县级以上地方人民政府应当加强对生猪屠宰监督管理工作的领导，及时协调、解决生猪屠宰监督管理工作中的重大问题。

第二十一条 商务主管部门应当依照本条例的规定严格履行职责，加强对生猪屠宰活动的日常监督检查。

商务主管部门依法进行监督检查，可以采取下列措施：

（一）进入生猪屠宰等有关场所实施现场检查；

（二）向有关单位和个人了解情况；

（三）查阅、复制有关记录、票据以及其他资料；

（四）查封与违法生猪屠宰活动有关的场所、设施，扣押与违法生猪屠宰活动有关的生猪、生猪产品以及屠宰工具和设备。

商务主管部门进行监督检查时，监督检查人员不得少于2人，并应当出示执法证件。

对商务主管部门依法进行的监督检查，有关单位和个人应当予以配合，不得拒绝、阻挠。

第二十二条 商务主管部门应当建立举报制度，公布举报电话、信箱或者电子邮箱，受理对违反本条例规定行为的举报，并及时依法处理。

第二十三条 商务主管部门在监督检查中发现生猪定点屠宰厂（场）不再具备本条例规定条件的，应当责令其限期整改；逾期仍达不到本条例规定条件的，由设区的市级人民政府取消其生猪定点屠宰厂（场）资格。

第四章 法律责任

第二十四条 违反本条例规定，未经定点从事生猪屠宰活动的，由商务主管部门予以取缔，没收生猪、生猪产品、屠宰工具和设备以及违法所得，并处货值金额3倍以上5倍以下的罚款；货值金额难以确定的，对单位并处10万元以上20万元以下的罚款，对个人并处5000元以上1万元以下的罚款；构成犯罪的，依法追究刑事责任。

冒用或者使用伪造的生猪定点屠宰证书或者生猪定点屠宰标志牌的，依照前款的规定处罚。

生猪定点屠宰厂（场）出借、转让生猪定点屠宰证书或者生猪定点屠宰标志牌的，由设区的市级人民政府取消其生猪定点屠宰厂（场）资格；有违法所得的，由商务主管部门没收违法所得。

第二十五条 生猪定点屠宰厂（场）有下列情形之一的，由商务主管部门责令限期改正，处2万元以上5万元以下的罚款；逾期不改正的，责令停业整顿，对其主要负责人处5000元以上1万元以下的罚款：

（一）屠宰生猪不符合国家规定的操作规程和技术要求的；

（二）未如实记录其屠宰的生猪来源和生猪产品流向的；

（三）未建立或者实施肉品品质检验制度的；

（四）对经肉品品质检验不合格的生猪产品未按照国家有关规定处理并

如实记录处理情况的。

第二十六条 生猪定点屠宰厂（场）出厂（场）未经肉品品质检验或者经肉品品质检验不合格的生猪产品的，由商务主管部门责令停业整顿，没收生猪产品和违法所得，并处货值金额1倍以上3倍以下的罚款，对其主要负责人处1万元以上2万元以下的罚款；货值金额难以确定的，并处5万元以上10万元以下的罚款；造成严重后果的，由设区的市级人民政府取消其生猪定点屠宰厂（场）资格；构成犯罪的，依法追究刑事责任。

第二十七条 生猪定点屠宰厂（场）、其他单位或者个人对生猪、生猪产品注水或者注入其他物质的，由商务主管部门没收注水或者注入其他物质的生猪、生猪产品、注水工具和设备以及违法所得，并处货值金额3倍以上5倍以下的罚款，对生猪定点屠宰厂（场）或者其他单位的主要负责人处1万元以上2万元以下的罚款；货值金额难以确定的，对生猪定点屠宰厂（场）或者其他单位并处5万元以上10万元以下的罚款，对个人并处1万元以上2万元以下的罚款；构成犯罪的，依法追究刑事责任。

生猪定点屠宰厂（场）对生猪、生猪产品注水或者注入其他物质的，除依照前款的规定处罚外，还应当由商务主管部门责令停业整顿；造成严重后果，或者两次以上对生猪、生猪产品注水或者注入其他物质的，由设区的市级人民政府取消其生猪定点屠宰厂（场）资格。

第二十八条 生猪定点屠宰厂（场）屠宰注水或者注入其他物质的生猪的，由商务主管部门责令改正，没收注水或者注入其他物质的生猪、生猪产品以及违法所得，并处货值金额1倍以上3倍以下的罚款，对其主要负责人处1万元以上2万元以下的罚款；货值金额难以确定的，并处2万元以上5万元以下的罚款；拒不改正的，责令停业整顿；造成严重后果的，由设区的市级人民政府取消其生猪定点屠宰厂（场）资格。

第二十九条 从事生猪产品销售、肉食品生产加工的单位和个人以及餐饮服务经营者、集体伙食单位，销售、使用非生猪定点屠宰厂（场）屠宰的生猪产品、未经肉品品质检验或者经肉品品质检验不合格的生猪产品以及注水或者注入其他物质的生猪产品的，由工商、卫生、质检部门依据各自职责，没收尚未销售、使用的相关生猪产品以及违法所得，并处货值金额3倍以上5倍以下的罚款；货值金额难以确定的，对单位处5万元以上10万元以下的罚款，对个人处1万元以上2万元以下的罚款；情节严重的，由原发证（照）机关吊销有关证照；构成犯罪的，依法追究刑事责任。

第三十条 为未经定点违法从事生猪屠宰活动的单位或者个人提供生猪屠宰场所或者生猪产品储存设施，或者为对生猪、生猪产品注水或者注入其他物质的单位或者个人提供场所的，由商务主管部门责令改正，没收违法所得，对单位并处2万元以上5万元以下的罚款，对个人并处5000元以上1万元以下的罚款。

第三十一条 商务主管部门和其他有关部门的工作人员在生猪屠宰监督管理工作中滥用职权、玩忽职守、徇私舞弊，构成犯罪的，依法追究刑事责任；尚不构成犯罪的，依法给予处分。

第五章 附 则

第三十二条 省、自治区、直辖市人民政府确定实行定点屠宰的其他动物的屠宰管理办法，由省、自治区、直辖市根据本地区的实际情况，参照本条例制定。

第三十三条 本条例所称生猪产品，是指生猪屠宰后未经加工的胴体、肉、脂、脏器、血液、骨、头、蹄、皮。

第三十四条 本条例施行前设立的生猪定点屠宰厂（场），自本条例施行之日起180日内，由设区的市级人民政府换发生猪定点屠宰标志牌，并发给生猪定点屠宰证书。

第三十五条 生猪定点屠宰证书、生猪定点屠宰标志牌以及肉品品质检验合格验讫印章和肉品品质检验合格标志的式样，由国务院商务主管部门统一规定。

第三十六条 本条例自2008年8月1日起施行。

食品安全企业标准备案办法

（2009年6月10日卫生部令第54号公布 自公布之日起施行）

第一条 为规范食品安全企业标准（下称企业标准）备案，根据《中华人民共和国食品安全法》，制定本办法。

第二条 食品生产企业制定下列企业标准，应当在组织生产之前向省、自治区、直辖市卫生行政部门（下称省级卫生行政部门）备案：

（一）没有食品安全国家标准或者地方标准的企业标准；

（二）严于食品安全国家标准或者地方标准的企业标准。

第三条 备案的企业标准的内容应当符合《中华人民共和国食品安全法》第十八条、第二十条的规定。

第四条 集团公司所属企业适用统一的企业标准的，可以由集团公司总部或者其所属任一生产企业向所在地省级卫生行政部门备案。该企业标准备案时，应当注明适用的各企业名称及地址。

第五条 委托加工或者授权制造的食品，委托方或者授权方已经备案的企业标准，受托方或者被授权方无需重复备案。但委托方或者授权方在备案时，应当注明受托方或者被授权方的名称及地址。委托方或者授权方无相关企业标准的，以及受托方或者被授权方不执行委托方或者授权方标准的，受托方或者被授权方应当制定企业标准，并按照规定备案。

第六条 企业标准应当包括食品原料（包括主料、配料和使用的食品添加剂）、生产工艺以及与食品安全相关的指标、限量、技术要求。

企业标准的编写应当符合 GB/T1.1《标准化工作导则第 1 部分：标准的结构和编写规则》的要求。

企业标准的编号格式为：Q/（企业代号）（四位顺序号）S——（年号）

第七条 企业标准备案时应当提交下列材料：

（一）企业标准备案登记表；

（二）企业标准文本（一式八份）及电子版；

（三）企业标准编制说明；

（四）省级卫生行政部门规定的其他资料。

第八条 企业标准编制说明应当详细说明企业标准制定过程和与相关国家标准、地方标准、国际标准、国外标准的比较情况。

标准比较适用下列原则：

（一）有国家标准或者地方标准时，与国家标准或者地方标准比较；

（二）没有国家标准和地方标准时，与国际标准比较；

（三）没有国家标准、地方标准、国际标准时，与两个以上国家或者地区的标准比较。

第九条 备案的企业标准由企业的法定代表人或者主要负责人签署。

企业应当确保备案的企业标准的真实性、合法性，确保根据备案的企业标准所生产的食品的安全性，并对其实施后果承担全部法律责任。

第十条 省级卫生行政部门应当确定一个受理企业标准备案的机构，并予以公示。

第十一条 省级卫生行政部门收到企业标准备案材料时，应当对提交材料是否齐全等进行核对，并根据下列情况分别作出处理：

（一）企业标准依法不需要备案的，应当即时告知当事人不需备案；

（二）提交的材料不齐全或者不符合规定要求的，应当立即或者在5个工作日内告知当事人补正；

（三）提交的材料齐全，符合规定要求的，受理其备案。

第十二条 省级卫生行政部门受理企业标准备案后，应当在受理之日起10个工作日内在备案登记表上标注备案号并加盖备案章。标注的备案号和加盖的备案章作为企业标准备案凭证。

备案号编排格式为：（各省、自治区、直辖市行政区划代码前两位）（四位顺序号）S——（年代号）。顺序号由省级卫生行政部门自行编排。

第十三条 省级卫生行政部门在办理备案过程中不得以任何名义收取费用。

第十四条 省级卫生行政部门应当在发给企业备案凭证之日起20个工作日内向社会公布备案的企业标准，并同时将备案的企业标准文本发送同级农业行政、质量监督、工商行政管理、食品药品监督管理部门。

企业要求不公开涉及商业秘密的企业标准内容的，应当在备案时提出书面意见，并同时提供可向社会公布的企业标准文本。

第十五条 有下列情形之一的，企业应当主动对企业标准进行复审：

（一）有关法律、法规、规章和食品安全国家标准、地方标准发生变化时；

（二）企业生产工艺或者食品原料（包括主料、配料和使用的食品添加剂）及配方发生改变时；

（三）其他应当进行复审的情形。

第十六条 企业标准备案有效期为三年。有效期届满需要延续备案的，企业应当对备案的企业标准进行复审，并填写企业标准延续备案表，到原备案的卫生行政部门办理延续备案手续。

第十七条 企业经复审认为需要修订企业标准的，应当在修订后重新备案。

备案的企业标准有效期届满，但企业未办理延续备案手续的，原备案的卫生行政部门应当通知企业在规定的期限内办理相关手续；企业在规定的期限内仍未办理的，原备案的卫生行政部门应当注销备案。

省级卫生行政部门应当在延续企业标准备案或者注销企业标准备案之日起20个工作日内向社会公布延续或者注销情况。

第十八条 省级卫生行政部门接到有关监管部门通报，企业没有按照备案的企业标准组织生产时，应当按照下列情况作出处理：

（一）对属于本办法第二条第（一）项的企业标准，有关监管部门建议注销备案的，予以注销。

（二）对属于本办法第二条第（二）项的企业标准，予以注销。

第十九条 省级卫生行政部门发现备案的企业标准弄虚作假的，应当予以注销。

第二十条 省级卫生行政部门在注销备案前，应当告知企业有听证的权利。企业要求听证的，卫生行政部门应当按规定组织听证。

第二十一条 2009年6月1日前已经在质量监督部门备案的企业标准，在备案有效期内继续有效，不需重新向卫生行政部门备案。

第二十二条 省级卫生行政部门可以依据本办法制定实施细则。

第二十三条 本办法自发布之日起施行。

食品添加剂生产监督管理规定

（2010年4月4日国家质量监督检验检疫总局令第127号公布　自2010年6月1日起施行）

第一章　总　则

第一条 为了保障食品安全、加强对食品添加剂生产的监督管理，根据《中华人民共和国产品质量法》、《中华人民共和国食品安全法》及其实施条例和《中华人民共和国工业产品生产许可证管理条例》等有关法律法规，制定本规定。

第二条 在中华人民共和国境内从事食品添加剂生产、实施生产许可和监督管理，适用本规定。

本规定所称食品添加剂是指经国务院卫生行政部门批准并以标准、公告等方式公布的可以作为改善食品品质和色、香、味以及为防腐、保鲜和加工工艺的需要而加入食品的人工合成或者天然物质。

前款规定之外的其他物质，不得作为食品添加剂进行生产，不得作为食品添加剂实施生产许可。

第三条 国家质量监督检验检疫总局（以下简称国家质检总局）主管全国范围内生产食品添加剂的质量监督管理工作。

省级质量技术监督部门主管本行政区域内生产食品添加剂的质量监督管理工作，负责实施食品添加剂生产许可。

市、县级质量技术监督部门负责本行政区域内生产食品添加剂的质量监督管理工作。

第四条 生产者应当依照法律、法规、规章和有关标准的要求从事食品添加剂生产活动，保证产品质量持续稳定合格，对社会和公众负责，接受社会监督。

第五条 食品添加剂生产监督管理，应当遵循科学公正、便民高效的原则。

第二章 生产许可

第六条 生产者必须在取得生产许可后，方可从事食品添加剂的生产。

取得生产许可，应当具备下列条件：

（一）合法有效的营业执照；

（二）与生产食品添加剂相适应的专业技术人员；

（三）与生产食品添加剂相适应的生产场所、厂房设施；其卫生管理符合卫生安全要求；

（四）与生产食品添加剂相适应的生产设备或者设施等生产条件；

（五）与生产食品添加剂相适应的符合有关要求的技术文件和工艺文件；

（六）健全有效的质量管理和责任制度；

（七）与生产食品添加剂相适应的出厂检验能力；产品符合相关标准以

及保障人体健康和人身安全的要求；

（八）符合国家产业政策的规定，不存在国家明令淘汰和禁止投资建设的工艺落后、耗能高、污染环境、浪费资源的情况；

（九）法律法规规定的其他条件。

第七条 生产食品添加剂的，申请人应当向生产所在地省级质量技术监督部门（以下简称许可机关）提交生产许可申请。

第八条 申请食品添加剂生产许可，应当提交下列材料：

（一）食品添加剂生产许可申请书；

（二）申请人营业执照复印件；

（三）申请生产许可的食品添加剂有关生产工艺文本；

（四）与申请生产许可的食品添加剂相适应的生产场所的合法使用权证明材料，及其周围环境平面图和厂房设施、设备布局平面图复印件；

（五）与申请生产许可的食品添加剂相适应的生产设备、设施的合法使用权证明材料及清单，检验设备的合法使用权证明材料及清单；

（六）与申请生产许可的食品添加剂相适应的质量管理和责任制度文本；

（七）与申请生产许可的食品添加剂相适应的专业技术人员名单；

（八）生产所执行的食品添加剂标准文本；

（九）法律法规规定的其他材料。

第九条 许可机关对申请人提出的许可申请，应当根据下列情况分别作出处理：

（一）申请事项依法不需要取得生产许可的，应当即时告知申请人不受理；

（二）申请事项依法不属于质量技术监督部门管理范围的，应当即时作出不予受理的决定，并告知申请人向有关行政机关申请；

（三）有《中华人民共和国行政许可法》第七十八条、第七十九条等规定情形的，应当即时作出不予受理的决定；

（四）申请材料存在可以当场更正的错误的，应当允许申请人当场更正；

（五）申请材料不完整或不符合法定形式的，应当当场或者五日内一次性告知予以补正的材料及要求，并向申请人发出许可申请材料补正告知书；逾期不告知的，视为受理；

（六）申请事项属于质量技术监督部门职权范围，申请材料齐全、符合法定形式，或者申请人按要求提交全部补正申请材料的，应当受理生产许可申请，并向申请人发出行政许可申请受理决定书。

许可机关受理或者不予受理许可申请，应当出具加盖本机关专用印章和注明日期的书面凭证。

第十条 许可机关受理申请后，应当组织对申请人是否具备持续生产合格产品的必备生产条件进行审查。

审查内容包括对申请的资料、生产场所进行实地核查以及产品质量检验。

第十一条 许可机关组织对申请人进行实地核查，应当组织核查组。核查组由二至四名有资质的核查人员组成，核查组工作实行组长负责制，并按照有关规定接受所在地质量技术监督部门的监督。

第十二条 许可机关组织对申请人进行实地核查应当制定实地核查计划，并于核查五日前向申请人发出实地核查通知书。

实地核查工作一般不超过二日。

第十三条 核查人员进行实地核查，不得刁难企业，不得索取、收受财物，不得谋取其他不正当利益。

申请人应当配合核查组的实地核查，因不可抗力等原因需要延长核查时间的，应当及时向许可机关提出延期申请。

第十四条 核查组应当按照核查计划以及规定的许可条件、程序等要求对申请人进行实地核查，并根据核查结果做出如下处理：

（一）实地核查合格的，按照规定抽取和封存样品，由申请人依法送交符合规定要求的检验机构进行检验；

（二）实地核查不合格的，不再进行产品抽样。

拒绝核查或无正当理由不予配合，导致实地核查无法在规定期限内实施的，视为实地核查不合格。

第十五条 实地核查工作应当由核查组组长填写实地核查记录，由核查人员签字并经申请人确认。

第十六条 许可机关应当自受理申请之日起三十日内，完成对申请人的实地核查和产品抽样工作，并向申请人发出实地核查结论告知书。核查不合格的，应当说明理由。

第十七条 承担发证检验工作的检验机构应当依据相关标准对食品添

加剂进行检验，并在规定的时间内完成检验工作。

承担食品添加剂生产许可发证检验工作的检验机构，应当具备法定资质并由国家质检总局统一发布名录。

第十八条 检验机构完成检验工作后，应当出具产品检验报告。检验报告一式三份，一份送申请人，一份送许可机关，一份检验机构存档。

第十九条 对检验结果有异议的，申请人可以自接到检验报告之日起五日内向原许可机关提出复检申请。

复检应在原检验机构以外的符合规定要求的检验机构进行，复检结论为最终结论。

复检结论与原检验结论一致的，复检费用由申请人承担；复检结论与原检验结论不一致的，复检费用由原检验机构承担。

第二十条 许可机关应当自受理申请之日起六十日内，根据审查结果作出如下处理：

（一）申请人符合发证条件的，依法作出准予生产许可的书面决定，并于作出决定之日起十日内向申请人颁发食品添加剂生产许可证书；

（二）申请人不符合发证条件的，依法作出不予生产许可的书面决定，并说明理由，告知申请人享有依法申请行政复议或者提起行政诉讼的权利。

产品检验时间不计入许可期限。

第二十一条 省级质量技术监督部门应当及时将获得食品添加剂生产许可证书的生产者名单向国家质检总局备案，并向社会公布。

第二十二条 获得食品添加剂生产许可证书的生产者需要增加产品品种的，应当依照本规定提出申请。原许可机关应当依照本规定对申请增加的产品品种组织审查。

第二十三条 在食品添加剂生产许可证书有效期内，生产者生产条件、检验手段、生产技术或者工艺发生较大变化的，生产者应当及时向原许可机关提出审查申请，原许可机关应当依照本规定重新组织审查。

第二十四条 生产者名称等发生变化而生产者生产条件、检验手段、生产技术或者工艺未发生较大变化的，食品添加剂生产者应当在变更后一个月内向原许可机关提出生产许可变更申请。原许可机关按照有关规定办理变更手续。

第二十五条 在生产许可证有效期内，国家有关法律法规、产品标准及技术要求发生较大改变的，国家质检总局可以根据需要作出相应的规定，原许可机关根据规定重新组织审查。

第二十六条 许可机关应当将办理食品添加剂生产许可的有关资料及时归档。档案材料的保存期限为五年。

第二十七条 食品添加剂生产许可证有效期为五年。

有效期届满，生产者需要继续生产的，应当在生产许可证有效期届满六个月前向原许可机关提出换证申请。

逾期未申请换证或申请不予批准的，食品添加剂生产许可证自有效期届满之日起失效。

第二十八条 食品添加剂生产许可证书分为正本和副本。

证书应当载明生产者名称、住所、生产地址、食品添加剂名称、证书编号、发证日期、有效期、发证机关（加盖公章）等内容。

第二十九条 食品添加剂生产许可证书格式和编号规则由国家质检总局统一规定。

第三十条 食品添加剂生产许可证书遗失或者损毁，生产者应当及时向原许可机关提出补领生产许可证申请，并同时在省级以上媒体发布原生产许可证书遗失和作废声明。原许可机关按照有关规定办理补证手续。

第三十一条 许可决定作出前，申请人要求退回食品添加剂生产许可申请的，应当说明理由，并提交申请书；退回许可申请的，许可机关以书面形式予以确认，许可自然终止。

第三十二条 生产者要求终止食品添加剂生产许可的，应当说明理由，并向原许可机关提交申请书；原许可机关按照有关规定依法办理注销手续。

第三十三条 食品添加剂生产许可的撤销、撤回、注销，依照有关规定执行。

第三十四条 任何单位和个人不得伪造、变造食品添加剂生产许可证书和编号。

取得生产许可证的食品添加剂生产者不得出租、出借或者以其他方式转让生产许可证书和编号。

第三章　生产者质量义务

第三十五条 生产者应当对出厂销售的食品添加剂进行出厂检验，检验合格后方可销售。

第三十六条 生产食品添加剂，应当使用符合相关质量安全要求的原辅材料、包装材料及生产设备。

第三十七条 生产者应当建立原材料采购、生产过程控制、产品出厂检验和销售等质量管理制度，并做好以下生产管理记录：

（一）生产者从业人员的培训和考核记录；

（二）厂房、设施和设备的使用、维护、保养检修和清洗消毒记录；

（三）生产者质量管理制度的运行记录，其中包括原辅材料进货验收记录、生产过程控制记录、产品出厂检验记录、产品销售记录等。

上述记录应当真实、完整，生产者对其真实性和完整性负责。记录的保存期限不得少于二年；产品保质期超过二年的，保存期限应当不短于产品保质期。

第三十八条 食品添加剂应当有标签、说明书，并在标签上载明“食品添加剂”字样。

标签、说明书，应当标明下列事项：

（一）食品添加剂产品名称、规格和净含量；

（二）生产者名称、地址和联系方式；

（三）成分或者配料表；

（四）生产日期、保质期限或安全使用期限；

（五）贮存条件；

（六）产品标准代号；

（七）生产许可证编号；

（八）食品安全标准规定的和国务院卫生行政部门公告批准的使用范围、使用量和使用方法；

（九）法律法规或者相关标准规定必须标注的其他事项。

第三十九条 食品添加剂标签、说明书不得含有不真实、夸大的内容，不得涉及疾病预防、治疗功能。

食品添加剂的标签、说明书应当清楚、明显，容易辨认识读。

有使用禁忌或安全注意事项的食品添加剂，应当有警示标志或者中文警示说明。

第四十条 食品添加剂应当有包装并保证食品添加剂不被污染。

第四十一条 受他人委托加工食品添加剂的，受委托生产者应当具有委托生产范围内的食品添加剂生产许可证。

委托加工的食品添加剂，除应当按照产品质量和食品安全法律法规以及本规定的要求进行食品添加剂标识标注外，还应标明受委托生产者的名称、地址和联系方式等内容。

第四十二条 生产的食品添加剂存在安全隐患的，生产者应当依法实施召回。

生产者应当将食品添加剂召回和召回产品的处理情况向质量技术监督部门报告。

第四十三条 生产者应当建立生产管理情况自查制度，按照有关规定对食品添加剂质量安全控制等生产管理情况进行自查。

第四章 监督管理

第四十四条 质量技术监督部门应当建立本行政区域内获得生产许可的食品添加剂生产者档案，详细记录生产许可或者监督检查结果、违法行为查处等情况。

第四十五条 质量技术监督部门应当根据监督管理工作计划，对本行政区域内食品添加剂生产者进行监督检查，并按照规定做好记录。

第四十六条 对生产者实施现场监督检查，应有二名以上工作人员参加。监督检查人员实施监督检查时，应当出示有效证件。

第四十七条 对生产者实施监督检查应当重点检查生产者质量管理制度的运行记录，核实生产者自查报告的疑点问题；并依法对生产者实施召回的情况进行监督管理。

被监督检查的生产者应当指定工作人员配合质量技术监督部门的监督检查工作，如实提供有关资料。

第四十八条 任何单位和个人可以向各级质量技术监督部门投诉举报生产许可审查人员、检验机构及其工作人员以及监督检查工作人员的违法违规行为。

各级质量技术监督部门接到投诉举报，应当及时调查处理并向投诉举报者及时反馈处理结果。

第五章 法律责任

第四十九条 生产者违反本规定第六条第一款、第二十二条、第二十三条、第二十四条、第三十四条、第三十五条、第三十八条、第三十九条、

第四十条、第四十一条等规定，构成《中华人民共和国食品安全法》、《中华人民共和国产品质量法》、《中华人民共和国工业产品生产许可证管理条例》等有关法律法规规定的违法行为的，依照有关法律法规的规定予以处罚。

第五十条 生产者违反本规定第二条第三款、第三十六条、第三十七条、第四十二条等规定，构成有关法律法规规定的违法行为的，按照有关法律法规的规定处罚；未构成有关法律法规规定的违法行为的，由县级以上地方质量技术监督部门责令限期改正，处三万元以下罚款。

第五十一条 县级以上质量技术监督部门有关工作人员违反本规定或者滥用职权、玩忽职守、徇私舞弊的，依法追究相关法律责任。

第五十二条 当事人对行政机关依据本规定所给予的行政处罚不服的，可以依法提起行政复议或者行政诉讼。

第六章 附 则

第五十三条 本规定所规定的实施生产许可的食品添加剂的品种的划分，按照法律法规和国家质检总局有关规定执行。

第五十四条 本规定由国家质检总局负责解释。

第五十五条 本规定自2010年6月1日起施行。国家质检总局在本规定施行前公布的有关食品添加剂生产监督管理的规章、规范性文件与本规定不一致的，以本规定为准。

食品召回管理规定

（2007年8月27日国家质量监督检验检疫总局令第98号公布 自公布之日起施行）

第一章 总 则

第一条 为了加强食品安全监管，避免和减少不安全食品的危害，保护消费者的身体健康和生命安全，根据《中华人民共和国产品质量法》、

《中华人民共和国食品卫生法》、《国务院关于加强食品等产品安全监督管理的特别规定》等法律法规，制定本规定。

第二条 在中华人民共和国境内生产、销售的食品的召回及其监督管理活动，应当遵守本规定。

第三条 本规定所称不安全食品，是指有证据证明对人体健康已经或可能造成危害的食品，包括：

（一）已经诱发食品污染、食源性疾病或对人体健康造成危害甚至死亡的食品；

（二）可能引发食品污染、食源性疾病或对人体健康造成危害的食品；

（三）含有对特定人群可能引发健康危害的成份而在食品标签和说明书上未予以标识，或标识不全、不明确的食品；

（四）有关法律、法规规定的其他不安全食品。

第四条 本规定所称召回，是指食品生产者按照规定程序，对由其生产原因造成的某一批次或类别的不安全食品，通过换货、退货、补充或修正消费说明等方式，及时消除或减少食品安全危害的活动。

第五条 国家质量监督检验检疫总局（以下简称国家质检总局）在职权范围内统一组织、协调全国食品召回的监督管理工作。

省、自治区和直辖市质量技术监督部门（以下简称省级质监部门）在本行政区域内依法组织开展食品召回的监督管理工作。

第六条 国家质检总局和省级质监部门组织建立食品召回专家委员会（以下简称“专家委员会”），为食品安全危害调查和食品安全危害评估提供技术支持。

第七条 国家质检总局应当加强食品召回管理信息化建设，组织建立食品召回信息管理系统，统一收集、分析与处理有关食品召回信息。

地方各级质监部门对本行政区域内的食品生产者建立质量安全档案，负责收集、分析与处理本行政区域内的有关食品安全危害和食品召回信息并逐级上报。

第八条 食品生产者应当建立完善的产品质量安全档案和相关管理制度，应当准确记录并保存生产环节中的原辅料采购、生产加工、储运、销售以及产品标识等信息，保存消费者投诉、食源性疾病事故、食品污染事故记录，以及食品危害纠纷信息等档案。

第九条 食品生产者应当向所在地的省级或市级质监部门及时报告所

有相关的食品安全危害信息，包括消费者投诉、食品安全危害事件等，不得隐瞒或虚报其生产的食品危害人体健康的事实。

第二章　食品安全危害调查和评估

第十条　判定食品是否属于不安全食品，应当进行食品安全危害调查和食品安全危害评估。

第十一条　食品安全危害调查的主要内容包括：

（一）是否符合食品安全法律、法规或标准的安全要求；

（二）是否含有非食品用原辅料、添加非食品用化学物质或者将非食品当作食品；

（三）食品的主要消费人群的构成及比例；

（四）可能存在安全危害的食品数量、批次或类别及其流通区域和范围。

第十二条　食品安全危害评估的主要内容包括：

（一）该食品引发的食品污染、食源性疾病、或对人体健康造成的危害，或引发上述危害的可能性；

（二）不安全食品对主要消费人群的危害影响；

（三）危害的严重和紧急程度；

（四）危害发生的短期和长期后果。

第十三条　食品生产者获知其生产的食品可能存在安全危害或接到所在地的省级质监部门的食品安全危害调查书面通知，应当立即进行食品安全危害调查和食品安全危害评估。

食品生产者应当及时通过所在地的市级质监部门向省级质监部门提交食品安全危害调查、评估报告，调查、评估报告的内容应当包括本规定第八条、第十一条和第十二条所述的内容。

第十四条　食品生产者接到通知后未进行食品安全危害调查和评估，或者经调查和评估确认不属于不安全食品的，所在地的省级质监部门应当组织专家委员会进行食品安全危害调查和食品安全危害评估，并做出认定。

第十五条　食品生产者和销售者应当配合省级质监部门组织的食品安全危害调查，不得以食品已通过任何符合性审查为由拒绝。

第十六条　食品生产者的食品安全危害调查和食品安全危害评估的结果与其所在地的省级质监部门所组织的专家委员会的结果不一致时，省级质监部门可以采取听证等方式进行处理，并做出确认结果的决定。

第十七条 经食品安全危害调查和评估，确认属于生产原因造成的不安全食品的，应当确定召回级别，实施召回。

第十八条 根据食品安全危害的严重程度，食品召回级别分为三级：

（一）一级召回：已经或可能诱发食品污染、食源性疾病等对人体健康造成严重危害甚至死亡的，或者流通范围广、社会影响大的不安全食品的召回；

（二）二级召回：已经或可能引发食品污染、食源性疾病等对人体健康造成危害，危害程度一般或流通范围较小、社会影响较小的不安全食品的召回；

（三）三级召回：已经或可能引发食品污染、食源性疾病等对人体健康造成危害，危害程度轻微的，或者属于本规定第三条第（三）项规定的不安全食品的召回。

第三章 食品召回的实施

第一节 主动召回

第十九条 确认食品属于应当召回的不安全食品的，食品生产者应当立即停止生产和销售不安全食品。

第二十条 自确认食品属于应当召回的不安全食品之日起，一级召回应当在1日内，二级召回应当在2日内，三级召回应当在3日内，通知有关销售者停止销售，通知消费者停止消费。

第二十一条 食品生产者向社会发布食品召回有关信息，应当按照有关法律法规和国家质检总局有关规定，向省级以上质监部门报告。

第二十二条 自确认食品属于应当召回的不安全食品之日起，一级召回应在3日内，二级召回应在5日内，三级召回应在7日内，食品生产者通过所在地的市级质监部门向省级质监部门提交食品召回计划。

第二十三条 食品生产者提交的食品召回计划主要内容包括：

（一）停止生产不安全食品的情况；

（二）通知销售者停止销售不安全食品的情况；

（三）通知消费者停止消费不安全食品的情况；

（四）食品安全危害的种类、产生的原因、可能受影响的人群、严重和紧急程度；

（五）召回措施的内容，包括实施组织、联系方式以及召回的具体措施、范围和时限等；

（六）召回的预期效果；

（七）召回食品后的处理措施。

第二十四条 自召回实施之日起，一级召回每3日，二级召回每7日，三级召回每15日，通过所在地的市级质监部门向省级质监部门提交食品召回阶段性进展报告。

食品生产者对召回计划有变更的，应当在食品召回阶段性进展报告中说明。

所在地的市级以上质监部门应当对食品召回阶段性进展报告提出处理意见，通知食品生产者并上报所在地的省级质监部门。

第二节 责令召回

第二十五条 经确认有下列情况之一的，国家质检总局应当责令食品生产者召回不安全食品，并可以发布有关食品安全信息和消费警示信息，或采取其他避免危害发生的措施：

（一）食品生产者故意隐瞒食品安全危害，或者食品生产者应当主动召回而不采取召回行动的；

（二）由于食品生产者的过错造成食品安全危害扩大或再度发生的；

（三）国家监督抽查中发现食品生产者生产的食品存在安全隐患，可能对人体健康和生命安全造成损害的。

食品生产者在接到责令召回通知书后，应当立即停止生产和销售不安全食品。

第二十六条 食品生产者应当在接到责令召回通知书后，按照本规定第二十条规定发出通知。

食品生产者应当同时按照本规定第二十三条规定制定食品召回报告，按照本规定第二十二条规定的时限通过所在地的省级质监部门报国家质检总局核准后，立即实施召回；食品召回报告未通过核准的，食品生产者应当修改报告后，按照要求实施召回。

第二十七条 食品生产者应当按照本规定第二十四条规定，提交食品召回阶段性进展报告。

所在地的市级以上质监部门应当按照本规定第二十四条规定对召回阶段性进展报告提出处理意见，并将有关情况逐级上报国家质检总局。

第三节　召回评估与监督

第二十八条　食品生产者应当保存召回记录，主要内容包括食品召回的批次、数量、比例、原因、结果等。

第二十九条　食品生产者应当在食品召回时限期满15日内，向所在地的省级质监部门提交召回总结报告；责令召回的，应当报告国家质检总局。

第三十条　食品生产者所在地的省级质监部门应当组织专家委员会对召回总结报告进行审查，对召回效果进行评估，并书面通知食品生产者审查结论；责令召回的，应当上报国家质检总局备案。

食品生产者所在地的省级以上质监部门审查认为召回未达到预期效果的，通知食品生产者继续或再次进行食品召回。

第三十一条　食品生产者应当及时对不安全食品进行无害化处理；根据有关规定应当销毁的食品，应当及时予以销毁。

食品生产者对召回食品的后处理应当有详细的记录，并向所在地的市级质监部门报告，接受市级质监部门监督。

第三十二条　市级以上质监部门应当在规定的职权范围内对食品生产者召回进展情况和召回食品的后处理过程进行监督。

第三十三条　任何单位和个人可以对违反本规定规定的行为或有关召回情况，向各级质量技术监督部门投诉或举报，食品生产者不得以任何手段限制。受理投诉或举报的部门应当及时调查处理并为举报人保密。

第四章　法律责任

第三十四条　食品生产者在实施食品召回的同时，不免除其依法承担的其他法律责任。

食品生产者主动实施召回的，可依法从轻或减轻处罚。

第三十五条　食品生产者违反本规定第十九条或第二十五条第二款规定未停止生产销售不安全食品的，予以警告，责令限期改正；逾期未改正的，处以3万元以下罚款；违反有关法律法规规定的，依照有关法律法规的规定处理。

第三十六条 食品生产者有下列情况之一的，予以警告，责令限期改正；逾期未改正的，处以2万元以下罚款。

（一）接到质量技术监督部门食品安全危害调查通知，但未及时进行调查的；

（二）拒绝配合质量技术监督部门进行食品安全危害调查的；

（三）未按本规定要求及时提交食品安全危害调查、评估报告的。

第三十七条 食品生产者违反本规定第二十条、第二十一条、第二十二条、第二十三条、第二十四条、第二十六条、第二十七条、第二十九条规定的，予以警告，责令限期改正；逾期未改正的，处以3万元以下罚款；违反有关法律法规规定的，依照有关法律法规的规定处理。

第三十八条 食品生产者违反本规定第二十八条规定义务的，予以警告，责令限期改正；逾期未改正的，处以2万元以下罚款。

第三十九条 食品生产者违反本规定第三十一条规定义务的，予以警告，责令限期改正；逾期未改正的，处以3万元以下罚款；违反有关法律法规规定的，依照有关法律法规的规定处理。

第四十条 从事食品召回管理的公务人员，以及受委托进行食品安全危害调查、食品安全危害评估的专家或工作人员捏造散布虚假信息、违反保密规定、伪造或者提供有关虚假结论或者意见的，依法给予行政处分；造成损失的，依法承担赔偿责任；构成犯罪的，依法追究刑事责任。

第四十一条 本规定规定的行政处罚，由县级以上质量技术监督部门在职权范围内依法实施。法律、行政法规对行政处罚机关另有规定的，依照有关法律、行政法规的规定执行。

第五章　附　则

第四十二条 进出口食品的召回管理，由出入境检验检疫机构按照国家质检总局有关规定执行。

第四十三条 本规定所涉及的信息发布、文书格式等具体要求由国家质检总局另行制定。

第四十四条 本规定由国家质检总局负责解释。

第四十五条 本规定自公布之日起施行。

食品生产许可管理办法

（2010年4月7日国家质量监督检验检疫总局令第129号公布　自2010年6月1日起施行）

第一章　总　则

第一条　为了保障食品安全，加强食品生产监管，规范食品生产许可活动，根据《中华人民共和国食品安全法》和其实施条例以及产品质量、生产许可等法律法规的规定，制定本办法。

第二条　在中华人民共和国境内，企业从事食品生产活动以及质量技术监督部门实施食品生产许可，必须遵守本办法。

第三条　企业未取得食品生产许可，不得从事食品生产活动。

第四条　国家质量监督检验检疫总局（以下简称国家质检总局）在职责范围内负责全国食品生产许可管理工作。

县级以上地方质量技术监督部门在职责范围内负责本行政区域内的食品生产许可管理工作。

第五条　食品生产许可必须严格按照法律、法规和规章规定的程序和要求实施，遵循公开、公平、公正、便民原则。

第二章　程　序

第六条　设立食品生产企业，应当在工商部门预先核准名称后依照食品安全法律法规和本办法有关要求取得食品生产许可。

第七条　县级以上地方质量技术监督部门是食品生产许可的实施机关，但按照有关规定由国家质检总局实施的食品生产许可除外。

省级质量技术监督部门按照有关法律法规和国家质检总局有关规定要求，确定本行政区域内质量技术监督部门分别实施许可的品种范围。

第八条　取得食品生产许可，应当符合食品安全标准，并符合下列要求：

（一）具有与申请生产许可的食品品种、数量相适应的食品原料处理和食品加工、包装、贮存等场所，保持该场所环境整洁，并与有毒、有害场所以及其他污染源保持规定的距离；

（二）具有与申请生产许可的食品品种、数量相适应的生产设备或者设施，有相应的消毒、更衣、盥洗、采光、照明、通风、防腐、防尘、防蝇、防鼠、防虫、洗涤以及处理废水、存放垃圾和废弃物的设备或者设施；

（三）具有与申请生产许可的食品品种、数量相适应的合理的设备布局、工艺流程，防止待加工食品与直接入口食品、原料与成品交叉污染，避免食品接触有毒物、不洁物；

（四）具有与申请生产许可的食品品种、数量相适应的食品安全专业技术人员和管理人员；

（五）具有与申请生产许可的食品品种、数量相适应的保证食品安全的培训、从业人员健康检查和健康档案等健康管理、进货查验记录、出厂检验记录、原料验收、生产过程等食品安全管理制度。

法律法规和国家产业政策对生产食品有其他要求的，应当符合该要求。

第九条 拟设立食品生产企业申请食品生产许可的，应当向生产所在地质量技术监督部门（以下简称许可机关）提出，并提交下列材料：

（一）食品生产许可申请书；

（二）申请人的身份证（明）或资格证明复印件；

（三）拟设立食品生产企业的《名称预先核准通知书》；

（四）食品生产加工场所及其周围环境平面图和生产加工各功能区间布局平面图；

（五）食品生产设备、设施清单；

（六）食品生产工艺流程图和设备布局图；

（七）食品安全专业技术人员、管理人员名单；

（八）食品安全管理规章制度文本；

（九）产品执行的食品安全标准；执行企业标准的，须提供经卫生行政部门备案的企业标准；

（十）相关法律法规规定应当提交的其他证明材料。

申请食品生产许可所提交的材料，应当真实、合法、有效。申请人应在食品生产许可申请书等材料上签字确认。

第十条 许可机关对收到的申请，应当依照《中华人民共和国行政许可法》第三十二条等有关规定进行处理。

对申请决定予以受理的，应当出具《受理决定书》。决定不予受理的，应当出具《不予受理决定书》，并说明不予受理的理由，告知申请人享有依法申请行政复议或者提起行政诉讼的权利。

第十一条 许可机关受理申请后，应当依照有关规定组织对申请的资料和生产场所进行核查（以下简称现场核查）。

现场核查应当由许可机关指派二至四名核查人员组成核查组并按照国家质检总局有关规定进行，企业应予以配合。

第十二条 许可机关应当根据核查结果，在法律法规规定的期限内作出如下处理：

（一）经现场核查，生产条件符合要求的，依法作出准予生产的决定，向申请人发出《准予食品生产许可决定书》，并于作出决定之日起十日内颁发设立食品生产企业食品生产许可证书。

（二）经现场核查，生产条件不符合要求的，依法作出不予生产许可的决定，向申请人发出《不予食品生产许可决定书》，并说明理由。

除不可抗力外，由于申请人的原因导致现场核查无法在规定期限内实施的，按现场核查不合格处理。

第十三条 拟设立的食品生产企业必须在取得食品生产许可证书并依法办理营业执照工商登记手续后，方可根据生产许可检验的需要组织试产食品。

第十四条 新设立的食品生产企业应当按规定实施许可的食品品种申请生产许可检验。

许可机关接到生产许可检验申请后，应当及时按照有关规定抽取和封存样品，并告知申请企业在封样后七日内将样品送交具有相应资质的检验机构。

第十五条 检验机构收到样品后，应当按照规定要求和标准进行检验，并准确、及时地出具检验报告。

第十六条 检验结论合格的，许可机关根据检验报告确定食品生产许可的品种范围，并在食品生产许可证副页中予以载明。

在未经许可机关确定食品生产许可的品种范围之前，禁止出厂销售试产食品。

第十七条 检验结论为不合格的，可以按照有关规定申请复检。

复检结论为部分食品品种不合格的，不予确定该类食品的生产许可范围，在食品生产许可证副页中不予载明；禁止出厂销售该类食品。

复检结论为全部食品品种不合格的，应当按照有关规定注销食品生产许可；禁止出厂销售全部品种的食品。

第十八条 已经设立的企业申请取得食品生产许可的，应当持合法有效的营业执照，按照本章规定的有关条件和要求办理许可申请手续。

许可机关按照本章规定的有关条件和要求，受理已经设立的企业从事食品生产的许可申请，并根据现场核查结果和检验报告决定是否准予许可以及确定食品生产许可的品种范围，颁发食品生产许可证书。

第十九条 食品生产许可证有效期为三年。

有效期届满，取得食品生产许可证的企业需要继续生产的，应当在食品生产许可证有效期届满六个月前，向原许可机关提出换证申请；准予换证的，食品生产许可证编号不变。

期满未换证的，视为无证；拟继续生产食品的，应当重新申请，重新发证，重新编号，有效期自许可之日起重新计算。

第二十条 食品生产许可证有效期内，有以下情形之一的，企业应当向原许可机关提出变更申请：

（一）企业名称发生变化的；

（二）住所、生产地址名称发生变化的；

（三）生产场所迁址的；

（四）生产场所周围环境发生变化的；

（五）设备布局和工艺流程发生变化的；

（六）生产设备、设施发生变化的；

（七）法律法规规定的应当申请变更的其他情形。

有前款第（三）项至第（六）项情形之一的，原许可机关应当按照本办法的规定组织进行核查和检验；符合条件的，依法办理变更手续。

第二十一条 企业提出变更食品生产许可申请，应当提交下列申请材料：

（一）变更食品生产许可申请书；

（二）食品生产许可证书正、副本；

（三）与变更食品生产许可事项有关的证明材料。

申请变更食品生产许可所提交的材料，应当真实、合法、有效，符合相关法律法规的规定。申请人应当在变更食品生产许可申请书等材料上签字确认，并对其内容的合法性、真实性负责。

第二十二条 食品生产许可有效期内，有关法律法规、食品安全标准或技术要求发生变化的，原许可机关可以根据国家有关规定重新组织核查和检验。

第二十三条 有下列情形之一的，原许可机关应当依法办理食品生产许可证书注销手续：

（一）生产许可被依法撤回、撤销，或者生产许可证书被依法吊销的；

（二）企业申请注销的或者生产许可证有效期满未换证的；

（三）企业依法终止的；

（四）因不可抗力导致生产许可事项无法实施的；

（五）法律法规规定的应当注销生产许可证书的其他情形。

第二十四条 企业申请注销食品生产许可证书的，应当向原许可机关提交下列申请材料：

（一）注销食品生产许可申请书；

（二）食品生产许可证书正、副本；

（三）与注销食品生产许可事项相关的证明材料。

第三章　证书与标识

第二十五条 食品生产许可证书分为正本和副本，证书及其副页式样由国家质检总局统一规定。

第二十六条 企业应当妥善保管食品生产许可证书，并在生产场所显著位置予以悬挂或者摆放。

食品生产许可证书遗失或者损毁的，企业应当及时在省级以上媒体声明，并及时申请补证。

第二十七条 企业应当在其食品或者其包装上标注食品生产许可证编号和标志；没有食品生产许可证编号和标志的，不得出厂销售。

第二十八条 食品生产许可证编号和标志均属企业获得食品生产许可的标识。食品生产许可证编号规则和标志式样由国家质检总局统一规定。

第二十九条 企业不得出租、出借或者以其他形式转让食品生产许可证书和编号。禁止伪造、变造食品生产许可证书、食品生产许可证编号和食品生产许可证标志。

第四章　监督检查

第三十条　企业应当在食品生产许可的品种范围内从事食品生产活动，不得超出许可的品种范围生产食品。

第三十一条　企业应当保证生产条件持续符合规定要求，并对其生产的食品安全负责。

第三十二条　各级质量技术监督部门在各自职责范围内依法对企业食品生产活动进行定期或不定期的监督检查。

第三十三条　各级质量技术监督部门应当建立食品生产许可和监督检查档案管理制度。档案保存期限按国家有关规定执行。

第三十四条　各级质量技术监督部门应当建立食品生产许可和监督检查信息平台，便于公民、法人和其他社会组织查询。

第五章　法律责任

第三十五条　违反本办法第三条、第十六条第二款、第十七条第二款、第十七条第三款、第三十条等规定，或者已取得食品生产许可但被依法注销的，按照《中华人民共和国食品安全法》第八十四条规定处罚。

第三十六条　违反本办法第二十条、第二十七条、第二十九条等规定，构成有关法律法规规定的违法行为的，按照有关法律法规的规定实施行政处罚。

第三十七条　各级质量技术监督部门及有关工作人员、核查人员、检验机构及检验人员在食品生产许可管理工作中，滥用职权、玩忽职守、徇私舞弊的，依法追究相关法律责任。

第三十八条　本办法规定的行政处罚由县级以上地方质量技术监督部门在职权范围内决定并实施。

决定吊销食品生产许可证的，应当在作出行政处罚决定之前逐级上报许可机关核准。

第三十九条　当事人对依据本办法所实施的行政许可和行政处罚不服的，可以依法提出行政复议或者行政诉讼。

第六章　附　则

第四十条　本办法所称食品是指《中华人民共和国食品安全法》第九

十九条等规定的食品，但不包括食用农产品、声称具有保健功能的食品。

法律、行政法规对乳品、转基因食品、生猪屠宰、酒类和食盐的食品生产许可另有规定的，依照其规定。

第四十一条 本办法规定的实施生产许可的食品品种的划分，按照法律法规和国家质检总局有关规定执行。

第四十二条 取得餐饮服务许可的餐饮服务提供者在其餐饮服务场所制作加工食品，不需要取得本办法规定的食品生产许可。

第四十三条 小作坊等其他食品生产者从事食品生产活动，按照有关法律法规的规定执行。

第四十四条 本办法所规定的核查人员、检验机构资质及其管理，按照有关规定执行。

第四十五条 本办法由国家质检总局负责解释。

第四十六条 本办法自2010年6月1日起施行。国家质检总局在本办法施行前公布的有关食品生产许可的规章、规范性文件与本办法不一致的，以本办法为准。

食品生产加工企业落实质量安全主体责任监督检查规定

（2009年12月23日国家质量监督检验检疫总局令第119号公布 自2010年3月1日起施行）

第一章 总 则

第一条 为督促食品生产加工企业（以下简称“企业”）落实质量安全主体责任，规范企业质量安全监督检查工作，保障食品质量安全，依据《中华人民共和国食品安全法》及其实施条例、《国务院关于加强食品等产品安全监督管理的特别规定》等相关法律法规，制定本规定。

第二条 本规定所指企业是指依据《中华人民共和国食品安全法》等法律规定取得食品生产许可的食品生产者。

第三条 县级以上地方质量技术监督部门采取听取企业汇报，查阅企业记录，询问企业员工，核查生产现场，检验企业产品及所用食品原料、食品添加剂、食品相关产品，调查企业利益相关方等方式，依法对企业执行有关法律法规和标准等情况（除对企业申请食品生产许可过程的现场核查外）实施监督检查，适用本规定。

第四条 国家质量监督检验检疫总局（以下简称“国家质检总局”）负责制（修）订企业落实质量安全主体责任监督检查规定，并对省级质量技术监督部门依据本规定实施监督检查的情况进行指导和检查。

县级以上地方质量技术监督部门在其职权范围内负责本辖区企业的监督检查工作，上级部门应对下级部门依据本规定实施监督检查的情况进行指导和检查。

第五条 县级以上地方质量技术监督部门应当为企业落实质量安全主体责任监督检查工作提供保障。

第六条 监督检查工作应当遵循科学公正、公开透明、程序合法、便民高效的原则。

第二章　企业质量安全主体责任

第七条 企业应保持资质的一致性。

（一）企业实际生产食品的场所、生产食品的范围等应与食品生产许可证书内容一致；

（二）企业在生产许可证有效期内，生产条件、检验手段、生产技术或者工艺发生变化的，应按规定报告；

（三）食品生产许可证载明的企业名称应与营业执照一致。

第八条 企业应建立进货查验记录制度。

（一）企业采购食品原料、食品添加剂、食品相关产品应建立和保存进货查验记录，向供货者索取许可证复印件（指按照相关法律法规规定，应当取得许可的）和购进批次产品相适应的合格证明文件；

（二）对供货者无法提供有效合格证明文件的食品原料，企业应依照食品安全标准自行检验或委托检验，并保存检验记录；

（三）企业采购进口需法定检验的食品原料、食品添加剂、食品相关产品的，应当向供货者索取有效的检验检疫证明；

（四）企业生产加工食品所使用的食品原料、食品添加剂、食品相关产品的品种应与进货查验记录内容一致；

（五）企业应建立和保存各种购进食品原料、食品添加剂、食品相关产品的贮存、保管、领用出库等记录；

（六）企业不应使用回收食品作为食品原料生产加工食品。

第九条 企业应建立生产过程控制制度。

（一）企业应定期对厂区内环境、生产场所和设施清洁卫生状况自查，并保存自查记录；

（二）企业应定期对必备生产设备、设施维护保养和清洗消毒，并保存记录，同时应建立和保存停产复产记录及复产时生产设备、设施等安全控制记录；

（三）企业应建立和保存生产投料记录，包括投料种类、品名、生产日期或批号、使用数量等；

（四）企业应建立和保存生产加工过程关键控制点的控制情况，包括必要的半成品检验记录、温度控制、车间洁净度控制等；

（五）企业生产现场，应避免人流、物流交叉污染，避免原料、半成品、成品交叉污染，保证设备、设施正常运行，现场人员应进行卫生防护，不应使用回收食品等。

第十条 企业应建立出厂检验记录制度。

（一）企业应建立和保存出厂食品的原始检验数据和检验报告记录，包括查验食品的名称、规格、数量、生产日期、生产批号、执行标准、检验结论、检验人员、检验合格证号或检验报告编号、检验时间等记录内容；

（二）企业的检验人员应具备相应能力；

（三）企业委托其他检验机构实施产品出厂检验的，应检查受委托检验机构资质，并签订委托检验合同；

（四）出厂检验项目与食品安全标准及有关规定的项目应保持一致；

（五）企业应具备必备的检验设备，计量器具应依法经检验合格或校准，相关辅助设备及化学试剂应完好齐备并在有效使用期内；

（六）企业自行进行产品出厂检验的应按规定进行实验室测量比对，建立并保存比对记录；

（七）企业应按规定保存出厂检验留存样品。产品保质期少于2年的，保存期限不得少于产品的保质期；产品保质期超过2年的，保存期限不得少于2年。

第十一条 企业应建立不合格品管理制度。

（一）企业应建立和保存采购的不合格食品原料、食品添加剂、食品相关产品的处理记录；

（二）企业应建立和保存生产的不合格产品的处理记录。

第十二条 企业生产加工食品的标识标注内容应符合法律、法规、规章及食品安全标准规定的事项。

第十三条 企业应建立销售台帐。企业应对销售每批产品建立和保存销售台帐，包括产品名称、数量、生产日期、生产批号、购货者名称及联系方式、销售日期、出货日期、地点、检验合格证号、交付控制、承运者等内容。

第十四条 企业标准执行应符合相关法律法规规定。

（一）企业标准应按规定进行备案；

（二）企业应收集、记录新发布国家食品安全标准，参加相关培训，做好标准执行工作。

第十五条 企业应建立不安全食品召回制度。企业应建立和保存对不安全食品自主召回、被责令召回的执行情况的记录，包括：企业通知召回的情况；实际召回的情况；对召回产品采取补救、无害化处理或销毁的记录，整改措施的落实情况；向当地政府和县级以上监管部门报告召回及处理情况。

第十六条 企业从业人员健康和培训应符合相关法律法规规定。

（一）企业应建立从业人员健康检查制度和健康档案制度，保存对直接接触食品人员健康管理的相关记录；

（二）企业应建立和保存对从业人员的食品质量安全知识培训记录。

第十七条 企业接受委托加工食品应符合相关法律法规规定。

（一）受委托企业应当在获得生产许可的产品品种范围内与委托方约定委托加工协议，并向所在地质量技术监督部门报告；

（二）委托加工食品包装标识应符合相关规定。

第十八条 企业应建立消费者投诉受理制度。企业应建立和保存对消费者投诉的受理记录。包括投诉者姓名、联系方式、投诉的食品名称、数量、生产日期或生产批号、投诉质量问题、企业采取的处理措施、处理结果等。

第十九条 企业应主动收集企业内部发现的和国家发布的与企业相关的食品安全风险监测和评估信息，并做出反应，同时应建立和保存相关记录。

第二十条 企业应按规定妥善处置食品安全事故。

（一）企业应制定食品安全事故处置方案；

（二）企业应定期检查各项食品安全防范措施的落实情况；

（三）如果发生食品安全事故，企业应建立和保存处置食品安全事故的记录。

第三章 监督检查程序

第二十一条 县级以上地方质量技术监督部门应当根据地方人民政府组织制定的食品安全年度监督管理计划，编制本辖区企业年度监督检查计划，并按省级质量技术监督部门相关规定上报备案。

县级以上地方质量技术监督部门可以根据上级质量技术监督部门的工作部署、掌握的食品安全风险监测信息、企业食品安全信用状况、监管工作需要等情况，对年度监督检查计划进行调整。

第二十二条 企业落实质量安全主体责任监督检查分为特别监督检查和常规监督检查。

企业发生质量安全事故或者涉嫌存在质量安全问题的，质量技术监督部门可以开展特别监督检查，并持附件1《食品生产加工企业落实质量安全主体责任监督检查通知书》直接前往企业实施监督检查。

开展常规监督检查的，质量技术监督部门应当在监督检查前15个工作日，向企业送达《食品生产加工企业落实质量安全主体责任监督检查通知书》，告知企业监督检查有关项目。《食品生产加工企业落实质量安全主体责任监督检查通知书》可以直接送达，也可以邮寄送达。直接送达的，以被监督检查单位在回执上注明的签收日期为送达日期；邮寄送达的，以签收日期为送达日期。

第二十三条 被检查企业收到《食品生产加工企业落实质量安全主体责任监督检查通知书》后，应依照本规定第二章内容进行自查，并向实施监督检查的质量技术监督部门提交书面自查报告。

自查报告应包括附件2《食品生产加工企业落实质量安全主体情况自查表》规定内容以及其他需要说明的事项。

第二十四条 质量技术监督部门收到企业自查报告后，应当在质量技术监督部门工作场所进行核查。必要时，质量技术监督部门应当要求被检查企业做出说明并提供补充报告材料。

企业应当对其提交的报告和相关材料的真实性负责。

第二十五条 质量技术监督部门经核查企业自查报告和补充材料，认为需要实施现场检查的，应当告知企业。

第二十六条 质量技术监督部门对企业实施现场监督检查，应有2名以上工作人员参加。监督检查人员到企业现场实施监督检查时，应当出示有效证件。根据监督检查需要，县级质量技术监督部门可以聘请技术专家、消费者代表、人大代表、政协委员、媒体记者等人员参与检查工作。

第二十七条 质量技术监督部门可以根据监督检查工作需要，依照有关规定进行抽样检验。

第二十八条 被检查企业应当指定有关人员配合质量技术监督部门的监督检查工作，如实提供有关资料，回答相关询问，协助核查企业生产条件和抽取样品。

企业应当积极配合质量技术监督部门的监督检查工作，不得以暴力、威胁或者其他方式予以阻挠。

第二十九条 监督检查人员应当按附件3《对食品生产加工企业落实质量安全主体责任情况核查表》有关事项，如实记录监督检查结果。检查人员应当就检查情况与被检查单位参加人员交换意见。监督检查结论由监督检查人员和被检查企业法人代表或其授权的人员签字。被检查单位对检查结果有异议的，可以签署异议。监督检查人员应当就监督检查结论向本单位汇报。

被检查单位拒绝签字的，由监督检查人员书面记录后存档。

第三十条 需要当地人民政府或者相关部门支持、配合监督检查工作的，质量技术监督部门应当提出工作建议，并以书面形式报告当地人民政府或者告知有关部门。

第四章 监督检查结果处理

第三十一条 县级以上地方质量技术监督部门在监督检查中发现企业违反有关法律法规规定的，应当依照有关法律法规规定予以处理。

第三十二条 监督检查结果应当依法向社会公开。

第三十三条 县级以上质量监督部门应当将监督检查情况记入该企业信用档案。监督检查工作中获知的食品安全信息依法应通报同级相关监管部门的，按法律法规要求进行通报；食品安全信息直接涉及食品认证、计量等情形的，应向质量技术监督部门内部相关工作机构通报。

第五章　监督检查工作要求

第三十四条　参与企业监督检查的工作人员，应当遵守国家法律、法规及本规定，严格检查、秉公执法、不徇私情。

第三十五条　监督检查人员进入洁净区域现场检查时，应遵守企业安全卫生防护措施等制度要求。

第三十六条　实施监督检查，不得妨碍企业正常的生产活动，不得索取或者收受被检查企业的财物，不得谋取其他利益。

第三十七条　各级质量技术监督部门应根据企业监管业务需要，对监督检查人员进行法律、法规和专业技术培训，不断提高其业务水平，并将参加岗位培训情况作为工作人员年度考核的内容之一。

第三十八条　上级质量技术监督部门可以通过查阅监督检查记录、交叉检查、随机抽查企业等方式对下级部门监督检查工作进行督查。

第三十九条　有下列行为之一的，按干部管理权限对相关责任人依法依规处理；构成犯罪的，依法追究刑事责任：

（一）未按规定组织监督检查造成后果的；

（二）隐瞒监督检查信息的；

（三）阻碍、干涉监督检查工作的；

（四）在监督检查中伪造或者指使他人伪造记录的；

（五）擅自向外透露企业商业秘密的；

（六）利用监督检查工作参与有偿活动的。

第四十条　未依照相关法律法规和本规定履行食品安全监督管理法定职责、日常监督检查不到位或者滥用职权、玩忽职守、徇私舞弊的，依据《中华人民共和国食品安全法》第九十五条和《中华人民共和国食品安全法实施条例》第六十一条，对直接负责的主管人员和其他直接责任人员给予记大过或者降级的处分；造成严重后果的，给予撤职或者开除的处分；其主要负责人应当引咎辞职。

第四十一条　对依照本规定履行食品质量安全监督检查职责、保障食品质量安全，做出突出成绩的单位和个人，由上级质量技术监督部门予以表彰和奖励。

第六章 附 则

第四十二条 省级质量技术监督部门可依照本规定制定实施细则。

第四十三条 各级质量技术监督部门对食品添加剂、食品相关产品生产加工企业监督检查，可参照本规定执行。

第四十四条 本规定由国家质检总局负责解释。

第四十五条 本规定自2010年3月1日起执行。

流通环节食品安全监督管理办法

（2009年7月30日国家工商行政管理总局令第43号公布 自公布之日起施行）

第一章 总 则

第一条 为了加强流通环节食品安全监督管理，维护食品市场秩序，根据《中华人民共和国食品安全法》（以下简称《食品安全法》）、《中华人民共和国食品安全法实施条例》（以下简称《食品安全法实施条例》）等法律、法规的规定，制定本办法。

第二条 在中华人民共和国境内从事流通环节食品经营，应当遵守本办法。

第三条 食品经营者应当依照法律、法规和食品安全标准从事食品经营活动，建立健全食品安全管理制度，采取有效管理措施，保证食品安全。

食品经营者对其经营的食品安全负责，对社会和公众负责，承担社会责任。

第四条 工商行政管理机关依照法律、法规和国务院规定的职责以及本办法的规定，对流通环节食品安全进行监督管理。

第五条 县级及其以上地方工商行政管理机关在当地人民政府的统一领导下，负责本辖区内流通环节食品安全监督管理。

第六条 县级及其以上地方工商行政管理机关应当与其他食品监督管

理部门加强沟通、密切配合，按照职责分工，依法行使职权，承担责任。

第七条 鼓励和支持食品经营者为提高食品安全水平采用先进技术和先进管理规范。

第八条 县级及其以上地方工商行政管理机关应当依照法律、法规和本办法的规定公布食品安全信息，为公众咨询、投诉、举报提供方便；任何组织或者个人有权向工商行政管理机关举报食品经营中违反本办法的行为，有权了解食品流通安全信息，对流通环节食品安全监督管理工作提出意见和建议。

第二章 食品经营

第九条 禁止食品经营者经营下列食品：

（一）用非食品原料生产的食品或者添加食品添加剂以外的化学物质和其他可能危害人体健康物质的食品，或者用回收食品作为原料生产的食品；

（二）致病性微生物、农药残留、兽药残留、重金属、污染物质以及其他危害人体健康的物质含量超过食品安全标准限量的食品；

（三）营养成分不符合食品安全标准的专供婴幼儿和其他特定人群的主辅食品；

（四）腐败变质、油脂酸败、霉变生虫、污秽不洁、混有异物、掺假掺杂或者感官性状异常的食品；

（五）病死、毒死或者死因不明的禽、畜、兽、水产动物肉类及其制品；

（六）未经动物卫生监督机构检疫或者检疫不合格的肉类，或者未经检验或者检验不合格的肉类制品；

（七）被包装材料、容器、运输工具等污染的食品；

（八）超过保质期的食品；

（九）无标签的预包装食品；

（十）国家为防病等特殊需要明令禁止经营的食品；

（十一）食品的标签、说明书不符合《食品安全法》第四十八条第三款规定的食品；

（十二）没有中文标签、中文说明书或者中文标签、中文说明书不符合《食品安全法》第六十六条规定的进口的预包装食品；

（十三）其他不符合食品安全标准或者要求的食品。

对因标签、标识或者说明书不符合食品安全标准而被停止经营的食品，在食品生产者采取补救措施且能保证食品安全的情况下可以继续销售；销售时应当向消费者明示生产者采取的补救措施。

第十条 从事食品经营，应当依法取得《食品流通许可证》，凭《食品流通许可证》办理工商登记，领取营业执照。未取得《食品流通许可证》和营业执照的，不得从事食品经营。

食品经营者的经营条件发生变化，不符合食品经营要求的，食品经营者应当立即采取整改措施；有发生食品安全事故的潜在风险的，应当立即停止食品经营活动，并向所在地县级工商行政管理机关报告；需要重新办理许可手续的，应当依法办理。

第十一条 食品经营企业应当建立健全本单位的食品安全管理制度，组织职工参加食品安全知识培训，学习食品安全法律、法规、规章、标准和其他食品安全知识，并建立培训档案；配备专职或者兼职食品安全管理人员，做好对所经营食品的检验工作，依法从事食品经营活动。

第十二条 食品经营者应当建立并执行从业人员健康检查制度和健康档案制度。食品经营从业人员每年应当进行健康检查，取得健康证明后方可从事食品经营，其检查项目等事项应当符合所在地省、自治区、直辖市的规定。患有《食品安全法》、《食品安全法实施条例》规定的不得从事接触直接入口食品工作疾病的从业人员，不得从事接触直接入口食品的工作。

第十三条 食品经营者采购食品，应当查验供货者的许可证、营业执照和食品合格的证明文件。

食品经营企业应当建立食品进货查验记录制度，如实记录食品的名称、规格、数量、生产批号、保质期、供货者名称及联系方式、进货日期等内容。

鼓励其他食品经营者按照前款规定建立进货查验记录制度。

实行统一配送经营方式的食品经营企业，可以由企业总部统一查验供货者的许可证、营业执照和食品合格的证明文件，进行食品进货查验记录，可将有关资料复印件留存所属相关经营企业备查，也可以采用信息化技术，联网备查。

第十四条 从事食品批发业务的经营企业销售食品，应当如实记录批发食品的名称、规格、数量、生产批号、保质期、购货者名称及联系方式、销售日期等内容，或者保留载有上述信息的销售票据。

从事批发业务的食品经营企业应当向购货者开具载有前款规定信息的

销售票据或者清单，同时加盖印章或者签字。

第十五条 食品进货查验记录、批发记录或者票据应当真实，保存期限不得少于二年。

第十六条 鼓励食品经营者采用先进技术手段，记录法律、法规及本办法要求记录的事项。

第十七条 食品经营者贮存、运输和装卸食品的容器、工具和设备应当安全、无害，保持清洁，防止食品污染，并符合保证食品安全所需的温度等特殊要求，不得将食品与有毒、有害物品一同运输。

第十八条 食品经营者对贮存、销售的食品应当定期进行检查，查验食品的生产日期和保质期，及时清理变质、超过保质期及其他不符合食品安全标准的食品，主动将其退出市场，并做好相关记录。

第十九条 食品经营者贮存散装食品，应当在贮存位置标明食品的名称、生产日期、保质期、生产者名称及联系方式等内容。

食品经营者销售散装食品，应当在散装食品的容器、外包装上标明食品的名称、生产日期、保质期、生产经营者名称及联系方式等内容。

食品经营者销售生鲜食品和熟食制品，应当符合食品安全所需要的温度、空间隔离等特殊要求，防止交叉污染。

第二十条 食品经营者销售的预包装食品的包装上，应当有标签。标签内容应当符合《食品安全法》第四十二条的规定。

食品的标签、说明书，不得含有虚假、夸大的内容，不得涉及疾病预防、治疗功能。

食品的标签、说明书应当清楚、明显，容易辨识。

食品经营者应当按照食品标签标示的警示标志、警示说明或者注意事项的要求，销售预包装食品。

第二十一条 食品经营者应当主动向消费者提供销售凭证，对不符合食品安全标准的食品履行更换、退货等义务。

鼓励食品经营者在其销售食品的包装上附加特殊身份标记，将其销售的食品与其他食品经营者销售的食品相区分。

第二十二条 食品集中交易市场的开办者、食品经营柜台的出租者和食品展销会的举办者，应当依法履行下列管理义务：

（一）审查入场食品经营者的《食品流通许可证》和营业执照；

（二）明确入场食品经营者的食品安全管理责任；

（三）定期对入场食品经营者的经营环境和条件进行检查；

（四）建立食品经营者档案，记载市场内食品经营者的基本情况、主要进货渠道、经营品种、品牌和供货商状况等信息；

（五）建立和完善食品经营管理制度，加强对食品经营者的培训；

（六）设置食品信息公示媒介，及时公开市场内或者行政机关公布的相关食品信息；

（七）其他应当履行的食品安全管理义务。

食品集中交易市场的开办者、食品经营柜台的出租者和食品展销会的举办者发现食品经营者不具备经营资格的，应当禁止其入场销售；发现食品经营者不具备与所经营食品相适应的经营环境和条件的，可以暂停或者取消其入场经营资格；发现经营不符合食品安全标准的食品或者有其他违法行为的，应当及时制止，并立即将有关情况报告辖区工商行政管理机关。

第二十三条 食品经营者应当建立并执行食品退市制度。食品经营者发现其经营的食品不符合食品安全标准，应当立即停止经营，下架单独存放，通知相关生产经营者和消费者，并记录停止经营和通知情况，将有关情况报告辖区工商行政管理机关。

食品经营者未依照前款规定停止经营不符合食品安全标准的食品的，工商行政管理机关可以责令其停止经营。

第二十四条 食品广告的内容应当真实合法，不得含有虚假或者夸大的内容，不得涉及疾病预防、治疗功能。

食品广告中不得含有食品安全监督管理部门或者承担食品检验职责的机构、食品行业协会、消费者协会向消费者推荐食品的内容。

第二十五条 社会团体或者其他组织、个人在虚假广告中向消费者推荐食品，使消费者的合法权益受到损害的，与食品生产经营者承担连带责任。

第二十六条 食品经营企业应当制定食品安全事故处置方案，定期检查本企业各项食品安全防范措施的落实情况，及时消除食品安全事故隐患。

发生食品安全事故的食品经营者对导致或者可能导致食品安全事故的食品及原料、工具、设备等，应当立即采取封存等控制措施，并自事故发生之时起2小时内向所在地县级人民政府卫生行政部门报告。

第二十七条 鼓励食品集中交易市场的开办者、食品经营柜台的出租者、食品展销会的举办者和有条件的食品经营企业配备必要的检测设备，对食品进行自检或者送检。

第三章　监督管理

第二十八条　县级及其以上地方工商行政管理机关应当按照当地人民政府组织制定的本行政区域的食品安全年度监督管理计划开展工作。

第二十九条　县级及其以上地方工商行政管理机关履行流通环节食品安全监督管理职责，有权采取《食品安全法》第七十七条规定的监督管理措施。

第三十条　县级及其以上地方工商行政管理机关应当严格落实监管责任，开展食品市场监督检查。食品经营者应当接受和配合工商行政管理机关的监督检查。

第三十一条　县级及其以上地方工商行政管理机关进行监督检查时，应当记录监督检查的情况，发现有违法行为的，应当如实记录，经监督检查人员和食品经营者签字后归档，并依法查处；对依法应当立案查处或者移送其他机关依法处理的，应当在监督检查记录中载明。

监督检查记录保存期限应当符合档案管理相关规定。

第三十二条　县级及其以上地方工商行政管理机关应当建立食品经营者食品安全信用档案，记录许可证照颁发、日常监督检查结果、违法行为的查处和食品经营者停止经营不符合食品安全标准的食品等情况。依托金信工程，将食品经营者的食品安全信用情况作为企业信用分类监管、个体工商户分层分类监管、市场信用分类监管制度的重要内容，对有不良信用记录的食品经营者增加监督检查频次，加强监督管理。

第三十三条　县级及其以上地方工商行政管理机关应当加强对食品经营者经营活动的日常监督检查；发现不符合食品经营要求情形的，应当责令立即纠正，并依法予以处理；不再符合经营许可条件的，应当依法撤销相关许可。

第三十四条　县级及其以上地方工商行政管理机关应当对国务院卫生行政部门公布的添加或者可能添加到食品中的非食品用化学物质和其他可能危害人体健康的物质采取相应的监督管理措施。

县级及其以上地方工商行政管理机关在监督检查中发现不符合食品安全标准的食品，责令食品经营者停止经营的，应当及时追查食品来源和流向；涉及其他地区的，应当及时报告上级工商行政管理机关，书面通报相关地工商行政管理机关依法查处。

第三十五条　县级及其以上地方工商行政管理机关在监督检查中发现

食品经营者经营不符合食品安全标准的食品，其原因是由其他环节引起的，应当及时书面通报有关主管部门。

第三十六条 县级及其以上地方工商行政管理机关应当公布本单位的电子邮件地址或者电话，接受咨询、投诉、举报；对接到的咨询、投诉、举报，应当依照《食品安全法》第八十条的规定进行答复、核实、处理，并对咨询、投诉、举报和答复、核实、处理的情况予以记录、保存。

第三十七条 县级及其以上地方工商行政管理机关应当依照《食品安全法》的有关规定和当地人民政府的食品监测计划，对流通环节食品进行定期或者不定期的抽样检验。

县级及其以上地方工商行政管理机关对当地人民政府制定的本行政区域的食品安全年度监督管理计划中确定的重点食品、消费者申（投）诉及举报比较多的食品、市场监督检查中发现问题比较集中的食品，以及根据查办案件、有关部门通报的情况，对流通环节的食品是否符合食品安全标准进行不定期抽样检验。

第三十八条 县级及其以上地方工商行政管理机关在执法工作中需要对食品进行检验的，应当委托符合《食品安全法》规定的食品检验机构进行检验，并支付相关费用。

第三十九条 县级及其以上地方工商行政管理机关实施食品抽样检验以及快速检测工作，应当购买样品，支付相关费用；不收取食品经营者的检验费和其他任何费用，所需经费由同级财政列支。

第四十条 县级及其以上地方工商行政管理机关对食品进行抽样检验时，应当制作抽样检验工作记录，现场检查所抽检食品的相关票证、货源、数量、存货量、销售量等；应当要求检验机构按照国家规定的采样规则进行取样，并将抽样检验结果通知标称的食品生产者。

第四十一条 县级及其以上地方工商行政管理机关依法开展抽样检验时，被抽样检验的经营者应当配合抽样检验工作，如实提供被抽样检验食品的相关票证、货源、数量、存货地点、存货量、销售量等信息。

第四十二条 对检验结论有异议的，可以依法进行复检。被抽样检验的经营者或者标称的生产者，应当向承担复检工作的食品检验机构申请复检，并说明理由。

复检机构名录由国务院认证认可监督管理、卫生行政、农业行政等部门共同公布。复检机构出具的复检结论为最终检验结论。

复检机构由复检申请人自行选择。复检机构与初检机构不得为同一机构。

复检结论表明食品合格的，复检费用由抽样检验的部门承担；复检结论表明食品不合格的，复检费用由食品生产经营者承担。

第四十三条 组织实施抽样检验的县级及其以上地方工商行政管理机关应当自收到检验结果五个工作日内，将抽样检验结果通知被抽样检验人，责令其停止销售不符合食品安全标准的食品，监督其他食品经营者对同一批次的食品下架退市，并按照有关规定，准确、及时、客观地公布食品安全抽样检验信息。

第四十四条 组织实施抽样检验的县级及其以上地方工商行政管理机关对抽样检验中发现的不属于自己管辖的食品安全案件线索，应当及时书面通报有管辖权的工商行政管理机关或者移送有关执法机关处理。

第四十五条 县级及其以上地方工商行政管理机关在食品安全监督管理工作中可以采用《食品安全法实施条例》第五十条的规定认定的快速检测方法对食品进行初步筛查；对初步筛查结果表明可能不符合食品安全标准的食品，应当依照《食品安全法》第六十条第三款的规定进行检验。初步筛查结果不得作为执法依据。

第四十六条 境外发生的食品安全事件可能对我国境内造成影响，或者在进口食品中发现严重食品安全问题的，县级及其以上地方工商行政管理机关接到国家出入境检验检疫部门有关通报后，应当采取相应处理措施。

县级及其以上地方工商行政管理机关接到国家出入境检验检疫部门通报的有关进出口食品安全信息，必要时应当采取相应处理措施。

县级及其以上地方工商行政管理机关在监督检查中发现进口食品存在安全问题的，应当及时将获知的涉及进出口食品安全的信息向国家出入境检验检疫部门通报。

第四十七条 鼓励县级及其以上地方工商行政管理机关建立食品经营主体数据库、监督检查数据库、典型案例数据库，依托12315行政执法网络，运用先进技术手段加强食品监督检查工作，提高食品安全监督管理水平。

第四十八条 县级及其以上地方工商行政管理机关在日常监督管理中发现食品安全事故，或者接到有关食品安全事故的举报，应当立即向当地卫生行政部门通报。

发生食品安全事故的，事发地工商行政管理机关应当按照国务院有关部门制定的食品安全事故调查处理办法，在当地人民政府统一领导下，配合卫生行政等相关部门，及时作出反应，采取措施控制事态发展，并及时向上级工商行政管理机关报告。

调查食品安全事故，应当坚持实事求是、尊重科学的原则，及时、准确查清事故性质和原因。认定事故责任，提出整改措施。

任何单位或者个人不得对食品安全事故隐瞒、谎报、缓报，不得毁灭有关证据。

第四十九条 县级及其以上地方工商行政管理机关参与食品安全事故调查时，有权向有关单位和个人了解与食品安全事故有关的情况，要求提供相关资料和样品；有关单位和个人应当配合食品安全事故调查处理工作，按照要求提供相关资料和样品，不得拒绝。

任何单位或者个人不得阻挠、干涉食品安全的调查处理。

第五十条 县级及其以上地方工商行政管理机关可以向社会公布下列食品安全日常监督管理信息：

（一）依照《食品安全法》实施行政许可的情况；

（二）责令停止经营的食品、食品添加剂、食品相关产品的名录；

（三）查处食品经营者违法行为的情况；

（四）专项检查整治工作情况；

（五）法律、行政法规规定的其他食品安全日常监督管理信息。

县级及其以上地方工商行政管理机关依据职责公布食品安全日常监督管理信息；涉及其他食品安全监督管理部门职责的，应当联合公布。

公布食品安全日常监督管理信息，应当做到准确、及时、客观，同时对有关食品可能产生的危害进行解释、说明。

具体日常监督管理信息公布制度由省级工商行政管理机关依照本办法制定。

第五十一条 县级及其以上地方工商行政管理机关获知《食品安全法》第八十二条第一款规定的需要统一公布的信息，应当向上级工商行政管理机关报告，由上级机关立即报告国务院卫生行政部门；必要时，可以直接向国务院卫生行政部门报告。

县级及其以上地方工商行政管理机关应当与其他食品安全监督管理部门相互通报获知的食品安全信息。

第五十二条 省、自治区、直辖市工商行政管理机关应当配合同级卫生行政部门制定本行政区域的食品安全风险监测方案。

县级及其以上地方工商行政管理机关应当协助收集《食品安全法实施条例》第十三条第一款规定的食品安全风险评估信息和资料。

省、自治区、直辖市工商行政管理机关应当配合同级卫生行政部门对食品安全国家标准和食品安全地方标准的执行情况分别进行跟踪评价。

省、自治区、直辖市工商行政管理机关应当收集、汇总食品安全标准在执行过程中存在的问题，并及时向同级卫生行政部门通报。

第四章　法律责任

第五十三条　违反本办法第九条第一款第（一）、（二）、（三）、（四）、（五）、（六）、（八）、（十）、（十三）项，第二十三条第二款的规定的，没收违法所得、违法经营的食品和用于违法经营的工具、设备、原料等物品；违法经营的食品货值金额不足一万元的，并处二千元以上五万元以下罚款；货值金额一万元以上的，并处货值金额五倍以上十倍以下罚款；情节严重的，吊销许可证。

第五十四条　违反本办法第十条的规定，未经许可从事食品经营活动的，没收违法所得、违法经营的食品和用于违法经营的工具、设备等物品；违法经营的食品货值金额不足一万元的，并处二千元以上五万元以下罚款；货值金额一万元以上的，并处货值金额五倍以上十倍以下罚款。

第五十五条　违反本办法第十二条的规定，安排患有《食品安全法》第三十四条以及《食品安全法实施条例》第二十三条所列疾病的人员从事接触直接入口食品的工作，或者违反本办法第十三条第一款、第二款，第十四条第一款，第十五条，第十八条，第十九条，第二十条第二款的规定的，责令改正，给予警告；拒不改正的，处二千元以上二万元以下罚款；情节严重的，责令停产停业，直至吊销许可证。

第五十六条　违反本办法第九条第一款第（七）、（九）、（十一）、（十二）项，第二十条第一款的规定的，没收违法所得、违法经营的食品和用于违法经营的工具、设备等物品；违法经营的食品货值金额不足一万元的，并处二千元以上五万元以下罚款；货值金额一万元以上的，并处货值金额二倍以上五倍以下罚款；情节严重的，责令停产停业，直至吊销许可证。

第五十七条　违反本办法第十七条的规定，食品经营企业未按照要求进行食品运输的，责令改正，给予警告；拒不改正的，责令停产停业，并处二千元以上五万元以下罚款；情节严重的，由原发证部门吊销许可证。

第五十八条 违反本办法第二十二条第一款第（一）、（二）、（三）项及第二款的规定的，处二千元以上五万元以下罚款；造成严重后果的，责令停业，由原发证部门吊销许可证。

第五十九条 违反本办法第二十四条第一款的规定的，责令广告主停止发布广告，并以等额广告费用在相应范围内公开更正清除影响，并处广告费用一倍以上五倍以下的罚款。违反本办法第二十四条第二款的规定的，没收违法所得，依法对直接负责的主管人员和其他直接责任人员给予记大过、降级或者撤职的处分。

第六十条 违反本办法第二十六条第二款的规定，食品经营企业在发生食品安全事故后未进行处置、报告的，按照工商行政管理机关职责分工，责令改正，给予警告；毁灭有关证据的，责令停业，并处二千元以上十万元以下罚款；造成严重后果的，由原发证部门吊销许可证。

第六十一条 食品经营者的经营条件发生变化，未依照本办法第十条第二款规定处理的，责令改正，给予警告；造成严重后果的，依照《食品安全法》第八十五条的规定给予处罚。

第六十二条 有下列行为之一的，责令改正，拒不改正的，处以一万元以下罚款：

（一）食品经营者聘用未取得健康证明的人员从事食品经营的；

（二）食品经营者未主动向消费者提供销售凭证，或者拒不履行不符合食品安全标准的食品更换、退货等义务的；

（三）食品经营者拒绝工商行政管理机关依法开展监督检查的。

第六十三条 违反本办法的规定，有下列行为之一的，责令改正，拒不改正的，处以一万元以下罚款；情节严重的，处以一万元以上三万元以下罚款：

（一）从事批发业务的食品经营企业没有向购货者开具销售票据或者清单的；

（二）食品集中交易市场的开办者、食品经营柜台的出租者和食品展销会的举办者没有建立食品经营者档案、记载市场内食品经营者的基本情况、主要进货渠道、经营品种、品牌和供货商状况等信息；没有设置食品信息公示媒介，及时公开市场内或者行政机关公布的相关食品信息的。

第六十四条 食品经营者主动消除或者减轻违法行为危害后果，或者有其他法定情形的，应当从轻、减轻处罚。

违法行为轻微并及时纠正，没有造成危害后果的，不予处罚。

第六十五条 县级及其以上地方工商行政管理机关在监督检查中发现食品经营者违反本办法规定涉嫌犯罪的，应当依法移送公安机关。

第六十六条 县级及其以上地方工商行政管理机关不履行食品安全监督管理法定职责、日常监督检查不到位或者滥用职权、玩忽职守、徇私舞弊的，依法对直接负责的主管人员和其他直接责任人员给予记大过或者降级的处分；造成严重后果的，给予撤职或者开除的处分；其主要负责人应当引咎辞职。

第五章 附 则

第六十七条 食用农产品的监督管理适用《中华人民共和国农产品质量安全法》。

第六十八条 本办法由国家工商行政管理总局负责解释。

第六十九条 本办法自公布之日起施行。

食品流通许可证管理办法

（2009 年 7 月 30 日国家工商行政管理总局令第 44 号公布　自公布之日起施行）

第一章 总 则

第一条 为了规范食品流通许可行为，加强《食品流通许可证》管理，根据《中华人民共和国食品安全法》（以下简称《食品安全法》）、《中华人民共和国行政许可法》、《中华人民共和国食品安全法实施条例》（以下简称《食品安全法实施条例》）等有关法律、法规的规定，制定本办法。

第二条 食品流通许可的申请受理、审查批准以及相关的监督检查等行为，适用本办法。

第三条 在流通环节从事食品经营的，应当依法取得食品流通许可。

取得食品生产许可的食品生产者在其生产场所销售其生产的食品，不需要取得食品流通的许可；取得餐饮服务许可的餐饮服务提供者在其餐饮服务场所出售其制作加工的食品，不需要取得食品流通的许可。

第四条 县级及其以上地方工商行政管理机关是食品流通许可的实施机关，具体工作由负责流通环节食品安全监管的职能机构承担。地方各级工商行政管理机关的许可管辖分工由省、自治区、直辖市工商行政管理局决定。

第五条 食品流通许可应当遵循依法、公开、公平、公正、便民、高效的原则。

第六条 食品经营者应当在依法取得《食品流通许可证》后，向有登记管辖权的工商行政管理机关申请办理工商登记。未取得《食品流通许可证》和营业执照，不得从事食品经营。

法律、法规对食品摊贩另有规定的，依照其规定。

第七条 食品经营者的经营条件发生变化，不符合食品经营要求的，食品经营者应当立即采取整改措施；有发生食品安全事故的潜在风险的，应当立即停止食品经营活动，并向所在地县级工商行政管理机关报告；需要重新办理许可手续的，应当依法办理。

县级及其以上地方工商行政管理机关应当加强对食品经营者经营活动的日常监督检查；发现不符合食品经营要求情形的，应当责令立即纠正，并依法予以处理；不再符合食品流通许可条件的，应当依法撤销食品流通许可。

第八条 任何组织或者个人有权举报《食品流通许可证》审核发放和监督检查过程中的违法行为，许可机关应当及时核实、处理。

第二章 申请与受理

第九条 申请领取《食品流通许可证》，应当符合食品安全标准，并符合下列要求：

（一）具有与经营的食品品种、数量相适应的食品原料处理和食品加工、包装、贮存等场所，保持该场所环境整洁，并与有毒、有害场所以及其他污染源保持规定的距离；

（二）具有与经营的食品品种、数量相适应的设备或者设施，有相应的消毒、更衣、盥洗、采光、照明、通风、防腐、防尘、防蝇、防鼠、防虫、洗涤以及处理废水、存放垃圾和废弃物的设备或者设施；

（三）有食品安全专业技术人员、管理人员和保证食品安全的规章制度；

（四）具有合理的设备布局和工艺流程，防止待加工食品与直接入口食品、原料与成品交叉污染，避免食品接触有毒物、不洁物。

第十条 申请领取《食品流通许可证》，应当提交下列材料：

（一）《食品流通许可申请书》；

（二）《名称预先核准通知书》复印件；

（三）与食品经营相适应的经营场所的使用证明；

（四）负责人及食品安全管理人员的身份证明；

（五）与食品经营相适应的经营设备、工具清单；

（六）与食品经营相适应的经营设施空间布局和操作流程的文件；

（七）食品安全管理制度文本；

（八）省、自治区、直辖市工商行政管理局规定的其他材料。

申请人委托他人提出许可申请的，委托代理人应当提交委托书以及委托代理人或者指定代表的身份证明。

已经具有合法主体资格的经营者在经营范围中申请增加食品经营项目的，还需提交营业执照等主体资格证明材料，不需提交《名称预先核准通知书》复印件。

新设食品经营企业申请食品流通许可，该企业的投资人为许可申请人；已经具有主体资格的企业申请食品流通许可，该企业为许可申请人；企业分支机构申请食品流通许可，设立该分支机构的企业为许可申请人；个人新设申请或者个体工商户申请食品流通许可，业主为许可申请人。申请人应当在申请书等材料上签字盖章。

第十一条 申请《食品流通许可证》所提交的材料，应当真实、合法、有效，符合相关法律、法规的规定。申请人应当对其提交材料的合法性、真实性、有效性负责。

第十二条 企业的分支机构从事食品经营，各分支机构应当分别申领《食品流通许可证》。

第十三条 许可机关收到申请时，应当对申请事项进行审查，并根据下列情况分别作出处理：

（一）申请事项依法不需要取得《食品流通许可证》的，应当即时告知申请人不予受理；

（二）申请事项依法不属于许可机关职权范围的，应当即时作出不予受理的决定，并告知申请人向有关行政机关申请；

（三）申请材料存在可以当场更正的错误，应当允许申请人当场更正，由申请人在更正处签名或者盖章，注明更正日期；

（四）申请材料不齐全或者不符合法定形式的，应当当场或者五日内一次告知申请人需要补正的全部内容；当场告知时，应当将申请材料退回申请人；属于五日内告知的，应当收取申请材料并出具收到申请材料的凭据，逾期不告知的，自收到申请材料之日起即为受理；

（五）申请材料齐全、符合法定形式，或者申请人按照要求提交了全部补正材料的，许可机关应当予以受理。

许可机关受理许可申请之后至作出许可决定之前，申请人书面要求撤回食品流通许可申请的，应当同意其撤回要求；撤回许可申请的，许可机关终止办理。

第十四条 许可机关对申请人提出的申请决定予以受理的，应当出具《受理通知书》；决定不予受理的，应当出具《不予受理通知书》，说明不予受理的理由，并告知申请人享有依法申请行政复议或者提起行政诉讼的权利。

第三章 审查与批准

第十五条 食品流通许可事项包括经营场所、负责人、许可范围等内容。

食品流通许可事项中的许可范围，包括经营项目和经营方式。经营项目按照预包装食品、散装食品两种类别核定；经营方式按照批发、零售、批发兼零售三种类别核定。

第十六条 许可机关应当审核申请人提交的相关材料是否符合《食品安全法》第二十七条第一项至第四项以及本办法的要求。必要时，可以按照法定的权限与程序，对其经营场所进行现场核查。材料审核和现场核查的具体办法由省、自治区、直辖市工商行政管理局制定。

进行现场核查，许可机关应当指派两名以上执法人员参加并出示有效证件，申请人和食品经营者应当予以配合。现场核查应当填写《食品流通许可现场核查表》。

第十七条 对申请人提交的食品流通许可申请予以受理的，许可机关应当自受理之日起二十日内作出是否准予许可的决定。二十日内不能作出许可决定的，经许可机关负责人批准，可以延长十日，并应当将延长期限的理由告知申请人。

第十八条 许可机关作出准予许可决定的，应当出具《准予许可通知书》，告知申请人自决定之日起十日内，领取《食品流通许可证》；作出准予变更许可决定的，应当出具《准予变更许可通知书》，告知申请人自决定之日起十日内，换发《食品流通许可证》；作出准予注销许可决定的，应当出具《准予注销许可通知书》，缴销《食品流通许可证》。许可机关作出准予许可决定的，应当予以公开。

许可机关作出不予许可决定的，应当出具《驳回申请通知书》，说明不予许可的理由，并告知申请人依法享有申请行政复议或者提起行政诉讼的权利。

第十九条 许可机关认为需要听证的涉及公共利益的重大许可事项，应当向社会公告，并举行听证。

第四章 许可的变更及注销

第二十条 食品经营者改变许可事项，应当向原许可机关申请变更食品流通许可。未经许可，不得擅自改变许可事项。

第二十一条 食品经营者向原许可机关申请变更食品流通许可的，应当提交下列申请材料：

（一）《食品流通变更许可申请书》；

（二）《食品流通许可证》正、副本；

（三）与变更食品流通许可事项相关的材料。

第二十二条 食品流通许可的有效期为3年。

食品经营者需要延续食品流通许可的有效期的，应当在《食品流通许可证》有效期届满三十日前向原许可机关提出申请，换发《食品流通许可证》。

办理许可证延续的，换发后的《食品流通许可证》编号不变，但发证年份按照实际情况填写，有效期重新计算。

第二十三条 有下列情形之一的，发放《食品流通许可证》的许可机关或者其上级行政机关，可以撤销已作出的食品流通许可：

（一）许可机关工作人员滥用职权，玩忽职守，给不符合条件的申请人发放《食品流通许可证》的；

（二）许可机关工作人员超越法定权限发放《食品流通许可证》的；

（三）许可机关工作人员违反法定程序发放《食品流通许可证》的；

（四）依法可以撤销食品流通许可的其他情形。

食品经营者以欺骗、贿赂等不正当手段和隐瞒真实情况或者提交虚假材料取得食品流通许可，应当予以撤销。

依照前两款规定撤销食品流通许可，可能对公共利益造成重大损害的，不予撤销。

第二十四条　有下列情形之一的，许可机关应当依法办理食品流通许可的注销手续：

（一）《食品流通许可证》有效期届满且食品经营者未申请延续的；

（二）食品经营者没有在法定期限内取得合法主体资格或者主体资格依法终止的；

（三）食品流通许可依法被撤销，或者《食品流通许可证》依法被吊销的；

（四）因不可抗力导致食品流通许可事项无法实施的；

（五）依法应当注销《食品流通许可证》的其他情形。

第二十五条　食品经营者申请注销《食品流通许可证》的，应当向原许可机关提交下列申请材料：

（一）《食品流通注销许可申请书》；

（二）《食品流通许可证》正、副本；

（三）与注销《食品流通许可证》相关的证明文件。

许可机关受理注销申请后，经审核依法注销《食品流通许可证》。

第二十六条　食品经营者遗失《食品流通许可证》的，应当在报刊上公开声明作废，并持相关证明向原许可机关申请补办。经批准后，由原许可机关在二十日内补发《食品流通许可证》。

第五章　许可证的管理

第二十七条　《食品流通许可证》分为正本、副本。正本、副本具有同等法律效力。

《食品流通许可证》正本、副本式样，以及《食品流通许可申请书》、

《食品流通变更许可申请书》、《食品流通注销许可申请书》等式样，由国家工商行政管理总局统一制定。省、自治区、直辖市工商行政管理局负责本行政区域《食品流通许可证》及相关申请文书的印制、发放和管理。

第二十八条 《食品流通许可证》应当载明：名称、经营场所、许可范围、主体类型、负责人、许可证编号、有效期限、发证机关及发证日期。

第二十九条 《食品流通许可证》编号由两个字母＋十六位数字组成，即：字母SP＋六位行政区划代码＋两位发证年份＋一位主体性质＋六位顺序号码＋一位计算机校验码。

《食品流通许可证》具体编号规则另行制定。

第三十条 食品经营者取得《食品流通许可证》后，应当妥善保管，不得伪造、涂改、倒卖、出租、出借，或者以其他形式非法转让。

食品经营者应当在经营场所显著位置悬挂或者摆放《食品流通许可证》正本。

第六章 监督检查

第三十一条 县级及其以上地方工商行政管理机关应当依据法律、法规规定的职责，对食品经营者进行监督检查。监督检查的主要内容是：

（一）食品经营者是否具有《食品流通许可证》；

（二）食品经营者的经营条件发生变化，不符合经营要求的，经营者是否立即采取整改措施；有发生食品安全事故的潜在风险的，经营者是否立即停止经营活动，并向所在地县级工商行政管理机关报告；需要重新办理许可手续的，经营者是否依法办理；

（三）食品流通许可事项发生变化，经营者是否依法变更许可或者重新申请办理《食品流通许可证》；

（四）有无伪造、涂改、倒卖、出租、出借，或者以其他形式非法转让《食品流通许可证》的行为；

（五）聘用的从业人员有无身体健康证明材料；

（六）在食品贮存、运输和销售过程中有无确保食品质量和控制污染的措施；

（七）法律、法规规定的其他情形。

第三十二条 县级及其以上地方工商行政管理机关应当对食品经营者

建立信用档案，记录许可颁发、日常监督检查结果、违法行为查处等情况。

对食品经营者从事食品经营活动进行监督检查时，工商行政管理机关应当将监督检查的情况和处理结果予以记录，由监督检查人员和食品经营者签字确认后归档。

工商行政管理机关在办理企业年检、个体工商户验照时，应当按照企业年检、个体工商户验照的有关规定，审查《食品流通许可证》是否被撤销、吊销或者有效期限届满。对《食品流通许可证》被撤销、吊销或者有效期限届满的，登记机关按照有关规定，责令其办理经营范围的变更登记或者注销登记。

第三十三条　许可申请人隐瞒真实情况或者提供虚假材料申请食品流通许可的，工商行政管理机关不予受理或者不予许可，申请人在一年内不得再次申请食品流通许可。

被许可人以欺骗、贿赂等不正当手段取得食品流通许可的，申请人在三年内不得再次申请食品流通许可。

被吊销食品生产、流通或者餐饮服务许可证的，其直接负责的主管人员自处罚决定作出之日起五年内不得从事食品经营管理工作。

食品经营者聘用不得从事食品生产经营管理工作的人员从事管理工作的，由原发证部门吊销许可证。

第三十四条　有下列情形之一的，依照法律、法规的规定予以处罚。法律、法规没有规定的，责令改正，给予警告，并处以一万元以下罚款；情节严重的，处以一万元以上三万元以下罚款：

（一）未经许可，擅自改变许可事项的；

（二）伪造、涂改、倒卖、出租、出借《食品流通许可证》，或者以其他形式非法转让《食品流通许可证》的；

（三）隐瞒真实情况或者提交虚假材料申请或者取得食品流通许可的；

（四）以欺骗、贿赂等不正当手段取得食品流通许可的。

依照《中华人民共和国行政处罚法》的规定，对主动消除、减轻危害后果，或者有其他法定情形的，可以从轻或者减轻处罚；对违法情节轻微并及时纠正、没有造成危害后果的，不予处罚。

第三十五条　食品经营者对工商行政管理机关的处罚决定不服的，可以依法申请行政复议或者提起行政诉讼。

第三十六条　食品经营者在营业执照有效期内被依法注销、撤销、吊销食品流通许可，或者《食品流通许可证》有效期届满的，应当在注销、撤销、吊销许可或者许可证有效期届满之日起三十日内申请变更登记或者办理注销登记。

第三十七条 工商行政管理机关工作人员玩忽职守、滥用职权、徇私舞弊的，依法追究有关人员的行政责任；构成犯罪的，依法追究刑事责任。

第三十八条 工商行政管理机关应当依法建立食品流通许可档案。

借阅、抄录、携带、复制档案资料的，依照法律、法规及国家工商行政管理总局有关规定执行。任何单位和个人不得修改、涂抹、标注、损毁档案资料。

第三十九条 工商行政管理机关应当加强与同级食品安全综合协调部门的工作联系，及时通报食品流通许可有关信息。

第七章　附　则

第四十条 食品经营者在本办法施行前已领取《食品卫生许可证》的，原许可证继续有效。原许可证许可事项发生变化或者有效期届满，食品经营者应当按照本办法的规定提出申请，经许可机关审核后，缴销《食品卫生许可证》，领取《食品流通许可证》，并按照属地管辖的原则，由当地工商行政管理机关依法监督检查。

对《食品卫生许可证》继续有效的食品经营者，工商行政管理机关应当按照《食品安全法》、《食品安全法实施条例》及本办法的规定，定期或者不定期进行监督检查。

第四十一条 实施食品流通许可所需的经费，应当列入本行政机关预算。

第四十二条 省、自治区、直辖市工商行政管理局可以根据本地实际情况，制定具体实施办法。

第四十三条 本办法由国家工商行政管理总局负责解释。

第四十四条 本办法自公布之日起施行。

餐饮服务许可管理办法

（2010年3月4日卫生部令第70号公布　自2010年5月1日起施行）

第一章　总　则

第一条　为规范餐饮服务许可工作，加强餐饮服务监督管理，维护正常的餐饮服务秩序，保护消费者健康，根据《中华人民共和国食品安全法》（以下简称《食品安全法》）、《中华人民共和国行政许可法》（以下简称《行政许可法》）、《中华人民共和国食品安全法实施条例》（以下简称《食品安全法实施条例》）等有关法律法规的规定，制定本办法。

第二条　本办法适用于从事餐饮服务的单位和个人（以下简称餐饮服务提供者），不适用于食品摊贩和为餐饮服务提供者提供食品半成品的单位和个人。

餐饮服务实行许可制度。餐饮服务提供者应当取得《餐饮服务许可证》，并依法承担餐饮服务的食品安全责任。

集体用餐配送单位纳入餐饮服务许可管理的范围。

第三条　国家食品药品监督管理局主管全国餐饮服务许可管理工作，地方各级食品药品监督管理部门负责本行政区域内的餐饮服务许可管理工作。

第四条　餐饮服务许可按照餐饮服务提供者的业态和规模实施分类管理。餐饮服务分类许可的审查规范由国家食品药品监督管理局制定。

《餐饮服务许可证》受理和审批的许可机关由各省、自治区、直辖市食品药品监督管理部门规定。

第五条　食品药品监督管理部门实施餐饮服务许可应当符合法律、法规和规章规定的权限、范围、条件与程序，遵循公开、公平、公正、便民原则。

第六条　食品药品监督管理部门应当建立餐饮服务许可信息和档案管理制度，定期公告取得或者注销餐饮服务许可的餐饮服务提供者名录。

第七条　食品药品监督管理部门应当加强对实施餐饮服务许可的监督

检查。

第八条 任何单位和个人有权举报餐饮服务许可实施过程中的违法行为，食品药品监督管理部门应当及时核实、处理。

第二章 申请与受理

第九条 申请人向食品药品监督管理部门提出餐饮服务许可申请应当具备以下基本条件：

（一）具有与制作供应的食品品种、数量相适应的食品原料处理和食品加工、贮存等场所，保持该场所环境整洁，并与有毒、有害场所以及其他污染源保持规定的距离；

（二）具有与制作供应的食品品种、数量相适应的经营设备或者设施，有相应的消毒、更衣、洗手、采光、照明、通风、冷冻冷藏、防尘、防蝇、防鼠、防虫、洗涤以及处理废水、存放垃圾和废弃物的设备或者设施；

（三）具有经食品安全培训、符合相关条件的食品安全管理人员，以及与本单位实际相适应的保证食品安全的规章制度；

（四）具有合理的布局和加工流程，防止待加工食品与直接入口食品、原料与成品交叉污染，避免食品接触有毒物、不洁物；

（五）国家食品药品监督管理局或者省、自治区、直辖市食品药品监督管理部门规定的其他条件。

餐饮服务食品安全管理人员的条件和食品安全培训的有关要求由国家食品药品监督管理局制定。

第十条 申请《餐饮服务许可证》应当提交以下材料：

（一）《餐饮服务许可证》申请书；

（二）名称预先核准证明（已从事其他经营的可提供营业执照复印件）；

（三）餐饮服务经营场所和设备布局、加工流程、卫生设施等示意图；

（四）法定代表人（负责人或者业主）的身份证明（复印件），以及不属于本办法第三十六条、第三十七条情形的说明材料；

（五）食品安全管理人员符合本办法第九条有关条件的材料；

（六）保证食品安全的规章制度；

（七）国家食品药品监督管理局或者省、自治区、直辖市食品药品监督管理部门规定的其他材料。

第十一条　申请人提交的材料应当真实、完整，并对材料的真实性负责。

第十二条　食品药品监督管理部门依据《行政许可法》，对申请人提出的餐饮服务许可申请分别做出以下处理：

（一）申请事项依法不需要取得餐饮服务许可，或者依法不属于食品药品监督管理部门职权范围的，应当即时告知申请人不接收申请的原因；

（二）申请材料存在可以当场更正的错误的，应当允许申请人当场更正，申请人应当对更正内容签章确认；

（三）申请材料不齐全或者不符合法定形式的，应当当场或者在5个工作日内一次性告知申请人需要补正的全部内容，逾期不告知的，自收到申请材料之日起即为受理；

（四）申请事项属于食品药品监督管理部门职权范围，申请材料齐全且符合法定形式的，应当做出受理决定。

第三章　审核与决定

第十三条　食品药品监督管理部门受理申请人提交的申请材料后，应当审核申请人按照本办法第十条规定提交的相关资料，并对申请人的餐饮服务经营场所进行现场核查。

上级食品药品监督管理部门受理的餐饮服务许可申请，可以委托下级食品药品监督管理部门进行现场核查。

第十四条　食品药品监督管理部门应当根据申请材料和现场核查的情况，对符合条件的，做出准予行政许可的决定；对不符合规定条件的，做出不予行政许可的决定并书面说明理由，同时告知申请人享有依法申请行政复议或者提起行政诉讼的权利。

第十五条　食品药品监督管理部门应当自受理申请之日起20个工作日内做出行政许可决定。因特殊原因需要延长许可期限的，经本机关负责人批准，可以延长10个工作日，并应当将延长期限的理由告知申请人。

第十六条　食品药品监督管理部门做出准予行政许可决定的，应当自做出决定之日起10个工作日内向申请人颁发《餐饮服务许可证》。

第十七条　对于已办结的餐饮服务许可事项，食品药品监督管理部门应当将有关许可材料及时归档。

第四章　变更、延续、补发和注销

第十八条　餐饮服务提供者的名称、法定代表人（负责人或者业主）或者地址门牌号改变（实际经营场所未改变）的，应当向原发证部门提出办理《餐饮服务许可证》记载内容变更申请，并提供有关部门出具的有关核准证明。

餐饮服务提供者的许可类别、备注项目以及布局流程、主要卫生设施需要改变的，应当向原发证部门申请办理《餐饮服务许可证》变更手续。原发证部门应当以申请变更内容为重点进行审核。

食品药品监督管理部门根据本条第一款、第二款规定，准予变更《餐饮服务许可证》记载内容或者准予办理变更手续的，颁发新的《餐饮服务许可证》，原《餐饮服务许可证》证号和有效期限不变。

第十九条　餐饮服务提供者需要延续《餐饮服务许可证》的，应当在《餐饮服务许可证》有效期届满30日前向原发证部门书面提出延续申请。逾期提出延续申请的，按照新申请《餐饮服务许可证》办理。

第二十条　申请延续《餐饮服务许可证》应当提供以下材料：

（一）《餐饮服务许可证》延续申请书；

（二）原《餐饮服务许可证》复印件；

（三）原《餐饮服务许可证》的经营场所、布局流程、卫生设施等内容有变化或者无变化的说明材料；

（四）省、自治区、直辖市食品药品监督管理部门规定的其他材料。

第二十一条　原发证部门受理《餐饮服务许可证》延续申请后，应当重点对原许可的经营场所、布局流程、卫生设施等是否有变化，以及是否符合本办法第九条的规定进行审核。准予延续的，颁发新的《餐饮服务许可证》，原《餐饮服务许可证》证号不变。

第二十二条　《餐饮服务许可证》变更、延续的程序按照本办法第二章、第三章的有关规定执行。

第二十三条　餐饮服务提供者在领取变更、延续后的新《餐饮服务许可证》时，应当将原《餐饮服务许可证》交回发证部门。

第二十四条　餐饮服务提供者遗失《餐饮服务许可证》的，应当于遗失后60日内公开声明《餐饮服务许可证》遗失，向原发证部门申请补发。《餐饮服务许可证》毁损的，凭毁损的原证向原发证部门申请补发。

第二十五条 有下列情形之一的，发证部门应当依法注销《餐饮服务许可证》：

（一）《餐饮服务许可证》有效期届满未申请延续的，或者延续申请未被批准的；

（二）餐饮服务提供者依法终止的；

（三）《餐饮服务许可证》依法被撤销、撤回或者被吊销的；

（四）餐饮服务提供者主动申请注销的；

（五）依法应当注销《餐饮服务许可证》的其他情形。

第二十六条 《餐饮服务许可证》被注销的，原持证者应当及时将《餐饮服务许可证》原件交回食品药品监督管理部门。食品药品监督部门应当及时做好注销《餐饮服务许可证》的有关登记工作。

第五章 许可证的管理

第二十七条 《餐饮服务许可证》应当载明单位名称、地址、法定代表人（负责人或者业主）、类别、备注、许可证号、发证机关（加盖公章）、发证日期、有效期限等内容。

第二十八条 《餐饮服务许可证》样式由国家食品药品监督管理局统一规定。

许可证号格式为：省、自治区、直辖市简称+餐证字+4位年份数+6位行政区域代码+6位行政区域发证顺序编号。

第二十九条 《餐饮服务许可证》有效期为3年。临时从事餐饮服务活动的，《餐饮服务许可证》有效期不超过6个月。

第三十条 同一餐饮服务提供者在不同地点或者场所从事餐饮服务活动的，应当分别办理《餐饮服务许可证》。

餐饮服务经营地点或者场所改变的，应当重新申请办理《餐饮服务许可证》。

第三十一条 餐饮服务提供者取得的《餐饮服务许可证》，不得转让、涂改、出借、倒卖、出租。

餐饮服务提供者应当按照许可范围依法经营，并在就餐场所醒目位置悬挂或者摆放《餐饮服务许可证》。

第六章　监督检查

第三十二条　上级食品药品监督管理部门发现下级食品药品监督管理部门违反规定实施餐饮服务许可的，应当责令下级食品药品监督管理部门限期纠正或者直接予以纠正。

第三十三条　食品药品监督管理部门及其工作人员履行餐饮服务许可职责，应当自觉接受餐饮服务提供者以及社会的监督。

食品药品监督管理部门接到有关违反规定实施餐饮服务许可的举报，应当及时进行核实；情况属实的，应当立即纠正。

第三十四条　食品药品监督管理部门及其工作人员违反本办法规定实施餐饮服务许可的，由上级食品药品监督管理部门责令限期整改，并通报批评；对有关工作人员追究行政责任，给予批评教育、离岗培训、调离执法岗位或者取消执法资格等处理。

追究有关人员行政责任时，按照下列原则：

（一）申请人不符合餐饮服务许可条件，承办人出具申请人符合餐饮服务许可条件的意见的，追究承办人行政责任；

（二）承办人认为申请人不符合餐饮服务许可条件，主管领导仍然批准发放《餐饮服务许可证》的，追究主管领导的行政责任；

（三）承办人和主管领导均有过错的，主要追究主管领导的行政责任。

第三十五条　有下列情形之一的，作出发放《餐饮服务许可证》决定的食品药品监督管理部门或者其上级食品药品监督管理部门，可以撤销《餐饮服务许可证》：

（一）食品药品监督管理部门工作人员滥用职权，玩忽职守，给不符合条件的申请人发放《餐饮服务许可证》的；

（二）食品药品监督管理部门工作人员超越法定职权发放《餐饮服务许可证》的；

（三）食品药品监督管理部门工作人员违反法定程序发放《餐饮服务许可证》的；

（四）依法可以撤销发放《餐饮服务许可证》决定的其他情形。

食品药品监督管理部门依照前款规定撤销《餐饮服务许可证》，对餐饮服务提供者的合法权益造成损害的，应当依法予以赔偿。

第七章　法律责任

第三十六条　申请人隐瞒有关情况或者提供虚假材料的，食品药品监督管理部门发现后不予受理或者不予许可，并给予警告；该申请人在1年内不得再次申请餐饮服务许可。

申请人以欺骗、贿赂等不正当手段取得《餐饮服务许可证》的，食品药品监督管理部门应当予以撤销；该申请人在3年内不得再次申请餐饮服务许可。

第三十七条　申请人被吊销《餐饮服务许可证》的，其直接负责的主管人员自处罚决定作出之日起5年内不得从事餐饮服务管理工作。

餐饮服务提供者违反《食品安全法》规定，聘用不得从事餐饮服务管理工作的人员从事管理工作的，由原发证部门吊销许可证。

第三十八条　食品药品监督管理部门发现已取得《餐饮服务许可证》的餐饮服务提供者不符合餐饮经营要求的，应当责令立即纠正，并依法予以处理；不再符合餐饮服务许可条件的，应当依法撤销《餐饮服务许可证》。

第八章　附　则

第三十九条　本办法下列用语的含义：

餐饮服务，指通过即时制作加工、商业销售和服务性劳动等，向消费者提供食品和消费场所及设施的服务活动。

经营场所，指与食品加工经营直接或者间接相关的场所，包括食品加工处理和就餐场所。

餐饮服务提供者的业态，指各种餐饮服务经营形态，包括餐馆、快餐店、小吃店、饮品店、食堂等。

集体用餐配送单位，指根据服务对象订购要求，集中加工、分送食品但不提供就餐场所的单位。

第四十条　国境口岸范围内的餐饮服务活动的监督管理由出入境检验检疫机构依照《食品安全法》和《中华人民共和国国境卫生检疫法》以及相关行政法规的规定实施。

铁路运营中餐饮服务许可的管理参照本办法。

根据《食品安全法》，食品摊贩的具体管理办法由省、自治区、直辖市人民代表大会常务委员会依法制定。

第四十一条 省、自治区、直辖市食品药品监督管理部门可以结合本地实际情况，根据本办法的规定制定实施细则。

第四十二条 本办法自2010年5月1日起施行，卫生部2005年12月15日发布的《食品卫生许可证管理办法》同时废止。餐饮服务提供者在本办法施行前已经取得《食品卫生许可证》的，该许可证在有效期内继续有效。

餐饮服务食品安全监督管理办法

（2010年3月4日卫生部令第71号公布　自2010年5月1日起施行）

第一章　总　则

第一条 为加强餐饮服务监督管理，保障餐饮服务环节食品安全，根据《中华人民共和国食品安全法》（以下简称《食品安全法》）、《中华人民共和国食品安全法实施条例》（以下简称《食品安全法实施条例》），制定本办法。

第二条 在中华人民共和国境内从事餐饮服务的单位和个人（以下简称餐饮服务提供者）应当遵守本办法。

第三条 国家食品药品监督管理局主管全国餐饮服务监督管理工作，地方各级食品药品监督管理部门负责本行政区域内的餐饮服务监督管理工作。

第四条 餐饮服务提供者应当依照法律、法规、食品安全标准及有关要求从事餐饮服务活动，对社会和公众负责，保证食品安全，接受社会监督，承担餐饮服务食品安全责任。

第五条 鼓励社会团体、基层群众性自治组织开展餐饮服务食品安全知识和相关法律、法规的普及工作，增强餐饮服务提供者食品安全意识，提高消费者自我保护能力；鼓励开展技术服务工作，促进餐饮服务提供者提高食品安全管理水平。

餐饮服务相关行业协会应当加强行业自律，引导餐饮服务提供者依法经营，推动行业诚信建设，宣传、普及餐饮服务食品安全知识。

第六条 鼓励和支持餐饮服务提供者为提高食品安全水平而采用先进技术和先进的管理规范，实施危害分析与关键控制点体系，配备先进的食品安全检测设备，对食品进行自行检查或者向具有法定资质的机构送检。

第七条 任何组织和个人均有权对餐饮服务食品安全进行社会监督，举报餐饮服务提供者违反本办法的行为，了解有关餐饮服务食品安全信息，对餐饮服务食品安全工作提出意见和建议。

第二章 餐饮服务基本要求

第八条 餐饮服务提供者必须依法取得《餐饮服务许可证》，按照许可范围依法经营，并在就餐场所醒目位置悬挂或者摆放《餐饮服务许可证》。

第九条 餐饮服务提供者应当建立健全食品安全管理制度，配备专职或者兼职食品安全管理人员。

被吊销《餐饮服务许可证》的单位，根据《食品安全法》第九十二条的规定，其直接负责的主管人员自处罚决定作出之日起5年内不得从事餐饮服务管理工作。

餐饮服务提供者不得聘用本条前款规定的禁止从业人员从事管理工作。

第十条 餐饮服务提供者应当按照《食品安全法》第三十四条的规定，建立并执行从业人员健康管理制度，建立从业人员健康档案。餐饮服务从业人员应当依照《食品安全法》第三十四条第二款的规定每年进行健康检查，取得健康合格证明后方可参加工作。

从事直接入口食品工作的人员患有《食品安全法实施条例》第二十三条规定的有碍食品安全疾病的，应当将其调整到其他不影响食品安全的工作岗位。

第十一条 餐饮服务提供者应当依照《食品安全法》第三十二条的规定组织从业人员参加食品安全培训，学习食品安全法律、法规、标准和食品安全知识，明确食品安全责任，并建立培训档案；应当加强专（兼）职食品安全管理人员食品安全法律法规和相关食品安全管理知识的培训。

第十二条 餐饮服务提供者应当建立食品、食品原料、食品添加剂和食品相关产品的采购查验和索证索票制度。

餐饮服务提供者从食品生产单位、批发市场等采购的，应当查验、索取并留存供货者的相关许可证和产品合格证明等文件；从固定供货商或者供货基地采购的，应当查验、索取并留存供货商或者供货基地的资质证明、每笔供货清单等；从超市、农贸市场、个体经营商户等采购的，应当索取并留存采购清单。

餐饮服务企业应当建立食品、食品原料、食品添加剂和食品相关产品的采购记录制度。采购记录应当如实记录产品名称、规格、数量、生产批号、保质期、供货者名称及联系方式、进货日期等内容，或者保留载有上述信息的进货票据。

餐饮服务提供者应当按照产品品种、进货时间先后次序有序整理采购记录及相关资料，妥善保存备查。记录、票据的保存期限不得少于2年。

第十三条 实行统一配送经营方式的餐饮服务提供者，可以由企业总部统一查验供货者的许可证和产品合格的证明文件等，建立食品进货查验记录。

实行统一配送经营方式的，企业各门店应当建立总部统一配送单据台账。门店自行采购的产品，应当遵照本办法第十二条的规定。

第十四条 餐饮服务提供者禁止采购、使用和经营下列食品：

（一）《食品安全法》第二十八条规定禁止生产经营的食品；

（二）违反《食品安全法》第四十八条规定的食品；

（三）违反《食品安全法》第五十条规定的食品；

（四）违反《食品安全法》第六十六条规定的进口预包装食品。

第十五条 餐饮服务提供者应当按照国家有关规定和食品安全标准采购、保存和使用食品添加剂。应当将食品添加剂存放于专用橱柜等设施中，标示“食品添加剂”字样，妥善保管，并建立使用台账。

第十六条 餐饮服务提供者应当严格遵守国家食品药品监督管理部门制定的餐饮服务食品安全操作规范。餐饮服务应当符合下列要求：

（一）在制作加工过程中应当检查待加工的食品及食品原料，发现有腐败变质或者其他感官性状异常的，不得加工或者使用；

（二）贮存食品原料的场所、设备应当保持清洁，禁止存放有毒、有害物品及个人生活物品，应当分类、分架、隔墙、离地存放食品原料，并定期检查、处理变质或者超过保质期限的食品；

（三）应当保持食品加工经营场所的内外环境整洁，消除老鼠、蟑螂、苍蝇和其他有害昆虫及其孳生条件；

（四）应当定期维护食品加工、贮存、陈列、消毒、保洁、保温、冷藏、冷冻等设备与设施，校验计量器具，及时清理清洗，确保正常运转和使用；

（五）操作人员应当保持良好的个人卫生；

（六）需要熟制加工的食品，应当烧熟煮透；需要冷藏的熟制品，应当在冷却后及时冷藏；应当将直接入口食品与食品原料或者半成品分开存放，半成品应当与食品原料分开存放；

（七）制作凉菜应当达到专人负责、专室制作、工具专用、消毒专用和冷藏专用的要求；

（八）用于餐饮加工操作的工具、设备必须无毒无害，标志或者区分明显，并做到分开使用，定位存放，用后洗净，保持清洁；接触直接入口食品的工具、设备应当在使用前进行消毒；

（九）应当按照要求对餐具、饮具进行清洗、消毒，并在专用保洁设施内备用，不得使用未经清洗和消毒的餐具、饮具；购置、使用集中消毒企业供应的餐具、饮具，应当查验其经营资质，索取消毒合格凭证；

（十）应当保持运输食品原料的工具与设备设施的清洁，必要时应当消毒。运输保温、冷藏（冻）食品应当有必要的且与提供的食品品种、数量相适应的保温、冷藏（冻）设备设施。

第十七条 食品药品监督管理部门依法开展抽样检验时，被抽样检验的餐饮服务提供者应当配合抽样检验工作，如实提供被抽检样品的货源、数量、存货地点、存货量、销售量、相关票证等信息。

第三章 食品安全事故处理

第十八条 各级食品药品监督管理部门应当根据本级人民政府食品安全事故应急预案制定本部门的预案实施细则，按照职能做好餐饮服务食品安全事故的应急处置工作。

第十九条 食品药品监督管理部门在日常监督管理中发现食品安全事故，或者接到有关食品安全事故的举报，应当立即核实情况，经初步核实为食品安全事故的，应当立即向同级卫生行政、农业行政、工商行政管理、质量监督等相关部门通报。

发生食品安全事故时，事发地食品药品监督管理部门应当在本级人民政府领导下，及时做出反应，采取措施控制事态发展，依法处置，并及时按照有关规定向上级食品药品监督管理部门报告。

第二十条 县级以上食品药品监督管理部门按照有关规定开展餐饮服务食品安全事故调查，有权向有关餐饮服务提供者了解与食品安全事故有关的情况，要求餐饮服务提供者提供相关资料和样品，并采取以下措施：

（一）封存造成食品安全事故或者可能导致食品安全事故的食品及其原料，并立即进行检验；

（二）封存被污染的食品工具及用具，并责令进行清洗消毒；

（三）经检验，属于被污染的食品，予以监督销毁；未被污染的食品，予以解封；

（四）依法对食品安全事故及其处理情况进行发布，并对可能产生的危害加以解释、说明。

第二十一条 餐饮服务提供者应当制定食品安全事故处置方案，定期检查各项食品安全防范措施的落实情况，及时消除食品安全事故隐患。

第二十二条 餐饮服务提供者发生食品安全事故，应当立即封存导致或者可能导致食品安全事故的食品及其原料、工具及用具、设备设施和现场，在2小时之内向所在地县级人民政府卫生部门和食品药品监督管理部门报告，并按照相关监管部门的要求采取控制措施。

餐饮服务提供者应当配合食品安全监督管理部门进行食品安全事故调查处理，按照要求提供相关资料和样品，不得拒绝。

第四章 监督管理

第二十三条 食品药品监督管理部门可以根据餐饮服务经营规模，建立并实施餐饮服务食品安全监督管理量化分级、分类管理制度。

食品药品监督管理部门可以聘请社会监督员，协助开展餐饮服务食品安全监督。

第二十四条 县级以上食品药品监督管理部门履行食品安全监督职责时，发现不属于本辖区管辖的，应当及时移送有管辖权的食品药品监督管理部门。接受移送的食品药品监督管理部门应当将被移送案件的处理情况及时反馈给移送案件的食品药品监督管理部门。

第二十五条 县级以上食品药品监督管理部门接到咨询、投诉、举报，对属于本部门管辖的，应当受理，并及时进行核实、处理、答复；对不属于本部门管辖的，应当书面通知并移交有管辖权的部门处理。

发现餐饮服务提供者使用不符合食品安全标准及有关要求的食品原料或者食用农产品、食品添加剂、食品相关产品，其成因属于其他环节食品生产经营者或者食用农产品生产者的，应当及时向本级卫生行政、农业行政、工商行政管理、质量监督等部门通报。

第二十六条 食品药品监督管理部门在履行职责时，有权采取《食品安全法》第七十七条规定的措施。

第二十七条 食品安全监督检查人员对餐饮服务提供者进行监督检查时，应当对下列内容进行重点检查：

（一）餐饮服务许可情况；

（二）从业人员健康证明、食品安全知识培训和建立档案情况；

（三）环境卫生、个人卫生、食品用工具及设备、食品容器及包装材料、卫生设施、工艺流程情况；

（四）餐饮加工制作、销售、服务过程的食品安全情况；

（五）食品、食品添加剂、食品相关产品进货查验和索票索证制度及执行情况、制定食品安全事故应急处置制度及执行情况；

（六）食品原料、半成品、成品、食品添加剂等的感官性状、产品标签、说明书及储存条件；

（七）餐具、饮具、食品用工具及盛放直接入口食品的容器的清洗、消毒和保洁情况；

（八）用水的卫生情况；

（九）其他需要重点检查的情况。

第二十八条 食品安全监督检查人员进行监督检查时，应当有2名以上人员共同参加，依法制作现场检查笔录，笔录经双方核实并签字。被监督检查者拒绝签字的，应当注明事由和相关情况，同时记录在场人员的姓名、职务等。

第二十九条 县级以上食品药品监督管理部门负责组织实施本辖区餐饮服务环节的抽样检验工作，所需经费由地方财政列支。

第三十条 食品安全监督检查人员可以使用经认定的食品安全快速检测技术进行快速检测，及时发现和筛查不符合食品安全标准及有关要求的食品、食品添加剂及食品相关产品。使用现场快速检测技术发现和筛查的结果不得直接作为执法依据。对初步筛查结果表明可能不符合食品安全标准及有关要求的食品，应当依照《食品安全法》的有关规定进行检验。

快速检测结果表明可能不符合食品安全标准及有关要求的，餐饮服务提供者应当根据实际情况采取食品安全保障措施。

第三十一条 食品安全监督检查人员抽样时必须按照抽样计划和抽样程序进行，并填写抽样记录。抽样检验应当购买产品样品，不得收取检验费和其他任何费用。

食品安全监督检查人员应当及时将样品送达有资质的检验机构。

第三十二条 食品检验机构应当根据检验目的和送检要求，按照食品安全相关标准和规定的检验方法进行检验，按时出具合法的检验报告。

第三十三条 对检验结论有异议的，异议人有权自收到检验结果告知书之日起10日内，向组织实施抽样检验的食品药品监督管理部门提出书面复检申请，逾期未提出申请的，视为放弃该项权利。

复检工作应当选择有关部门共同公布的承担复检工作的食品检验机构完成。

复检机构由复检申请人自行选择；复检机构与初检机构不得为同一机构。复检机构出具的复检结论为最终检验结论。

复检费用的承担依《食品安全法实施条例》第三十五条的规定。

第三十四条 食品药品监督管理部门应当建立辖区内餐饮服务提供者食品安全信用档案，记录许可颁发及变更情况、日常监督检查结果、违法行为查处等情况。食品药品监督管理部门应当根据餐饮服务食品安全信用档案，对有不良信用记录的餐饮服务提供者实施重点监管。

食品安全信用档案的形式和内容由省级食品药品监督管理部门根据本地实际情况作出具体规定。

第三十五条 食品药品监督管理部门应当将吊销《餐饮服务许可证》的情况在7日内通报同级工商行政管理部门。

第三十六条 县级以上食品药品监督管理部门依法公布下列日常监督管理信息：

（一）餐饮服务行政许可情况；

（二）餐饮服务食品安全监督检查和抽检的结果；

（三）查处餐饮服务提供者违法行为的情况；

（四）餐饮服务专项检查工作情况；

（五）其他餐饮服务食品安全监督管理信息。

第五章　法律责任

第三十七条　未经许可从事餐饮服务的，由食品药品监督管理部门根据《食品安全法》第八十四条的规定予以处罚。有下列情形之一的，按未取得《餐饮服务许可证》查处：

（一）擅自改变餐饮服务经营地址、许可类别、备注项目的；

（二）《餐饮服务许可证》超过有效期限仍从事餐饮服务的；

（三）使用经转让、涂改、出借、倒卖、出租的《餐饮服务许可证》，或者使用以其他形式非法取得的《餐饮服务许可证》从事餐饮服务的。

第三十八条　餐饮服务提供者有下列情形之一的，由食品药品监督管理部门根据《食品安全法》第八十五条的规定予以处罚：

（一）用非食品原料制作加工食品或者添加食品添加剂以外的化学物质和其他可能危害人体健康的物质，或者用回收食品作为原料制作加工食品；

（二）经营致病性微生物、农药残留、兽药残留、重金属、污染物质以及其他危害人体健康的物质含量超过食品安全标准限量的食品；

（三）经营营养成分不符合食品安全标准的专供婴幼儿和其他特定人群的主辅食品；

（四）经营腐败变质、油脂酸败、霉变生虫、污秽不洁、混有异物、掺假掺杂或者感官性状异常的食品；

（五）经营病死、毒死或者死因不明的禽、畜、兽、水产动物肉类及其制品；

（六）经营未经动物卫生监督机构检疫或者检疫不合格的肉类，或者未经检验或者检验不合格的肉类制品；

（七）经营超过保质期的食品；

（八）经营国家为防病等特殊需要明令禁止经营的食品；

（九）有关部门责令召回或者停止经营不符合食品安全标准的食品后，仍拒不召回或者停止经营的；

（十）餐饮服务提供者违法改变经营条件造成严重后果的。

第三十九条　餐饮服务提供者有下列情形之一的，由食品药品监督管理部门根据《食品安全法》第八十六条的规定予以处罚：

（一）经营或者使用被包装材料、容器、运输工具等污染的食品；

（二）经营或者使用无标签及其他不符合《食品安全法》、《食品安全法实施条例》有关标签、说明书规定的预包装食品、食品添加剂；

（三）经营添加药品的食品。

第四十条 违反本办法第十条第一款、第十二条、第十三条第二款、第十六条第（二）、（三）、（四）、（八）、（九）项的有关规定，按照《食品安全法》第八十七条的规定予以处罚。

第四十一条 违反本办法第二十二条第一款的规定，由食品药品监督管理部门根据《食品安全法》第八十八条的规定予以处罚。

第四十二条 违反本办法第十六条第十项的规定，由食品药品监督管理部门根据《食品安全法》第九十一条的规定予以处罚。

第四十三条 餐饮服务提供者违反本办法第九条第三款规定，由食品药品监督管理部门依据《食品安全法》第九十二条第二款进行处罚。

第四十四条 本办法所称违法所得，指违反《食品安全法》、《食品安全法实施条例》等食品安全法律法规和规章的规定，从事餐饮服务活动所取得的相关营业性收入。

第四十五条 本办法所称货值金额，指餐饮服务提供者经营的食品的市场价格总金额。其中原料及食品添加剂按进价计算，半成品按原料计算，成品按销售价格计算。

第四十六条 餐饮服务食品安全监督管理执法中，涉及《食品安全法》第八十五条、第八十六条、第八十七条适用时，“情节严重”包括但不限于下列情形：

（一）连续12个月内已受到2次以上较大数额罚款处罚或者连续12个月内已受到一次责令停业行政处罚的；

（二）造成重大社会影响或者有死亡病例等严重后果的。

第四十七条 餐饮服务提供者主动消除或者减轻违法行为危害后果，或者有其他法定情形的，应当依法从轻或者减轻处罚。

第四十八条 在同一违反《食品安全法》、《食品安全法实施条例》等食品安全法律法规的案件中，有两种以上应当给予行政处罚的违法行为时，食品药品监督管理部门应当分别裁量，合并处罚。

第四十九条 食品药品监督管理部门作出责令停业、吊销《餐饮服务许可证》、较大数额罚款等行政处罚决定之前，应当告知当事人有要求举行听证的权利。

当事人要求听证的，食品药品监督管理部门应当组织听证。

当事人对处罚决定不服的，可以申请行政复议或者提起行政诉讼。

第五十条 食品药品监督管理部门不履行有关法律法规规定的职责或者其工作人员有滥用职权、玩忽职守、徇私舞弊行为的，食品药品监督管理部门应当依法对相关负责人员或者直接责任人员给予记大过或者降级的处分；造成严重后果的，给予撤职或者开除的处分；其主要负责人应当引咎辞职。

第六章 附 则

第五十一条 省、自治区、直辖市食品药品监督管理部门可以结合本地实际情况，根据本办法的规定制定实施细则。

第五十二条 国境口岸范围内的餐饮服务活动的监督管理由出入境检验检疫机构依照《食品安全法》和《中华人民共和国国境卫生检疫法》以及相关行政法规的规定实施。

水上运营的餐饮服务提供者的食品安全管理，其始发地、经停地或者到达地的食品药品监督管理部门均有权进行检查监督。

铁路运营中餐饮服务监督管理参照本办法。

第五十三条 本办法自 2010 年 5 月 1 日起施行，卫生部 2000 年 1 月 16 日发布的《餐饮业食品卫生管理办法》同时废止。

参考文献

1. ［美］ Norman G. Marriott 著，钱和、华小娟译：《食品卫生原理》，中国轻工业出版社 2001 年版。
2. 国家食品药品监督管理局：《国际食品法典标准汇编》，科学出版社 2008 年版。
3. 曹小红：《食品安全与卫生》，科学出版社 2006 年版。
4. 国家质量监督检验检疫总局食品生产监管司编：《食品及其相关产品和化妆品质量安全监督管理基础知识》，中国计量出版社 2007 年版。
5. 信春鹰：《中华人民共和国食品安全法解读》，中国法制出版社 2009 年版。
6. 王艳林：《食品安全法概论》，中国计量出版社 2005 年版。
7. 王艳林：《中华人民共和国食品安全法实施问题》，中国计量出版社 2009 年版。
8. 王世平主编：《食品标准与法规》，科学出版社 2010 年版。
9. 张建新、陈宗道主编：《食品标准与法规》，中国轻工业出版社 2011 年版。
10. 张水华、余以刚主编：《食品标准与法规》，中国轻工业出版社 2010 年版。
11. 周才琼主编：《食品标准与法规》，中国农业大学出版社 2009 年版。
12. 曲径：《食品卫生与安全控制学》，化学工业出版社 2007 年版。
13. 张有林：《食品科学概论》，科学出版社 2006 年版。
14. 史贤明：《食品安全与卫生学》，中国农业出版社 2003 年版。